话说镇平

——点注《镇平县志》札记

丁思深 著

方志出版社
Publishing House of Local Records

图书在版编目（CIP）数据

话说镇平：点注《镇平县志》札记/ 丁思深著.
北京：方志出版社，2024. 12. -- ISBN 978-7-5144-6297-5

Ⅰ. K296.54

中国国家版本馆CIP数据核字第2024YS0295号

责任编辑：刘方圆
责任校对：张玉霞
责任印制：梅中英
出 版 者：方志出版社
地　　址：北京市朝阳区潘家园东里9号（国家方志馆4层）
邮　　编：100021
网　　址：http://www.zgfzcb.cn
发　　行：方志出版社图书营销中心（010-67110500）
印　　刷：梅州程江彩色印刷厂有限公司
开　　本：787毫米×1092毫米　1/16
印　　张：21.75
字　　数：323千字
版　　次：2024年12月第1版
印　　次：2024年12月第1次印刷
定　　价：168.00元

作者照片（2021年3月）

序

□ 陈泽泓

广东省地方志办公室副主任丘洪松给我一本《话说镇平——点注〈镇平县志〉札记》书稿，转达了该书作者邀请我撰序的恳切请求。据介绍，此书作者丁思深先生是嘉应学院的退休副教授，近年来为存世的四部五华县（原名长乐县）旧志做了点校，现又为蕉岭县（原名镇平县）的清代康熙、乾隆两部县志点注。其在点校旧志之余，撰成《读志明邑札记》《长乐人物丛谈》《长乐风物丛谈》，现有《话说镇平——点注〈镇平县志〉札记》新作。七年之间，点校（注）旧志五种，写有札记四部，不仅为整理旧志不遗余力，更借旧志整理之机对地方历史风物作一番研究著述。如此自甘寂寞于方志一隅耕耘不辍，实属可敬。闻说于此，我虽与丁先生素未谋面，但心有所动，唯表示看过书稿之后倘有话可说，当为撰序。然近时杂务缠身，只能断断续续翻阅《话说镇平——点注〈镇平县志〉札记》书稿，并略浏览了已出版的康熙、乾隆《镇平县志》点注本。确有所感，一抒于下。

有感之一，是思深先生对数部旧志点校、点注之不惮繁难，认真负责。我对旧志整理，向来不敢轻言点校、点注，曾写有《旧志整理还是影印为好》一文以表白态度。此并非贬低点校、点注价值。古籍点校、点注，是一种有学问的整理方式，校注得当，既能对古籍传承予以保障，且有利于推广利用。惟因其绝非易事，或谓吃力不讨好。倘因点校者和出版社编辑粗率或水平不高而致点校不当，甚而错漏百出，与点校、点注之初衷相反，对古籍流传造成伤害，不仅贻笑大方，还会贻害读者。近时中华书局因出版《梁佩兰集校注》质量不高受诟病，学界沸沸扬扬，已是著名例证。广州地区以前有方志办敦请“名师”点校旧志并出版，我曾查阅此书，不料一段百余字短文中竟有数处错标点，文理不通，甚至令读者曲解原意，不堪卒读。以之为鉴，从此真不敢轻言点校。于我自己，也经历过不自量力，应允出版社之邀，尝试点注《白云越秀二山合志》，方觉认真起来注不胜烦，只好中途辍笔。后又不长记性，点校旧志《厓山志》，一部约二十万字之书，折腾三年终于出版，其间之艰辛付出，回首仍心有余悸。我翻阅思深先生点注之康熙、乾隆《镇平县志》，迄未发现妄误之处，实在可贵，既显示其造诣，也显示其所付心血。点注较之点校，要求更高，不仅要辨难释疑，还要对原书之典故钩沉、对可能的错讹考正。如“又惑于青鸟家言”一句，勘正为“据此处文意应为‘青乌’”，正本清源。又如，乾隆县志载万寿宫“康熙壬申年改建”，康熙壬申年即为康熙三十一年，作者据康熙县志收载县令周傥撰《建祝圣殿碑记》中称建祝圣殿一事“经始于乙亥春”，乙亥年即为康熙三十四年，则祝圣殿之改建工程开工当在周傥莅任第三个年头而不是上任初年，由此结论：“应该说，（改建祝圣殿）准确的时间是周傥自己写在碑记中的时间。”正是对原志的认真阅读、准确理解，才有可能在此基础上推进解读、研究之举。

有感之二，是思深先生在点注、点校工作之余，通过解读和重构县志，几乎在旧志整理本付梓之际，即撰成具有历史性、知识性和可读性的地情读物，既是对旧志导读，也是对旧志活化。从《话说镇平——点注〈镇平县志〉札记》的框架结构，可以折射出地方志全面、系统记述地情的体裁特征。此书对应旧志的基本内容，分为概貌概况、山川胜迹、八景钟灵、人文邹鲁、乡贤懿行、名宦风仪、宦绩品鉴、节日风俗等板块，涵盖地理、历史、人文、人物、节俗等方面的地情掌故。各板块话题，均一一引述旧志中对应内容的记载，不仅从前后志之沿袭变化析见事物沿革，而且对一些事物作视野更广、程度更深的解读，将按志书体例记述的碎片化史料，演绎成历史专题。这对于未接受过专业教育的大多数现代人来说具有解读作用，从而对古代历史、传统文化有了进一步了解，对当地历史加深了认识，并有一定的系统知识。如述及“镇平寇乱，终明季未有宁日”之“民变”，分析其原因，既有明朝后期赋役之重，官吏腐败无能，官军滥杀无辜，造成民变蜂起的根本原因，又有因石窟形势险要，易守难攻，为民变民众躲避官兵追杀提供了地理环境之条件。话本分析之对象及依据，不限于清代二县志，而是拓宽史料来源，多处引用清代镇平举人黄香铁私撰之《石窟一征》这一地情书之所述。明末清初率乡兵抗清、誓死不降清、投崖殉节的本县人物林丹九，康熙、乾隆县志均未收入人物传。思深先生根据《石窟一征》收辑林丹九的书信、行略，综合其意，详述林丹九生平事迹及附有标点林丹九《恋贫赋》，载述了这位写下“任是史官编不到”自志诗的守节者之孤贞。康熙《镇平县志》的主纂者黄殿楫，见于县志中，仅列名于科名，未有具体事迹。思深先生通过对康熙县志现存残本状况的描述，以及仅见于乾隆县志“艺文志”中收入黄殿楫的一首诗，描绘出一个让人有所想象的黄殿楫，也算是给予这位志人公允的地位吧。对于县中一些重要的人文景观，不仅引述解读了旧志所载之渊薮，还下延记述其至后代的历史沿革，如对镇平书院、桂岭书院均记述至当代，反映其作为教育场所之演变历史，并记述其成为省级文物保护单位的今日地位。如此记述，对读者了解乡土教育史及文物胜迹都有现实意义，也不失为有温度的乡土文化之教材。

有感之三，还在于思深先生利用这些志中史料，对一些与地情关系密切或比较重大的历史问题进行更加集中地研究，成为学术研究的新成果。我注意到《话说镇平——点注〈镇平县志〉札记》中，从县志的记述剥离出镇平从“盗贼渊薮”渐次濡化为“岭东邹鲁”“人文为嘉应冠”的过程，从康熙县志中记述民风“最喜讼”到乾隆县志中“无言及讼”的比较，说明以镇平设县为起点，开启了由乱及治渐次濡化的过程，历任官员以兴学育才为己任，士民崇文重教好学，大夫、民众向善乐捐，从而使镇平由丛莽之地濡化为文风积厚，到当代出现如丘成桐这样杰出的世界级人物。话本还有一个聚焦之题，是镇平人迁台的原因及其在台的贡献。据说台湾同胞中祖籍为镇平者，人数两倍于今称蕉岭的原乡人口。对于造成这一令人感兴趣现象的历史背景，思深先生在分析中引述清代蓝鼎元《粤中风闻台湾事论》中所说的潮惠人民为了温饱去台拓地垦种，有春去冬回，不携家卷的前期方式；相对于镇平“土瘠民贫”，台湾“土地膏腴，易于谋生食力之所”，赴台镇平人“多置产于台湾”，并携族人或同乡赴台，渐为常态，由个体之“客子”变成群体之“客庄”；由于开发台湾之需要，清朝实施鼓励大陆赴台人士定居政策，地方官员了解民情，支持和协助镇平籍人渡台，尤以康熙六十年（1721）镇平县令魏燕超因“镇人以地窄人稠，多就食于台湾，而海防例严，苦无以渡。燕请于上官，并移咨闽省，准镇人给照赴台耕作”为契机，助力更多镇平人通过各种渠道赴台；在台镇平人士助官军平叛出力有加，由负耒之民变为“义民”，大大提高和改善了在台社会地位和生存环境，人口因此迅速增长。种种因缘，终至促成镇平籍人成为赴台最多的粤籍群体。

上述三点感受，为翻阅书稿浅得。思深先生始于点校、点注旧志，进而解读、重构县志，乃至专题研究地情的经历，展现了一个旧志整理极有价值的模式。这一做法，未必是旧志整理的唯一途径，但要承认思深先生的实践及成果，无疑是为旧志整理及发掘历史提供了一个很好的范例！我以为此书对于推广读志用志，有值得借鉴之价值，对邑人、侨胞乃至有意了解蕉岭文化者值得一读，对研究客家文化者，或许从中能得到更多的有兴趣作深化研究的线索和话题。因此将感受写出来与大家共享，借此向乐在志坛辛勤耕耘的思深先生表示敬意！

是为序。

陈泽泓

辛丑年腊月于羊城壁半斋

（本文作者陈泽泓系广州市地方志办公室原副主任、中国地方志学会学术委员，研究员）

蕉岭人应有自己的文化自信

——《话说镇平——点注〈镇平县志〉札记》读后感

□ 张 福

《话说镇平——点注〈镇平县志〉札记》是嘉应学院原副教授丁思深在点注康熙、乾隆两部《镇平县志》的基础上，以文化观照的角度和当代人的眼光，对应旧志的基本内容，分为概貌概况、山川胜迹、八景钟灵、人文邹鲁、乡贤懿行、名宦风仪、宦绩品鉴、节日风俗等八个板块架构进行叙述介绍的一部文集。该书涵盖了原镇平县的地理、历史、人文、人物、物产、节俗等方面的地情掌故，对县志中记载的历史事实和文化风貌，结合了遗存实物、族谱、墓志、民间传说等资料，结合其中的纵横关系，加以融会贯通，进行解构和重组，并有所延伸和拓展，使那些散落在历史长河中的珠玑，串成了一条美丽的珠链，展示在人们面前。我以为，《话说镇平——点注〈镇平县志〉札记》一书可以给予我们如下四个认知和一个有益的启示：

第一个认知：镇平虽小，人文为岭南之冠。镇平在历史上设县较迟，是在明崇祯六年（1633）方才置县。此前先是骥附程乡（梅县），后则属附平远的蕞尔小县。而这却不妨碍它长期浸淫于古先贤程旼“秉义怀仁，以德化人”德行的教化。镇平设县署在怀仁里，就是怀念仁爱之人。镇平人尊程旼为乡贤，隶潮州而建韩祠以祀韩。矜其乡贤，美其邦族，由来有自。镇平乡贤散发出来的文化道德力量，教化乡民，崇文重教；崇德向善，温暖乡土。宋朝进士蓝奎“懒思身外无穷事，愿读人间未见书”，而开梅州文风之首。镇平自 1633 年置县至 1905 年废除科举制度的 272 年中，获得进士功名的共有 22 人，其中文进士 13 人，武进士 9 人；文举人 77 人，武举人 26 人，可谓文武齐备平衡。县志中记录了镇平诸绅士鼓舞输捐，修学宫、建书院、办义学、兴社学，兴学重教，文脉传承，文风日新的细节。镇平在当时的教育普及程度是相当高的。清乾隆二十二年（1757），广东学政吴鸿在《重修镇平县儒学碑记》云：“嘉应之为州也，人文为岭南冠。州之属四，镇平为冠。邑虽小，以余所评，文章之士莫能过也。”徐徽岁贡，教授里门。上书当道议建石窟，嘱子孙裔献遗书就其宗祠建县署，人服先机之哲；其子徐一鉷一掷千亩，捐宅地建衙署、学宫，分毫不取，以成先人之志；乡贤徐观清，中进士后任职京城，身在外而关心家乡的教育事业，得知史扬出任镇平县令，专程拜谒“谆谆以学宫为嘱”；在乡的乡贤何清凤等，在知县潘承焯刚刚到任这一年的冬天，即谒见陈辞以重修县志为请，要求第六次修志，促成了乾隆志的修成。类似徐铿、徐徽、徐一鉷、徐观清、何清凤这样的乡贤，县志中可谓不胜枚举。他们对镇平文风的振兴有着极大的影响。

第二个认知：镇平虽小，忠义之士辈出。镇平虽小，人口也算不上多，却出现了丘逢甲、罗福星、谢晋元这样在中国近现代历史上不可或缺的人物。丘逢甲、罗福星、谢晋元是抗日忠义爱国之士，而在县志中也不乏这样的先驱人物。首先是林丹九，初为博士弟子员，奉母命往试南明中举人。清顺治三年（1646），清兵入镇平，林丹九率乡兵据长潭拒之，潮州镇总兵许有信屡攻不下，三次修书劝降均遭严词拒绝，誓不降清，最终舍生成仁，跳崖殉节，被尊称为“淡士、静士、义士”。其次是赖其肖，二十岁时上书当道，请在石窟筑城，文稿被两广总督熊文灿接受并转为《建城疏》，足见其文采犀利。明隆武元年（1645）在粤开科取士，他应试中举人，而后誓不降清而被誉为“大清之顽民，前明之义士”，最后遁迹山林。像林丹九、赖其肖等，他们的骨子里就流淌着忠义血液，所以影响着丘逢甲、罗福星、谢晋元这样的人物。

第三个认知：镇平虽小，坚韧进取精神不息。我们都说祖籍镇平的台湾同胞有四十六万，是祖籍地的两倍多。为何有那么多祖籍镇平的人落籍台湾？他们又是如何渡海去的？前些时期一直没有令人信服的答案。原来，早在清康熙时期，镇平人口渐多，耕地稀少，就有不少贫民往台湾为人作场工。后来魏燕超县令请于上官，并移咨闽省，准镇人给照赴台湾耕作。由此大量镇平籍人往来于镇平与台湾之间，个体的“客子”群居在一起，渐渐地变成了集群体的“客庄”，镇平籍人士最终成为赴台最多的粤籍群体。镇平人往台湾垦殖，为早期开发台湾立下汗马功劳。康熙六十年（1721）夏，台湾朱一贵倡乱。镇平籍人李直三等召集镇平及邻县万余人起义剿逆，销田器为甲兵，与贼六战，贼大溃，随营助击王师生擒朱一贵于凤山西港下，平息叛乱。提督施世琅旌其里曰“怀忠”，名其民曰“义民”。清雍正十年（1732），台湾吴福生作乱，镇平获加功者有李瑞伯等二百三十二人。此后在清乾隆时期的林爽文叛乱中，镇平籍义民率团练义勇，为官兵先导，助官军固守城池。乾隆帝以粤人深知大义，特诏颁“褒忠”二字，额于广东义民之里门。坚韧进取、忠义爱国的精神一次次在镇平籍台胞中体现出来。

第四个认知：镇平虽小，中原华胄气质彰显。镇平由早期百越的蛮荒之地到隶属程乡时的瘴疠之乡，从石窟为“盗寇渊薮”到镇平为“岭东邹鲁”，实现了“民德归厚”的自我蜕变和华丽转身，除了生产力发展推动经济社会发展进步外，其官员的管治能力也有强烈的体现。古代县令为一县的行政首脑，既是政府之代言人，又是政策的具体执行者，还是一县政治、经济、文化诸方面发展之带头人。因而，其人之思想、人品、才华及业务素养，在很大程度上影响当地历史之发展。镇平的县令如沈惟耀、胡会宾、薛世望、程梦简、蒋弥高、魏燕超、许良臣、赵康、潘承焯等，自身有着深厚的文化素养，影响当地的文风民俗。他们又都把镇平当作自己的第二故乡，恪尽职守，以宽厚、明达、仁爱的儒家美德，己欲立而立人，己欲达而达人；一其心志，化俗安民，作育人才，用实际行动推动了镇平的文明进步与社会发展。如镇平第四任县令胡会宾，于明崇祯十年（1637）

草拟《清粮减编牍并议》呈送上司，请求减免赋税。第七任知县薛世望，于清顺治八年（1651）草拟《兴革条陈》八条，征求地方军民，讲求酌议存在利弊，逐一登报兴革条款，采择施行。再如清康熙六十年（1721）时任县令的魏燕超，恳请督学增加4名学额；以镇人地窄人稠，多食于台湾，而海防例严，苦无以渡，因而请于上官，并移咨闽省，准镇人给照赴台湾耕作，每岁资入无算。正是历史上的乡贤名宦，经过一代又一代的合力耕耘，若春风化雨，而使榛莽蛇豕之区的镇平蒸蒸丕变，一化而为礼乐文物之乡，彰显中原华胄气质，不断地谱写着壮丽的篇章，为后人留下了弥足珍贵的文化遗产。

一个有益的启示是，几百年之前产生的县志，之所以在今天仍然有其价值，就在于历史的纵深与未来的遥远，永远是在同一条直线上。它具有自本自根、传承薪火的恒久力量。文化要发展，但也要有根。要记住自己从哪里来，记住自己的根在哪里，这就是文化。文化是一种物象，是一种说不清、道不明却又实实在在存在于群体之间的一种浸润心灵的感觉。生存的经验在时间的浸泡中养成习惯，形成风俗。风俗、习惯烙印文化履痕，文化的情结总是悸动在人们心里，而文化的基因却长在地方的土壤里，在人们生存繁衍的空间播种灵魂和烙上印记。也许时空会变换，一些元素会被替换改造，然而地方的性格却始终充斥着文化的气质，引导我们前行。在这本书中，我们可以看到遥远先人的身影，可以了解到他们的思想，感受到他们的情感和智慧，辨认出他们一步步前行的脚印，最终帮助我们弄清楚我们是从哪里来的，经过怎样艰难坎坷的历程，有哪些光辉灿烂的成就，有什么经验教训值得借鉴。在此基础上才能明白我们要向何处去。它既足以为后人感到自豪，也非常值得后人借鉴继承。慧心的读者可由此而寻幽探胜，觅来龙去脉，通古今之邮；适当观照现实，以古观今，以今证古。在营营扰扰的红尘之中，寻觅到一处可让自己的灵魂得到休憩与净化的精神乐园。我以为，今天的蕉岭人站在新的起点上，应该了解镇平的历史，才能更好地把握蕉岭的今天：应该认识镇平的文化，才可知蕉岭这片沃土的神奇；应该感念往昔的辉煌，才能更加激发我们热爱故土的激情与建设家乡的力量。文化需要自觉，文化自觉是一个地方弥足珍贵的品格，它表现为对地方文化的感知和认同。没有文化自觉的坚实基础，就不可能有文化自信的精神信仰。镇平这块古老神奇的土地上孕育了灿烂的文化成果，更将成就富有创新精神的新时代的蕉岭人。今天的蕉岭人应该有这种文化自信。

值得一提的是，丁思深教授从点注康熙、乾隆两部《镇平县志》始，到撰写《话说镇平——点注〈镇平县志〉札记》一书的整个过程，我都是同步了解的。他在撰写《话说镇平——点注〈镇平县志〉札记》时，已年逾古稀。而他仍然秉持一颗文化情怀的心，笔耕不辍。通过他不懈地努力，换回了丰硕的成果和人们由衷的赞誉。广州市地方志办公室副主任、中国方志学会学术委员陈泽泓研究员“与丁先生素未谋面”“看过书稿后”“确有所感”而“当为撰序”。陈泽泓先生认为，思深先生“始于点校、点注旧志，进而解读、重构县志，乃至专题研究地情的经历，展现了一个旧志整理极有价值的模式。这一做法，未必是旧志整理的唯一途径，但要承认思深先生的实践及成果，无疑是为旧志整理及发掘历史提供了一个很好的范例！我以为此书对于推广读志用志，有值得借鉴之价值，对邑人、侨胞乃至有意了解蕉岭文化者值得一读，对研究客家文化者，或许从中能得到更多的有兴趣作深化研究的线索和话题”，陈先生充分肯定了此书的价值意义。

此外，邑人林瑞庭、丘济华、徐发等先生，都对思深先生赞誉有加，认为这是对蕉岭人民做了一件功德无量的大好事。诸多美誉，不一而足。还要补充一点的是，当康熙、乾隆版《镇平县志》点注出版后，我把书送到县委主要领导同志面前，县委主要领导同志一边端着点注版的县志在翻看，一边真情地说：“丁教授功德无量啊！”

我细读《话说镇平——点注〈镇平县志〉札记》，被其全新的景象和进取的气息深深感动。在书中，丁思深教授秉承历史唯物主义精神，解读县志，阐述对历史和文化的见解，横通纵贯，左支右取，用平民化的叙述方式去解构重组士夫化的典籍；在有限的篇幅中，又尽力扩大有关的信息容量，延展历史空间，表现出个人的深厚学养和审美境界。他没有迎合时风，投人所好，人云亦云，而是严谨做学问，颇得乾嘉学派的余韵，十分难能可贵。

思深先生在其大著付梓之前，至嘱我为序。我自知学识浅陋，难于胜任，然而又碍于盛情难却，只能以第一读者身份谈谈自己的一点感受，聊表区区，未敢言序。

2024 年 8 月 23 日于蕉岭故园

（本文作者张福系蕉岭县人民政府地方志办公室原主任、三级调研员）

目　录

概 貌 概 况

山 川 胜 迹

人 文 邹 鲁

八景钟灵

乡贤懿行

名宦风仪

宦绩品鉴

节 日 风 俗

自序：开篇起首话情缘

点注《镇平县志》，对我来说是一份情缘和信任。在花了近六年的工夫，点校完五华存世的四部旧县志后，本来想就此收山了。没想到在友人的撺掇下，竟又鼓起勇气对五华史志做了一些深入的研究，尝试充实完善《读志明邑札记》一书的内容，将原札记中介绍人物和介绍风物的内容独立开来，编成《长乐人物丛谈》和《长乐风物丛谈》两书。

在这个计划进行的过程中，2019 年 7 月的一天，蕉岭县方志办主任张福邀我和老同事何尚武教授，到蕉岭文福镇羊岃村参观丘成桐院士的祖居，分享他在策划“书香羊岃”“若夫公园”“怀仁里”等文化建设项目的心得。在参观完后的聊叙中，张福便探询我对点注《镇平县志》的意愿。

说实话，我与阿福早在二十多年前就有过交往接触，虽然算不上深交，但却可以说是在性情深处的相通，在精神上的心照不宣。这种纯洁真朴的交情，看起来素淡无奇，实际上是超越了世俗的物质利益交换，诚如中国古语所说的“素交”。前两年，听说他调到县方志办去工作了。蕉岭县委、县政府十分重视文化建设，近年来已有所闻。尤其是县主要领导颇具文化情怀，要求在构建“三宜城市”的过程中，必须深挖本土文化资源，融注自身文化特质。今日亲见，果如所言，给人留下深刻的印象。蕉岭人的这种文化情怀和文化自觉，让我由衷钦佩、肃然起敬。阿福以其聪敏的秉赋、丰富的阅历、睿智的识见和超然的身份，在这个过程中扮演了重要角色，策划了“书香羊岃”“若夫公园”“怀仁里文化长廊”等一系列项目的建设，获得了当局的器重和民众的认可。

阿福在这个时候想到我，让我来点注蕉岭的康熙、乾隆两部《镇平县志》，是因为他在方志办知道我这几年曾点校过五华的《长乐县志》，积累了一定的知识和经验。平心而论，点注旧县志，是一项琐细繁重的工作，是一项知识性非常高、专业要求非常强的工作，是一件耗时费力且不见名利的工作。我自知无论知识储备和能力水平，都存在一定的局限性；在知识的广博度和识解的莹彻性，都与专业要求有相应的差距。好在有过点校五华四部旧县志的历练，稍可弥补诸方面的缺陷。然而，把这个任务交给我，那么信任我，还是让我觉得有点惶惑和惊喜。岂不闻蕉岭俊彦硕士，人莫能过。济济多士，安竟及我？但转念又想，既然县里的党政领导都非常重视这件事，把它列入该县文化建设的一项重大工程，如果说我与阿福是彼此间的一份情缘和信任，而县领导的文化情怀和求贤若渴的境界，则不啻可说是一份礼遇了。

明乎此情缘，明乎此礼遇，我未能免俗，故而情动于衷，允诺下来了。

我是怀揣着一颗敬畏之心、一份文化情怀和一种工作责任心，既如履薄冰、战战兢兢，又扎扎实实、穆穆虔敬地开始投入点注县志的工作，目标是让具有一般阅读和理解能力的现代人，在阅读过程中不会出现障碍和困难，能够适合一般性理解的需要。这样的目标要求，才可回报那一份情缘、信任和礼遇的答卷吧。

阿福十分关注点注县志的事。在我刚开始点注工作不久，就与我聊起蕉岭县因康熙、乾隆两部《镇平县志》长期遁世，道光末年虽有黄钊的《石窟一征》，但毕竟是凭一己之力，为纠正官方《镇平县志》的多处谬误而编著的一部私修地方志书，而且是文言文，现代人理解它还有困难和障碍，造成现代民众对蕉岭历史认知的空白和缺失。然后他又一次以探询的口吻，看我在身体状态许可的情形下，在点注好《镇平县志》之后，能否像点校《长乐县志》之后一样，以《读志明邑札记》的方式，写出《说话镇平——点注〈镇平县志〉札记》一书，以帮助读者更好地了解蕉岭的历史文化。同时，阿福说，一旦你的书稿出来，一切出版事宜都由县里来承担。看到阿福真诚恳切的态度，我只好又一次允诺下来。

事实上，我在点注县志时，对于镇平由“盗贼渊薮”转变为“人文为岭南冠”的蜕变过程，就怦然心动过，戚戚于怀焉。在点注中，我就感到其山川的灵秀和人文的厚重，有过研磨、探究的想法。我曾经生发过以一个异乡人的视角，将县志中简洁冰冷的文字记述，通过自己阅读的体验、切身的感受、文化的凝思以及现代的解读方式，写出自己对镇平历史的认知。可以说，阿福的请求与我的心意完全不谋而合。

在写作过程中，我和阿福经常联系。特别是开始的时候，我把写好的几篇发给他过目，并征询他的感受如何？他非常认真地看了，而且诚恳地向我提出要求：一是观点要在不违背原文的基础上，尽量挖掘发现前人未能发现的东西；二是文字力求做到生动形象、通俗易懂，有可读性。他还建议我把书名改为《话说镇平——点注〈镇平县志〉札记》，这样简洁明了，读音响亮，更能接近普通读者。我对阿福的建议稍作思考，便接受下来。但考虑到这本书仅仅是我作为点注康熙、乾隆两部《镇平县志》读书笔记式的认知和解读，其范畴仅及县志所涉范围，其时间界限仅及广东镇平县的不到一半，因而需要有个副标题“点注镇平县志”来加以限制，这样才不致使人误解。类似这样的坦诚交流，一直贯串在我的写作过程中，我从中获益匪浅，兹不赘述。

此后，我的大学同学、蕉岭新铺人林瑞庭听到我在点注《镇平县志》，而且还有写作札记的计划，也十分高兴。他发来信息说：“听到了老兄在点注《镇平县志》和准备写作札记，以帮助蕉岭乡亲了解自己的历史文化，这是功德无量的好事情。蕉岭人民将会感激你、铭记你。期待能早日拜读你的大著。”热情洋溢的激励和期盼，让我更加珍惜这份情缘。于是，我又一次带着期待与想象，怀着激情与冲动，全身心地投入其中、陶醉其中，打叠精神，整理思绪，争取早一点把《说话镇平——点注〈镇平县志〉札记》写出来。

概 貌 概 况

一 百廿年成两部志

镇平于明崇祯六年（1633）置县，仅过四年至崇祯十年（1637），时任知县的胡会宾，即延请邑人、原任增城训导徐韶奏主持修志一事，开始纂修县志，并已成型。书凡八卷：曰“疆域”、曰“营建”、曰“版籍”、曰“官师”、曰“山防”、曰“人物”、曰“艺文”、曰“杂流”。今天仍可看到胡会宾为该志所作的序言，却未见有书出版存世。这是镇平县的第一次修志，甫建县四年即修志记事，实属罕见。

第二次修志是在清康熙二年（1663），知县徐履吉续修，但未出版。

第三次修志是在康熙十二年（1673），知县程梦简聘请邑举人黄殿楫主纂，修成并出版了第一部《镇平县志》。该志有进士、国子监祭酒、经筵讲官徐元文的《序》和进士出身、文林郎、程乡知县王仕云的《叙》，同时收录了胡会宾的《原叙》，并附有“镇平县图景”数帧。

一般人可能不知道徐元文是何人？徐元文（1634—1691），字公肃，号立斋，江苏昆山人。清顺治十六年（1659）高中进士第一，顺治帝称其为“佳状元”，赐冠带、蟒服、乘御马等，授翰林院修撰。康熙十八年（1679），出任修《明史》总裁，荐万斯同入史局，升国子监祭酒，充经筵讲官。康熙帝称赞他：“徐元文为祭酒，规条严肃，满洲子弟不率教者，辄加挞责，人人敬畏。后人不能及也。”后任左都御史，官至文华殿大学士兼翰林院掌院学士。徐元文为状元，其弟徐乾学为探花、徐秉义是进士出身，兄弟三人皆官贵文名，号称“昆山三徐”。国子监属于朝廷最高学府，祭酒是中国古代中央政府官职之一，掌大学之法与教学考试。程梦简能得徐元文青眼赏识并为县志作序，是给予最高的抬举奖赏了。

程梦简为此志制定了“凡例十则”，为每卷卷首撰写了“小叙”。该志原为八卷，而实际内容仅存五卷为：“舆地志”“赋役志”“官守志”“人物志”“祀典志”。余下的卷六至卷八“山川志”“艺文志”“杂志”等三卷，俱有目无文。是什么原因使后三卷不全呢？没有人能说得清楚。也许是印数少，后来因战乱灾害的原因，后三卷竟丢失了。尽管这部志为残本，但为后来修志奠定了基础，此后修志都是在原编上增补更定之。

第四次修志是在康熙二十六年，知县蒋弥高因“今天子振兴文教，纂集通志，令天下各绘舆图以进，而史馆复征郡邑诸志，藏之天府，以备掌故。列在外服，莫不恪恭承事，独镇平以黑子地，介在天南，虽邑乘已有成书，而十余年事迹犹有缺略而未备者，只节录以应采取，非所以光盛典、昭臣职也”“余甫官是土，百废未举，遽奉纂修之檄，爰辍冗从事，取胡、程两君原编而更定之”。可知这次修志是在蒋弥高莅任不久，奉旨纂辑县志，故在康熙十二年（1673）所纂的《镇平县志》基础上完成的。书稿纂好了上缴完旨，也未出版。

第五次是在雍正五年（1727），知县沈廷鹤“又因蒋本添入四十八年之事”，亦未出版成书。

第六次修志是距上一次修志又过了五十三年后的乾隆四十五年（1780），知县潘承焯刚刚在此年冬莅任，邑举人何清风等“谒见陈辞，且援上官檄，以重修县志为请”。乾隆四十六年（1781）春，潘承焯“即延余杭王君应亨，开局增修”。潘承焯亲自指授纲领，斟酌体裁，修改订定，历经八个月的时间，书稿已定，行将付印，却因丁内艰而回籍守孝。乾隆四十七年（1782）春，接任的县令吴作哲，把潘修县志书稿上呈。但上峰觉得过于冗滥，驳回重新刊正。知县吴作哲只好重新搜罗点窜，删繁补缺，终于在乾隆四十八年（1783）秋，付梓刊印了由潘承焯重修、吴作哲续修、王应亨主纂的第二部《镇平县志》。该志收录了潘承焯的《重修〈镇平县志〉序》、吴作哲的《续修〈镇平县志〉序》和邑举人何殿屏的《叙》。该志共六卷为：“疆域志”“赋役志”“典礼志”“职官志”“人物志”“艺文志”。正文前附有“镇平县通邑图”“县治图”“县署图”“学宫图”“镇平八景图”。

比较这两部县志，姑且不论康熙志缺了三卷，即以所存有的条目的内容而言，康熙志因置县时间短，因而资料的收集整理有限，所志不可能多。所志比较多的是“赋役”方面的现成资料，占的比重很大，包括明“崇祯十二年的原编旧额”亦全部收入，保存了珍贵的资料。但如对“物产”的“木之属”仅记载“为桐，为枫，为榕，为松，为槐，为冬青，为梨”七种，所志寥寥，显然是调查了解不足所致。乾隆志在一些条目的末尾有“续史氏曰”，是对条目的内容有所评述或说明。它应该是吴作哲自己写下的基本观点。客观而论，由于乾隆志是后出承继，自然应该是后出愈精。其记载所涉的面宽广了，内容丰富了，品类亦齐全了，记述亦详细了，文献性更强了。当然，这里的比较并非要说明其中的优劣。我们不能苛责先贤，历史的条件有相应的限制，世界上的任何事情都不可能有十全十美。

以镇平从始置县迄至出版第二部县志，时间跨度不过一百五十年，有过六次修志的记录，真可谓是承前启后、锲而不舍，重视文化建设，给后世留下了珍贵的文献资料。

二　寻觅县志几艰辛

我国从明代开始，改变宋元以前的传统，实行“前志不废，后志为续”做法，逐渐使方志续修制度化。特别从清雍正时期起，对修志均有详细的规定和明确的要求。雍正时规定各州县每六十年一修；乾隆时规定省志三十年一修，县志十五年一修。当然在实际执行中并不一致，也无法做到。有的相距五六十年，有的相距七八十年甚至一二百年，但由于历代政府的重视，各地普遍编修方志，绝大多数地方的方志一修再修，连续编修两三次以上的省府州县志不下半数，甚至四修、五修或更多次数。

嘉庆、道光以后，镇平再没有续修县志，实在令人费解。而更令人扼腕叹息的是康乾时代所修的两部县志，也在很长时期内没见传世。光绪六年（1880），古焘为黄香铁《石窟一征》作跋：“焘思兵燹后邑志无存，是书不啻邑志矣！”宣统元年（1909），济南张延庆知镇平县事，撰了一篇无题短文，亦予证实："己酉季夏，延庆来宰斯邑，亟觅县志，迄无所得。嗣奉调查局札征是书，遍询各绅，仅徐荣禄第存有一部，其首数页已漫漶不可辨。据云，此特为重修县志之蓝本，未便呈缴，因以赖武孝廉所赠《石窟一征》代之。"全文见于断碑，现藏蕉岭县博物馆。

由此可知，早在光绪年间，就已经是"邑志无存"了。而到了宣统元年（1909），知县张延庆又一次"亟觅县志，迄无所得"，而后遍询各绅，在城内的徐姓荣禄第府中存有一部，但开头数页也已经因年代久远遭磨损而模糊不清。为了此后重修县志把它作为依据的底本，没有上缴上去，只好用赖武孝廉所赠送的《石窟一征》去代替。

黄香铁的《石窟一征》"师李艾塘《扬州画舫录》例，不居志之名，而其事迹较志为详尽。有是书而足以知古今之沿革，芟薙之经营，天时人事、成俗化民以及典礼文章，皆得有所考据""是书非第一邑之事有所取征，而一省一州皆散见于各门。其云一征者，谦辞也。"[①]（余树畴：《石窟一征》序）黄香铁知道其书是凭一己之力，对镇平过往的历史事迹进行考求征信、辨讹正误。不是官修不能算"志"，至多只能说是"准县志"，但其价值则不可估量。

康熙、乾隆版两部《镇平县志》长期失传，特别是经历太平天国运动后，以至后来普遍认为《镇平县志》可能绝迹人世了。这是不争的事实，也引起海内外蕉岭乡亲的关注，因而多方寻找，到二十世纪八十年代终于有了结果。据台湾《重印〈蕉岭县志〉赘言》："乡亲林鸿标先生，近年费尽心力，辗转远托亲友，多方寻求，终于在美国国会图书馆觅得中华民国五年缩印版本之《镇平县志》，此县志影印本（内列崇正年号，经查清乾隆年间重修时，执事者因明崇祯与清胤禛'即雍正'两君主名祯，为避讳起见，将'崇祯'改为'崇正'），为目前东南亚唯一珍本，视同无价之宝。"[②]林鸿标先生为台湾交通大学毕业生、矿学专家，深具文学素养，

① 黄钊纂修《石窟一征》，《广东历代方志集成》第40册，岭南美术出版社，2009年，第209—210页。

② 《镇平县志》，台北市蕉岭同乡会，1987年重印，第4页。

蕉岭同乡会及嘉应同乡会均聘其为会刊总编辑。他对乡土文献十分关心，由此致信其谊子、正在美国马利兰州立大学就读天文学博士李海天先生，请其就近去美国国会图书馆查寻《镇平县志》绝本，刚好就珍藏在图书馆内，经商洽同意复印一本寄回台湾。1987 年 8 月，台北市蕉岭同乡会予重印分发海内外乡亲，大陆方始见到经改版印行的乾隆《镇平县志》。

近年来，蕉岭县方志办跑遍潮州市、广东省图书馆和国家图书馆去寻找旧县志，都没能找到。最后又回到广东省方志办，兜了一大圈在《广东历代方志集成》，找到了康熙版和乾隆版的《镇平县志》。乾隆版《镇平县志》是“据美国犹他州家谱中心胶卷影印、原底本藏日本国立公文图书馆藏”的刻本。康熙版《镇平县志》为国家图书馆藏本。虽是残本，尤为可贵。实际上，在道光年间生活的黄香铁也没能见到过康熙版的《镇平县志》。他在书中指称的“邑志”都是指乾隆版的县志。世人大都以为已经在人世绝迹了，不想却在国家图书馆中尚存有真正的孤本。这真是“冥冥之中如有神助”，天意不绝斯文啊。

旧县志都是繁体字、无标点、竖排的版本。现代人阅读必然存在一定障碍和困难，所以要把旧县志点注出来，让生活在今天和明天的人们能够阅读，通过阅读而知其所自。

三　辨方正位话沿革

康熙《镇平县志》卷一《舆地志·小叙》云：“地里之沿革，溯所自也。”这话的意思是地理沿革和变迁，让人们向上追溯可以知道它的源头所在。作为县一级疆域行政区的变迁，即历史沿革，向来是县志记载的主要内容之一，因其为确定一个县的地理位置和空间概念提供了方便。

康熙《镇平县志》卷一《舆地志·小叙》云：“惟王建国，辨方位，以为民极。盖君制方以理，民依方以生。”是引用《周礼·天官·序官》记载：“惟王建国，辨方正位，体国经野，设官分职，以为民极。”最早的“方”与“位”是分开使用的，代表两个不同的意思。“方”代表一个区间，是古人从立杆测影中观察得来的。“位”象征着人所在的地理位置。这段话的意思是建立国家、安定人民，体察国家四方的国境，辨正方向，建立国家首都的位置，确定人民居住的环境。

通过各种形式，记载各地的自然地理和人文地理的现象，这是传统沿革地理学。传统沿革地理学是我国古代学者的传统之一。这一传统，至少可以追溯到战国时期成书的《禹贡》。自班固的《汉书》开始，历代正史大多设有《地理志》(或称《郡国志》《州郡志》《地形志》等)，用来反映当代和前代的政区沿革以及其他的人文地理与自然地理现象。此外，从南北朝时期郦道元的《水经注》，到唐宋以来编撰渐成风气的全国地理总志和地方志，从宋代王应麟的《通鉴地理通释》，到明代王士性的《广志绎》、顾祖禹的《读史方舆纪要》，无不注重记载各地的地理现象。有的是记载当代的地理现象，有的则考证、追溯已经消失了的地理现象。这种对已经消失了的地理现象进行考证和追溯，人们便称之为沿革地理。沿革地理是历史学的一个组成部分，记载或研究沿革地理的主要目的，是为人们阅读史书时提供特定的空间概念，并借以了解各地的地理差异。到了清代，经过乾嘉学派学者的努力，沿革地理学的成就达到了新的高峰。

镇平于1633年置县。镇平在置县以前，原属程乡、平远两县的辖地。程乡、平远都属潮州郡的辖地，而潮州郡的地理位置，在《禹贡》中属扬州之域。在远古的夏禹时代，由于人口少，那么大的天下才分为九个州。康熙《镇平县志》卷一《舆地志·分野》云：“盖扬州，在《禹贡》分天下之半，潮郡属焉，镇邑亦系焉矣。”扬州占据了半个中国的地域，而处在南越的镇平也属于扬州的辖地。以今人来看，蕉岭距离扬州那么远，简直有点不可思议。而从地理方域学的发展上来说，为适应管治的需求，县的方域变化自古及今的发展却是由大到小的。

在春秋战国的时候，镇平属“百越之地”。“百越”之称谓源于先秦古籍对南方沿海一带古越部族的泛称，又称古越族或越族等，因这些古越部族众多，故谓之为“百越”。《吕氏春秋》统称这些越族诸部为“百越”，其它文献上也有“百粤”“诸越”等称谓。“越”或写作“粤”，因古代“越”与“粤”相通，到近代才较为区别。汉朝之后其地改为郡县，此后“百越”

这名称不见于史载，“越族”之名也十分罕见了。据《汉书·地理志》记载，百越的分布“自交趾至会稽七八千里，百越杂处，各有种姓”。也就是从今江苏南部沿着我国东南沿海的上海、浙江、福建、广东、海南、广西及越南北部这一长达七八千里的半月圈内，是古越族人最集中的分布地区；局部零散分布还包括湖南、江西及安徽等地。

秦始皇三十三年（前214），秦始皇发兵平南越，设南海郡，镇平地属南海郡龙川县。

汉高后吕雉五年（前183），拆分龙川县为龙川、揭阳两县，镇平地属揭阳县。

三国吴（222—280）时，镇平地属东官郡，仍属揭阳县。

晋太康元年（280），改东官郡为义安郡，镇平仍属揭阳县。

东晋咸和六年（331），镇平地属义安郡之海阳县。

南朝齐建元元年（479），分海阳县为海阳、程乡两县，镇平地属程乡县。而“程乡”一词的出现，是因处士程旼以行谊化其乡，于是就用其姓来名这个县。就像江西的袁州，因境内袁山而得名（《元和郡县志》），治宜春县（今为宜春市）。袁山，又因东汉隐士袁京不乐仕途，曾在稍大的山中隐居，潜心读书讲学，并在死后葬在这里而得名。隋开皇十一年（591）置，大业初改为宜春郡。唐武德四年（621）复为袁州，辖境相当于今江西萍乡、宜春、分宜、新余等市县地。天宝、至德间，又曾改为宜春郡。还有浙江的严州，“以严子陵名”（郭子章：《郡县释名·浙江上》），辖境相当于今浙江建德、淳安、桐庐等市县地。

程乡是在“（隋）大业间，绥安、义招废。有程乡、万川二县，是程乡之名始见于此。乾元间乃罢其余，独有海阳、潮阳、程乡三县”。

南朝陈永定元年（557），设潮州，以程乡、海阳、潮阳属之。是潮州之名始见于此。此后无论程乡、平远、镇平，俱隶属潮州，直到清雍正十一年（1733），升程乡为嘉应州。

五代南汉乾和三年（945），置敬州，即为后来的梅州，领单一的程乡县。

宋太祖开宝四年（971），改敬州为梅州，因“敬”字为宋太祖之祖名敬，需避讳，改为梅州；一说改为“恭州”，以恭代敬，也是一种避讳。

镇平地属梅州。

元世祖至元十九年（1282），升梅州为梅州路。“路”为元朝时期，除中书省和行省以下的直属“道”管辖的国家第三级行政区划，依次为路、府、州、县。

明太祖洪武二年（1369），经过元末农民战争，梅州人口大量减少。明太祖因人口少而废梅州路，复称程乡县，隶属广东布政使司潮州府。

以上的历史变迁都是比较遥远的事情。

明嘉靖四十一年（1562），当时划福建之武平、上杭，江西之安远，惠州之兴宁、潮州之程乡等各县所辖的部分地区，初置平远县，隶属江西赣州管辖。平远在置县之前，亦属程乡县的辖地。或者说，最初的程乡县包括了今天的梅县、平远县和蕉岭县三个县。

才过了二年时间，到嘉靖四十三年（1564），新置的平远县在管治上存在诸多不便因素。因而朝廷听从百姓的议奏，把从武平、上杭、安远三县割地退回原省，拆分出程乡之义化、长田、石窟、石正等都，及兴宁割大信一里附置于义田都，合为一县，这是历史上第二次设置平远县，隶属潮州。镇平之置城地址古怀仁里及其最富庶之石窟河平原，均属平远县辖地。

从第二次置设平远县起，又过了六十九年，至明崇祯六年（1633），这是一个重要的历史节点。当时，以徐徽为首的石窟士民一再“呈乞移平远治城于其乡”，尤以“徽诣各宪，条陈建县以治之”，请置镇平县。两广总督熊文灿采纳了赖其肖和徐徽的呈文，权衡利弊得失，作《建城疏》，奏准朝廷析平远之石窟一图、石窟二图和程乡之松源第二图、龟浆第二图，设置一个镇平县，隶属潮州。从这时起，才有了一个独立的广东镇平县。

清雍正十一年（1733），因人口的增长，复升程乡为嘉应州，统领平远、镇平、兴宁、长乐四县，一州领四县加上州治程乡，所谓“嘉应五属”始由此产生。在整个明代，延续到雍正十一年以前，人们习惯将程乡及潮州所辖各县，包括海阳、潮阳、揭阳以及在成化十三年（1477）所设的饶平县，嘉靖三年（1524）所设的惠来县，嘉靖五年（1526）所设的大埔县，嘉靖四十二年（1563）所设的澄海县、普宁县，嘉靖四十三年（1564）所设的平远县，还有崇祯六年（1633）置设的镇平县的各县之民，统称潮州人。兴宁、长乐两县则不以此称。

清嘉庆十二年（1807），大吏奏申嘉应州为嘉应府。十七年（1812），又改为州，是为嘉应州镇平县。

民国元年（1912），废嘉应州，镇平县隶属广东省直辖。民国三年（1914），因河南省已先有“镇平县”，广东之镇平县易名为蕉岭县。从1633年始置广东镇平县，“广东镇平县”的名称历时281年的历史，而后翻开了“蕉岭县”这一新的篇章。

辨方正位，溯回历史发展的进程，对于明确我们自己所处的地理位置，了解其历史沿革变化有积极的意义，有助于我们认识历史，认知自己，增强乡土意识，增进故土情怀。

四　割里分疆说变迁

据2020年版郭真义主编《梅州文化通史·正德年间“虔台”对梅州的治理及成效》载：地处万山峻岭之中的梅州与闽粤赣边区的其他地方一样，在明代初期还属于尚未完全开发的山区，人口稀少，数十里不见民居。明代中叶以后，农民赋税负担日趋加重，加上自然灾害等，使得大批农民不得不离乡背井，沦为流民。到英宗正统时，出现了全国性的流民运动。而梅州由于仍有大量未开垦的荒地，成为当时流民流入的重要场所。这些流民的到来使梅州“地旷人稀”的生态面貌得到了改变。但是，流民活动对明廷来说是非法的，他们不计于版籍，身不役为差徭，出入自由，习成野性，“昼则下山耕种，夜则各遁山寨为贼”，造成当地治安形势的恶化，官府疲于对付各大大小小的流民武装。更为严重的是，为盗之风气的蔓延已经使有些地方出现了民和盗不分的情况。这种现象在整个闽粤赣边区都是如此，因而催生了一个特殊的官僚机构——“虔台”。

明代中期以后，闽粤赣边区“壤地相接，山岭相连。其间盗贼不时生发，东追则西窜，南捕则北奔，盖因地方各境事无统属，彼此推调，难为处置”（《重修虔台志·敕书》卷一）[①]。为了应付这种局面，明弘治八年（1495），明朝廷设立“巡抚南赣汀韶等处地方提督军务”，简称“南赣巡抚”。因巡抚系都察院差遣职官，而都察院由御史台发展而来，南赣巡抚驻地赣州则旧称虔州，故明代人将南赣巡抚衙门称作“虔台”。

南赣巡抚衙门的辖区累有变动，比较稳定的是江西的南安府、赣州府，福建的汀州府、漳州府，两广的南雄府、韶州府、潮州府、惠州府，以及湖广的郴州等八府一州之地。而梅州的境域当时分属于潮州府和惠州府，自然在南赣巡抚衙门管辖之内。虔台的职责以剿盗平寇为主，然而实际运作中则对地方政务介入很深。可以说这一时期，梅州的事务是由“虔台”与地方官府共同管治的。

南赣巡抚衙门设立后，曾于弘治十六年（1503）撤，正德六年（1511）复置。复置之前，南赣巡抚衙门对梅州的治理情况，已经难以见于史籍。而复置后，南赣巡抚衙门在处理日常重大事务都有记录，后来官修成书，名为《虔台志》。《虔台志》记录了自弘治八年（1495）至天启三年（1623），共一百二十八年间赣湘粤闽的诸多史实，是一部重要的方志著作。然而，《虔台志》入清后在国内已失传，直到近期才在日本重新发现。所以，清道光年间的邑人黄香铁在写作《石窟一征》时，也没有见到过这部《虔台志》。《虔台志》的重新发现，对我们了解平远和镇平两县的历史沿革变迁有很大的帮助。

复置后的正德年间，南赣巡抚衙门历经五位南赣巡抚，而对梅州影响较大的，主要有周南、王守仁两人。周南是复置“虔台”后的第一任南赣巡抚，于正德六年（1511）十月到任。当时梅州境域及其周边地区已经形成大量的“贼窟”。周南采用军事围剿和招安两手并用的办法解决地方治安问题。王守仁施行十家牌法、订立乡约、置舍旧图新簿和派人对各“贼巢”进行招降，同时集中兵力打击重点对象，采取多管齐下、综合治理的手段，从根本上解决流民武装据险负固而作乱的痼疾。可以说，以王守仁为代表的历任南赣巡抚的文治武功，对梅州的社会发展产生了深远的

① 引郭真义主编《梅州文化通史》，中国文联出版社，2020年，第241页。

影响。

随着南赣巡抚衙门平“盗”行动的推进，地方社会控制的治理体系也有所完善，这主要体现在紧要关隘处添设巡检司和偏远之地新设县治。平远县正是在这样的大背景下设置的。

然而，平远县的设治却经历了曲折的历程。现今平远县的境域，在其设县之前是广东程乡、江西安远、福建武平三县交界之地。这里崇山峻岭，地形地势极为复杂，是流民聚集之地，加之程乡、安远、武平三县的辖地面积大，是地方政府管治难以到达的地区，也是“寇乱”产生最密集的地方。因此，建立政权机构，加强管治成为这一地区最为紧迫的问题。实际上，早在明正德年间，有人就曾提出在闽粤赣三省相交地带设立州县的动议。南赣巡抚陆稳《添设县治以杜三省盗源疏》：“故正德年间，巡抚周某查访四县之中。虽山嶂万迭，实多宽广平地、膏腴田土。只因离县太远，政教不及，民易生乱。议于适中之处建立一州，以四县属州管辖。”[①]吴百朋《分建长宁县疏》：“正德五年，该县贡生林大纶等具呈乞于地名李福湾三省巢峒之冲建立州治以控制之。”[②]但是，由于新设州县涉及对原有县份的分割和税赋的增加，江西、广东、福建三省对应割县份及增赋执论不一，当事者亦莫能坚持，动议旋随罢（《重修虔台志·事纪》嘉靖四十一年条）。随着这一地区动乱的加剧，其对周边区域社会治安造成的影响也越来越大，使得明朝廷再也无法忽视对这一乱源问题的治理。嘉靖三十八年（1559），范钦接任南赣巡抚，他一到任就看到闽粤赣交区“四郊多垒，如程乡一县村落为巢，邻封老稚不能一日安枕”[③]（《重修虔台志·事纪》嘉靖四十一年条）的现状，尤其是“程乡县豪居、太平营等处，四面俱系招抚贼巢，自豪居东抵福建武平县界八十里有悬绳等巢，南抵本县义化都东石四十里有仙花峒等巢，西抵江西安远县界一百里有丹竹楼及兴宁县大帽山等巢，北抵安远县界五十里有项山、腰古、黄乡保等巢，自永乐以来屡烦兵革，近年差干等又劫掠福建永安、江西南丰等处，虽旋就殄灭，而

① 引郭真义主编《梅州文化通史》，中国文联出版社，2020 年，第 284 页。
② 引郭真义主编《梅州文化通史》，中国文联出版社，2020 年，第 284 页。
③ 引郭真义主编《梅州文化通史》，中国文联出版社，2020 年，第 284 页。

余孽尚存，反侧未定”[①]。同样，程乡士民也一再请求岭东道巡守加强对这一区域的防守。于是，范钦决定“于豪居适中之所，离程乡县治二百余里筑城建馆，拨兵守御，于潮州府添设捕盗通判一员驻扎其地，附近县份亦听兼理，遇警会同调兵截杀”[②]。范钦的建议获得了嘉靖帝的钦允。豪居通判府馆遂于嘉靖三十八年（1559）开始动工兴建。嘉靖三十九年（1560）夏五月土城筑成，范钦向朝廷请求添设潮州通判，驻豪居捕贼（《重修虔台志·事纪》嘉靖三十九年条）。豪居通判府馆之设，为后来平远县的设立奠定了基础。

在南赣巡抚范钦兴建豪居通判府馆之时，参将俞大猷就向朝廷表达了自己的不同意见，他认为通判府馆的设立对于抑制这一地区的“寇乱”根本起不了作用。他说：“此终非长策，以一通判之兵力何足恃，而蜂屯蚁聚之丑类可易制乎哉？迩者，诸巢要隘非不设有抚民通判公馆，而卒不能禁贼之出没，已事较然可睹矣。”因此，他主张在“程乡、兴宁、安远、武平之中设一州治，以四县属之而隶赣州”，这样才是“一劳永逸，千万年久安之计”（《重修虔台志·事纪》嘉靖四十一年条）[③]。嘉靖四十年（1561），时任南赣巡抚陆稳将俞大猷的建州意见“咨之岭北二道，靡不皆然”。于是，明廷“议割程乡、兴宁、安远、武平四县之地以立州，仍以四县属之”。但是在州城设立地点上，各县均欲设立在本县，互执未定。“程乡民欲城石窟、大柘，兴宁民欲城礼福湾，武平民欲城千户所。”[④]（黄香铁：《石窟一征》卷一《征抚》）同时，对于新设之州归属哪个省也是互相争立、颇难定夺，“盖欲以新设之州隶于广东布政司，则武平、安远欲其随州以远属于广东布政司则难也；欲以州隶于福建布政司，则兴宁、程乡、安远欲其随州以远属福建布政司则难也；欲以州隶于江西布政司，兴

---

① 引郭真义主编《梅州文化通史》，中国文联出版社，2020 年，第 284 页。

② 引郭真义主编《梅州文化通史》，中国文联出版社，2020 年，第 284 页。

③ 引郭真义主编《梅州文化通史》，中国文联出版社，2020 年，第 28 页。

④ 黄钊纂修《石窟一征》，《广东历代方志集成》第 40 册，岭南美术出版社，2009 年，第 215—216 页。

宁、程乡、武平欲其随州以远属于江西布政司则难也”。[①]（俞大猷：《正气堂全集》）这也导致建州之议拖而不决。俞大猷在考虑各种情况后，又提出新的方案，既以程乡的豪居刚建的城为州城，又“因近筑太平营之城五百丈者，以为州城”，并割程乡县的豪居、木溪、漂洋等60多个乡村，割兴宁县的郭坑、满坑、蕉坑、大信等九个乡村，割武平县的蕉头坝、军营、横坑等六个乡村，割安远县的李福湾、青龙寨等14个乡村，立为一州，以此州属江西布政司赣州府（俞大猷：《正气堂全集》）[②]。

除了州城地点的选择之外，还有增赋的问题。因为州治之设，需要有相应的赋税来源以支持州县衙门、营房开支。原本预想程乡、兴宁、武平、安远四县总共可以割米六千七百石，但俞大猷经过调查后发现实际情况与之前预想的不一致，实际“查四县会算，共有人丁三千二百八十七丁，粮米二千零五十三石三斗六升九合”，由于“丁粮数少。欲再着割凑，则各县差徭实恐难支”。南赣巡抚陆稳也认为“所割丁粮数少，原于州治不称，再割又难乎为县矣”（《重修虔台志·事纪》嘉靖四十一年条）[③]。

经过一番论证和调查，最后决定在闽粤赣边区不设州治，而是“照福建之平和、江西之崇义”的做法，设立县治（《重修虔台志·事纪》嘉靖四十一年条）。嘉靖四十年（1561），明廷决定撤销豪居通判府馆，在其基础上再割福建之武平、上杭，江西之安远，广东之兴宁四邑之地设立新的县治，隶江西赣州府。嘉靖四十一年（1562）仲夏，县成。因其介于武平、安远之间，故名平远。（嘉庆二十五年《平远县志》）

因首置平远县割广东、福建之地隶江西赣州府，自然会损害广东、福建两地利益。其次，仅设平远县的话，还不足以从根本上解决“盗”的问题，还需要其他相关措施来配合。所以，俞大猷还提出了其他的补充平衡措施：

一是议羊角水为驿。羊角水位于会昌县，在平远县的北面，是平远县通往会昌的必经之地，属于要害之地。设县后，官员公差员役时常往来，

① 引郭真义主编《梅州文化通史》，中国文联出版社，2020年，第285页。

② 引郭真义主编《梅州文化通史》，中国文联出版社，2020年，第285页。

③ 引郭真义主编《梅州文化通史》，中国文联出版社，2020年，第285页。

但平远到会昌有三四日程，夫马远涉甚难，因此可添设一驿。也有官员提议在此再立县，但俞大猷认为周围丁粮少，不合适设县。他还提议将会昌守备移扎羊角水，并拨会昌所军一百名，总兵衙门原有在南韶上班旗军八十名，郴、桂原有上班旗军八十名，俱移扎羊角水，并修筑旧日军堡，平时以守备管束防守，一旦有警情则由总兵调用，以此更好地保一方平安。

二是议添设松源县治和三图县治。俞大猷认为立平远县后，程乡西北一带可以久安，但是东北一带的松源、龟浆等处贼巢与大埔、上杭之三图上下水等处贼巢相连，每每朋比为乱。上杭、武平二县也是盗贼出没的地方、流毒之地。他曾单骑亲至其地考察，宣谕威令，但这些地方山深路远，官府对百姓德礼教化缺失。基于此，建议添设松源县治和三图县治，对这些地方加以管理和教化，周边地带平安了，也有助于平远的平安。

嘉靖四十一年（1562）十月，吴百朋接任南赣巡抚。由于首置平远县后，俞大猷提出的补充平衡措施因各种原因一直难以落实，广东、福建两地均有所不满。同时，被割入平远新县的原广东兴宁，福建之武平、上杭当地民众也一再向其议奏，表达不便。所以，嘉靖四十三年（1564），吴百朋从里人议奏，将原来所割之福建武平、上杭，江西安远之地分别归还原县，另外分程乡之义化、长田、石窟三都，并兴宁之大信一里附义化、长田都，合为一县。这就是二次置平远县，隶属广东潮州府。县治之所仍定在豪居，以原通判府馆为基础。

由此看来，镇平原属程乡县，后来被割入平远县。平远县也曾被割来割去，有过属江西赣州府的一段历史。二次置平远县后，镇平地域属石窟都所辖。由于平远县城豪居位置较偏，与被割入新县的原程乡石窟都相距百余里，崇山叠嶂，易以藏匪，官府难以对石窟实行有效的管治，常有外面匪徒乘机潜入煽动，因而石窟河一带“寇乱”多发。崇祯元年（1628），发生了“石窟寇变”。五总贼苏峻、龚义、钟岳、韩元、汤庆，是五位归顺把总，其后复作乱，被称作“五总之乱”。他们掳掠大密径上下数十里，攻破石窟，复攻平远城。此后有刘勾鼻攻会昌、定南等县，三省震动。崇祯三年（1630），钟凌秀、陈万在江西会昌、福建武平聚众举义，八月攻程乡。每当石窟发生“寇乱”时，“守土者议移师覆其巢，而石窟士民不从贼者，有玉石俱焚之惧”，所以，石窟士民一再“呈乞移平远治城于其乡”。“当事者谓干戈未定，复兴大役，非安集之计。”不久，平城士民亦对将平远治城移到石窟表示反对，认为“两地相距百余里，遥治为难，若实彼而虚此，恐后之视平远，犹今之视石窟也”。由于“石窟士民恳请益力”，终于在崇祯六年（1633），平远割石窟一图、二图之地和松源之第二图、龟浆之第二图，合建新县，一个新县即镇平县从此诞生了。

五　四邻八境分界明

康熙《镇平县志》卷一《舆地志·小叙》云：“分界之定域，昭所统也。”其意为划分的界域，明确管治的范围。镇平自置县以来，县治署所设在怀仁里，从未变过。县域的分界、管治范围，四邻八境也可以说一直固定未变。

镇平县的地理位置在北纬24° 25′—24° 53′，东经116° 01′—116° 22′之间，位于广东省的东北部，是福建、广东、江西三省的结合部地区。

镇平县原割程乡县之龟浆第二图、松源第二图，又割平远县之石窟一图、石窟二图，共四图为镇平县治。故康熙《镇平县志》卷一《舆地志》有关于镇平与“程乡平远分界考”一节，专门记载由镇平县城通及东西南北的四邻八境，与程乡、平远及福建武平的分界地点、地名、属限及里程，甚至“分界凿石分明”，竖碑以示。具体为：

东由城至胡椒径三十里，又至龙牙三十里为程乡县界。自界首至程乡县六十里。

城东由九曲岭至蓝坊大峰嶂、猴子额止三十里，外程乡县龙牙界。又，自县三十里至苦竹坪兰园畲止，外程乡县檀树岗溪上界。

西由城至徐溪三十里，至东石二十里为平远界。自界首至平远县三十里。

城西自塔子渡至徐溪铁山嶂、石门阙、柑子窝三十里，阙内属镇平，阙外属平远。其龙过石、东桃岭、黄坑等处，外属平远十二排、寒坑地方。

南由城至金沙三十里。又，至石峰径十五里为程乡县界。自界首至程乡县四十里。

城南自三圳圩至九岭渡、金沙、新铺、石峰径五十里止，径内程、镇两县分界，凿石分明。又，有南山嶂向北属镇，向南属程。其嶂下奇峰寺，上属镇，下属程。又，龙相斗、油坑、下佛祖高，外程乡脚头径界。其油坑山，名凌公坑，向西属镇，向东属程。

北由城至叶田三十里。又，至岩前镇五里为福建武平县界。自界首至武平县四十五里。

城北自丰田、员子山至大密径、叶田、鲜水塘四十里分水处止，外武平寒婆岃界。又，红畲峰一带大山南向属镇平，北向属武平。

东南至高思乡四十里。又，至松源一图四十里为程乡县界。自界首至程乡县九十里。

东南至高思南山大庵场三十里止。外程乡县倒车界。又，天地凹定光庵止。外程乡溜下界。

西南至洪福宫三十里。又，至热水二十五里为平远界。自界首至平远县四十里。

西南三十里至龙南畲甜竹凹止，外程乡县界。

东北至石磜五十里。又，至婆畲二十五里为福建汀州上杭县界。自界首至上杭县六十里。

东北至胡椒径、石磜、磜头九十里止。外程乡松源界。又，自县九十里至当风岭、鬼田，外茅磜峰，武平县地。又自县八十里至黄佑、笙竹园止，外武平大畲界。

西北至白沙潭三十里，又至镰子渡二十里，为武平县界。自界首至武平县六十里。

西北自长潭至八溪、茶源坑二十里止，外燕尾山脚系平远地。又，自县三十里至社前岭及下箬菜止，外武平米坑界。

计东西相距八十里，南北相距七十里，自县至府三百六十里，至省陆路四百里，至老龙入舟水路一千二百里至广州府，至京都九千二百六十里，至江南省四千一百里。

同样的内容，现代的表述是这样来的：

蕉岭县四境，东以南磜镇与梅县松源为界，东南以高思与梅县隆文为界，南以新铺镇的油坑、北方两村与梅县的白渡、石扇为界，西沿石窟河上游、铁山嶂诸山与平远县为界，北以广福镇、北磜乡与福建省武平为界。县境东西最宽 39 千米，南北最长 51 千米，全县总面积 957.1 平方千米，是八山一水一分田的山区小县。

以蕉城为中心，东至梅县松源界 33 千米，东南经高思至梅县龙牙界 35 千米；东北经石磜水尚田与福建省上杭县婆畲连界，40 千米；南经新铺至石峰径与梅县石扇界，30 千米；西经徐溪至平远县东石界，43 千米；西南经徐溪洪福宫至平远县热水界，43 千米；西北经长源、白沙潭至福建省武平县镰子渡界，30 千米；北经叶田至福建省武平县岩前界，30 千米。

蕉城至梅州市 46 千米，至汕头市 226 千米，至广州市 480 千米，至深圳市 482 千米，至福建省武平县城 90 千米。

一般认为，镇平自建县以来，其疆域都是固定不变的。但或有一说是：白渡在崇祯末设县时，其地原隶镇平，至康熙五十一年（1712），始改隶程乡。此说见存于黄香铁《石窟一征》卷九《杂记》，其引述的是古范初的说法，“宋翰为今州治白渡前人。考白渡本龟浆都地。崇祯末设县，其地原隶镇平，至国朝康熙五十一年，始改隶程乡。故宋翰、宋永查、宋元亨，宋光亨，祖孙父子，行谊悉载邑志。又，考《采芹录》有宋奇、宋镐、宋堂、宋销、宋宣、宋锡智、宋来宾、宋国宾、宋文炳、宋景泓，皆宋翰曾元孙辈。是康熙间，犹在镇平籍应试，则似不得以划疆议也”①。然而，史籍未有确记，很难认定，只能存此一说。即以宋氏诸多人物的应试经历来反证其疆域之变迁，亦很难圆通其说，即“似不得以划疆议也”之本意。

比较两者的记述，前者更为详备，其界限具体到山向、村落或建筑物上。这是因为古代在勘定界域时一般都是按山岭的走势和水流的流向来确定分界，所以有山势水流走向之论。或许是因为古代都已经相当明确了，

---

① 黄钊纂修《石窟一征》，《广东历代方志集成》第 40 册，岭南美术出版社，2009 年，第 325 页。

一直沿袭下来，约定俗成，那么到了现今，也就不用再一一罗列山势水流、凿石竖碑以明其界域了。不过，今天人们还是在交通要道的界址上立起门楼，写上“口口欢迎您!”其意也就是仿效过去的界碑吧。

六　燠多寒少类南州

康熙《镇平县志》卷一《舆地志·气候》云：“昔人以瘴乡称之。盖因其四时之气，燠多寒少，不能如中土之适宜，故人易于致疾也。然镇平一邑，去省千四百里，去潮郡四百里，地势极高，多山少水远海，与豫章之会昌，汀州之武平、上杭相近，故其气候亦类南州之吉赣，与广潮似殊焉。”

镇平在古人看来就是“瘴乡”。虽然镇平距离广州城一千四百里，距离潮州城四百里，多山且山高峻险，距离海洋较远，和江西的会昌，福建汀州府的武平、上杭较为接近，其气候类型和江西地区吉安、赣州差不多，与具有热带、亚热带季风海洋性气候特点的广州、潮州，则差得比较远。而事实上，古人不唯称镇平为“瘴乡”，整个岭南，即五岭以南地区，大体包括现在的广东、广西、海南和云南东部、福建西南部地区，都被称为“瘴乡”。岭南一带，由于开发较迟，即使到了唐宋时期，岭南还是著名的蛮荒之地，仍然称岭南一带为“瘴乡”。

以气候而言，岭南背山面海，五岭山脉阻挡了来自北方的冷空气，海上的暖湿气流北上，造就了岭南地区炎热多雨、高温潮湿的气候特征，属于典型的热带、亚热带气候。以环境而言，岭南气候炎热，林木茂盛，水源丰富，导致蚊虫肆虐，疫病流行，很多流放到岭南的官员都十分惧怕一种叫“瘴”的东西。所谓“瘴毒”，是指瘴气毒雾。热带山林中的湿热蒸郁致人疾病的气，称“瘴气”。整个岭南地区亦被称为“瘴乡”。“瘴疠”，指因瘴而生的疾病。岭南地区多瘴气，并会因此造成“瘴疠”“瘴毒”使人致病甚至死亡。从古人描述看，“瘴”应该是一种混合有毒气体，但按照现代医学解释，古人称的“瘴”是一种疟疾，而疟疾多由蚊虫叮咬传播，在古代医疗条件下不易医治。唐宋时期，但凡被贬岭南的官员，几乎无不谈“瘴”色变。唐朝韩愈在《祭湘君夫人文》中说：“愈以罪犯黜守潮州，惧以谴死，且虞海山之波雾瘴毒为灾以殒其命。”韩愈谪潮时，其《左迁至蓝关示侄孙湘》就有“知汝远来应有意，好收吾骨瘴江边”之句。宋人吕本中诗云“岭南无瘴便可老，江头有酒犹堪唤”，都反映出时人对“瘴”的恐惧。

古时，由于南方相对封闭，加之山林密布，天气湿热，长期被中原人士视为“瘴乡”“瘴蛮”之地，任职或贬谪南方往往认为进入死亡之区而恐惧。如，宋代方勺《泊宅编》，“虔州（今江西赣州）、龙岗（今安远）二县有瘴，朝廷为立赏添俸甚优，而邑官常缺不补。他官以职事至者，率不敢留，甚则至界上移文索案牍行遣而已”[①]。又《宋史·地理志六》，广南东西路“山林翳密，多瘴毒，凡命官吏，优其秩奉。春（治今广东阳春）、梅（治今广东梅州）诸州，炎疠颇甚，许土人领任。景德中，令秋冬赴治，使职巡行，皆令避盛夏瘴雾之患”[②]。

由此可知，直至宋代，人们谈“瘴”色变，对“瘴”的恐惧仍然是一种普遍的社会心理。中央王朝仍视两广及江西为“瘴毒”之地，对赴任官员，以“立赏添俸甚优”“优其秩奉”的待遇，甚至“邑官常缺不补”“许土人领任”，或春夏时允官员不赴任以“避盛夏瘴雾之患”。

明中叶以后，由于北方移民大量南迁，在历史上存在的瘴区逐渐得到开发。这个过程也是中原华夏文化不断地涵化少数民族文化的过程，使得原来的瘴区不断地南移、缩小。换一种说法，由于以中原汉文化为准绳持续地影响、驯化南方各地，使得这些地方逐渐与中原的风气趋同。因此，人们认为是“中原清淑之气”冲淡、疏减了南方的瘴气，使南方各地出现了与中原内地一样的景象。从这种文化变迁的意义上说，也还是说得过去的。这一文化变迁同样反映在康熙、乾隆两部《镇平县志》的记录中。康熙《镇平县志》卷一《舆地志·气候》云：“昔志所称，山岚郁蒸，春温煤燠，夏暑不清，秋鲜凉风，冬无积雪，气候常暖，桃李冬华，冬茄腊实。

① 引陈坤著，吴永章笺注《岭南杂事诗抄笺注》，广东人民出版社，2014 年，第 254 页。
② 引陈坤著，吴永章笺注《岭南杂事诗抄笺注》，广东人民出版社，2014 年，第 254 页。

以近今之候考之，皆不符合。见其入秋以后，霜风凛冽，金令时行；冬至之余，披裘乃温。且树叶黄萎，老干扶疏间有之矣。”《传》云：‘天下大治，地气自北而南。’今圣化四讫，海宇升平，过于成康文景，故南服之候亦改与。尝于盛暑见日出正午则炎蒸不可当，殆申酉以后则凉风渐生，必覆单衿然后可卧。昔人谓‘四时常似夏，一雨便为秋’，诚粤东实录也。土田禾稼两收，与豫章同。一邑之中，如高山深谷，气候亦颇寒冽，城市则不然矣。山岚清润，水波澄鲜，若概以瘴乡目之，恐地不受过。后之官斯土者，其有所采焉。”

到了清康乾时期，镇平已一改旧志所称述的“山岚郁蒸，春温煖燠，夏暑不清，秋鲜凉风，冬无积雪，气候常暖，桃李冬华，冬茄腊实”的景象，认为上述景象“以近今之候考之，皆不符合”，而是“山岚清润，水波澄鲜”。倘若人们再把它当成“瘴乡”看待，恐怕不能被当地人们所接受，并且还特别提醒“后之官斯土者，其有所采焉”。

我国的岭南一般是指五岭山脉以南的地方。在这里北回归线横穿岭南中部，以高温多雨为主要气候特征。部分地区夏长冬短，终年不见霜雪。太阳辐射量较多，日照时间较长。广东省各地的平均日照时数在 1450 小时至 2300 小时。岭南地区几乎没有冬季，夏季达五六个月以上。实际上这里的冬季还是非常温暖的，如广州，1 月份平均温度为 13℃。根据气候学上的标准，如果连续 5 天的平均温度在 10℃以下才能称为冬天，那么广州在一年之中几乎没有冬天。所以在冬季，除了少数的日子有些地方需穿薄棉衣外，一般只需穿夹衣就够了。这里常常在一天之中，从早上到晚上，都是一样的热，假如你夏季到广州的话，你会经常感到汗流浃背。这时，只有在下了一场雨之后，才会感到凉快些。难怪宋朝的文学家苏东坡曾说这里的气候是“四时皆是夏，一雨便成秋”。有时在一天之内，晴雨变化不常，因此又有“一日备四时气候”的说法。

镇平县地处北纬 24° 25 ′—24° 53 ′的亚热带地区，总体上是夏长冬短，气温高，雨季长。太阳辐射总量年平均为 113.8 千卡 / 平方厘米。光照充足，年平均日照时数为 1886.6 小时。镇平属季风气候区，风向随季节交替变更。夏季以南至东南风为主，风速较小；冬季大部分地区以北至东北风为主，风速较大；春秋季为交替季节，风向不如冬季稳定。镇平的冬季时间大约三个月，也并不十分寒冷。当冷空气入侵影响时，由于南岭山脉、项山山脉的屏障作用，使冷空气影响减弱。年平均气温为 19.5℃—21.1℃，一年中有 7 个月平均气温在 20℃以上。但当冷空气逾越南岭以后，又往往在县内山地盆谷中堆积，形成持续的低温天气，伴随着出现霜冻和冰冻。镇平的气温以 1 月最低，7 月最高。前冬 12 月至次年 1 月，日照多，天气干冷，雨水少；后冬 2—3 月初，日照少，低温阴雨，多湿冷天气。雨水充沛，全年降水总量为 1500—1800 毫米。每年 4—9 月，受夏季风影响，是多雨季节，全年 74%降水都集中在此时；每年 10 月至次年 3 月，受冬季风影响，造成少雨，为干季。由于全年气温较高，加上雨水充沛，所以林木茂盛，四季常青，百花争艳，植物资源非常丰富，各种果实终年不绝。

七　民变频频无宁日

康熙《镇平县志》卷一《舆地志·程乡平远分界考》云："县至镇平隘极矣。然连交三省，山川绵亘，岭岫纡回。"镇平县地旧属广东省程乡县辖地，与县治（今梅州市政府所在地）相距近百里，统治者鞭长莫及；且与闽赣接壤，崇山峻岭，地形复杂。自进入明朝中期后，闽粤赣边境地区，随着人口的增长，更是治安不靖，民变不断。有人统计，在明王朝统治的 270 年间，这一地区的民变不下 30 次，有的跨省连县，纵横几百里，此伏彼起，连续数十年。

据《明实录类纂·军事史料卷》资料载，明朝中叶的天顺七年（1463），上杭李宗政聚众四千多人造反。成化二十一年（1485），"汀州府武平县贼首龚法非等，合广东、江西界上群盗入万安、兴国、瑞金等县境，劫掠富民"[①]。弘治元年（1488），"江西流贼二千余人寇信丰、会昌、广昌等

① 引汤锦台著《千年客家》，大雁文化出版，2014 年，第 76 页。

县”[①]，旋遭剿平。弘治四年（1491），广东增城县贼流劫乡堡，遭剿后，被生擒部众达四千一百人，遭斩首的达二千二百二十七人，救还被掳男妇二百七人。同年，又有“漳州府强贼温文进聚众三百余人，攻劫漳平县治，开狱放囚，烧毁民居。复流劫安溪县，聚众至三千。后为福建守臣剿捕”[②]。弘治八年（1495），再发生流贼劫杀江西会昌居民情事，后转掠赣南瑞金、兴国等县。

这些乱事使官府疲于奔命。明宪宗成化十四年（1478），在曹宗、邓嵩等三百多人作乱后，析上杭县地设永定县，以加强治理（《明实录类纂·福建台湾卷》第444页）[③]。武宗正德五年（1510），为了阻止“程乡贼首林贵等啸聚攻劫”，所发兵力竟高达五万之众（《明实录类纂·军事史料卷》第552页，引《明太祖实录》卷六十四）[④]。

正德十一年至十二年（1516—1517），闽粤赣边界又爆发了更大的乱事。先是赣西南上犹畲民龚福全、谢志珊、蓝廷凤等起事，最多时达两万多人，与广东龙川、乐昌、浰头（今和平县）的畲众和苗民声气相通，从正德三年以来，已不时外出劫掠。正德十一年（1516），又掠赣西南的大庾、南康，出劫广东兴宁，乱事蔓延至赣南的信丰、龙南，漳州南靖的詹师富率万人响应，明王朝急召王守仁平乱，动员江西、福建、广东和湖广（湖南）四省兵力，全力进剿，才将长期为患的畲民作乱平定（《王阳明全集》卷九·别录一）。因此，在正德十四年（1519），析南靖、漳浦两县县地，设平和县，以加强对闽西南地区的控制[⑤]。

据《重修虔台志·事纪》记载，嘉靖年间，闽粤赣交界地区的民变事件特别频繁。计有：嘉靖二十年（1541）夏五月，有王五、蔡子显率领部分程乡民众暴动，聚众劫掠，造成安远县告急。直到嘉靖二十一年（1542）十一月，再次派兵剿杀，才镇压下去。嘉靖二十二年（1543）春正月，大

① 引汤锦台著《千年客家》，大雁文化出版，2014年，第76页。
② 引汤锦台著《千年客家》，大雁文化出版，2014年，第76页。
③ 引汤锦台著《千年客家》，大雁文化出版，2014年，第76页。
④ 引汤锦台著《千年客家》，大雁文化出版，2014年，第76页。
⑤ 引汤锦台著《千年客家》，大雁文化出版，2014年，第77页。

埔人谢相等挟众越漳南犯永定，典史莫住率民兵与之交战，死于阵前。嘉靖二十三年（1544）春正月，上杭溪南里三图人朱猴子、葛得旺等，与大埔人葛瘦头合伙流劫。此后又有上杭溪南人张文政纠集程乡余党傅生、葛尚贤、蔡子显出劫赣县小河地方。嘉靖二十七年（1548）二月，饶平、诏安二县“贼首”陈营玉、刘文养等伙同党二百余人盘踞白叶洞，屡劫潮阳、大埔等县。嘉靖三十一年（1552）秋七月，大埔李子寨“贼首”温师荣、苏玉等出劫平和村落。嘉靖三十一年（1552）九月，上杭溪南里、永定胜运里、大埔看牛坪等处“惯贼”，结伙流劫龙岩、大田、连城等县地方。嘉靖三十六年（1557）九月，因闽中调广西狼兵征倭经过，广东程乡、大埔，福建武平、上杭，“贼巢”之“贼”怀疑，煽动出劫。分成两伙，分劫江西会昌和瑞金。

由于时局不靖，又引发更多的暴乱。嘉靖三十八年（1559）五月，“福建山贼突劫（福建延平府）永安、泰宁、龙岩、归化等县”。更为严重的是嘉靖三十八年，饶平人张琏把大埔、程乡、饶平三地占山为王的豪强首领联合了起来，他们歃血为盟，互相支援，形成了号称有十万之众的武装集团。不久，随着其势力的日益增长，张琏产生了当皇帝的念头。他悄悄设局，刻制了一枚“飞龙人主”的印玺，私下藏放在饶平县城四方塘中。接着便神秘地与众人说：“吾夜中做梦，见天上掉落一宝物于塘中，仙人又托梦说谁能获得此物，便是真龙天子。”消息传遍全城，人们信以为真，纷纷下塘摸找。但最终张琏不费功夫摸捞上来，人们惊愕之余，都认为天将降大任于斯人，纷纷跪拜张琏。于是，张琏于嘉靖三十九年（1560）五月，在今饶平、平和、大埔三县交界柏嵩关称帝，国号“飞龙”，建元“造历”，号“飞龙人主”，封萧晚、罗袍为王，封林朝曦为大将军。此外，还自设官府衙门，开科署官，开始他推翻明朝统治的计划，不时出劫汀漳属邑，流劫诏安、复入南靖，焚掠平和及龙岩。嘉靖四十年（1561）五月，飞龙兵攻入江西兴国。闰五月又突入福建武平，越江西会昌再趋瑞金，欲直下吉安。南赣巡抚台急调兵力围剿，巡抚陆稳直至吉水督战，大挫飞龙兵。同年，飞龙兵分兵三路出击闽粤赣浙四省，先后陷城数十座，队伍由十万人扩展至二十万人，威震闽粤赣三省。到嘉靖四十年十一月，明朝官军经一年准备，发动了第一次会剿行动。嘉靖四十一年（1562）五月，发动了第二次会剿，地点在大埔、饶平与福建平和三县交界地区，目的是铲除飞龙国的大本营。在广东方向于潮州集兵十万，分五路进攻。在福建方向于漳州集兵一万五千。在江西方向，由南赣巡抚陆稳督兵六万，自赣驻汀，从平和进攻。浙江总兵胡宗宪遣浙兵二千支援平和、诏安两路官兵。官军有十七八万人的兵力，分七路齐发。俞大猷亲率主力一万五千人，点火烧山，攻下柏嵩关，将留守叛军和家眷杀尽。张琏在出犯漳州而急返岭底巢穴的途中遭伏。官军悬赏捉拿张琏，并诱使张琏出战，而后被内线江满清捉拿后碎尸于市。萧晚、罗袍、杨舜、赖满等也先后被俘。此年七月，发动了针对“飞龙国”第二号人物林朝曦及其党羽的剿灭行动，官军直抵石窟、龟浆等地巢穴，捉拿包括松口徐朝达、石窟徐嘉悌、差干谢世纲、东石梁道钦、员子山丘以约等的第三次会剿，地点在程乡即现今的梅县蕉岭交界地区。这场战乱，梅州居民避乱于员子山寨，为官军误杀者数千，人鬼夜哭（《石窟一征》卷一《征抚》）[①]。

另外，嘉靖年间在河源、归善（后改惠阳县）之间发现铁矿后，市场的需求带动了铁矿的开采，开采需要大批矿工和冶炼工人，于是吸引了粤东居民大批涌入。但恶劣的工作环境也时常引起矿工暴动，也波及程乡。嘉靖三十八年（1559）三月，“广东苏罗峒贼约结和平、龙川、河源各贼徒流劫惠州府归善县等处”（《明实录类纂·军事史料卷》第642页，引《明世宗实录》卷四百七十）[②]。嘉靖四十年（1561）三月，“广东惠、潮山贼黄启荐等拥众数千，流劫海丰、碣石、归善等县”。由于乱事频发，隆庆四年（1570），朝廷将归善和长乐（今五华）部分县地划出设永安县（今紫金县）[③]。

当然，最为重要的是崇祯初年的“五总之乱”，给石窟一带的人民带来直接的深重灾难。此处不再赘述。

---

① 黄钊纂修《石窟一征》，《广东历代方志集成》第40册，岭南美术出版社，2009年，第217页。

② 引汤锦台著《千年客家》，大雁文化出版，2014年，第83页。

③ 引汤锦台著《千年客家》，大雁文化出版，2014年，第83页。

诚如乾隆《镇平县志》卷六《艺文志·杂记》中所云："镇平寇乱，终明季未有宁日。"黄香铁著《石窟一征》卷一《征抚》亦称："石窟寇变，终明之世，无恒安处。"[①]在过去的史志记载中，因不少次的战乱发生在石窟一带，所以"镇平寇乱""石窟寇变"屡见不鲜，把石窟一带称为"盗穴""贼薮"，亦俯拾皆是。封建统治阶级把反抗他们的人说成盗贼，把石窟说成匪窟盗薮，这是必然的。我们不必沿着传统的说法去直指"镇平寇乱""石窟寇变"，但必须正视的是，这种老百姓对统治阶级的反抗，可以把这种反抗行为称为"民变"。

民变必有其原因。究其原因，大致为：

一是明朝后期，吏治败坏，朝政腐败，边境不宁。这时，明初实行的卫所制度早已被破坏，军队主要靠兵饷维持。但明朝廷拨发边军的饷银，未出京城就要被扣掉十分之三，落入贪官污吏私人腰包。随着边境战事的日益紧张，军费开支越来越大，朝廷财政赤字也越来越大。为弥补财政亏空，明万历末年，朝廷加征"辽饷"；到崇祯年间，为镇压境内此起彼伏的农民起义，又增征"剿饷"和"练饷"。"三饷"合征，比朝廷正赋还要多二百多万两。明王朝的赋役名目很多，田赋盐税之外还有三大徭役，即里甲、均徭、杂役，又有兵役。明嘉靖三十年（1551），江南各地增赋银115万两。次年，年余所入正税加赋税500余万两，外搜刮400余万两。1560年严嵩增盐税40万两为己有。万历四十六年（1618），田赋每亩加银3厘5毫，至万历四十八年（1620），每亩共加赋银9厘，全国赋银800万两，辽饷324万两、车3.7万辆、牛74万头。至崇祯三年（1630），全国田赋每亩加银3厘，共增165万两，合旧所征9厘，共680万两。

二是由于各级地方官吏的腐败无能，各地水利长期失修，灾荒频繁，百姓不堪重负，叫苦不迭。诚如镇平第四任县令胡会宾在崇祯十年草拟《清粮减编牍并议》中指出的那样："然寇盗之原，起自民穷。民穷之原，起自赋重。"又曰："镇原盗薮，土瘠民贫。若复重征，势必为盗。"他明确

① 黄钊纂修《石窟一征》，《广东历代方志集成》第40册，岭南美术出版社，2009年，第215页。

指出了因赋重而穷，因穷而成寇盗的因果关系。有些地区，饥荒尤为严重，出现了大量饥民。土地占有者实行高额地租，佃户收成的80%交地租，还要种子肥料等投入成本，往往耕田赔本；他们无以为生，而贪得无厌的地方官却一点也不肯减轻赋税。众多的饥民为求生存，便不得不“相聚为盗”。这是闽粤赣地区的民变频发地区的重要原因之一。

三是石窟形势险要、易守难攻，是民变民众躲避官兵追杀的地方。武夷山脉向南延伸而来，山脉绵延，在边境形成多处有1000米以上的高峰。在镇平、平远两县之间，有韩江一级支流石窟河，上源在武平，该河纵贯镇平，是镇平平远两县的分界河，沿岸古称“石窟一图、石窟二图”；北连武平，三县山水相连，居民宗族相亲，交往密切。在这崇山峻岭中，石窟河是三县往来主要通道，石窟扼闽交通咽喉，地势险要。元明以来，其中某县有军事活动，常常牵动三县。《程乡县志·舆地志·险要隘地》载“北则有镇平石窟、员子山、铁山嶂等处，路通汀赣，出寇江闽潜侵邻县，皆于此啸聚”[①]。地势险要，又是各省边界“三不管”的地方，正是避开官兵追杀的场所。诚如闽浙总督、尚书胡宗宪及巡抚福建都御史刘焘言：“广东饶平、大埔、程乡三县贼酋张琏、萧雪峰、林朝曦等纠众侵越汀、漳，为乱日久。乃贼巢在广，兵至，则退入巢穴；兵退，则复肆虐剽掠。”（《明实录类纂·军事史料卷》第644页，引《明世宗实录》卷四百九十六）[②]随着民变规模的越来越大，波及的地区越来越广，明王朝知道，光靠残酷的剿杀手段不能完全解决问题，还要采取招抚的手法。于是，在军事镇压的同时，明王朝开展了大量的招安活动。当时民变方面虽然人数不少，但尚难以与正规的明军大规模正面交锋，因此，面对明王朝的招安举措，除了少数民军拒不接受外，还有相当一部分民军接受了官府的招抚。但是，由于参加民军的人，多是一些贫困至极、生活无依的穷苦百姓，官府对他们招安，就必须对他们的生活要有适当的安排，而当时的官府又做

① 刘广聪修纂，曹延懿递增，李欣祥校释考《程乡县志》，中华文化出版社，2022年，第11页。

② 刘广聪修纂，曹延懿递增，李欣祥校释考《程乡县志》，中华文化出版社，2022年，第11页。

不到这一点，故而很多接受招安的民军，不久后又重新起义，形成官兵来了则“稽首归降”，官兵一走重又起兵的局面。

四是官军借口镇压民变，搜刮民脂，野蛮残忍，滥杀无辜，采用烈火焚山烧杀义民。如崇祯元年，官军“直捣员子山、石窟寨、梅子畲等巢，悉焚之”“以火攻之，死者过半”。以致整村连片田地荒芜，庐舍成为废墟。所以当时广督熊文灿《建城疏》中建议朝廷将所遗田一千三百余亩丈明，另召耕佃。“民言官苛迫民变”，这种滥杀的行为自然会激起老百姓更强烈的愤慨和更强烈的反抗。官军借口镇压民变，搜刮民脂，滥杀无辜，加剧了生灵涂炭，社会动荡。其说不无道理。

八　石窟何以名镇平

嘉庆二十五年《平远县志》卷之一《疆域·乡辖》载：“平邑未设镇平以前，都、图凡六，曰义化都、长田都、义田都、石窟都、石窟一图、石窟二图。崇祯七年，割平远石窟一图、石窟二图，并程乡之龟浆二图、松源二图设镇平，平远止存四图。改石窟都为石正都，而义化长田、义田仍其旧。”嘉庆二十五年《平远县志》卷之一《疆域·沿革》载：“嘉靖四十三年，还江闽三县割地，分程乡之义化、长田、石正三都，并兴宁之大信一里（附义田都），合为县，改隶潮州。”①石窟都前属程乡县韩蒲都，称石镇村。嘉靖四十三年（1564），设置平远县后称石窟都，平远县割给镇平的是石窟一图、石窟二图（今长潭、文福、广福一带）后，石窟都亦改称石正都。

上述所引记载的有关“都”“图”的说法似乎有点含混不清。原文为“平邑未设镇平以前，都、图凡六”，而接着却说“割平远石窟一图、石窟二图，并程乡之龟浆二图、松源二图设镇平，平远止存四图”，前面说的“都”不见了，变成了“图”。

① 卢兆鳌总修，欧阳莲协修《平远县志》，平远县人民政府，1997 年，第 33 页。

有关“都”和“图”的界定，不同朝代、不同地域有不同的界定。都图制是元朝社会的行政建置名称。元朝初期承继金朝社制，改宋的乡、里为都、图，实行都图制。“都”为总田亩图，“图”为征收赋税的田亩图，即鱼鳞图。都图制的推行反映了统治者对赋税征收的重视。在明代，乡里组织的基本形式是里甲制，但在有关乡里组织的史籍材料中，除里甲等称谓外，尚有以其他称谓来指称乡里组织，如乡、都、社、区、图、里等。但用于指称行政建置机构含义的，一般是表示里甲制的“里”，其行政建置单位是一级而不是多建置。在明代大量的地方志中一般都有某某乡共有多少“里”的记载。“都”在明代的概念要比“乡”复杂。“都”较原始的含义，顾炎武曾考证为“皆小邑之称也”。赵翼注《日知录》时说“则乡都之制起于南宋也”。“都”是前朝乡里行政建置中的一级机构。顾炎武进一步指出所谓乡都“都乡之制，前史不载。按：都乡盖今之坊厢也”（顾炎武：《日知录》卷二十二）。明代的一些为南宋统治过的南方地区的县，以“都”来指称所辖乡里地区，这是一种借用和沿袭。而借用沿袭的结果是“都”的含义同“乡”一样，乡的经济文化与集市贸易中心叫“都”。由行政建置单位演化成明代的地域名称，亦即现在的所谓地名。所谓“图”，在明代就是指里甲制的“里”。顾炎武引嘉定县志说：“图即里也。不曰里而曰图者，以每里州籍首列一图，故名曰图”。由上述可知，“都”大约等于“乡”，“图”大约等于“里”。只不过在古代地广人稀，故其乡、里所辖区域要比今天的乡镇大得多。

两广总督熊文灿上书明朝廷获批准，于崇祯六年（1633），划平远石窟都之石窟一图、石窟二图（今长潭、文福、广福一带）之地和程乡之松源二图（今南礤、北礤）、龟浆二图（今蓝坊、新铺一带），合建成一个新县即镇平县。县治就设在原石窟巡检司的怀仁里。

新设立的镇平县共四图，石窟就占了二图，是镇平的一半，且县署就设在原石窟巡检司的怀仁里，所以一般人都称镇平为“石窟”，黄香铁亦把自己的书命名为《石窟一征》。为什么会称“石窟”呢？人们很自然会想到流经域内的“石窟河”，但人们却不太了解何以命名为“石窟河”。

石窟河，又名石窟溪、蕉岭河。源出福建省武平县东流溪，自北向南纵贯，于河子口进入镇平县境。流经镇平县境的广福、文福、长潭、蕉城、兴福、三圳、新铺等镇。在县境内广福西北角的鹞婆崇西麓开始，为镇平与平远两县的界河，至长潭罗赖坝以南的河道才全属镇平。石窟河由长潭经蕉城、兴福、三圳、新铺，在新铺东南的炭山里流入梅县境内的白渡，注入梅江。在镇平县境内，长 61.4 千米，集水面积 728.2 平方千米。石窟河流经的区域，在历史行政区域上称石窟一图、石窟二图。

黄香铁在《石窟一征》卷六《地志》云：

邑志“邑城建于桂岭之阳”，即古怀仁里，所谓石窟蕉岭也。按：石窟诸地，志皆舛错。《郝志》：“马鞍岭在城南五里，石窟东岸。又有神冈，在溪西岸。与冈对峙，为县内水口。”按：马鞍岭即今马蹄冈，上为马鞍潭，离城仅五六里。而邑志所载石窟，乃在城东北十五里印石山前，广五尺，深二十丈，中有涧水，又有石柱天窗，则非马鞍岭东岸矣。朴臣古氏云：“马鞍岭，疑即牛冈圩，环伏之山，下为潭，上为岭，恰与神冈对峙。若马蹄冈，则非岭矣。”《舆地纪胜》：“石窟洞距州八十里，在摧峰驻扎寨之旁，穴窦深二十丈许，中有石鼓、石柱、石天窗之属，又有小溪潺潺。”其所言，与邑志相近。但邑志所云石窟乃在城东北十五里，当指丰田乡岩背及天花井而言。而《舆地纪胜》所云“距州八十里”，是直以城县为石窟矣。蕉岭为土阜，并无所云“石窟”者。今《阮通志》误入于嘉应州。又蓼陂乡之鼓潭为石窟，更为纰缪。蓼陂乡乃县属，距县三十里，即《广东舆图》所载。游曦岩，在城东南三十里，上有石鼓、石钟、石盂、仙人履迹，盖即石鼓潭也。《郝通志》无征，《阮通志》又指鹿为马，以邑志衷之，当以岩背为是。朴臣古氏云《舆图》所载：“游曦岩，乃油坑之仙岩，俗呼为燕子岩，与香炉峰对峙。”香炉峰亦《通志》所载者。①

综观黄香铁其所列举的各种志书中所说“石窟”，记载错误，不足为征。即如乾隆《镇平县志》卷一《疆域志·山川》所记载，“石窟在印石

① 黄钊纂修《石窟一征》，《广东历代方志集成》第 40 册，岭南美术出版社，2009 年，第 278—279 页。

山前，穴广五尺，深二十丈，中有涧水，又有石柱、天窗，今皆废塞”，也只能算是一个比较大的窟洞。

石窟河之名始于明末，当时江西、福建等地食盐均由广东输入，运输极为困难。因县城东北约十五里的地方，为石灰岩地质，多溶洞伏流，形状奇特，多石窟，俗称“石窟”，称此地为“石窟都”。据《明史》记载，明洪武三年（1370），广盐始行销江西南安、赣州、吉安、临江四府。据《通志》载，康熙二十四年（1685），议准江西南赣二府食广东盐。康熙三十二年（1693），又议准江西赣属各府所食广盐，改食潮盐。康熙四十八年（1709），议准潮、惠、赣三府俱行销广济桥之盐。广济桥就是潮州的湘子桥。据《潮州府志》载，当时潮盐配送至镇平、平远、赣州各县的盐，其流程都是在广济桥用大船装载，沿韩江、梅江上溯，入石窟河至新铺，因上游河水渐浅，改用双篷木帆船转运至蕉城湖沟坝、艾坝，然后改用单篷船（梭子船）运至武平下坝；也可用单篷船从新铺沿柚树河运往平远坝头，转陆路运江西。陆路运输则用人挑或骡驮运。

明万历十一年（1583）初，平远县令廖汝醒、黄郁桂等倡议浚凿石窟河，以解决行人商旅、“粤盐赣米”的交通输运问题。据清嘉庆二十五年《平远县志》卷之五《艺文志》记载郡人、副使林大春《凿石通河碑记》云：

邑有流泉，起青云桥，百折而东，至于石窟，喷薄蜿蜒，会于大河，直抵韩江。地脉回环，风气攸关，独其中阻积石，郁为狂澜；外涌流沙，汇为激湍。以故蛟龙不入，舟楫不可渡也。故凡自潮溯流而上者，率以旬计。入邑界，未至可数十里，即舍舟而徒，策蹇而趋，则见石磴云梯，纡回跋涉；鸟道羊肠，肩摩踵接。商旅为之踌躇，车马为之蹀躞。负米赍粮，推盐辇铁，轰轰钲钲，络绎不绝。渴者饮渠滨，疲者休树侧。若乃太守行春，锦鞲先导；皇华遣使，锐戟前驱。前山鼓吹，后径旌舆。或带星以出祖，或冒雨以戒途。又以簿书羽檄，旁午交驰；汗淋息喘，旷日衍期。要皆陆沉，以至于斯。斯无论已，有如一夫据险，百雉孤危。虽有飞挽，策将安施？①

① 卢兆鳌总修，欧阳莲协修《平远县志》，平远县人民政府，1997 年，第 475 页。

这段文字展现了当年沿石窟河一路交通艰难极致的情景。潮州府知府郭子章也有《开新河碑记》记述浚开石窟河的事实云：“河起东门青云桥，至石窟会镰子渡，入三河。凡二万五千一百余丈，经始于万历十一年春正月，蒇事于明年三月，凡四百余日。”①接着由宋道、韩绍带领人马凿开大峰、剑门二滩为水道。尔后，由海防巡道郑岳和，潮州府事郭子章率众继续完成。“计凿巨石者三，开浚砂碛滩潭之属以十数，于是河流底平。”（林大春：《凿石通河碑记》）故明代末年把境内凿通的新河道命名为“石窟河”。由上观之，“石窟”先是因地质地形特点而作河之名称，接着推而广之又把“石窟”作为镇平县的代称。

九　建县设治费周章

乾隆《镇平县志》卷六《艺文志·杂记》载：

崇正（祯）元年，五总贼苏峻、龚义、钟岳等聚众大密径抄掠，纠合刘勾鼻、钟掣天等攻破石窟镇，势大张。三月，平远令金一鳌，遣吏曾绍宗等抵贼营，议抚未决。四月，刘勾鼻等复攻程乡，苏峻、龚义等复攻平远。一鳌集把总曾应元等逐之，擒贼二名。复率典史陈应秋等固守十日，擒杀内应杜成文等。又遣绍宗、应元，申院议抚苏峻等五名，黎大总、刘勾鼻、钟掣天、张惟夫不受。次日，虔抚洪瞻祖给苏峻等为归顺把总，力图报效。勾鼻等又攻程乡及会昌、定南等县，三省震动。一鳌率峻等讨之，黎大总、钟掣天等以次就缚。刘勾鼻降，愿击贼以赎罪。先后生擒贼首五名，杀贼首三名，斩首一百二十级，抚贼党九十四名。明年，峻等复叛，与贼首陈蜡梨、花腰蜂等攻劫武平、上杭等县。副使谢琏帅师驻程乡。县督捕通判杨锡线、参将郑嘉谟、主簿冉良瀚，分道协剿。良瀚破石窟寨，斩首数百，员子山、梅子畲四十余寨。望风披靡，杀戮几尽。琏又密谕一鳌，于二月望日，乘苏峻、韩元、龚义、钟岳、汤庆等入县参谒，伏兵两

① 卢兆鳌总修，欧阳莲协修《平远县志》，平远县人民政府，1997年，第472页。

廊下缚杀之。韩元逸，追戮于江西长宁县。五总贼平。

三年，遗孽钟灵秀、陈万等纠集余党数千人，流劫江西会昌、福建武平等县。八月，寇程乡，袭破三河镇，抄掠无算，行人阻绝。守备张承祚追贼，死之。督臣王业浩檄副总兵郑芝龙、张一杰会剿于南溪，斩获甚多。执钟灵秀送军门斩之，陈万亦枭示。连平境余党汤豹虎、何四仔为张一杰及诸生赖可元等所擒，贼悉平。

上面记载的就是人们经常提到的崇祯元年（1628）发生的“五总之乱”，也称“镇平寇乱”或“石窟寇变”。把总，官名。属于明代京营、边军系统，秩比正七品，次于军中统率千名战兵之千总（守备），麾下约有战兵四百四十人。明驻守京师兵，分三大营，统兵官中有此官；各地总兵属下军官亦有此官，位次守备。明初多以功臣、外戚充任。又四川、云南、甘肃、贵州的土司官中有土把总。后职位日轻，至清代成绿营兵低级军官。秩正七品，位次于千总；京城巡捕五营统兵官亦设。

广东早前还发生过一场“五总之乱”，规模更大。黄香铁的《石窟一征》卷一《征抚》云：

五总贼见于屈大均《广东新语》，先是长乐、海丰之间，逃坑有银穴，河源密坑亦有之。两处矿开，则豪民往往膻附。及封穴，所获不足更费折阅，遂刿戟而起。奸民滭沸，乘衅俱发，索随和、建名号者，不可胜数。程乡、揭阳之盗，又澒洞其间，其群数千人，小群数百，凡数十百群。东至兴宁、长乐、程乡、揭阳，北至河源、龙川，西至博罗，南至海丰、归善以及东莞，无不罹其锋者。当是时，盗贼孔棘，民死亡者，非其父兄，即其妻子，哭泣之声不绝，日夜乞师。有司缩朒，主抚置。不省贼或听抚，甫入城辄言愿归旧巢，一出郊关，且归且劫，送者固在。自是，良民御贼，反蒙激变之辜。贼益恣行，逼近城府，乃遣一卒导归，而以还乡上报，贼乡安在？其所据者，皆良民之产也。计自万历之末，至隆庆之初，历十三四年，分巢诸乡，声势相倚，出入无时，靡处不到。嘻！矿害如此，守土者忍言开采哉。

按：镇邑五总贼，乃苏峻、韩元、龚义、钟岳、汤庆等五人，为归顺把总，其后被诛，而其党复为寇，故称为五总也。与屈翁山《广东新语》五总不同。记此，以明开矿之害也。[①]

崇祯元年的石窟“五总之乱”，是明王朝加强管治、设置镇平县的最直接原因。而实际上所谓“镇平寇乱”“石窟寇变”，直到明朝结束，甚而至清初，依然时有发生，只是规模和酷烈程度或有不同而已。正如乾隆《镇平县志》卷六《艺文志·杂记》云：“镇平寇乱，终明季未有宁日。”黄香铁著《石窟一征》卷一《征抚》亦称：“石窟寇变，终明之世，无恒安处。”

上面说过二次置平远县后，镇平地域属石窟都所辖。由于平远县城位置较偏，与被割入新县的原程乡石窟都相距百余里，崇山叠嶂，易以藏匪，官府难以对石窟实行有效的管治，而且常有外面匪徒乘机潜入煽动，因而石窟河一带“寇乱”多发。除了崇祯元年（1628）的“五总之乱”外，此后又有刘匀鼻攻会昌、定南等县，三省震动。崇祯三年（1630），五总遗孽钟凌秀、陈万在江西会昌、福建武平聚众举义，八月攻程乡。每当石窟发生“寇乱”时，“守土者议移师覆其巢，而石窟士民不从贼者，有玉石俱焚之惧”，所以，石窟士民一再“呈乞移平远治城于其乡”，而“当事者谓干戈未定，复兴大役，非安集之计”而无暇顾及。由于“石窟士民恳请益力”，其中最著名的莫过于邑人赖其肖于明崇祯六年（1633）初写下的《请开筑城池呈稿》，从历史、地理、政治、经济、军事的角度，论述了石窟地域隶属平远县治的弊端和另置县治的好处，倡议以平远县石窟巡检司改置为县。更为重要的是，以徐徽为首的石窟士民一再“呈乞移平远治城于其乡”，尤以“徽诣各宪，条陈建县以治之”。赖其肖的呈稿和徐徽的条陈及奔走，终于打动了两广总督熊文灿。熊文灿权衡利弊，在此呈稿的基础上，草拟了《建城疏》云：

石窟地方，界赣闽之交，连嶂峒之险，三省逋匿，为患至剧。兹竭数年之征缮，幸获荡平。惩前毖后，策无善于城石窟者。先是，诸臣议欲迁

① 黄钊纂修《石窟一征》，《广东历代方志集成》第40册，岭南美术出版社，2009年，第219—220页。

平远治于石窟，盖据石窟士民之请，遂已入告；乃旧城士民，则以安土难移，又虑官去变生。且两地相距二百余里，遥治为难。若因实此而遽虚彼，恐后之视平远，亦犹今之视石窟也。两议未归划一，臣等实鳃鳃虑之。因入其内，相度县基兼察形势，止可两县分治，不可一县兼摄。建县在石窟，则平远之盗弭，而割松源、蓝坊诸处属之，则程乡之盗亦弭。一举两得，翕然称便。

新县拟名“镇平”，照裁减例，设知县、典史、教谕各一员。教谕即裁平远训导补之。此外，廪生、门子、吏书、皂壮等役，名数及各俸廪柴马、各役工食、四差工费等项，俱通融移给石窟。巡司应移建蓝坊，即以蓝坊为名，属新县管辖，责以稽查巡缉，官吏、弓兵俸粮工食，亦照原额给领。至兵防，则原有石正营兵一百名，守平远、赣州要路，旧有额饷，不烦设处。又，新设兵一百五十名，屯扎胡椒径，守闽赣五县要路，其粮食则有潮州中营之饷以给之，若近设东石工食田心兵一百名。议将所遗贼田一千三百余亩丈明，另召耕佃，每岁收其租入，以备养兵。其新县城工，臣等先已倡率捐助，并设处钱粮，刻期兴筑，不意委官知县沈惟耀冒瘴身死，致未报竣。今筑基既成，办料已足，该道府时刻督催，计秋间亦可落成矣。

熊文灿的上书获得明朝廷的批准，于是在崇祯六年（1633），划平远石窟都之石窟一图、石窟二图（今长潭、文福、广福一带）之地和程乡之松源二图（今南磜、北磜）、龟浆二图（今蓝坊、新铺一带），合建成一个新县即镇平县。这是一个重要的历史节点。从这时起，开始有了广东镇平县，隶属潮州管辖的一个独立县份。县治就设在原石窟巡检司的怀仁里。

十　邑名镇平有深意

关于镇平县的命名，最早见于两广总督熊文灿给明朝廷的奏疏《建城疏》：“新县拟名‘镇平’。”其奏疏收录在乾隆《镇平县志》卷六《艺文志·疏》中。

熊文灿在奏疏的开头中谈到镇平置县的原因是：

石窟地方，界赣闽之交，连嶂峒之险，三省逋匿，为患至剧。兹竭数年之征缮，幸获荡平。惩前毖后，策无善于城石窟者。先是，诸臣议欲迁平远治于石窟，盖据石窟士民之请，遂已入告；乃旧城士民，则以安土难移，又虑官去变生。且两地相距二百余里，遥治为难。若因实此而遽虚彼，恐后之视平远，亦犹今之视石窟也。两议未归划一，臣等实鳃鳃虑之。因入其内，相度县基兼察地势，止可两县分治，不可一县兼摄。建县在石窟，则平远之盗弭，而割松源、蓝坊诸处属之，则程乡之盗亦弭。一举两得，翕然称便。

熊文灿没有对邑名“镇平”的含义作任何解释，也就给后人带来一定的想象空间。据林清水先生《石窟河史话》中有一篇文章《关于镇平建置的表述》云：

有本出版物这样介绍“（镇平）县名的由来”：

镇平，镇压升平之意。据邑志载：清顺治三年（1646），涂爪王、钟顺山等山寇作乱程乡、石窟、平远，后卒势败受降。至十六年（1659），武平贼赖国康，镇平贼徐黄毛，程乡贼古洪，平远谢上逵等，窜扰三省边境，官员进剿屡败，历年余始平。清康熙十二年（1673），土寇披猖，攻镇平县城不逞。十四年（1675）二月，海寇侵踞县城。十六年（1677）始行恢复。镇平县之得名，盖以纪叛平（疑文字有误）土寇后，恢复县政，用示镇压升平之意也。①

上述观点，自然是站不住脚的。林先生就指出其谬误：镇平建县在1633年，而所引事例在建县后的1646年至1677年，时间在建县之后。该文用后来的事作前事的“由来”，犯了逻辑错误。一般解释事物的由来或事物形成的原因，这些“因”应在事物形成之前。另外，清顺治三年（1646）

① 林清水著《石窟河史话》，蕉岭县地方志办公室，2008年，第15页。

十一月清潮州总兵才到镇平，涂爪王、赖其肖等反清势力与清兵及降清派对抗。康熙十四年（1675）所谓“海寇”攻城，是反清首领郑成功的儿子郑经驻大陆部属援助潮州刘进忠部。黄香铁在《石窟一征》卷一《征抚》中已有考证，与镇平县名的由来毫无因果关系。

林先生认为镇平建县的由来，应这样作科学的表述：镇平（蕉岭）地原属程乡县地，距县治（今梅州市治）百里，统治者鞭长莫及。该地又与江西、福建相邻，崇山峻岭，长潭峡谷一带又是易守难攻的地方。历来闽粤边区反抗苛税重赋逃避官兵追捕的人民，往往聚集这里为根据地，统治者便诬蔑石窟为匪窟盗薮。明末统治者为了加强镇压人民的反抗，先把原程乡地石窟一图、二图等设置平远县，1633 年又从平远分出该地，并割出程乡松源二图、龟浆二图，设置镇平县，以便用兵巩固其统治。当年明王朝广督熊文灿《建城疏》:“新县拟名‘镇平’。”经皇帝准奏，就已确定县名镇平了。

林清水先生还有一篇《镇平（蕉岭）建置时间、县名考析》认为：“县名镇平是统治者定下的，县之所以名镇平，熊文灿奏请建置时，奏疏中已定‘新县拟名镇平’。其意是镇抚而平之地。闽、粤、赣三省相邻县县名用平、安、宁字命名的有七八个县，因这些县份，统治者都用过武力镇抚民变的地方。其他解说，有些牵强附会。”①

其实，林先生上述的第一段话是用现代语对熊文灿奏疏中置县的由来作了注释和表述，只是说出了为什么要设置镇平县的缘由。第二段话涉及命名镇平的含义，指明其是“镇抚而平之地”，依然没有说清楚是什么意思。

倒是康熙《镇平县志》卷一《舆地志·地理沿革考》文末有一段“按”，对镇平“命名有深概夫”有所说明。“按”即“按语”。“按语”是纂修者对文章内容所作的说明、提示或考证。不妨来看看其“按”云：

潮郡县名，唯揭阳为最古。若海阳、潮阳、程乡三邑，错见于晋、宋、隋、唐之际，亦彬彬名以地著，邑以人传，纪之史册，犁然可考。成化、嘉隆以还，增置六邑，多因事命名，亟亟焉。为棋布星罗之计，知张官制

① 林清水著《石窟河史话》，蕉岭县地方志办公室，2008 年，第 13 页。

吏，非得已矣！至镇平一邑，设于明末，距今未四十年，以一黑子介三省之会，曰镇曰平，其为桑土绸缪至深远矣。顾其名，既与处士醇庞之旧俗不同；思其实，尤虑顽梗之伏莽难化。治乱之故，安危之机，于命名有深慨夫。

这段按语说，潮州一郡的县名，只有揭阳县是最古老的。其余像海阳、潮阳、程乡这三个县，前后不一出现在晋、宋、隋、唐之际，都是文质兼备，以人名作地名而显著，邑名因人名而流传。记载在史册上，释然明辨。明成化、嘉靖、隆庆以来，增设了六个县，都是因事命名，急忙急迫的。这么棋布星罗的事情，要设置官吏来管治，是不得已的事情。具体说到镇平一邑，设置于明末，距离现在不到四十年，以一“黑子”地毗连三省的边境，曰镇曰平，因此而勤于经营，防患未然。这种思虑计谋足够深刻而长远了。看其命名，与程旼处士纯正庞大的旧风俗不一样；思考其现实，特别忧虑非常顽固的潜藏在草莽中的寇盗难以教化。治理乱世，安定危局，对命名来说，有深远的含义啊。

我们不妨来看一下闽粤赣交界处的县名，这些原来是“盗贼渊薮”的地方，被平定后设置的新县，大多以平、安、定字命名，如安远、和平、连平、平远、武平、镇平、永定、诏安、平和、饶平等。统治者为什么用这些字来命名呢？我们可以拿河南南阳市的镇平来比照。河南镇平，古称涅阳。金哀宗正大三年（1226），金朝统治者取“镇压平定”之意，将原来唐朝时的深阳、安固二县的地方改名为镇平县，治所设阳馆镇（今县址），隶申州（南阳）著名诗人元好问为首位县令。由此不难看出其命名有深慨也夫。镇平，实际上就是“镇压平定”。说镇抚升平是掩饰其真实的意图而已。而黄香铁在《石窟一征》中有《镇抚》一章专门考证镇平的由来历史。我推测，黄香铁是碍于朝廷的情面和百姓的承受能力，不好明说镇压平定，而改用比较委婉的说法为镇压抚慰罢了。

统治者以“镇平”命名，自诩用武力镇压的功绩，炫耀其刀光剑影，警戒乡民不得反抗，“上自以为平，而下弥益不平”。民心不服，伺机反抗，其实是不平。

十一　桂岭之阳筑金城

明朝初年，出于管控地方和防御民变的需要，朱元璋设立卫所制并大建城池。在冷兵器时代，以弓矢、戈矛为攻守战具，所以高城深池，有较强的防御作用。许慎《说文解字》曰：“城，以盛民也。”言简意赅地表述了我国古代开筑城池“居民”“保民”的功能。据《明史》洪武四年（1371）统计：“天下府、县千三百余城。”这还不包括部分边塞军事设施“卫”“所”类城池。然而，广东和其它偏南方的省份一样，大多是没有城郭庇护的，筑城率在刚开始时仅有百分之三十左右。随着时间的推移和经济迅猛发展，明王朝逐渐对修筑城池有所重视，加上南方城市经常遭受沿海一带海贼和倭寇的侵扰，让建筑城池这样的事情越来越得到重视。经过民众和军士的不懈努力，逐渐把筑城率提高到百分之六十六。明代中期继续把修筑城池的范围扩大，朝廷更是下达“凡县无城者悉令筑之”的命令。这样，当时的筑城率直线上升，达到百分之九十五之多。这一时期，由于国力强盛，所筑大都为砖城，即在土墙外面用青砖砌筑进行包皮，而且以石块作基础。有明一代出现了中国历史上最大规模城池建造运动，也是历史上用砖石筑造城池的最大一次筑城运动。明代的城池筑造活动基本奠定了中国近现代城市的地理分布与城市等级定位，成为近现代城市发展的基础。

镇平是经过“五总之乱”后新设立的县，为了更好地管治地方和防止再生民变，开筑城池无疑是当务之急。所以在熊文灿的《建城疏》中就提到“其新县城工，臣等已倡率捐助，并设处钱粮，刻期兴筑”。而且在建城以前，他曾亲自率领巡按钱公，兵宪周公，参戎张公、郑公等一众人马，到石窟实地去察看地形地势，确定城池、县署的地点。

康熙、乾隆两部《镇平县志》对镇平的“城池”都是这样记载的：“城建于桂岭之阳，为古怀仁里，所谓石窟蕉岭也。”当时的平远县令沈惟耀，负责经营开筑城池。县志载筑城于崇祯六年（1633）农历八月开工。而黄香铁《石窟一征》卷六《地志》则云：“今镇平城隍诞七月二十四日，故老相传：崇祯六年，镇平建城于是日起工，故于是日为城隍诞辰。夫因建县而后建城隍，则以建城之日为城隍诞日，固于义为有合也。”[①]黄香铁所言，有一定的道理。沈惟耀率领军工和民众日夜兼程施工。镇平是小县，城也并不宽大，从乾隆《镇平县志·县治图》看，镇平城像个葫芦形。镇山楼是葫芦顶，城南是葫芦底状。到崇祯九年（1636）农历三月，终于把城筑成。镇平城整个城墙周长约合 2600 米；东西长约合 1953 米；城墙高约 6 米；城墙厚度约 5 米。城墙旧址即今环东路、环南路和环城路。有垛口九百个；门楼各四，有东门、南门、西门和北门。黄香铁《石窟一征》卷六《地志》云：“城隍庙在北门内。邑开东、西、南三门，惟北门闭。”[②]由此看来，北门是徒有其门而常为关闭的。从溪峰河筑陂引来的水自东门来，穿城而过，缓缓流到西门水关而出，被称为“玉闸安流”。城墙上筑有观敌楼八座，东、西两水关。外有护城河自东南至西北 1600 余米，深 1.6 米，宽 3 米。即今东河及城西环城路（填河为路）。原城的地势比环东路低 1 米多，所以今从东街上环东路为一陡坡。

崇祯十年（1637）春，大雨把城墙冲圮了一百五十丈，知县胡会宾修。十一年（1638），疏通挖深护城河。从东南至西北总长五百丈，阔一丈，深五尺。康熙十一年（1672），大雨又冲坏三十余丈。知县程梦简委任典史冯士塄督修。二十九年（1690），又圮了二十余丈，知县蒋弥高主持维修，还兼修了西门水关，修得甚为牢固。随着时代发展，武器进步，旧日的弓箭刀枪渐趋淘汰，城池的原有作用也随着消失。到民国 20 年（1931）时，县长黄元友下令拆城垣，修马路，县之城墙不复存在而仅存其名而已。

镇平城墙高跨北岭（蕉岭）而过。崇祯十年，知县胡会宾又在北岭建了一座“永镇楼”，又称“镇山楼”。而后到康熙三十四年（1695），知县周俔在已残破的“永镇楼”旧地上，重建专门为岁序令旦暨万寿圣节而望阙胪祝的“万寿宫”，亦称“祝圣殿”。此事在乾隆《镇平县志》卷一《疆

① 黄钊纂修《石窟一征》，《广东历代方志集成》第 40 册，岭南美术出版社，2009 年，第 287 页。

② 黄钊纂修《石窟一征》，《广东历代方志集成》第 40 册，岭南美术出版社，2009 年，第 286 页。

域志·祠庙》有记载："万寿宫，在北城之高阜。康熙壬申年，知县周侻即明知县胡会宾所建永镇楼改建。"不过，收录在《镇平县志》卷六《艺文志》中的周侻《建祝圣殿碑记》专门记录兴作此事的时间却是"经始于乙亥春，迄丙子夏告竣"。康熙三十一年（1692），周侻刚刚莅任。而据乾隆《镇平县志》卷四《职官志·县令》所载："（康熙）三十一年，德化难荫生周侻代之。"周侻在镇平任职时间为康熙三十一年至四十四年（1692—1705）。如此看来，周侻碑记文中所记时间才是准确的。周侻在文中先写道："城西北隅高阜，前令胡会宾，旧建永镇楼，今已颓废。"接着周侻写道："陟其上则见文峰耸翠，长潭潆洄，拥卫城郭。而村舍桑麻，烟云竹树之奇，不可名状者，尽摄于延揽之中，诚四方之极而灵秀之区也。"意思是登上北岭，可以看到文笔峰耸立在翠绿的山头上，从长潭流出来的水在回旋，前呼后拥围抱着城郭。远望那石窟河平原上的村庄屋舍、桑柘稻禾，烟气云雾、花草竹树，全都招致收揽过来了，展现在眼底下，更无法用语言来描述它的景状。邑城雄伟峻整，固若金汤，真是清美灵秀的好地方啊。

镇平城围抱着蕉岭，永镇楼耸立在蕉岭上，蕉岭成了镇平的第一山。树影涵秋色，溪光动晓烟。田野、城郭、山岭、楼宇，浑然一体，镇平城如锦绣，似画图，城若金汤称固，楼以镇岭而雄真正是金城雄镇，壮我蕉岭。

十二　建署怀仁寓意深

镇平置县后，县署就设在桂岭的南面、原石窟巡检司的所在地怀仁里。康熙《镇平县志》卷一《舆地志·城池》中写道："镇城建于桂岭之阳，为古怀仁里，所谓石窟蕉岭也。"

怀仁，即怀念仁人也。孔子在《论语》一书中，讲"仁"的话多及百次，择其解释"仁"这一概念的定义，不出此三句。一是《论语·颜渊》："子曰：'克己复礼为仁。'"二是"樊迟问'仁'。子曰：'爱人。'"三是《论语·雍也》："子曰：'夫仁者，己欲立而立人，己欲达而达人。'"克己，控制自己，克制自己的私心。复礼，回到礼节上来，使言行不失于礼，受礼的节制。一个人能做到“克己复礼”，就是尊重他人，不损害他人，就是爱人。即以“己欲立而立人，己欲达而达人”。细究起来，仍未出“爱人”二字。所以取其根本之义，“仁”就是“爱人”。自己想立身于社会，也使别人立身于社会；自己兴旺发达，也使别人发达。这“立人”“达人”，还有个主动性在内，是自己立而主动去帮助别人立，自己达而主动帮助别人达。如此，还是爱人。从“仁”的定义，即足以看出孔子主张的是舍己为人的美德，反对自私自利。提倡爱人，反对损人利己。

克己复礼既是仁的内容，也是实现仁的方法。能克制自己的私欲，回到社会公认的礼法上来，言行不违礼，就能做到不损人，做到爱护他人，也就是仁了。

怀仁里怀念的仁人，所指当为乡贤程旼。程旼当时是邑之义化人。镇平的很大部分原属平远的石窟一图、石窟二图，故称邑。即使后来析置镇平县了，镇平仍然把程旼奉为乡贤，崇祀在乡贤祠中。直到民国，梅县、平远、蕉岭三个县的乡贤祠里，都仍然把程旼当作自己共同的乡贤来崇祀纪念。

关于程旼其人，早前的正史没有记载，但宋以后的许多志谱文献开始出现其传记。程旼的形象是在一个不断演绎与修正的过程中逐渐丰满起来的。

最早记录程旼的文献为北宋《元丰九域志》，其中梅州条下有寥寥数语载及：“程江，昔程故（旼）家此江口，乡里推服，州为上言，遂以为程乡。”到了南宋，王象之的《舆地纪胜》则有较详细一些的记载：“程旼，《九域志》云：‘昔有程旼，家于程江口，乡里推服，州为上言，遂为程乡。’”《图经》云：“不知何时人，或云南齐人，或云隋人。结庐江滨，环堵萧然，晏如也。人服其行义，有不平者不诣官府，辄质成于旼。程源，义化间，墟墓犹存，故老相传云：‘程将军祖茔，盖指旼言也。’”

从以上记载可知，早在宋朝，人们对程旼的认识还是相当模糊的，包括其生存年代、居址、原籍或祖籍地等都不清楚，程旼更多的只是存在于“故老相传”之中。但是，宋以后的文献中，对程旼其人其事的记录，却在不断演绎修正中丰满起来了。

程旼是什么时代的人物？王象之《舆地纪胜》对此不敢下肯定性的结论，只是引《图经》云：“不知何时人，或云南齐人，或云隋人。”随后明天顺五年（1461）的《大明一统志》、明嘉靖十四年（1535）戴璟纂修的《广东通志初稿》以及明嘉靖郭春震校辑的《潮州府志》，或未涉及，或不确定。但到了明嘉靖四十年（1561），黄佐纂修的《广东通志》里，开始有了明确的记载，谓程旼“生于南齐，历梁、陈而行谊大著于隋，至义宁初乃卒，年九十余”。郭棐纂修的万历《广东通志》、吴颖编纂的顺治《潮州府志》、刘广聪纂康熙《程乡县志》都继承了黄佐的说法。

关于程旼的居址与墓址，最早在宋代《元丰九域志》中记为“家于程江口”，《舆地纪胜》云：“程源，义化间，墟墓犹存，故老相传云程将军祖茔，指言也。”明嘉靖郭春震校辑《潮州府志》云：“程旼墓，亦在义化都，故老相传‘程将军祖茔，盖指旼言也。’”明嘉靖四十年黄佐纂修《广东通志》云：“程旼故居，在县西北八十里义化都。”“在程乡县义化都，有故老相传程将军祖茔，盖程旼也。”在明嘉靖以前，程旼的居址，只是有一个模糊的范围，并没有一个确切的地点。而程旼的墓址，则存在有“故老相传”的“程乡县义化都”或“程源，义化间”的，明确位置即“在县西北八十里义化都，故老相传程将军祖茔”。直到明万历六年（1578），广西宣化（今邕宁县）人、时任平远县令的刘孕祚发起一场找寻程旼其人真实存在的运动，才有比较确切的说法。到清康熙时期，在陈梦雷编的《古今图书集成·职方典》中，引《平远县志》记载，第一次清楚地指出了程旼居址在平远县的坝头。以后，王之正修乾隆《嘉应州志》则较完整具体地明确了“程处士故居义化都，今属平远县”“程处士墓，在义化都，今平远县坝头”。到嘉庆时期，则更明确地指明其居址，“宅在坝头官窝，今遗址尚存”。

程旼作为地方历史名人，到了后世，地方史志不但“详其清修，稽诸往轶，通记懿行”，而且给予了极高的评价，谓其“秉义怀仁，化行俗美。奋起南齐之世，丕变东海之区。一介布衣，俨操讞决之柄；阖邑雀角，咸服是非之公。故山川因姓而标名，县治因程而志胜”。

后人为纪念程旼的功德，名其都曰“义化”，乡曰“程乡”，源曰“程源”，江曰“程江”，复以“程乡”名县，“万古江山与姓俱”，为客家人文始祖。较之于韩愈贬潮，使山为“韩山”，水为“韩江”，毫不逊色。不惟早了几百年，江山与姓俱，且以“程乡”名县，则有过之而更加崇高了。

“秉义怀仁，以德化人”是先贤程旼的形象，也就是仁人的形象。人们怀念先贤，怀念仁人，先贤、仁人的身影好像一直没有离开过当地。人们希望为政者“景仰前型”，能像程旼那样慎独爱民，大行仁德，以身作则，像孔子说的：“君子笃于亲，则民兴于仁。”当政者能使“民兴于仁”，人间就必然充满了爱，社会也必然就安宁了。所以，建署怀仁里，就是寓意怀念仁人，当政者能主动把社会治理好，乡民则以助人为乐，整个社会都充满着爱。它寄寓了老百姓对文明社会的渴望和追求。

十三　改建县署见肤功

建城同时也需要建县署。置县设官，履职任事，必有常所，这是题中之义。《周礼·天官·序官》开篇有云：“设官分职，以为民极。”即指设立官爵或官府，分派职权，管理政务民众，还要给民众做出榜样，自然就需要有治所。“极”在这里可以解释为“准则”的意思。在老百姓的日常生活中，最能直接感受到“国家”存在的机构就是“官府”。设立官府衙门，并委任官员“莅土治民”，是历代王朝将某个地域直接置于朝廷治下的充分条件。“朝廷”面对百姓的价值与意义，是要通过各级地方“官府”实际的行政运作才能成为现实的。在士绅和百姓的观念中，“朝廷”总是正确的，地方政治和地方行政的事务，基本上都是“官府”的责任。官府要有官员“莅土治民”，他们在官府任上，受“朝廷”委派治理地方事务，自然要履行行政官员的责任，自然而然地成为地方利益的代表，要为地方办些实事。譬如施行文教、振奋武事、兴修水利、接济贫穷和抚恤孤贫，这些事情都是地方官员角色必须做的事情。

《春秋传》曰：“位，政之建也；署，位之表也。”位，爵位，是因政事而设立的；官署，爵位的标志，是办理公务的机关和发布施政命令的地方。此外，官署还要作为公务人员饮食休息以及闲暇游逛观览的场所。所以，每一座地方城市，不管是府、州还是县，都会包含一些比较重要的建筑类型，首先就是公署衙门，即官员办公或者住宿的场所。

康熙《镇平县志》卷一《舆地志》就有专节介绍“县署迁建”的过程：“县治在蕉岭之阳，建于崇祯六年，平远令沈惟耀先卜徐氏宗祠及贡生徐徽宅，时徽暨本宗义捐，移住县之左侧，后三不利于县令。崇祯十年，知县胡会宾改建于旧治之左，亦系徽住宅捐出，是为今治。徽仍移住原地，徐氏复建祠焉。盖新旧两地皆徐氏所捐也。”乾隆《镇平县志》卷一《疆域志・官署》云：“县署旧在蕉岭之阳。”民国 3 年（1914），因河南早有镇平县，为避同名之混淆，把广东镇平改为蕉岭县，应该是与“蕉岭而实一邑之镇山”有关。现今镇山公园的那座山亦称“镇山”。在镇山北面陂角村还有个村，村名就叫“蕉领下”。老辈俗传“未有蕉岭县，先有蕉领村”。或许是“蕉领”的一声之转而成“蕉岭”的。一般说是先有地名而后才有村名的。因为县署地处蕉岭即今镇山的南面，故又称蕉阳，所以蕉城镇又有蕉阳镇之称。“蕉岭”又称“桂岭”。同书在《山川》一节又云：“桂岭，在城内，原名蕉岭。为邑主山，巃嵸峍崒，有涵盖一切气象。”黄香铁《石窟一征》卷六《地志》云：“蕉岭，仅一小阜，而实一邑之镇山。亦犹浙之虎林，宛然培塿，而为一郡众山之望也。”[①]说的是蕉岭本来是一小山丘，变成了雄镇一个县的主山。就像浙江杭州的虎林山，是天然的小山丘，因为灵隐寺建在山上，而变成了一个地方上的主山。

镇平城所在地方，是樟坑崬山脉向南延伸而来的小山，山上古木参天，原野荆棘丛生。这里人烟稀少，是野兽出没、蛇鼠栖息的地方，有可考的地名为“老虎坑”。直到元末明初，始有赖姓、黄姓、徐姓分别在陂角、黄田等地开基。到明成化年间，有徐氏五世祖商玉任职知县后，在今镇山南麓上岭子的地方建一座清慎堂；徐氏五世祖坚玉则在下岭子称“饱虎吐肉”形的地方建起了祖堂。在堪舆师的眼里，祖堂后一带是未被开发的荒

---

① 黄钊纂修《石窟一征》，《广东历代方志集成》第 40 册，岭南美术出版社，2009 年，第 278 页。

山野岭（今县武装部以上）应该像老虎的样子。以后徐氏子孙逐渐在大徐屋、西塘一带建房。番薯行古姓人建“岭南首第”。杨姓人在今大杨屋处建房。为了今西门背一带灌溉，“玉闸安流”水圳逐步开凿，从溪峰河引水。徐姓人口渐增，七世徐铿做官归家后还在今县人民小学东校处建徐氏宗祠。之后，赖姓人建墩子上祖堂。那时石窟河航运的码头在艾坝，村民交易的地方在今上儒林第一带，后称东门圩。至明末崇祯六年（1633）建县城时，该处算是个名叫“怀仁里”的小村落而已。

如上可知最初的县署，沈惟耀把它选在徐铿所建的徐氏宗祠和贡生徐徽的住宅处（今县小的东校处）。徐氏族人遵从其祖徐铿的遗嘱，非常慷慨地把祖祠、住宅分毫不取捐了出来建县署，而把祖祠、住宅移往县署的左侧另行盖建。孰料，沈惟耀在监造镇平城池、县署时“工未卒而殒焉”。沈惟耀没等把镇平城和县署建好，竟染疾而逝。而嗣后的成所为、冯良谟二任代理县令亦相继染疾而殒。四年间接二连三出现县令中道而亡的事情，引起社会的哗然议论。客家人习俗是信奉风水的。而此时的风水先生就认为是县署犯了堪舆学的来龙、结穴、消砂、纳水和立向五要素中的穴、砂、向三不利之大忌，故县令亦中道而亡。

有鉴于前，所以到崇祯十年（1637），知县胡会宾莅任之初，即把县署改建于徐徽新建的住宅处，即今县政府处。徐徽及其族人又一次捐让住宅，将住宅移回原地，再建宗祠。所以，不管新县署、旧县署，这两块地方，原来都是徐氏族人占有和捐出来的。胡会宾把县署改建好后，还专门请明礼部尚书、饶平人黄锦写了一篇《改建县署记》，载于卷六《艺文志·记》中。其文云：

镇平地，古属梅州怀仁里。嘉靖间析程乡、兴宁，增设平远，则改属平远。当设平远时，乡先正徐公铿，持议欲建署怀仁，后为虔州异议所沮。迨王师削平三藩之乱，治运新开，果复设镇平，以资控扼。顾城堞池隍，草创方殷，向明出治，未获善地。精形家者，蒿目忧之。

我胡侯下车询民疾苦，殷然以再造为任。乃陟高冈，览周原，得地于旧署数十武之近，遂决策迁之，手削数牍，请诸上官。佥报曰：“俞。”乃节浮冗，捐俸薪，慰劳劝相，昼夜忘疲。自孟冬朔日，历仲冬朔有八日告竣。面山临水，气象万千，堂阶肃肃，轩廊翼翼。官署吏廨，罔不整戢。侯乃集缙绅吏民，落成莅事。于是群黎百姓，稽首颂侯功德，保障金汤，崇勋最绩。宜树贞珉，属余载笔垂诸不朽。

余伏念侯烈祖忠勇，翊戴高皇。祥毓贤侯，实抚兹土。焦劳厥衷，冰蘖厥操。象纬在目，擘画在手。牍清蠹除，民安盗息。祖德孙绳，后先炳燿。然则侯之嘉绩，上足俾乎中兴；侯之令闻，下足阐诸后世。余则何以碑侯也？侯之德业，光映日星；侯之训词，直垂金石。余又何能代侯碑也！无已，则推广侯志，以正告百姓，且昭示来兹乎？

夫《易》言，革而继以鼎也，言革旧鼎新也。鼎之六五黄耳，金铉利贞，其上九曰鼎玉铉，大吉，无不利。侯之占，符此兆也，乃以举事。夫侯莅兹土，岂不愿与耆老子弟，蒙一日之安，顾以为不一劳者不永佚。汲汲焉先甲三日，后甲三日，率子弟之众，成磐石之功。亦愿与尔众，辟山川之灵气，洗濯尔心志，庶几革旧鼎新、永奠基图云尔！若独不溯昔耶？昔之匹夫，以一人化一乡，令名传之青史；今之匹夫，奚故而瞑目语难？一呼而肆毒万灵，至震慴天威，此两者亦足以劝惩矣！今圣明御宇，台司布列，天生良宰挺起，而再造尔邦，即有匹夫如程旼其人，无所施其义化。尔子若孙自保聚怀仁之里，无忘侯德。侯指日出入枢衡，应黄耳玉铉之占，旬宣兹土。将千载春秋俎豆，报侯德无疆；而尔比闾族党，亦世世庇侯之余荫于无疆矣。

黄锦在《改建县署记》中首先介绍了改建县署的缘由，其次叙写改建县署的经过，再次是对胡会宾在改建过程中的表现进行肯定和赞扬，最后是对镇平改建县署后的希冀。

黄锦（1589—1671），字孚元，号絅庵，广东饶平宣化都大埕（今东界大埕乡）上黄村人。万历三十七年（1609）考中举人，天启二年（1622）登壬戌科进士，选进翰林院学馆深造。三年后由庶常授检讨（史官名，职掌修国史），参与编修《明宗实录》。时宦官魏忠贤擅权，群臣多依附阉党。黄锦刚直不阿，坚不随流。天启六年（1626），魏忠贤拟在国学馆西侧建造生祠，执掌国学馆者拟调他专司其事。黄锦呵呵大笑，说道：“彼阉竖也，吾史官也，吾安能以好官预阉事而贻万世笑端乎？”坚决拒绝，并以神圣的儒林之地从此将被沾污，是知识分子的奇耻大辱，要求调离翰林院。直到崇祯继位后，黄锦才重回翰林院。历任侍讲、分校、礼闱等职。在其任内，亲自修校卷佚浩瀚的经学史籍《十三经》《二十一史》。崇祯十二年（1639）冬，转任知制诰副总裁。同年十月升礼部侍郎。冬，转吏部侍郎。崇祯十四年（1641），出补南京礼部尚书。黄锦在朝为官二十年，洁身自好，三次推辞入阁为首辅（宰相）。在任南京礼部侍郎的第二年（1639），便以病乞归，朝廷允其所请，回到潮州。崇祯十七年（1644），清兵攻陷北京，崇祯自缢，黄锦闻知悲恸欲绝。隆武元年（1645），朱聿键在福州建立南明政权。黄锦于国家危难时毅然再度出山，赴福州投隆武帝，被起用为礼部右侍郎，不久升尚书，以优老加太子太保。隆武二年（1646），黄锦以年老为由请求回潮州，后招抚潮州、惠州旧明部卒，从潮惠一带起兵抗清。南明政权灭亡后，黄锦走匿于离城 12 千米处的石庵山石洞中，隐居读书写作。黄锦终其一生，坚持与清廷不合作，以示民族气节。黄锦专心致志写诗作赋达二十多年之久，有著作《笔耕堂集》等传世。黄锦卒时年届八十三岁。

一般来讲，地位最高的公署应该位于城市的核心部位。其规模虽然有大小之别，但基本上的空间模式是比较相似的，一般都会设有正门以及二道门仪门，北边还会设戒石庭，最核心的空间是一般是大堂，大堂的后面是二堂，分别是最核心的办公和举行仪式的场所，在整个官府的北半部一般会设有官邸区，而两侧的院落里设有相关的一些附属设施。

镇平的县署亦和全国的县衙公署一样：

县治中为正堂，后为川堂，后为内衙。川堂左为库房，右为守宅皂隶房。

正堂东廊为吏、户、礼、承发四房。

正堂西廊为兵、刑、工、铺司四房。

“天鉴在兹”亭在甬道正中。

前为仪门。

左侧为巡捕厅，后为典史住宅。衙地旧属生员古捷魁屋基，因移县治，知县胡会宾将旧县堂地对换，申详在案。

仪门东为迎宾馆。

仪门外为土地祠，西边为监，外为羁留铺。仪门外石碑一道，为程梦简申详抚院、司、道、府《永禁见里答应陋规碑文》。大门外石碑一道，为知县程梦简准典史冯士塄《永禁地方答应陋规碑文》。

由于县治初开草创，百事待举，更兼规模初定，尚来不及装修润色，只能是草草将就。有许多吏员办公处所及配套的场所也未能兴建，如谯楼、申明亭、旌善亭、吏舍等。造成“谯楼之更鼓无闻，善恶之彰瘅未著，吏廨之僦居无所”，这些都是提出来需要建造的。

嗣后到乾隆四十八年（1783）修志时，则明确地记述，谯楼、守备署（今南街饮服公司大楼处）、城守署（今东街南）、捕厅署（今桂岭宾馆处）、常平仓（今分司井处）、城隍庙（今丘家祠东）、预备仓、教场、养济院、漏泽园，昌黎书院后移建桂岭书院等作为为县行政需具备的场所都兴建齐全了。商用店铺也逐渐地建成，有东街、西街、箭道街、南街等商业区域。原来的上岭子、下岭子、西塘、大徐屋、番薯行、大杨屋等包围在城内，成为居民住宅区。整个镇平县城，直径不过 200 米的小城规模，一直延续至 1931 年拆墙，前后历时三百年之久。

据说，旧县署正门，也称头门曾悬有一联：“俨然称百里侯，休徒坐镇；若要作万家佛，总贵持平”。上下联末字嵌“镇平”二字，对仗工稳，嵌字天然，传达出威恩并举的施政举措。此联传说为县知事邹兆麟所撰（见张自铭《蕉岭先达诗话》）。又一说为清康熙六十年至雍正二年镇平县令魏燕超在其官邸卧室前所挂之联。而魏燕超曾另撰有一联：“到此地当知国法，入此门莫昧良心”（见徐志超《蕉岭人新传》），挂在头门。

汉朝焦赣《易林·临之既济》：“阴阳变化，各得其宜，上下顺通，奏为肤功。”可以说，自胡会宾改建县署后，诚如他当年在主持修志（未见成书存版，《序》文收录在康熙《镇平县志》）的《序》中所云：镇平从此“疵疠渐消、冥顽渐格”“野有归鸿，村无吠犬，官安于舍，民适其庐，非复昔之虑空虚，防凶咎”“山无伏莽与海不扬波，同其安澜”。他自己也认为是“盖有难测其隐者矣”。或许如胡会宾说的，冥冥之中的事情很难说得清楚啊！

十四　峻岭危峰成环拱

乾隆《镇平县志》卷一《疆域志·山川》载："邑之山脉，自汀州上杭奔踔而来，扶舆磅礴之气，蜿蜒郁结；峻岭危峰，森然环拱。"其意为镇平的山脉，是武夷山脉向南延伸经过长汀、上杭的扶摇盛大余势，在此盘环迂回，造成山峦高陡繁密，奇峰兀立，四面围拱着县城。据1992年版《蕉岭县志》第二编《自然环境·地貌》云："蕉岭地貌，按海拔高度和形态特征分类，可分为山地、丘陵、盆地。""山地分布在盆地丘陵四周。境内海拔500米以上山峰主要分布在县境的东部、北部和西部，丘陵主要分布在盆地的边缘，多在县境的北部，如文福及长潭的高陂、麻坑、白马，蕉城的樟坑等地，以及油坑丘陵、霭岭丘陵等。[①]"

镇平总体地理形势，东西山多，中属平原。县境的山地属武夷山脉余脉的延伸，地势由北向南倾斜。按山脉走向，大体可分为以下五列：

第一列为金山笔山脉，东西走向。它分布于县境西北部，西起镇平西北角与平远、武平的交界处，经广福南部、文福北部，东到北礤与南礤和梅县松源的交界处。自西而东有：鹞婆崇、大陂崇、洪畲笔、喇里嶂、高山岗、牛牯崇、乳姑笔、金山笔、皇佑笔、耀祖顶。此列山脉，为镇平最高大的山脉，雄踞本县北部，使蕉岭地势向南向北向东倾斜，以海拔千米高峰组成横亘东西的山地，能在冬季阻挡北方冷气团南侵，夏季抬升东南气流增加降雨量。金山笔，位于北礤乡金山村，是镇平海拔最高、面积最大的山，也是梅州面积最大、保护最好的原始林区，主峰海拔1170米，为蕉岭众山之首，被称为"镇平第一峰"。林区内古老的原始森林、神秘的高山峡谷、珍稀的野生动植物、如诗如画的滴水流泉，组成了该风景区的雄、奇、幽、秀的大自然奇观。站在顶峰举目远眺，层层叠叠、高低不

① 蕉岭县地方志编纂委员会编《蕉岭县志》，广东人民出版社，1992年，第71页。

一的山峦一望无际，缭绕的薄雾似白色轻纱环绕其间，令人心旷神怡，乐而忘返。此外，位于广福、北磜的北部边境上，和福建省的武平、上杭两县的交界处，还有好些较高的山，从西至东有豆腐头岽、湖庵山、野湖顶、黄竹溪岗等。

第二列为大峰嶂山脉，自东北往西南走向。位置在镇平东部边境与福建及梅县的交界处。自北至南有大岃岽、黄草岽、耀祖顶、凉伞岽、天子岽、辣竹坳顶、官塘山顶、游竹坪顶、文峰笔、大峰嶂、小峰笔、豆子坑顶、杉山尾、上下石牙山、漆树笔、南山岃等。

乾隆《镇平县志》卷一《疆域志・山川》专门提及大峰嶂，云："县东二十里为大峰嶂，悬崖壁立。山腰有湖，广可数十顷，羊肠曲盘不易造其巅。四面宽平，约二十里；中有仙人桥、仙人塔，又有怪石嶙峋，龙蟠虎蹲，异状不可枚举；又有洗马潭，澄碧可鉴，皆奇观也。"大峰嶂坐落于蓝坊与梅县隆文交界处，海拔 1092 米。周围有五座山峰，其中"尖峰笔"形似笔尖，一峰直指苍穹，插入云天，被邑人谓为八景之一的"文峰插汉"。此外，有"'万石笔'，离城三十里。在高思乡，二水交汇处，一峰横出，嵌空玲珑，若牛马之饮溪，若熊罴之登峻。"明孝廉汤在田，爱其奇秀，筑"万石山房"，与太史李士淳门人、孝廉邱恒泰等，讲学唱酬，一时文人荟萃。邑令薛世望尝诣之，题五言古以赠。而嶂坑笔、百丈磜、狮子嶂，皆俯列焉。

第三列为樟坑岽山脉，自东北往西南走向。北起北磜和福建上杭象洞交界处，南走经南磜、蓝坊的西部和文福、蕉城镇、兴福、华侨农场的东都交界处，直到新铺的东部，纵贯县境东部南北。自北向南有梨子寨、天子岽、伯公岽、铲子岽、塘子坳顶、皇佑笔、贵人峰、乌石头、作笔岽、鹞婆嘴、樟坑岽、坳上顶、大行山（和尚岽）、九曲岃、洋稠嶂、香炉嶂、油坑笔等。樟坑岽，又名樟坑笔，位于县城东北的樟坑村，海拔 1020 米。樟坑笔从最高峰处蜿蜒而下樟坑村，至县龙岗到县城梅花落地后直抵龙门，被认为是县的龙脉所在。

第四列为天马岃山脉，自东北往西南走向。它是镇平五列山地中最低的一列，海拔都在 750 米以下。在广福南部，文福、兴福、新铺的西部，长潭、三圳的中部，徐溪的东部，纵贯蕉岭石窟河宽谷西侧的南北。自北至南有高山岃、大面山、暗石笔、牙狮嶂、砧头岃、天马岃、梅子坑顶、龙岗岃、千家寨、狮山嶂、伯公坳顶、蕉林嶂。黄香铁在《石窟一征》卷六《地志》云："天马山，在城西北六里许，意态雄杰，延袤七八里，直趋大河，如渴骥奔泉，对之令人增倜傥权奇之气。山背为牙狮嶂，石骨巉岩，与天马迥别。天马雄而秀，牙狮则狞而险矣。《大清一统志》：'天马山近龙斗山，形势雄昂，状若天马。'按：龙斗山，在城南十五里，两山对峙，势如龙斗，即残明油坑乡所结飞龙寨之地，俗称龙相斗者是也。前后左右，并无有所谓天马山者。《图经》：'天马山在下为大河'，自不能移之他处矣。"[①]天马山在城西北，绵延七八里直下长潭，直趋入河，如渴马饮泉。河边有一块石矶，凸起河中，高数百尺，形似昂首长空，前蹄跃起，后脚欲伸，有腾空气势。这就是镇平八景之一的"天马腾空"。

第五列为铁山嶂山脉，自东北往西南走向，在蕉岭西部边境与平远县的交界处，即位于广福、长潭、三圳、徐溪的西缘。铁山嶂，位于三圳东岭村，海拔1164米，为镇平第二高峰。虽云"削玉千寻，积铁万仞"，但据说是山顶无石，亦无峰顶标识，仅有小片低矮灌木丛，多为荒草。而站在峰顶俯望四周，山色秀奇，群峰起伏如碧波荡漾，自有一番一览众山低的景致。自北至南有鹞婆崬、杯子坑顶、鹤子顶、凉伞顶、礤子岃顶、牛键坑顶、马头耳、柑子窝顶（锅笃顶）、铁山嶂、狮子嶂、枕头寨、红古岃、高崎岃、鸭薮顶、石牙岗、帽山顶。

以上五列山脉，大致是镇平众多溪河的分水岭。镇平的河谷低地，也大致分布在这些山脉的中间，为居民的主要居住区和交通要道。镇平海拔千米以上高峰有六座：东北部的金山笔，海拔1170米，为全县最高峰；皇佑笔海拔1150米；西部的铁山嶂，海拔1164米；东部的大峰嶂，海拔1092米；小峰笔，海拔1057米；中部的樟坑崬，海拔1020米。

除以上六座高峰外，县内海拔600米以上山峰有三十七座。这些山峰

---

① 黄钊纂修《石窟一征》，《广东历代方志集成》第40册，岭南美术出版社，2009年，第279页。

是：野湖顶、马头耳、贵人峰、岽背山、鹞婆咀嘴、乳姑笔、香炉嶂、黄竹溪岗、牛牯岽、洪畲笔、作笔岽、牙狮嶂、石牙岗、高山切岃、洋稠嶂、梨子寨、帽山顶、天子岽、屏风嶂、大罗圈、松光嶂、蕉林嶂、湖庵山、鹞子笔、松树岃、砧头岃、南山嶂、茅湖顶、鸭薮顶、三星顶、天马岃、伯公坳、大行山、暗石笔、大陂岽、铲子岽、豆腐头头岽。

说到镇平的山，自然离不开县城内的主山桂岭。

乾隆《镇平县志》卷一《疆域志·山川》载："桂岭，在城内，原名蕉岭。为邑主山，巃嵸崥崒，有涵盖一切气象。"就是明确指认桂岭是县里的主山。岭峰突起，云气蒸腾，有包容万物的气象。而黄香铁在《石窟一征》卷六《地志》云："邑东北方，有峰特秀，名曰'君山笔'。按：陶宗仪《辍耕录》，'江阴州治，有君山，龙脉正结于此'之语。君山，州之主山也。据此，则龙脉所始之山皆曰'君山'。旧志作'军山'，误。奶姑笔，在君山笔之北，山尖如胸乳菽发。欲呼乳为'奶姑'，故名。余以其名不雅，仿李太白改九华山名例，改为'玉华笔'。"其所云"君山笔"，他认为，作为州县的主山是"龙脉所始之山皆曰君山"，故书为"君山笔"，当指的就是"金山笔"。黄香铁所言指的理由，唯从山之高之大而论，固亦可成。然则，金山笔僻处县东北部北磜，距县署三十里。虽深秀雄厚，终究若"龙楼凤阁，隐于山林"，无人晓识。远不若桂岭镇山，而为"一郡众山之望"，其所贵者在于天钟灵秀，云蒸霞蔚，包涵万有也。所以黄香铁之论，亦未能服人而广被接受。又，黄香铁还论及金山笔之北的"奶姑峰"，他认为"其名不雅，仿李太白改九华山名例，改为'玉华笔'。"此说依我来看，又是多此一举，大可不必。地名是约定俗成的产物，唯其俗才能成约，唯其俗而形象生动，富于情趣，为普罗大众所接受。若改为"玉华笔"，则可能"玉华"是什么东西？十问有九不知者。

乾隆《镇平县志》卷一《疆域志·山川》中还载有狮子嶂、羊稠嶂、黄祐笔、四姑嶂、马头山、大山顶、香炉峰、龙斗山、龙藏嶂、九子岭、诰轴山、顺岭、千龙冈、马蹄石、君子石、游蚁岩、神冈仞、南山嶂、大象岭、西山嶂、叶婆嶂、玉枕山、燕尾山、杜子岭、三台山、文基山等，并指出这些山岭"莫不攒插结蟠，争妍竞秀，以钟毓灵奇，拥卫疆域"。

如同黄香铁在《石窟一征》卷六《地志》指出的那样，镇平的山岭：“顾皆韬耀，秘灵于穹山铲岫之中。如镇之大峰笔、铁山嶂，削玉千寻，积铁万仞。青乌家言，龙楼凤阁，隐于山林，故名不大著。然附郭诸峰，如大人岽、玉华笔、君山笔、天马山、羊稠嶂，皆深秀雄厚，神秀所钟，如珠柯玉条，足以翔青鸾而巢紫鹓，皆无愧乎祝融氏之苗裔也。古来入粤者，皆由韶阳至此邦。山水如君子，暗然之德，而图经地志，语焉不详，不无过已。”①

黄香铁叹息镇平的山岭如大峰笔、铁山嶂，“削玉千寻，积铁万仞”，还有县城附近的大人岽、奶姑峰、君山笔、天马山、羊稠嶂，皆“深秀雄厚，神秀所钟，如珠柯玉条，足以翔青鸾而巢紫鹓，皆无愧乎祝融氏之苗裔也”。然而，它们基本上掩藏隐匿了，名声都没有显耀出来，不为人们所知。而图经地志，记述模糊、不具体，还出现一些讹误，这是极不应该的。

十五　滋润流膏石窟河

石窟河是镇平的母亲河。水哺育天下万物，正如黄河与长江，滋润了蕴藉深厚的中原文化一样，石窟河流注南北，穿越了镇平的大部分土地，哺育了镇平人。

石窟河发源于福建省武平县东流溪，于河子口经下坝至普滩进入蕉岭县境，属韩江水系二级支流。在县内广福镇西北角的鹞婆岽西麓开始，为镇平县与平远县的界河，至长潭罗赖坝以南的河道始全属镇平县。石窟河流域都是山地，一条条溪流在大山深处静静地流淌，悠久绵长；她们像一位位丰润窈窕的村姑，孕育着大山的灵秀和青郁。水土和植被都保存得比较完整。

① 黄钊纂修《石窟一征》，《广东历代方志集成》第40册，岭南美术出版社，2009年，第279页。

石窟河自北向南纵贯，由长潭经蕉城、兴福、三圳和新铺，在新铺的炭山里流入梅县县境的白渡，南流注入梅江后，再东流经松口，下大埔县的三河坝，汇福建省来的汀江、大埔县东来的梅潭河进入韩江出海。在镇平县境内，长达 61.4 千米，集水面积 728.2 平方千米，河流平均坡降 0.06%，水流较为平缓，河面宽度在 200—300 米，木船、机船和木排可直下汕头。据长潭水文站实测，石窟河年平均流量为 59.900 立方米每秒，最高洪水位为 1983 年 6 月 16 日在长潭陂点测定的 105.010 米（珠江基面），流量 3620 立方米每秒，为 50 年一遇。石窟河最枯流量是 1963 年 6 月 7 日测定的 3.066 立方米每秒。

石窟河从长潭口出峡谷而至新铺，两岸南北长 30 多千米、宽 3 千米至 4 千米的狭长盆地，在中部的三圳段向西弯曲，略呈弓状，可称作石窟河宽谷地。石窟河谷地地势平坦，土地肥沃，田园平整；雨量充沛，光照充足，适宜各种作物生长，四季常绿，是粮食生产基地，兼可发展渔牧等各类经济作物。全县 65%的人口聚居于此休养生息。

石窟河是“粤盐赣米”“盐上米下”的通道，商贸活动活跃，造就了石窟河流域繁荣的乡镇和码头，带来了新铺、艾坝响当当的名字。据《明史》记载，广盐行于江西，始于明洪武三年（1370）。据《石窟一征》载，清代康熙二十四年（1685），议准江西南赣二府食广东盐。康熙三十二年（1693），又议准江西赣属各府所食广盐改食潮盐。康熙四十八年（1709），议准潮、惠、赣三府俱行销广济桥之盐。据《潮州府志》载，当时潮盐配送至镇平、平远、赣州各县的盐，其流程都是在广济桥用大船装载，沿韩江、梅江上溯，入石窟河至新铺，改用双篷木帆船（因上游河水渐浅）转运至蕉城湖沟坝、艾坝，然后改用单篷船（梭子船）运至武平下坝；也可用单篷船从新铺沿柚树河运往平远坝头，转陆路运江西。陆路运输则用人挑或骡驮运。据《蕉岭县志》载：一年中转运食盐达 9000 吨，新铺的大盐商陈盛记、陈昌记、曾悦盛、邓万合等。运盐的船或人，又从闽赣运米回新铺，大部是由新铺的米商收购，再装大船运往下游。《汕报》曾载：“民国 30 年�门岭货运频繁。每天来往男女挑夫，计梅、蕉、平等处总在三四千人。由梅运往�门岭货物，均以食盐为大宗，南下则以双黄豆为多，……来往时期，约需十天”。据1944年的调查，新铺有登记米商69家，大米商谢庆记、林荣茂等店，囤米上千石（约90吨），新铺圩日上市大米约500石（约45吨），新铺成为闽赣两省在粤东运销的终点，又是潮、梅一带米商粮食的采购处。据1950年调查，新铺大小商号159间，其资金总额占蕉岭县商号资金的30%，从这里也可窥见当时新铺商贸规模的一斑吧。

县境北部、东部和南部，均有石窟河的一级支流高陂河、溪峰河、石扇河。石窟河流域包括高陂河与柚树河等共有人口16.36万人，耕地10.87万亩。石窟河恒年流润，滋润石窟河流域的人民。

北部有高陂河，源起文福金山笔西麓，纵贯文福中部，途中汇乌土河水，于长潭高陂流入石窟河，集水面积为129平方千米，全长20千米，平均坡降22.1%。流域内西岸植被较差，岩层为石灰岩，地面径流短小。1972年4月2日在新河入口处测定，高陂河的最枯流量为0.222立方米每秒。

东部有溪峰河，源起南礤富足窝，斜贯蓝坊北半部，夹在樟坑崇与大峰嶂山脉之间，流向大致是由东北至西南，出溪峰缺后，流经蕉城之南，在湖沟坝汇入石窟河。由蓝坊石中蛇简坑起至湖沟坝，溪峰河全长20.7千米，平均坡降15%，集水面积78平方千米。1963年6月8日在东联破上游测定峰河的最枯流量为0.248立方米每秒。

南部有柚树河，源起平远县八尺区梅龙寨，在徐溪三面湖北面入县境后，横贯徐溪中部，在五里径附近汇合由三圳铁山嶂流来的徐溪河水，再向东流，穿过新铺北部，至新铺同福新芳里汇入石窟河。柚树河在蕉岭境内的集水面积为128.1平方千米，河流长度13千米，河床落差17米，平均坡降1.3%。1963年6月9日在径子南、北两处进水闸测定柚树河的最枯流量为1.113立方米每秒。南部还有石扇河，源起梅县石扇真武嶂，于新铺北方村之西南角进入县境后，向东北方流去，斜贯新铺南部，在南山村之东汇入石窟河。1972年3月28日在新铺石峰径测定石扇河最枯流量为0.067立方米每秒。

县东北部，有两条属于梅县松源河的支流：

北礤河，源起福建省武平县将军地，在北礤流入县境后，横贯北礤南部，在森工站附近，汇合自福建省流入北礤东部的廖席河，再向东南流，在青云塔以南又集合松源河的正源——源起福建省武平县象洞油坑子的乌廖河，再向南便进入梅县松源，汇入松源河。北礤河全长 23 千米，集水面积为 99.1 平方千米。流域内全是山地林区，植被良好，河床陡峻，水流湍急，水力资源极为丰富。

南礤河，源起南礤西南部梅子岗麓的大洞坑，向东北流，斜贯南礤中部，至步上折向东南流，在步上以南进入梅县松源后汇入松源河。南礤河从甲华至步上出蕉岭县境，全长 13 千米，平均坡降 15%，集水面积为 50.6 平方千米。北礤河与南礤河流域共有 1.77 万人，耕地 1.03 万亩。

县境东南部，有几条属梅县隆文河水系的支流，即高思的高思河、蓝坊的大地河以及南礤的蓝源河和浒竹坪河等，其中高思河为重要支流。高思河源起屏风山峰，从程官起曲折南流，在高思圩汇合来自东北载楼坑的支流后，转向东南流入梅县境溪口，高思河在蕉岭县境的河道长 11.3 千米，平均坡降 21%，流域面积 37.7 平方千米。

乾隆《镇平县志》卷一《疆域志》有“续史氏”曰：“粤东，岭海奥区，西北负山，东南阻水。镇平居省会东偏，然当闽汀江赣之界，故山多而水则少焉。窃尝即其形胜而总揽之，后拥三台，前峙九子，四山层拱，一水潆洄，中坦开虚，广四十余里，岂非所谓钟灵毓秀之区哉？”镇平是新建县，后拥三台，前峙九子，四山层拱，一水潆洄，中坦开虚，广四十余里。生活在山多地少的山地间，能用于耕种的田地贫瘠，能开采使用的资源匮乏。一水潆洄，石窟河及其支流几乎覆盖了整个县境，溢润流膏。石窟河流域的人们需要改变生活，更想改变命运。于是，他们在保持一种与其他地区百姓一般的原始生存手段之外，无时无刻不想在这个基础上，寻找到一种独特的生存理念，与命运抗争。聪明与灵慧牵动了生存手段的更新，生命火花迸发的力量成就了一番别样的风景。外出谋生、赴台湾耕佃就是这种与命运抗争的生存理念的尝试与表现。也许在这种抗争与发现的过程中，有过许许多多的外人所意想不到的困难。但是，镇平人努力在这片山水间孕育机巧灵变，他们在日积月聚的岁月人文中，迸发出一种向上的力量，穷且弥坚，穷则思变，亘古以来的训诫昭示出一个美轮美奂的境界。

十六　盐上米下输运忙

我们知道，盐在古代也有着非常重要的地位。除了食盐关系国家的民生之外，也是国家重要的税收来源。从春秋汉唐到明清时代，食盐买卖都是政府垄断。盐的利润空间大，又是必需品，老百姓们必须买，所以历代王朝依靠着食盐带来大量的财富，而这些财富又被运用到国家的各个领域。

宋代实行盐法改革，“天下盐利皆归县官。官鬻、通商，随州郡所宜，然亦变革不常，而尤重私贩之禁。”虔州（即今赣州）在宋时属于淮盐行销区，由于其远离产盐区，淮盐产地到虔州路途遥远，交通不便，食盐经过长途贩运和层层盘剥，成本极高。为此，押送漕盐的舟人往往“盗盐代以土”。同时，政府为从中获取厚利，亦以“灰土拌和，斤两亏少，却以包裹减尅，与向来装纲之日色泽分数不同，立价又重，复有巧作名色除退，名曰‘苴扎’，每盐一斤不得六七两”；广盐“以斤半当一斤，纯白不杂，卖钱二十”，而官盐则“卤湿杂恶，轻不及斤，而价至四十七钱”。这就造成了虔州官盐不仅质次价高，而且供应也不及时，百姓对官盐“不肯收买”“人苦淡食”的局面。“天下熙熙，皆为利来；天下攘攘，皆为利往。”这样也就造成贩运食盐入虔州谋利的走私活动。开初是个别专门走私者，后来发展成以豪强为首的贩盐世家，进而到武装走私团伙，在走私食盐的同时，也对沿途民众大肆抢掠，以至最终发展成与官府对抗、“犯州县”的“盐寇之乱”，官府需动用兵力征剿才能平息。

明正德十二年（1517），南赣巡抚王守仁上疏：“广盐行则商税集，而用资军饷赋省于贫民；广盐止则私盐兴，而弊滋奸宄利归于豪右”“汀赣等属之，应食广盐且可以弭寇”[①]。明万历年间曾例转广东盐法佥事的李

① 黄钊纂修《石窟一征》，《广东历代方志集成》第40册，岭南美术出版社，2009年，第240页。

栐《盐政全书》:“潮商由广济桥散入三河，转达闽之汀州为东界。水商运惠潮之盐贸于广州，听商转售。”

乾隆《镇平县志》卷二《赋役志》有“盐法”专章记载：

邑埠设于城内，距潮州五百里，设子埠二：一在新铺，一在罗冈。而城东西南三门，各有民人设店销卖。

递年额引七千六百六十道七分三厘，配盐一百八十万二百六十九斤十四两四钱八分，额征饷银四千五百八十一两一钱七分四厘。内除由县径解运库抵补虚粮银四钱四分二厘外，运同实征饷银四千五百八十两七钱三分三厘。

又，平头银一百七十两八钱四分八厘，硃引奏银九十六两一分五厘，道库银三十五两七钱四分，解费银三十六两六钱四分六厘，场脚银三百两四分五厘，公费银一百二十两一分八厘，京饭食银六十八两七钱一分八厘，杂项银二百三十两五钱五分五厘，盐价银二千四百六十两三钱六分九厘，卤价银一百三十四两九钱八分三厘，虚粮银一千零六十九两四钱五分六厘。

其埠价每斤只卖七厘，向例就潮州配运，由小河转入县属之金沙。又，西北折东至胡樛坝，计水路五百里，复用丁夫运赴县城总埠收售，大约限三十日。

其平远县及惠州之长宁县盐，俱由金沙折西入坝头河，泝流四十里出镇平境。江西之雩都、兴国、会昌、宁都、瑞金，福建之武平县，各盐亦由金沙泝流出长潭口至下坝，总计金沙至平远毗连之大峰头，水程不过六七十里，而山河迅激，木栅排距，挽运艰涩，动须经旬。榜人奸偷侵蚀，控案累累，因设隘口于金沙、新铺，埠商自募巡丁，陆截舟搜，意在清弊，而因缘为奸无日无之。是在地方官之善为厘剔，俾商民均享其福耳。

石窟河长潭峡谷流段经过万历十一年(1583)开凿整治后，改变了“中阻积石，郁成狂澜”“蛟龙不入，舟楫不可通”，运送盐米货物的挑夫往往“旷日愆期”才能到达目的地的局面，也为潮盐北上虔州提供了便捷之道。潮盐从潮州配送发运，溯韩江至三河坝转驳船，溯梅江转石窟河驳运至金沙厂、艾子坝挽泊分篓，再用上山船水运至武平所属下坝的本埠运馆收仓。

后用人力肩挑至江西之雩都、兴国、会昌、宁都、瑞金，福建之武平县等地。人力肩挑者在返程时又把当地的农产品尤以大米挑回来，通过船运到镇平、程乡及潮州各县去销售。这样就造成了一条自武平下坝经石窟河、梅江、韩江“盐上米下”，历经几百年的黄金水道。

黄香铁的《石窟一征》卷三《教养二》中亦有记述云：

邑山多田少。濒河居民，食舟楫之利者十之一。其船有‘两兜篷’‘三兜篷’之名。《潮州盐法志》谓：高头船者也，亦曰‘小河船’。船载石炭至潮州者曰‘炭船’；至下坝载米来者曰‘米船’；至三河坝驳盐者曰‘驳船’，亦曰‘盘子船’；自金沙厂、艾子坝驳运至下坝者曰‘上山船’。然皆以载盐为主。盖潮商皆须水客接运，水客又付之挥首。‘挥首’者为水客包运者也。挥首所坐盐船谓之坐‘母船’。所带私盐谓之‘红盐’，又称为‘花红盐’，以为犒赏船户者也。挥首包运至艾坝交篓户，雇上山船包运至下坝收仓。篓户者卖篓者也。业织篓者谓之‘篓工’，篓户雇工织篓，每引盐一票，析成七千余篓不等，皆艾坝近村人为之。近则为业，故也。部定汀赣各埠，在艾坝析篓，不得搀越上下界址，例禁颇严。按：《潮州盐法志》载：汀赣各埠引盐，例就潮桥配运。每程用趸船二只，在广济桥下兑交，散贮舟中，验放上桥，另以高头船十三四只不等，经由葛布塘三河坝查验，由镇平县属之新铺，至镇平县西门外艾子坝挽泊，报镇平县登号，析成小篓，每篓盐一十一斤，仍由水运至武平所属下坝本埠运馆收仓。广济桥即俗称‘湘子桥’。由湘子桥至艾子坝，计水程五百一十里。自艾子坝至下坝，水程一百里。然此一百里，滩石奇险，非一半月不能到也。镇平本埠，据《盐法志》定例，在南门外胡鸠坝起运。志载胡鸠坝距艾子坝水程十里。缘汀赣各埠，例在艾子坝挽泊析篓，恐有充斥混杂之弊也。然镇平埠久成疲引，邑中食盐，皆就汀赣各埠引盐零买。即问积年贩盐者，亦不知有胡鸠坝起运本埠食盐之例矣。[①]

---

① 黄钊纂修《石窟一征》，《广东历代方志集成》第40册，岭南美术出版社，2009年，第238—239页。

“黄金水道”带来了石窟河沿岸的新铺、艾坝两码头的商业繁荣和经济发展，铸就了曾经的辉煌岁月，留下了沧桑的历史见证。

十七 “编户齐民”话丁口

中国从秦代开始就建立了“编户齐民”的制度，也就是将子民百姓纳入户籍的制度，其目的除了方便统计人口外，还以之作为向民众征税与强迫他们无偿服徭役当差的依据。经过元末战乱，明初的人口甚至没有明确数字。洪武三年（1370），朱元璋为了整顿元末的混乱局面，在全国范围内推行户帖制度。政府发给每户户帖，要求各户详细填写人丁数目、姓名、年龄、与户主关系以及该户所有的产业。登记完成后，调派军队协助地方政府核实，对隐瞒或作假的进行严惩。户帖登记完成后由户部负责管理，各地每年上报户口增减情况，以便及时更正。户帖制度登记，改变了以往有丁无口的统计制度，男性女性都包括，并且还有他们的年龄。但到了洪武十四年（1381），该制度被黄册制度取代。黄册把户口、田产和赋税三者合一，是明代主要的户口册籍，并且十年就重新登记一次，上面登记的有丁口、田地、房屋、牲畜、赋役等，以及十年间的变化情况都详细写了进来。

所谓“丁口”，是指年龄段在 16 岁至 60 岁的男子为丁，女子及未成年男子为口。

据康熙十二年《镇平县志》卷二《赋役志·户口人丁》载：

镇邑粮仅二千三百有奇，丁仅一千七百余口，且割程、平两邑边幅荒瘠之地以成治。

原额男子成丁、妇女大口，共二千九百四十丁口。各征不等，并盐利代纳，共银四百二十八两六钱三分二厘三毫，内除原定《赋役全书》开载除老弱故绝一百一十二丁口，减编银二十二两三钱零一毫，实编男子成丁一千六百八十六丁，共征银三百八十四两八钱九分九厘二毫一丝四忽。妇女大口奉文改编食盐课一千一百四十六口，共征盐课银一十六两八钱三分零三毫八丝六忽。又，虚粮银四钱四分一厘六毫。本府广济桥盐利代纳，自奉文迁斥，盐利无征。康熙七年以后，俱系经征各官捐补。见奉文查豁。

又，盐钞银四两一钱六分一厘。原广济桥盐利代纳，今奉文不准抵补，于旧额丁口派征。

通派征丁口并盐利代纳，共银四百零六两三钱三分二厘二毫，遇闰加银一十八两八钱五分四厘七毫。其户口派征科则，载旧志，附于后。

以上地丁共实征银三千六百七十九两八钱七分四厘，遇闰加银七十九两四钱七分零一毫。

本折起运：

户部项下，京库金花均一铺垫料、地亩饷，本折共银一千零三十一两七钱五分六厘八毫，内均一铺垫料本色银三十三两九钱五分八厘八毫，京库均一铺垫料、地亩饷折色银九百九十七两七钱九分八厘。

员役优免米银一百二十九两七钱一分八厘七毫。

兵部项下，驿传节裁银五十八两九钱六分八厘。

工部项下，四司竹木翠毛等料，本折共银五十六两一钱一分七毫。内竹木翠毛等料本色银五钱一分八厘八毫六丝，四司竹木翠毛等料折色五十五两五钱九分一厘八毫四丝。

旧编存留款项内奉文节年裁扣，修宅、伞扇、薪蔬、行香，各役工食、喂马、草料、廪膳、纸札、操赏，下程进表觐费，科举花红、果饼、乡饮、桃符等项，共解部充饷银五百一十九两五分八毫一丝。遇闰加银二十四两二钱九分六厘三毫六丝七忽。

又，裁官本县教谕、蓝坊司巡检官役俸食，共解部银一百三十二两六钱四分，遇闰加银一十一两零五分三厘二毫。

以上共起运实征银一千九百二十八两二钱四分五厘一丝，遇闰加银三十五两三钱四分九厘五毫六丝七忽。

清初，中央鉴于明朝后期赋役的紊乱以及战争的破坏，入关后大力整顿赋役制度。顺治三年（1646）着手编纂全国的《赋役全书》，费时十一年才完成；康熙中期重订《简明赋役全书》，对赋税征收的操作手段实行改革。为了改变地亩、人丁双重赋役标准所造成的征收上的混乱和弊端，清王朝在明代“一条鞭法”的基础上，进一步深化改革。

康熙五十一年（1712）二月，朝廷宣布以明万历十年（1582）的全国丁银额为征税准则，所谓“盛世滋生人丁，永不加赋”。康熙帝在给大学士和九卿有关官员的谕旨中这样说道：“朕览各省督抚奏编审人丁数目，并未将加增之数尽行开报。今海宇承平已久，户口日繁，若按见在人丁加征钱粮，实有不可。人丁虽增，地亩并未加广。应令直省督抚，将见今钱粮册内有名丁数，勿增勿减，永为定额。其自后所生人丁，不必征收钱粮，编审时止将增出实数查明，另造清册题报。”又说“直隶、各省督抚及有司官编审人丁时，不将所生实数开明启报者，特恐加征钱粮，是以隐匿，不据实奏闻。岂知朕并不为加赋，止欲知其数耳！”[①]

这项政策，在中国赋役制度史上有着重要意义。不过，这仍不能在根本上解决丁额数字上的混乱和虚假作弊，所以，在康熙末年，四川、广东等省开始实行将丁口之赋摊入地亩的征收办法。

清朝“摊丁入亩”制度就是不收人头税了，根据田产来收税，因此带来了人口激增。因为之前生一个孩子就多收一份税，现在没有人头税了，老百姓敢多生孩子了，而且多一个人多干一份活，可以多点收获。于是从乾隆时期开始，中国人口数字有了较快的增长。这种“摊丁入亩”的赋税改革，使中国历史上带有浓厚人身依附性质的人丁税基本被废除。后来，人们常常将清代的“摊丁入亩”和明代的“一条鞭法”联系起来进行考察，把“一条鞭法”看成是“摊丁入亩”的前驱，而“推丁入亩”又是“一条鞭法”的继续和深化，这是很有道理的。乾隆《镇平县志》卷二《赋役志・田粮附载各饷》记载：

户口丁银，自康熙五十年计，新旧丁额及食盐课口共二千九百五十九丁，纳银四百一十八两四钱五分七厘。自五十年编征后，本年新增五丁。乾隆元年，增一千九百七十七丁。（乾隆）六年，增八百二十三丁。

从上可以看到，乾隆元年（1736）时，镇平一县的总体丁口为四千九

① 引冯贤亮著《清史》，上海人民出版社，2015 年，第 64 页。

百三十二，也还不足五千。而到乾隆四十八年（1783）编纂县志时，未见有人口的统计数字，不得而知其具体的增长情况。到了嘉庆二十三年（1818），出现了新增人口开报，真正有了人口统计数字上的人口，而不是过去的丁口。进入民国后，我国出现了现代意义的人口普查。民国时期，各县都成立了区、乡治安委员会，设有保甲干事。其时户口调查颇为周密，户口表册并有注意一栏。当时人口统计成员主要是警察，但警察不是挨家挨户地上门调查，而是要各地方人口自己到指定地点进行登记。不过，这已经不是我们在此讨论的范畴了。

十八　赋役计量何精微

点注康熙版《镇平县志》，印象最深的是其“卷二·赋役志”。康熙版《镇平县志》是残本，该志原为八卷，而实际内容仅存五卷为：“舆地志”“赋役志”“官守志”“人物志”“祀典志”。余下的卷六至卷八“山川志”“艺文志”“杂志”三卷，俱有目无文。而“卷二·赋役志”竟占了残本县志全书三分之一的篇幅。“赋役志”志目分为“小叙”“官民田地”“户口人丁”“存留”“经费录”“旧志开载”“项款开后”及“本县学租”“崇祯十二年原编旧额”“程平免征款”三个附录。在“项款开后”目下又分子目为“存留”“派征则例”“起科则例”“无优免例”“有优免例”“附载”，附录“崇祯十二年原编旧额”目下又分子目为“岁派粮料”“力役”。可以说，“赋役志”记载镇平置县前后的人口、田地、税收、课名及政府开支的项目、数额甚详，可作为研究明末时期地方税收及价格变化的原始资料，是镇平置县之初人口、财税的翔实记录。

“赋役志”中有关其征赋计量单位的精准细微程度，让人印象深刻，也是一个很有意思的问题。有些计量单位名称，今天的人们可是闻所未闻，甚至感到不可思议的。当然，其如何在现实操作中做到，或许是另一码事了。

明清两朝都是银本位制，“两”是货币主单位。“两”以下的计量单位有钱、分、厘、毫、丝、忽、微、纤、沙、尘、埃、渺、漠、糢。与现代货币相比，要繁杂得多。“两”以下的十四个单位，均为十进制。十分为一钱，十厘为一分，十毫为一厘，十丝为一毫，十忽为一丝，十沙为一纤，十尘为一沙等。钱、分、厘、毫还算常见，而丝、忽、微、纤、沙、尘、埃、渺、漠、糢，则在民间少见，现实生活中完全没有出现。这十个汉字作为量词，均是微小的意思。“丝忽”以下只应是理论计算值，实际操作中几乎可以忽略不计。

有明代人沈榜在其《宛署杂记·徭赋》中记述“正赋中通共起存银：三仟六百六拾八两七钱五分二厘六毫五丝四微八纤六沙六尘六埃一渺二漠五糢。分计之则有夏税起运银共：二百七十七两三钱二分五厘九毫五丝九忽五微一纤八沙七尘八埃一渺二漠五糢”[①]等。其中夏税银，按阿拉伯数字书写，为277.32595951878125两，小数点后共14位。让人见此记载，有感喟有困惑，一个县的正额税收的计量，统计到小数点以后的14位，其难耶！不亚于蜀道之难，难于上青天。这有实际意义吗？

再如其容量单位：石、升、合（gě）、勺、抄、撮（cuō）等七级，较之现代单位要细化得多。这些中国古代的容量单位，尽管历代不尽完全相同，但大致为：一石为十斗，一斗为十升，一升为十合，一合为十勺，一勺为十抄，一抄为十撮，一撮为十圭，一圭为十粟。明代面积单位有顷、亩、分、厘、毫、丝、忽、微、纤，共九级。

康熙《镇平县志》卷二《赋役志·旧志开载》记载的是：下则田“平远县割附四百七十七顷三十九亩七分五厘五毫，每亩科官正耗米九勺一抄一撮七圭四粟七粒，积一十顷零九十六亩七分九厘五毫，为粮一石。共米四十三石五斗二升六合六勺。每亩又科民正耗米一升七合二勺五抄四撮八圭二粟，积五十七亩九分五厘五毫，为粮一石，共米八百三十三石七斗四升零九勺”。

相较而言，康熙《镇平县志》的记述还算不上最为精准细微，但对于今天的人们来说，量化计算程度的深入，已经令人咋舌，实在够有意思的。

大约后来清朝廷也发现了这些计量单位的琐屑，以及现实计量中的难

① 〔明〕沈榜编著《宛署杂记》，北京出版社，2018年，第50页。

于操作，纯属理论计量值，故在乾隆版的《镇平县志》卷二《赋役志·田粮》中先作了说明："银之丝、忽，米之抄、撮，以奉文停止开列，故不详载。"因而较之于康熙版的"赋役志"，也就显得简洁明了多了。

十九　十二乡村编户寥

镇平当初置县，由四"图"组成，而自后见诸文字的行政区划却再未出现"图"的名称。"都""图"是元朝社会的行政建置名称。元朝初期承继金朝社制，改宋的乡、里为都、图，实行都图制。在明代，乡里组织的基本形式是里甲制，但在有关乡里组织的史籍材料中，除里甲等称谓外，尚有以其他称谓来指称乡里组织，如乡、都、社、区、图、里等。实际上明朝在县以下的行政区划实行的是乡社制，而不是都图制。乾隆《镇平县志》卷一《疆域志·村圩》里的"村圩"与康熙《镇平县志》卷一《舆地志·乡村》的"乡村"，内容完全一样，没有一点变化，也可以看到清沿用明制，实行的是乡社制。

康熙《镇平县志》卷一《舆地志·乡村》云："镇平乡村，名为十二，其实编户落落如晨星。往者，小民疲于奔命，而复科头箕敛以应无名之费，可悯孰甚。今与之概为蠲除，虽未能遽为乐土，亦庶几野无愁叹云。"意思是镇平自崇祯六年（1633）建县后，全县辖境即分为十二乡，由乡之下分为社，统各村落。只是政府正式编入户籍的自耕农、佣工、雇农不多，就像晨星落落，寥寥可数。

如下是镇平的乡社行政区划的基本情况：

兴福乡统八社：龙安、神岗、岭西、苦竹坑、横坡、曳乐、堑园、黄田大廖坝。因乱，分各半年供役。今通融照户当差，毋分上下半年，以致苦乐不均也。

白马乡统八社：黄田附林田、黄土、高坡附峡口、莲塘、麻坑、灌头、李田、新芳。

招福乡统七社：九岭、黄泥、墇坊、黄牛垓、蛟湖、顺岭、麻坑。

丰田乡统四社：鉴石、岃下、路亭、乌土溪。

叶田乡统七社：田心、黄竹坑、南坑、铁坑、苹子岗、罗岗铺、黄管洞。

蓝坊乡统三社：前村、中村、上村。

石礤乡统二社：礤头、石礤。

高思乡统二社：高思、大地。

徐溪乡统十七社：洪福宫、高乾、雷公步、寨下、百丈礤、黄沙坑、长滩头、溪口、中坑、中心村、龙潭畲、湍峰头、坑尾、东陂、田心、兴福中宫、旺福宫。

蓼陂乡统十四社：岗尾、溪唇、长岗、河塘寨、尖坑、龙舌、岗下、圆墩、五车、杨梅坑、新丰、禾塘、墩头、岗尾。

金沙乡统十一社：东方、矮岭、塘福岭、石窟潭、南山嶂、隔背、西方、彭坑、塘角里、大塘面、石峰径。

油坑乡。

按：油坑地连程乡之白墓，前皆山也。地狭人稀，往例当各乡之半，亦为公平。自康熙二年，地方复以户口稀少，照各乡四分之一亦太过矣。康熙十一年，地方宋文遴复控道府，敛各户之公费，假公济私，行县审实，仍照康熙二年批允当差。彼奸民生事，损人利己，渐岂可数长哉。

清沿用明制，先后将蓼陂改名为同福；丰田改名为文基，再改为文福；油坑改名为丰乐乡。

民国时期，推行保甲制，后改为区乡镇下设保甲制。1949年前，已经废除保甲制，改为区乡（镇）村制。

所谓“编户制度”，是为保证赋役制度的实施，实行极严密的户籍制度。编户制度规定凡政府控制的户口都必须按姓名、年龄、籍贯、身份、相貌、财富情况等项目载入户籍，被正式编入政府户籍的平民百姓，称为“编户齐民”。编户齐民具有独立的身份，依据资产多少承担国家的赋税和徭役、兵役。“编户齐民”制度，既是行政管理制度，又是赋税制度。国家通过这一制度，加强对百姓的管理，保证赋役制度的实行，保证税收。汉初实施这种赋税制度以后，对农民的剥削较轻，但随着汉王朝政权的巩固和社会经济的发展，统治阶级生活日益奢侈腐化。国家、地主和官吏对农民的剥削也日益加重，汉末终于导致阶级矛盾的激化。

镇平编户落落，究其原因：

一是镇平经历“五总之乱”的贼杀、兵杀，皆为杀运。为了献馘邀功，竟然滥杀无辜，被当作贼而杀的人数中，平民竟占了十分之一二。致使百里之内，人烟断绝，而有“所遗贼田一千三百余亩丈明，另召耕佃”（熊文灿：《建城疏》语）。

二是朝廷赋税苛重，百姓不堪重赋之苦，有的弃田逃往别处，有的趁着改朝换代的“便利”形势，与原来土著中的所谓“山獠”的大部分，连带起事失败的避难者，一起挣脱朝廷的户籍羁绊，宁愿躲进山中，当自给自足的隐民、化外之民。这样杀的杀，逃的逃，十室九空。

三是地少土瘠，一年耕作收成仅敷三五个月之粮。株守田园，难免饥馁。在别无可作生计之下，不甘雌伏的男人，乃抛家别子，相率外出，渡海到台湾耕佃者不少，另外还有一些人赴南洋各地谋生的。

四是新王朝实施绥靖政策不久，民众元气未复，休养生息需要相应的周期。鉴于上述原因，所以会出现乡村十二，编户落落如晨星的局面。

依据康熙十二年《镇平县志》卷二《赋役志·小叙》载：“镇邑粮仅二千三百有奇，丁仅一千七百余口。”又，其“户口人丁”条目下载：“原额男子成丁、妇女大口，共二千九百四十四丁口。”所谓“丁口”，是指年龄段在 16 岁至 60 岁的男子为丁，女子及未成年男子为口。其余未在这个年龄段的男性女性，都不在统计数字里。清朝“摊丁入亩”制度实行后，赋税不收人头税了，而是根据田产来收税了，因此带来了人口激增。于是从乾隆开始，中国人口有了较快的增长。

乾隆元年（1736）时，总体的丁口为四千九百三十二，也还不足五千。

二十　社学教民重以周

康熙《镇平县志》卷一《舆地志·社学》载：

社学之设，即古小学遗制也。古人教人，必自洒扫应对以及知类通达，则又与学宫并重矣。旧志纪十三乡，原有十三处，今皆废焉。其初设也，教民之意，何其重以周，其竟废也？训俗之方，何其荒以怠乎？今清查旧址，城内并各乡俱复其故处，而选择士之谨厚通文艺者为之师，仍颁《社学规则》一本，复取《四书》本经官板正韵者会读之，使无讹错。小学之道，庶几复见于今日云。

社学是元、明、清三代，地方官奉朝廷诏令在乡村设立的“教童蒙始学”的学校。社学的设立，始于元代，明、清相沿并得以发展。社学设于乡，虽为官方提倡，实由村民集资或官绅资助聘师办学。

社学创立于元至元二十三年（1286），朝廷颁令：凡各县所属村庄以五十家为一社，每社设社长一人，并设学校一所，择通晓经书者为教师，农闲时令子弟入学。“教劝农桑为务”，并施引教化，读《孝经》《小学》《大学》《论语》《孟子》。

元朝灭亡，社学一度停办。明洪武八年（1375），朝廷复下令各地立社学，延请师儒以教民间子弟。正统元年（1436），朝廷令提学官及府县官对社学进行扶持和监督，社学中品学兼优者，可免试补为秀才。弘治十七年(1504)，再次明令各府、州、县建立社学，并规定民间幼童年龄在十五岁以下者，应送社学读书。教育内容包括御制大诰、本朝律令及冠、婚、丧、祭等礼节，以及经史历算之类。

清初沿袭元、明两朝旧制，又令各直省的府、州、县置社学，每乡置社学一所，社师择“文义通晓，行宜谨厚”者充补。凡近乡子弟，年十二以上、二十以下，有志学文者，皆可入学肄业，入学者得免差役。社学是当时农村启蒙教育的一种形式。至清末，社学逐渐消亡，代之以新式学堂。

黄香铁在《石窟一征》卷二《教养一》中论及“社学”，说“镇邑风气醇雅，男读女耕。故虽百里之地，应童子试者常一千七百余人。每村俱有家塾，有一二百户者，即有塾六七处。盖二三千金之产，苟建居室必立家塾，以训同姓子弟。塾大者亦许外人会读。邑中惟桂岭书院为义学，此外，别无社学。《广东通志》载镇平县社学有十三处者，妄也。志载镇平县社学十三：兴福、黄坡、白马、招福、丰田、叶田、蓝坊、礤头、高思、徐溪、蓼坡、金沙、油坑，大约皆据其僧寺而名之曰‘社学’耳。黄坡则更无可考。然以家塾而论，则不止二千余所。按：《大埔志》，顺治九年，准乡社学，择其文义通晓，行谊谨厚者，补充社师，免其差徭，量给廪饩，提学按临日造姓名册申报查考。康熙二十五年，以社学多滥，遂革去。雍正十三年复，奉文设立官学四处，择文行优长贡生生员教课，每年各给膏火一十二两。乾隆元年，奉文在于司库公用火耗银内支领，今奉裁。①”

为了说明镇平教育的普及，黄香铁说在雍乾嘉道时期，每村俱有家塾，有一二百户之村，即有塾六七处。但凡有一定资产能建居室者，必立家塾，以教育同姓子弟，有些还吸收外姓人来会读。除桂岭书院外，再无社学。但以家塾论，就不止二千余所。故镇平男子，清代即少文盲，得益于各家塾的普遍设立。然而，其云“故虽百里之地，应童子试者常一千七百余人”“以家塾而论，则不止二千余所”，则是出于想象而过于夸大其词。

据乾隆《嘉应州志·镇平篇》载，顺治八年（1651），任镇平县令的薛世望《兴革条陈》云：“镇平人文衰落，乡绅如晨星，子衿不下百人。”查康熙《镇平县志》卷二《赋役志·小叙》载：“镇邑粮仅二千三百有奇，丁仅一千七百余口。”又，其“户口人丁”条目下载：“原额男子成丁、妇女大口，共二千九百四十四丁口。”再查乾隆《镇平县志》卷二《赋役志·田粮附载各饷》记载：

户口丁银，自康熙五十年计，新旧丁额及食盐课口共二千九百五十九丁，纳银四百一十八两四钱五分七厘。自五十年编征后，本年新增五丁。乾隆元年，增一千九百七十七丁。六年，增八百二十三丁。

从中可以看到，镇平在康熙十二年（1673）时，“丁仅一千七百余口”“原额男子成丁、妇女大口，共二千九百四十四丁口”。到了“康熙五十年计，新旧丁额及食盐课口共二千九百五十九丁”，可见其人口增长几乎可以不计。而直到乾隆元年（1736）时，人口的增长才比较快，“乾隆元

① 黄钊纂修《石窟一征》，《广东历代方志集成》第 40 册，岭南美术出版社，2009 年，第 232 页。

年，增一千九百七十七丁。(乾隆)六年，增八百二十三丁”。那么，乾隆元年时，镇平总体的人口也不可能很多。按说科举时代只有男子读书考功名，如果说每次“应童子试者常一千七百余人”，则怎么算也不可能走出那么多人去应考；“以家塾而论，则不止二千余所”，倘使家塾真有不止二千余所，则每所尚不足一个人在读。

我这样说，不是责难先贤，而是据实推算。我想，即使到黄香铁先贤所处的道光年间，正是人口高峰时期，形势亦不一定有那么乐观喜人。毕竟，人口增长要受生育规律的制约，另外还有人口迁移、战争灾荒等因素的影响；而教育本身，则受当地经济发展水平的制约因素极大。

二十一　为功田亩记陂塘

至其为功于田亩者，则曰鷄角陂，灌田八十石。邑人田以种计亩，种一斗，石则十亩也。

曰谢陂，灌田二百五十石。

曰饶婆陂，灌田七十石。

曰姑婆陂，灌田六百石。

曰九子陂。

曰社前陂，灌田二百五十石。

曰梁层陂，灌田三百石。俱在兴福乡。

曰黄河陂，在蓼坡乡。灌田一百石。

曰新车陂，灌田七十石。

曰梁民陂，灌田五十石。

曰龙陂，灌田一百石。

曰虎岩陂，灌田六十石。在金沙乡。

曰苔窟陂，在招福乡。灌田六十石。

曰礤头陂，在石礤乡。灌田五十石。

曰东山陂，在高思乡。灌田四十石。

曰石坑陂，灌田五十石。

曰中村陂，灌田四十石。俱在蓝坊乡。

曰嶂坑塘，在白马乡。灌田二百石。

曰大子坑，在招福乡。东西灌田七十石。

曰阔西湖塘，在徐溪乡。灌田五十石。

曰长塘，灌田二十石。

曰中心塘，在金沙乡。灌田八十石。

曰湖头坑，灌田一百石。

曰苦竹坑，灌田五百石。

曰大坑、曰马寮坑，共灌田四百石。俱在兴福乡。

曰河塘，在蓼坡乡。

曰湖坑，在蓝坊乡。此二者不资灌溉之用。

为闸三：曰东山闸，曰安流闸，俱在兴福乡，共灌田一千余石。惟泉源闸，在蓝坊乡。则否。

以上所引为乾隆《镇平县志》卷一《疆域志·山川》“附载水利桥梁”条目。

这里需要说明的是：“邑人田以种计亩，种一斗，石则十亩也。”古代田亩起率，说的是面积。田起于忽（阔一寸长六寸）。十忽谓之一丝，十丝谓之一毫，十毫谓之一厘，十厘谓之一分，十分谓之一亩，百亩谓之一顷。三百步谓之一里。计量名称除亩、顷、里之外，与长度基本一致。而斗、石则是古代的容量或者重量单位。十斗为一石，一百二十斤为一石。所谓“田以种计亩”，就是用种子种植的多少来计量田地，比如“一斗田”就是能插完一斗稻谷种子所育成的秧苗，“灌田一石”就是灌田十亩计，指的就是这样的计量单位。

中国自秦始皇统一度量衡以来，尽管存在一些缺陷，全国各地基本都是延续这一计量单位。到明朝的张居正做首辅时，做了一次全国土地的清理丈量，规定了弓尺的长短及丈量方法，于是间接地才有了十升为一斗，五斗为一斛，二斛为一石。清初，在丈量制度上面，各地不能严格执行部颁的标准，陷入了一种紊乱状态。直到康熙执政期间，颁布了“部铸弓尺，颁得天下”的新政策。但这时问题又出现了，因为每个地方都有各自的标准，在弓步上面就没有统一，比如江南地区的六尺为一步，而这个尺的标准也不一致，有苏尺和官尺。

清朝规定二百四十步就是一亩田。首先，这里就有大亩和小亩的区别。有二百六十步的，三百六十步的，甚至有些大户人家还有一千二百步的。从这一点上来看，确实没有做到合理化。其次，因为每个地方的文化有差异，有些地方也没有用“亩”来表示耕地。比如东北关外，人家是用“晌”为单位，“一晌地”就是一个人一天能够耕种的土地面积。但这个晌就会因人而异，年轻力壮的这个晌的面积就大一些，而一些体力弱的晌面积要小得多，所以根本无法统一，至于这个一晌地等于多少亩田地，更是无法确定。另外，还有些地方会用种子种植的多少规定田地，比如那个“一斗田”就是能插完一斗稻种所育成的秧苗，也有会以“一石田”为单位，说明这块地收获一石粮食。此外，还有很多不一样的表示单位。

“陂”“塘”和“闸”都是水利灌溉设施。陂，按词典上的释义为“池塘”，那与下一个类目的“塘”，就成一样的意思了。实际上，县志上说的“陂”应是在河流上，靠人工用土或石头等材料筑起堤坝把水堵蓄起来，用来灌溉农作物的一种水利设施。而“塘”则是水池、池塘。“闸”则是拦截水流的建筑物，它可以随时开关。

俗话说，水利是农业的命脉。在传统农耕社会条件下，农作物的收成受天气的影响极大。这些陂、塘、闸，能在极端气候时期，发挥它们调节旱涝的作用，保障农作物的收成，所以说它是“为功田亩者”。

二十二　建桥修路济行人

镇平乃山区，崇山峻岭，溪壑众多，溪流湍急。山溪之险，赖舟以济；往来之便，莫尚于桥。故有“仁莫大于济众，德莫善于津梁”“造桥修路有功德”之俗语和传统。

许慎在《说文解字》中说："桥，水梁也。"段玉裁《说文解字注》中注释为："梁之字，用木跨水，今之桥也。"说明桥的最初含义是指架木于水面上的通道，以后方有引申为架于悬崖峭壁上的"栈道"，或架于楼阁宫殿间的"飞阁"等形式的天桥。河流的理想在远方，而桥则诞生在去远方的路上。桥的渊源是河流，桥是架空的道路。建桥最主要的目的，就是为了解决跨水或者越谷的交通，以便运输工具或行人在桥上畅通无阻。若从最早或者最主要的功用来说，桥应该是专指跨水行空的道路。

乾隆《镇平县志》卷一《疆域志·山川》中"附载水利桥渡"条目的简单记载：

为桥十：

曰北角铺桥，在兴福乡。

曰南门桥，在城南门外。

曰乌土溪桥，在丰田乡。

曰徐公桥，在招福乡。知县升行人徐履吉建。

曰东山桥。

曰大路背桥。

曰转面潭桥。

曰土狗桥，曰下城桥，俱在兴福乡。

曰大径黄沙桥，在徐溪乡。

为渡七：

曰北角渡，在兴福乡。

曰榕树渡，在白马乡。

曰长冈渡，在蓼坡乡。

曰嶂坑渡，在白马乡。

曰马鞍潭渡，曰神冈渡，俱在兴福乡。

曰柚树渡，在蓼坡乡。

上述记录中唯一能见到姓名的是知县徐履吉在招福乡捐建的"徐公桥"，其余的简单到连捐建者的名字都没有。虽然，那些年月像梦一样遥远神秘，很难让我们去对应寻找出这些捐建者的名字，但是，我们却可以在乾隆《镇平县志》卷五《人物志·懿行》中看到列举的大量事例，读到捐建桥路者的名字和善行。如：

“刘仲佑，邑庠生。幼丧父，事母黄氏性至孝。其他捐田开路，造石桥，建茶亭，皆彰彰在人耳目者。”

“涂世禄，顺岭人。性孝友，恢业裕后尝修桥路以济往来，建家塾以训后进。邑令魏燕超旌之。”

“杨炳文，岁贡生。恬雅不求仕进，教授生徒，多所成就。又，规划尝田以祀远祖，立膏火为子孙读书费。其他修道路、造桥梁，凡有义举，无不乐倡首焉。”

“黄秉介，字钜石，贡生。性孝友，立远祖祀田。赈饥济荒，倡造神济桥，与祖如金共造三星桥、新路岭茶亭。”

“张霖桂，字迥攀，兴福人。由监生考授州同知。康熙辛巳水灾，祖屋倾圮，独力新之。又建宗祠以联族谊，施田造神冈渡船，人不病涉。”

“徐一亮，字弼寰，叟乐人。性坦真，乐善好施。邑东山、乌土二溪，人皆病涉，倡建长桥以利行者，乡里推重之。邑令程梦简高其行谊，举乡饮耆宾。”

“徐士性，黄田人。尝议置百角渡船及倡造桥梁，以免病涉。持身以礼，历乱离不易其操。年九十余卒。”

“郭槐，字辉嵩，候选县丞，石磜人。性孝友乐施，生平周急济贫，建桥修路，多不胜述。雍正四年，乾隆十七年、二十四年，岁饥，皆竭力赈贷无德色。邑令赵康及藩臬两宪，皆旌之。”

“邱维乾，金沙人。竭力事亲，族党以孝友称。造水口及冷水圳桥，至今人怀其惠。”

“钟佩祥，字衍鸿，徐溪监生。早岁丧父，事孀母，抚幼弟，极孝友。性喜施予，捐金修桥路，收葬四野遗骸。邑重修学宫，佩祥总理，昼夜营度，不稍苦劳。落成之日，邑令史扬、训导胡健以‘丕振文教’旌之。”

“赖自新，字以汤，陂角监生。父立谋早卒，自新方少，哀泣终岁不见齿。邑西大峰头沿河二十余里，道路崎岖，自新捐百金倡修，遂成荡平。

己丑岁饥，推解周急，人咸称之。”

“傅日兴，丰田人。幼丧父，哀毁如成人。奉母孝，处兄弟间极其友爱。修田心径桥，置田为修治资。卒年八十有二。子麟瑞，亦以孝义称。”

“钟扬，字文永，广福人。乐善好施，于黄泉岗、赤岭创造桥梁，修黄冈头崎岖路，建山子圩茶亭。遇岁饥，捐金赈济，不少顾惜。至其在山子里祷天得井水，暑月煮茶以济行人，其诚感尤异。孝廉张汝猷为文记之。”

“江启耀，字士瑾，蓝坊人。性真实，与人交，内外如一。事亲孝。亲没，常号泣墓上，终丧不辍。时祀外，尤重忌日，别立田租，为子孙祭费。又，增立祖祀无尝田者。至建桥焚券诸善行，人称之。卒年九十有五。”

“古士敬，兴福人。生平多隐德，曾于客邸还遗金。又，精岐黄术，不计贫富，有求辄应。邑自长潭至下坝，路多崎岖，捐赀修治，行人感之。子瀛州，性嗜书，事亲极孝。亲故，庐墓经年。”

“黄鲲兆，蓝坊人。事亲纯笃，乐善行。曾于城东九曲岗捐建茶亭，又于南坑水口建桥，以利行人。”

“温九成，性敦厚，乐善好施，修险峻路，于通衢造桥。创始祖蒸尝田，均可称述。乾隆二十七年，百岁，奉旨表其门曰‘升平人瑞’，钦赐库缎一匹、银十两。又八年，乃卒。”

“陈淑轩，金沙人。持身朴素，独于利物事，不少靳惜。捐田租，建茶亭于乌土坪，行人便之。”

“徐振辉，字启仲，兴福贡生。行端慎，喜施予，尝捐粜社仓，修筑堤路，以便往来。岁饥，捐金赈济。州牧赵康以‘恺泽旁敷’大署其门。己亥洪水破堤，复倡修筑，盖天性然也。”

“吴应开，号关生。先世嘉应州葵岭人，移居邑之丰田乡，偕弟应藻、应勋，建祖屋妥先灵，修葵岭宗祠及造黄竹洋桥，又于仙人桥建庵，施田煮茶。”

“吴光斗，字卓立，丰田监生。好读书，能敦实行，周急济困不吝。仙人桥、黄竹隔路，悉多金建成之。其子锡万等，亦皆竭力加修，以绍先德，人甚称焉。”

“邱国华，丰田人。事亲爱敬交致，待族人远近无歧视。尝于田畔见遗骸，亟为收瘗之。乌土溪路通闽粤，独捐田以建茶亭。己丑岁饥，乡里将有流亡。国华捐赀助赈，人赖安集。”

“黄用中，字秀纯。幼嗣叔俊为子，贫不能读书。因舍业经营，家渐以裕。事祖母生养死葬，一本于礼。弟侄三十未娶者，力为授室。兄罹火灾，出赀新其居。己丑饥，赈济多所全活。己亥水灾，陂角堤决，捐金修筑之。”

“黄自超，蓝坊人。性刚正严毅，喜施予。置圭田以祀祖，修捐桥路，不恤多金。族邻借贷有贫者，辄焚其券。”

“张祥，字兴攀，白马监生。禀性孝友，修艾子坝河堤，掩暴露尸骸，人感其德。置尝田，周急济乏，排难解纷，俱卓卓可称述。”

“罗锦章，字桂山，大地监生。性孝友，行止端方，于父母克尽子职，兄弟终身友爱无间言。其他造桥以济行人，及修路、修水堤，赈荒诸役，皆出于中心之诚，士论重之。”

“徐奎光，桂岭贡生。父士永，生平好善。奎光能体父志，赈饥荒、修水堤，俱卓有可称。邑令赵康旌之。”

以上不厌其详引述列举建桥修路者的姓名和义举善行，从一个侧面证实乾隆《镇平县志·赋役志·风俗》中所言：“遇有义举可为通邑利者，尤争先为之，不作秦越视”，其言不虚。镇平人有这种见义勇为的传统习俗。镇平人在这种对于整个县都有好处的事情上，都是争先为之，唯恐落在别人之后，决不会作“秦越视”的。镇平人是把它当作自己的事情来做，不会看作是与自己不相关的事情而袖手不管的。所谓“秦越视”，就是“视同秦越”的意思。古代先秦时秦国在西北，越国在东南，相距很远，形容互不相关，后来因称疏远隔膜为“秦越”，即是把事情看得像秦国和越国那样相距很远，互相毫不相关。

在这些捐建桥路者中，有官宦、村民、乡绅、信士、书生、商人，甚至还有妇女，让我们看到了一个个朴素、善良、真实的身影。他们是善良的践行者，也是乡村的建设者。也许，这些人的名字大多不为人记得，他们当时所建的桥也早已坍塌或不再存在。然而，从一座座桥的建造开始，他们的生命不是消亡了，而是获得了新的意义。这样的生命，摒弃了虚妄的杂质，留下的是真善美，是留给乡村和后人的一种造化。他们生活在遥远的过去，而懿德善行却留给了后人。

二十三　镇平圩市记兴衰

圩市，亦称“虚市”，如唐柳宗元《童区寄传》：“之虚所卖之。”它总的是指乡村集市，又特指为中国南方农村的定期市集。

我国在宋代时期，乡村定期集市就有了较为广泛的发展。广大农村地区称这种集市为“草市”，两广称为“圩市”，还有的地方称为“痎市、村市、山市、野市、子市、早市”等。所谓“痎市”中的“痎”字，很可能是“街”字的异读。一说痎即疟疾，间日复发，痎市为间日一集。这些乡村集市都有固定的日期，如“岭南村圩聚落，间日会集裨贩，谓之虚市”。宋人吴处厚《青箱杂记》：“岭南谓村市为虚……盖市之所在，有人则满，无人则虚，而岭南村市，满时少，虚时多，谓之为虚。”清屈大均《广东新语·卷二》云：“粤谓野市曰虚，市之所在，有人则满，无人则虚。满时少，虚时多，故曰虚也，虚即墟也。《周礼注》云：‘墟，市中空地也，即虚也。地之虚处为墟，天之虚处为辰，辰亦曰躔，其义一也。’叶石洞云：‘昔者圣人日中为市，聚则盈，散则虚。今北名集，从聚也。南名虚，从散也。’”直到今天，广东、广西、福建等地的乡村集市还多称“圩”。宋人范成大《晓出古城山》诗：“圩市稍来集，�笼转山忙。”清王士禛《池北偶谈·谈异四·虚实》：“今圩市之称，义取朝实暮虚也。”《文献通考·征榷一》：“又诏乡落圩市贸易皆从民便，不许人买扑收税。”乡村集市是周围村落的农民、小工、小商贩买卖交换的场所，以自己的农副产品交换农具、日常用品之类，称为“赶集”或“赴圩”。在交易之后，一般四散回家，集市上没有居民。后来随着商品交换的发展，不少乡村集市形成为新的居民点，汇集了行商坐贾，发展成为相当繁荣的贸易点，并上升为镇、县。在经济发达的地区，这些定期的乡村集市构成商业网点。宋王朝对乡村集市的发展，不加干预，有时还予以提倡。如宋熙宁十年（1077），政府许可戎州（今四川宜宾）、泸州边境居民“兴置草市，招集人户住坐作业”，使杂居的蕃汉人民购置生产、生活用品得到方便。在全国商税中，乡村集市的商税也占有一定比重。宋初除岭南圩市一度不征商税之外，广大乡村集市都征收商税。但这些集市的商税被当地富豪“买扑”承包。所谓“买扑”承包，是宋元时期的一种包税制度。宋初对酒、醋、陂塘、圩市、渡口等的税收，由官府核计应征数额，招商承包。买扑者即承包商人先缴纳保证金给官府，取得征税之权。此后由承包商自行申报税额，以出价最高者取得包税权。而在实际运作中，包商人则向商贩们收取高额税收，从中获取高额利润。

黄香铁则从另一角度解释曰：“城内不以圩名，故为东门圩。鸡行米行，不以圩名，在城内者也。猪子圩、牛冈圩，在城外者也。”除了城内集市不称“圩”而称“行”外，卖鸡卖米的地方也不称“圩”而称“行”。除岭南地区仍称“圩市”外，其他地区多称“市”或“集”。通俗地说，北方人称“赶集”，而南方人称“赴圩”。明清时期是乡村集市发展繁荣时期。直到民国航运、陆运的条件改善，圩市随即在数量上得到大量增长。时至今日，乡村的圩市功能仍然存续着。

康熙《镇平县志》卷一《舆地志·圩市》中记载镇平有：

东门圩，在东门城外。

三圳圩，县南十五里。

新铺圩，县南三十五里。旧有公馆，毁于寇。

山子圩，县北四十里。

修志者认为，一个地方因为圩而冠名，并无经典出处。圩的本来意义，是指原来许多人家居住过而现在已经荒废了的地方，是荒芜衰败了而不是兴盛流行起来了。以中午进行交易做生意，而假作荒凉冷落的名称，实在有点不伦不类。而且镇平有四个圩市，都已经被强横狡诈不守法纪的人霸占很长时间了。整个县的人都遭受他们强横狡诈、动不动施用暴力的苦难，也已经申请禁止这样的集市。县里在地方上有势力有影响的人或有威望上了年纪的人都说，四个圩市，对地方实有大害处。原因是圩市必有圩期，如东门圩以农历一、四、七为圩期，三圳圩以三、六、九为圩期，新铺圩以二、五、八为圩期。逢十为转角日，即不是圩期。每逢圩期，那些心怀不满而捣乱闹事的人，都预先互相约期聚集用来推行他们的奸计，而且一下子聚集各个地方的人，纷杂繁多，难以稽查，往往成为坏人聚集的地方，故意寻衅闹事，制造事端，扰乱民众。地方上经常闹出事端，都是在这些地方。像程乡、平远两个县，都没有圩名，只是围绕城市的地方作为集市，用来作贸易活动的地方，老百姓觉得十分方便。不如把圩日圩期取消掉，只留下买卖交换的场所，不存在三六九、二五八等的圩期，老百姓既可随时为了生计去买卖场所，那些制造事端的奸民也就会跟着消除其暗中约期聚集来寻衅闹事的机会了。

圩市的设置与形成取决于人群的需要，形成规模依托于区域剩余物资交换。乡村之间的圩市功能，取决于商业活动的进程和交通易达性。县志里所说的东门圩、三圳圩，都说清楚所处位置了。至于新铺圩，则说过去有公家所造的馆舍，可能是供收税官员住宿的寓所，但被贼寇烧掉了。而县北的四十里的广福山子圩，因为是和江西、福建连接的地方，违法作乱的人容易在此互相招呼着聚合起来，清朝初年即被官府严禁集市，乡里人只好改赴武平县的岩前圩。山子圩只有其名而没有圩期了。

二十四　采矿开炉祸患多

镇平由于构造带的错杂分布，存在岩浆的侵入与喷出及不同地层沉积相互的影响，除了石灰石的储量最为丰富外，还有一定的矿产资源，如煤、铁、锰、钨、铅矿等。但是矿产分散，储量多为中小型，缺乏集中的大型矿床。

乾隆《镇平县志》卷二《赋役志·田粮附载各饷》载：

镇平原无炉饷。自顺治八年，有铁商陈古兴等开煽，每座输饷银四十八两，以助军需。至康熙三年，以不便于地方，矿罢炉毁。而每年饷银不除，遂于民间代纳解司。后因藩司行查，知县蒋弥高取乡保、地方，甘结申报在案。嗣于乾隆二十七年，商人吴丰裕始行呈承，在丰田乡之福盆畲开设铁炉一座，每年输饷银五十两，火耗银一两五钱。岁随奏销，解布政司充饷。

煤饷，厂在金沙乡之鸭母窝山脚，于乾隆六年呈承额采李家山、鸭母窝、佛前岭三处煤泥，每年饷银一百两。岁随奏销，解布政司充饷。

铅饷，厂在石礤乡之新山岗，太有、赐福两垅脚下，于乾隆二十六年呈承采挖。其课银、课铅原无定额，每于岁底据罗冈司搯报核算多少随奏销，其课银解布政司，课铅解广粮厅。

明中叶以后，随着移民的大量进入与垦荒，镇平人口日益增加，耕地与人口之间的矛盾日益突出。每年于秋收之后，许多贫民都以采矿维持生计；随之不少流民也投入无序盲目的矿产开发中；有些贫民甚至铤而走险，开挖为官府所禁止的官山。据史料记载，广东“粤东地方，山海交错，民惟利是图，每于封禁之矿山，潜往偷挖”。因此，盗矿、矿乱频繁发生，不仅使得粤东山区成为政府眼中的“盗匪”之区，也对普通百姓的生产、生活带来极大的影响。两广总督姚镆言：“广东惠、潮二府，接连江西、福建二省，先年盗贼相继为害，盖由各处射利之徒广置炉冶，通计三四十处。每冶招引各省流民、逃军、逃囚多则四五百人，少则二三百人不等，以煽铁为由，动辄倚众恃强，或流劫乡村，放火杀人；或奸夺妻女，掳掠财畜，为患地方，已非一日。”“山高皇帝远”的地理空间，加大了政府治理粤东矿产开发的难度。官府一方面希望通过从中征收铁课、炉饷或是“抽分”，抽取税银，以充军费；另一方面又担心大规模的开采冶炼会招徕众多的“异省逋徒”，无力进行有效管理，由此引发“矿贼之变”，可能贻祸于地方，因而对矿产开采屡禁屡弛，犹疑不定，陷入两难境地。

上文说到清顺治八年（1651），“有铁商陈古兴等开煽，每座输饷银四十八两，以助军需”。由于政府禁矿态度并不坚决，商人又趋利而至，所以“矿徒”开矿不绝。到了乾隆以后，矿禁稍弛，私自盗矿现象就更为猖獗。乾隆间牛子嶂“为商民铁炉采铸之所”。乾隆六年（1741），在金沙乡李家山、鸭母窝、佛前岭等三处发现煤泥，始有人开采。乾隆二十六年（1761），石磜乡之新山岃，太有、赐福两垅脚下，有人呈承采挖铅矿。乾隆二十七年（1762），商人吴丰裕在文基乡福盆畲设炉一座炼铁。

镇平采矿开炉之事一直蔓延下去，甚而发展到有“外境娄商，潜勾土著狡棍”，多次私行挖煤取炭的事例。这在黄香铁的《石窟一征》卷三《教养二》中亦有记述云：“道光元年辛巳六月，署按察使雷琼道费公丙章、惠潮道夏公修恕，至镇平白马乡之袋子角、丰田乡之阿婆坜，勘封矿山。先是嘉庆丁卯、戊辰间，有外匪谋于高思乡之酒缸潭开采者，赖惠潮道林公天培严申厉禁，始不得逞。而匪等钩蔓既多，援引绝大。督抚、藩臬、幕友，皆其党伙。林公卒，而矿徒之势汹然矣。适松相国筠奉命督粤，始奏封。疏中有‘镇平崇山叠嶂，地接江闽，易藏奸匪，凡所属之地，俱不准开采’。奉硃批‘所奏甚是’。至是，白马、丰田两乡矿，见而土人复谋开采，外匪主之，州牧县令成之，大府复有准其入山探采之谕。于是，白马、兴福、丰田三乡绅士，急而叩阍，敕下制府查奏，故两观察有是役，事旋寝。[①]”这是在嘉庆年间，当地铅矿为“外匪视为宝藏，聚至六七千人”，进行采矿开炉。在道光年间，白马、丰田两乡的矿山，又因“土人复谋开采，奸匪主之，州牧县令成之。大府复有准其入山探采之谕”，诚可谓内外勾结，上下串通，沆瀣一气。于是大量矿徒聚集至此，“矿徒之势汹然”。幸而是白马、兴福、丰田三乡绅士，紧急把事情上告到朝廷，皇上下令制府勘查后回奏，所以有署按察使雷琼道费丙章、惠潮道夏修恕两位官员，亲自到白马乡的袋子角、丰田乡的阿婆坜，现场勘封矿山。这样，事情立即停止下来。

采矿开炉，矿区动辄聚集成千上万流徙而来的矿徒，容易成为聚众生乱的渊薮，成为地方安宁的一大隐忧。由此带来的矿徒作乱，造成社会动荡不安，生产力也受到严重破坏。一般民众只能“数村一垒，贼去则耕，至则闭垒而守”，但“往往陷没”，生命财产遭受沉重的损失。这样，严重

① 黄钊纂修《石窟一征》，《广东历代方志集成》第40册，岭南美术出版社，2009年，第236页。

影响了正常的生产、生活。大规模的采矿开炉冶炼矿产，其冶铸燃料为木炭，需要砍伐大量的山林树木。开炉之处必有砍山烧炭者，森林资源因而遭到严重破坏，环境也受到较大的污染。砍伐树木又破坏了当地的森林植被，使山区水土流失严重，水旱灾害与日俱增，生态环境进一步恶化。

采矿开炉祸患多。面对上述问题，当地政府与本地士绅、家族为维护生存环境，也主动地采取了保护山林的举措。如颁布禁令，禁止盗砍山林、焚山开荒；竖立禁碑，加强山林管理，鼓励种植木林，维护自然环境；等等。这些措施在一定程度上遏制了生态环境的恶化程度，在保护环境上也起了一定的作用。

二十五　志载物产欠周详

大地之上，天生万物。广东位于南疆，太阳光照长，土壤、气候寒温适宜，故稻麦麻豆，棉苎药饵，菜蔬瓜果，竹木花草，虫鱼鸟兽等物类都适合繁殖生长，物产众多奇特。康熙版、乾隆版两部《镇平县志》都有“物产”一目的记载。

康熙《镇平县志》卷一《舆地志·物产》在记述的开头作了按语云：“镇邑之产，其资于日用者谷而已。其蔬果之类，间有之而亦苦涩不可入口。花木兰桂以外，品不多见。或有宴会所需，多取办于上杭、潮郡以及近地之程乡。官兹土者，既无纷华可以诱其心。若昔人所云：‘喂鹤无粮，鸣琴无丝，登临无酒航游屐，结客无玉帛筐篚。惟饮长潭水，煮蓝坊笋，差为胜事耳！’”其“物产”抄录如下：

谷之属：为赤早，为白早，为百日早，为旱糯，为冬糯，为白占，为黄占，为赤脚占。其云占者，宋时种自占城而来也。

蔬之属：为芥，为苋，为韭，为葱，为蒜，为苦荬，为莴苣，为长荚，为冬瓜，为秋瓜，为王瓜，为苦瓜，为芋，为波菜，为萝卜。

木之属：为桐，为枫，为榕，为松，为槐，为冬青，为梨。

花之属：为兰，为桂，为菊，为梅，为紫荆，为夜合，为茉莉，为素馨，为美人蕉，为龙爪，为葵，为莲，为棠棣，为月吉。

果之属：为橘，为柚，为香橼，为桃，为李，为梅，为梨。

草之属：为萍，为藻，为蓼，为蒿，为艾，为益母，为金银花，为车前，为断肠。按：断肠草，山谷处处生之，食之则肠立断，惟生鸭血、生羊血饮之乃解。

竹之属：为绿，为辣，为淡，为扁，为泥，为牛筋，为高南。

药之属：为决明，为苦参，为天门冬，为香附，为瓜蒌。

羽之属：为鸬鹚，为鹊，为燕，为雉，为鸦，为雀，为啄木，为鹧鸪。

毛之属：为猫，为犬，为狸。

鳞之属：为鲤，为鲫，为鲢，为赤眼，为黄尾。

货之属：为石灰。

蕨、薯。此二种乃山民稻粮也。每岁青黄不接，或有旱涝，则尽资以为食，其有功于镇民甚大。志物产而独遗之可乎？故备载焉。

康熙志的“物产”分为十二个类属，另加蕨、薯二种是老百姓日常的稻粮。并有评论说“每岁青黄不接，或有旱涝，则尽资以为食，其有功于镇民甚大。志物产而独遗之可乎？故备载焉”。我拟在下篇《志物难忘蕨与薯》一文中作专门介绍，此不赘述。

乾隆志的“物产”分为十八个类属，另加石灰、钩吻、巴豆三种物品的介绍。比康熙志增加了黍之属、粱之属、豆之属、麦之属、介之属、虫之属六个类属。其中对“钩吻”介绍为“即断肠草，俗名‘大茶药’，服之令人断肠立毙。用羊、鸭血及熊胆汁灌之，可解”。介绍“巴豆”则云：“亦并产于山巅水涯，较近日白马、徐溪之山君食人，更为酷烈。”从植物学上来说，钩吻，别名胡蔓藤、断肠草、烂肠草、朝阳草、大茶药、大茶藤、荷班药、野葛，是马钱科，属常绿木质藤本植物，有毒，可致人于死，但可入药。而巴豆为大戟科巴豆属植物。巴豆树的干燥成熟果实，其根及叶亦供药用。巴豆树为常绿乔木，高 6—10 米。中医药上以果实入药，性热，味辛，功能破积、逐水、涌吐痰涎。有大毒，须慎用。这两种植物，都有剧毒性。

从记载的物种来看，如“木之属”，康熙志仅记载“为桐，为枫，为榕，为松，为槐，为冬青，为梨”才7种，而“为梨”实应在“果之属”中出现，不应列在“木之属”中，是分类不当。即如乾隆志亦仅载“曰桐，曰枫，曰榕，曰松，曰槐，曰乌桕，曰柳，曰杨，曰杞，曰桧，曰桑”等11种。两志都让人觉得所志寥寥，失之过于简略，遗漏太多了些。像“杉、橡、楝、荷、棕、漆、樟、檀、布惊”，这些都是南方的天然生树木，山上应多有之；周边各县俱多载有，不应镇平独无。再就乾隆志中亦有“烧石以成灰”的石灰，“燃荷松以作炭”的木炭的记载，而且有开炉炼铁的炉饷和“煤饷”“铅饷”的记载，但“物产”中作为“矿之属”的铁、煤、铅，都未入录，总觉得是欠周详了。

比较而论，如康熙志所记之“物产”，则真“若昔人所云：‘喂鹤无粮，鸣琴无丝，登临无酒航游屐，结客无玉帛筐篚。惟饮长潭水，煮蓝坊笋，差为胜事耳！’”镇平本来就土瘠民贫，物产不丰是事实。想象在当年，或许真的物产就是那么贫乏，古人生活也就是“饮长潭水，煮蓝坊笋，差为胜事”那么淳朴简单啊！由于乾隆志是后出承继，自然应该是后出愈精。其记载所涉的面宽广了，内容丰富了，品类亦齐全了，记述亦详细了，文献性也更强了。当然，这里的比较并非要说明其中的优劣。我们不能苛责先贤，历史条件、客观环境、人的认知都有相应的限制，世界上的任何事情都不可能有十全十美。

二十六　志物难忘蕨与薯

康熙《镇平县志》卷一《舆地志·物产》：“蕨、薯。此二种乃山民稻粮也。每岁青黄不接，或有旱涝，则尽资以为食，其有功于镇民甚大。志物产而独遗之可乎？故备载焉。”乾隆《镇平县志》卷二《赋役志·物产》载：“其佐谷者曰‘番薯’。旧谷既没之后，实多赖之。嵇含名曰‘薯粮’。东坡云：‘以薯米为粮，几米之十六者。’蕨可以为粉，芋可以果腹。”读上面两段文字，见于康熙、乾隆《镇平县志》两志之“物产”目中，印象特别深刻。蕨、薯两种植物，在古代的镇平，亦是“山民稻粮也。每岁青黄不接，或有旱潦，则尽资以为食”“以薯为粮，几米之十六者”。当然，对于今天的我们来说，可算是平常之物了。

蕨，山菜也。《齐民要术·蕨》：“周秦曰‘蕨’，齐鲁曰‘鳖’。”一种多年生草本植物，很少木本，有根、茎和叶，用孢子繁殖，生长在森林和山野的阴湿地带。根状茎长蔓生土中，密被棕色细毛。叶大、多回羽状复叶，孢子囊群生叶背边缘，广布于全球，我国各地荒山都有生长。幼叶可食，根状茎含淀粉，可供食用或酿造；其纤维可制绳缆，耐水。全株入药。

薯，甘薯，通称红薯或白薯，在不同地区有番薯、山芋、地瓜、红苕等名称。明代徐光启《农政全书》卷二七：“山薯，形魁垒；番薯，形圆而长。其味，则番薯甚甘，山薯为劣耳。”一年生或多年生草本植物，蔓细长，嫩叶可食，匍匐地面。根茎长，块根皮色发红或发白，肉黄色或白色，除供食用外，还可以制糖和酒精。

甘薯，我国自古有之。东汉时人杨孚《异物志》已有“甘薯”的记载，《齐民要术》卷十引《异物志》：“甘薯似芋，亦有巨魁，剥去皮，肌肉正白如脂肪。南方人专食以当米谷。”晋人嵇含《南方草木状》卷上则记述更为详细：“甘薯，盖薯蓣之类，或曰芋之类。根叶亦如芋，实如拳，有大如瓯者，皮紫而肉白。蒸鬻食之，味如薯蓣，性不甚冷。旧珠崖之地，海中之人，皆不业耕稼，惟掘地种甘薯，秋熟收之，蒸晒切如米粒，仓圌贮之，以充粮糗，是名‘薯粮’。北方人至者，或盛具牛豕脍炙，而末以甘薯荐之，若粳粟然。大抵南人二毛者，百无一二，惟海中之人，寿百余岁者，由不食五谷，而食甘薯故尔。”[①]嵇含所言珠崖即海南之人，以甘薯为重要食物来源，并认为南方人能见到斑白的头发、上了年纪的人，一百个中难有一两个。唯独这海边的人，能活到一百余岁，是因为他们不食五谷而食甘薯的缘故。

番薯，“南方以当米谷”，甚至于占了十分之六的比例，足见其产量之

---

① 引陈坤著，吴永章笺注《岭南杂事诗抄笺注》，广东人民出版社，2014年，第586页。

丰和在食物中所占的比重。宋代苏东坡流放到惠州、转徙海南，他就有诗反映这种情况："土人顿顿食薯芋"，并说"海南以薯为粮，几米之十六"。这不仅是海南的情形，在镇平情形亦然。

清人陈坤在其《岭南杂事诗抄》中有一《薯》诗云："桃源仙子饭胡蔴，犹饵甘薯老岁华。此是长生真妙药，何须更事觅丹沙。"看来，番薯不唯"每岁青黄不接，或有旱涝，则尽资以为食"，且"此是长生真妙药"，没有必要再去炼丹求药，谋取长命百岁，多食番薯便可达到这个目的。你看，海边那些人不就是靠食甘薯而活到百多岁吗?

蕨与薯，"其有功于镇民甚大。志物产而独遗之可乎？"不可！由此我把它独立成篇写出来。

山川胜迹

二十七　屹然伟观永镇楼

康熙《镇平县志》卷一《舆地志》载："永镇楼，在城北高阜处。知县胡会宾以城北山高地旷，外有岗阜逼近，故建楼以镇之。监生林栋材乐输。造楼三层，榜曰'永镇'，屹然为一邑伟观。"

这里说的永镇楼，位于城北高阜处，也就是在县署所背靠的蕉岭上。胡会宾于崇祯十年（1637）莅任镇平知县，恰值其前的三任县令都因病而离开。他除了改建县署外，又特意在主山蕉岭上建了一座"永镇楼"。因为他发现县署背倚的后山太低太小了，而其左边的樟坑笔从最高峰处蜿蜒而直下樟坑村，右边的天马山余脉延伸到长潭口，虽可作县山的犄角之势，而来势太强太猛，有对主山形成压制的态势，势必会不利主政之人。因而，他决定在蕉岭上建造一座楼，借以镇住这种来势凶猛的威势，分散泻泄强大的压力，使两边的高大山峰成为主山拱护之势的护翼，这样就会化险恶为多情。其楼名既取县名的镇字，又和县名一样寓有镇压平定、镇邪去恶的含意。永镇楼楼高三层，在古代建筑中也算得上比较高大的建筑了，屹立在主山上，天造地设，成了壮丽的景观。特别是闲暇胜日，登上高踞桂岭的永镇楼举目四望，邑城雄伟峻整，固若金汤。前面文笔峰耸立在翠绿的山头上，从长潭流出来的水在眼前回旋，前呼后拥围抱着城郭。远望那石窟河平原上的村庄屋舍、桑柘稻禾，烟气云雾、花草竹树，全都收揽过来了，展现在眼底下，真是清美灵秀的好地方啊，更无法用语言来描述它的景状。

乾隆《镇平县志》卷一《疆域志·山川》云："桂岭，在城内，原名蕉岭。为邑主山，巃嵸崷崒，有涵盖一切气象。"又，黄香铁在《石窟一征》卷六《地志》中也说："蕉岭，仅一小阜，而实一邑之镇山。亦犹浙之虎林，宛然培塿，而为一郡众山之望也。"[①]意思是蕉岭本来是一座低矮的小山丘，却变成了雄镇一个县的主山。就像浙江杭州的虎林山，是天然的小山丘，因为灵隐寺建在山上，而变成了一个地方上的主山。俗话说："山不在高，有仙则名。"可以这样说，桂岭做了县署的倚背，而成了一邑之镇山；而后又在镇山上建了永镇楼，更成了一邑之伟观。

然而，时间才过了五十八年，到了清康熙三十四年（1695），时任知县周傥，因遇上皇帝、皇后的生日等朝廷规定的法定典礼节日，人们都要仰望天子宫阙，遥致颂语，但举行跪拜仪式没有合适的地方，尤其是永镇楼已经颓残了。因而，便将胡会宾所建的永镇楼改建为万寿宫，专门作为用来举行参拜典礼的场所。周傥还有一篇《建祝圣殿碑记》专门记录此事，收录在《镇平县志》卷六《艺文志·记》中。周傥把"永镇楼"改建为"祝圣殿"，亦称"万寿宫"。而在另外的空地上建筑了一座"精舍"，奉祀如来诸佛像，仍然称"永镇楼"。这已经完全改变了胡会宾原来的初衷和永镇楼的功能了。

乾隆《镇平县志》卷一《疆域志·祠庙》云："万寿宫，在北城之高阜。康熙壬申年，知县周傥即明知县胡会宾所建永镇楼改建。"请注意，此处记载的时间是"康熙壬申年"，即康熙三十一年（1692），那时周傥刚刚到任。其在《建祝圣殿碑记》中说是"经始于乙亥春"，即康熙三十四年（1695）的春天，是周傥莅任后的第三个年头了。应该说，准确的时间是周傥自己写在碑记中的时间。

风剪草木，岁月沧桑。历史延续到丘逢甲生活的年代，永镇楼早已名存楼废，留下断瓦零砖，一片废墟。故址长满了野草，秋风萧瑟，满目苍凉。清末邑贤丘逢甲登上镇山，寻觅故址，抚事抒怀，写下了十二首诗。诗题是《寻镇山楼故址，因登城四眺，越日遂游城北诸山十二首》。诗云：

---

① 黄钊纂修《石窟一征》，《广东历代方志集成》第40册，岭南美术出版社，2009年，第278页。

一

邻江边粤俯闽关，楼橹参差桂岭间。
欲拨寒芜寻古戍，疏林斜日半城山。

二

断瓦零砖废苑秋，行人犹识镇山楼。
万方多难伤心客，无地登临写暮愁。

三

带岭襟溪万雉连，筑城当日为安边。
剜苔细数残砖字，止隔明亡十二年。

四

谯楼旧筑郁嵯峨，望远犹堪托啸歌。
一角孤城山影里，趁圩人散夕阳多。

五

冷烟寒日挂疏林，荒草迷离古径深。
樵女归来秋郭晚，山歌声出万松阴。

六

五幡青犊散余氛，废垒连营郁战云。
班草莫谈元二劫，荒郊有鬼哭秋坟。

七

林叶萧疏夜有霜，城阴荒草散牛羊。
市声不到圩烟冷，万冢高低送夕阳。

八

断碣题名字半残，古松阴里好盘桓。
半间废寺无香火，佛卧空山落叶寒。

九

天南舒啸失长风，沦落闲身五岭东。
一片雄心无处着，孤城斗大万山中。

十

浮生富贵等微尘，欲觅山林寄此身。

但是故乡归便好，不妨衣白作山人。

十一

曾费诚斋策马来，临溪处处见花开。

一庵拟筑蓝田曲，补种诗中十里梅。

十二

龙楼凤阁倚天尊，肃立群山万骑屯。

戎马书生豪气在，三台高处望中原。

（自注：镇山楼在镇平县城，高踞桂岭处。）

二十八 活灵活现城隍神

城隍是我国原始信仰祭祀的自然神之一。城隍，有的地方又称“城隍爷”。他是冥界的地方官，职权相当于阳界的各级官长。因此，城隍就跟城市相关并随城市的发展而发展。古代的城市亦要修筑城墙，城墙之外还要有一圈护城壕。挖土筑的高墙称为“城”，没有水的城堑称为“隍”，有水的城堑称为“池”。古人造城是为了保护城内百姓的安全，所以修了高大的城墙、城楼、城门以及城壕、护城河。他们认为与人们的生活、生产安全密切相关的事物，都有神在，于是城和隍被神化为城市的保护神。唐代诗人张九龄在《祭洪州城隍文》中写道：“城隍是保，氓庶是依。”意思是城和城中的百姓，都要依赖城隍神的保护。隋唐时期，与官员联系密切，具有了如阳世之帝、王、公、侯等“冥官”的身份封号。清代赵翼《陔余丛考》谓：“明太祖初封京师城隍为帝，开封、临濠、东平和、滁以王，府曰公，县曰侯。洪武三年去封号，但称某府县城隍之神。”

城隍神是明清时期最为重要的神祇之一，由于它连接官民，成为透视传统信仰与社会的重要窗口。明初，国家以典制的形式，确立了城隍神与阳世地方官幽冥共治的关系，成为官方神道设教的重要工具。一般在建城建署的同时要建城隍庙，城隍的祭祀也列入国家规定祭祀的会典中。

城隍庙起源于古代的水（隍）墉（城）的祭祀，为《周官》八神之一。

道教把它纳入自己的神系，称它是剪除凶恶、保国护邦之神，并管领阴间的亡魂。城隍产生于古代祭祀而经道教衍生的地方守护神。“城隍”二字，始见于《易经》泰卦的上六爻辞：“城复于隍，勿用师，自邑告命，贞吝”。其中“城”指城墙，“隍”指城壕，即护城河。城隍一词连用泛指城池，首见于班固《两都赋·序》：“京师修宫室，浚城隍。”城墙、城壕在防卫敌人、猛兽攻击，保护一城百姓安全上，功莫大焉。于是水墉神便升格为城隍神，被视为城市的守护神。故黄香铁在其《石窟一征》卷六《地志》云：“余谓‘城隍’二字，本《易·泰》之上六，见于吴赤乌二年，历高齐燕梁间书于史，唐始著为祀典，观其以城以隍名并，李商隐文‘职守斯土’云云。自为邑国，而设村落，建城隍庙。疑亦王崇简《冬夜笺记》谓：‘蜡祭八神，水则隍也，庸则城也’之说。明制定于品秩于神道中，寓有察民安民之意焉。盖司民者，司其水旱、疾疫、盗贼、兵燹，从而消弭之。监察者察殒之贪黩、残暴，从而祻之也。”①

康熙《镇平县志》卷一《舆地志》：“城隍庙，在县治后。按：城隍之设，载在祀典。邑之雨晴祈请是视，今居县治之后。既无以肃士庶之观瞻，而制度荒略尤甚。通邑绅衿佥谓分司地势宏敞，又居水口，改建新庙甚便。今将谋趋事移祀焉。”这段话说得很明白。镇平的城隍庙在县治的后面，与镇平城池、县署及风云雷雨、山川坛一起兴建。但设县之初，急于求成，考虑欠佳，把城隍庙建在紧靠县署的后面。县署是官员办公的地方，而城隍庙是人们祈求雨晴的地方。这一阳一阴的官邸紧挨在一起，既不整肃雅观，也不方便民众祈拜。整体的布局都显得粗疏、不合情理。整个县的地方绅士和学界人士都说西门城内的分司这个地方，地势高大宽敞，又靠近河边，改建新庙十分合适容易，所以当时就商量把城隍庙移过去。

又，乾隆《镇平县志》卷一《疆域志·祠庙》载：“城隍庙，在县署后。康熙二十六年，知县蒋弥高倡捐移建。何在中施石礤乡田租十石七斗，征粮二石五斗九升，额租三十九石二斗；温念波施金沙乡樟坑子田租四石

① 黄钊纂修《石窟一征》，《广东历代方志集成》第40册，岭南美术出版社，2009年，第286—287页。

五斗，征粮九斗，额租三十二石；王捷三施石磜乡蛇坑田，租六斗六升，征粮一斗，额租六石二斗。”意思是说，城隍庙在北门内县署的后面。康熙十二年（1673），程梦简任上就有移建城西分司的想法，而直到康熙二十六年（1687），经过了十四年后，方在蒋弥高主政时得以实现。移建后的城隍庙有诸多善士捐施田租，因而有了固定庙田租谷的收入，维持日常的运作。

明朝在洪武初年，规定凡地方官员莅任，都要到城隍庙去住宿斋戒，在城隍神面前起誓。这是当时规定秩祀的内在用心。每逢初一、十五，都要到庙里行香礼拜，就是使守令官有所顾忌而不敢随便肆虐百姓。原始崇拜认为，凡与人们日常生活有关的事物皆有神在，而且“功施于民则祀之，能御灾捍患则祀之”（《五礼通考》）。在传统农业社会中，人们希望英雄人物死后英灵还在，作为地方神来保护自己，所以就出现了城隍由自然神过渡到人神的过程。在城隍神演变为人神的过程中，汉代的纪信最早。长安不仅是城隍信仰的原发地和传播地，也最早产生了城隍人神——纪信。据《长安县志·王曲城隍庙会》记载：“相传楚汉荥阳之战中，汉将纪信假扮成汉王，解救刘邦出围，以致被项羽烧死。刘邦得天下后，封纪信为十三省总城隍，在长安王曲建庙立祠，每年农历二月初八祭祀，后遂成庙会。”纪信救刘邦的故事在《史记·项羽本纪》和《汉书·高帝纪第一上》及地方相关资料中均有叙述。据传文景时期，为了顺应民心、强化统治，遂将供奉的纪信封为城隍神，成为长安城的保护神。从史料记载来看，王曲城隍祭祀纪信，至今已有两千年的历史，比三国东吴芜湖城隍爷周瑜和城隍庙要早四百年。

城隍由自然神过渡到人神这种现象，在镇平同样存在，而且活灵活现地记载在乾隆《镇平县志》卷六《艺文志·杂记》中。其云：

前令薛世望在镇多惠政，升绛州守，卒于绛。顺治十七年四月，城隍庙祝刘爱远，梦薛君谕之曰：“我为镇邑城隍，翼日到任。汝当洒扫以俟。”时诸生林一卿，设教庙中，以其言为妄。及午，殿中所置釜甑皆不见。有字示壁间云：庙中不可教读。字黑青不类人世墨迹。一卿异而礼之，顷之，器物毕见。薛君生有德于镇，死而庙食兹土，固其宜也。

这段文字饶有趣味地记述了一个故事。顺治八年（1651）莅任的镇平县令薛世望，在镇平留下了很多德政恩泽，后来升为山西绛州知州，并死在绛州。到顺治十七年（1660）四月的某一天，镇平城隍庙祝刘爱远做了一个梦，梦见薛世望对他说："我是镇平的城隍爷，明天到任。你应当把庙宇打扫清洁来迎候我。"当时有个秀才林一卿，把教室设在庙中教书，听到刘庙主的话后，认为是没有根据的乱说。可是，到了中午，庙殿上放着的锅头饭甑等器物都不知哪里去了，墙壁上却显现"庙中不可教读"几个字。字黑中带青色，不像是人世间用墨汁写出来的。林一卿见字后惊异不已，赶忙跪拜不停。过了一会儿，锅头饭甑等器物又全部摆放在原地。

城隍庙庙联最多，亦最杂。旧传最普遍的一集句联云："善报恶报，迟报速报，终须有报；天知神知，我知子知，何为无知？"这是以佛经对《后汉书·杨震传》的成句，可谓落落大方，很能表明"功施于民则祀之"这一浅显的道理。薛世望生前为循吏，为百姓做好事；死后成明神，成为镇平的守护神，受老百姓祭祀纪念。这本来是很正常的现象啊！也许，这里寄托了镇平百姓美好的愿望，认为像薛世望这样的好官，英灵长在，会永久地守护着这片他曾生活过的土地。

黄香铁《石窟一征》卷六《地志》云："镇邑城隍，相传为江陵薛公世望。薛，顺治年间为镇平县令，有惠政，生而聪明正直，殁为明神，亦理之可信者。""今镇平城隍诞七月二十四日。故老相传，崇祯六年镇平建城于是日起工，故于是日为城隍诞辰。夫因建县而后建城隍，则以建城之日为城隍诞日，固于义为有合也。"[①]黄香铁同样认为，这种"功施于民则祀之"，在道理上是说得过去的。

---

① 黄钊纂修《石窟一征》，《广东历代方志集成》第40册，岭南美术出版社，2009年，第287页。

二十九　化民正俗乡约所

康熙《镇平县志》卷一《舆地志》载："乡约所，在城隍庙后。康熙十二年查复。"乡约，意为乡里公约。乡约是中国古代邻里乡人订立的共同遵守的规约，以御敌保乡、扬善惩恶、广教化、厚风俗、相互协助救济。乡约作为民间规范，是中国古代农村基层的一种规章，后来逐渐发展为明清王朝政权治理基层与道德教化的制度之一。乡约所的设立是国家教化力量在基层社会的具体体现，它作为明清乡约运行的基本场所，是乡约推行过程中的基本建置，最终成为清代基层社会管理体系的重要组成部分。

乡约通过乡民受约、自约和互约来保障乡村社会成员的共同生活和共同进步。中国最早的成文乡约制度，是北宋蓝田吕氏兄弟提出并推行的《吕氏乡约》，亦称《蓝田乡约》，约规包含四大项，"德业相劝、过失相规、礼俗相交、患难相恤"，从而提供了一个改善乡里风俗，维护乡村淳朴社会秩序的德治教化方案。南宋时朱熹又编写了《增损吕氏乡约》，突出了乡约的宣讲功能，进一步完善了乡约制度。

明代，政府将乡约纳入国家基层社会治理体系。黄香铁《石窟一征》卷二《教养一》云："前明洪武中，令天下邑里，皆置申明、旌善二亭。民有善恶则书之，以示劝惩。凡有户婚田土斗殴事，里长于此剖决。盖仿汉时十里一亭，亭有长；十亭一乡，乡有三老之遗意（见《大埔志》）。"①乡约所大多设在申明旌善亭、寺观庙宇、宗祠、乡校等公共建筑之内。由群众公推地方上才品服人、德高望重、公道正直、熟悉礼仪的人任约长、约正，并与帝王训诫宣讲联系起来。明王朝还发展出一套以乡约、保甲、社学、社仓为整体的乡治系统，"重乡约以励俗，严保甲以防乱"，成为当时官方认可的理念。嘉靖万历年间，明王朝大力推行乡约，乡约在全国范

① 黄钊纂修《石窟一征》，《广东历代方志集成》第40册，岭南美术出版社，2009年，第232页。

围内发展起来。

清代的乡约制度较之明代有整体性改变，乡约改由礼部管辖，单纯用来主管教化，主要用来宣讲帝王告诫的诏令。保甲、社仓由户部管理，主管缉盗安民；社学主司教养；社仓主司救济。清代乡约的主要任务是宣讲圣谕、教化民众、旌别善恶，并成为一种定期的政治教育。这在某种程度上反映了基层社会的管理与民间宗教文化的密切关联，包括官方正统意识形态的强势及与民间宗教的融合，也显示了民间宗教意识的多样性与包容性。

特别是康熙帝在位期间，注重思想教化。他认为“移风易俗”是件很重要的事情，因而颁布了所谓“乡约法”。

康熙九年（1670）十月，十七岁的康熙下谕礼部，提出了十六条《圣谕》，要求内外文武官，督率学习。这十六条是：

敦孝悌以重人伦，笃宗族以昭雍睦。

和乡党以息争讼，重农桑以足衣食。

尚节俭以惜财用，隆学校以端士习。

黜异端以崇正学，讲法律以儆愚顽。

明礼让以厚风俗，务本业以定民志。

训子弟以禁非为，息诬告以全良善。

诫匿逃以免株连，完钱粮以省催科。

联保甲以弭盗贼，解仇忿以重身命。

乡约成了规范地方社会的一种重要形式。康熙的《圣谕》十六条与雍正时期扩展的《圣谕广训》，是清代乡约宣讲的主要内容，成为朝廷正式的道德教材。除了日常教育外，定期督讲成了地方官员们应尽的职责。各个地方十分积极地将它纳入了乡约活动的重点，每一条都有详细的解说，语言简单，意义清楚，使不识字的乡村民众也能准确地领会教化的意思。到了乾嘉时期，也一直奉行不辍。

镇平山岭联亘数百里，又拥有叠嶂层峦之险，因而是“官府罕到，政教难及”“官府号令不及”的“三不管”地带，官府对乡村的控制尤为重要。在乡村控制中，治安的维持有时是最关键的，也是政府施政和赋税制度展开的重要基础。因此，历代对于乡村治安都有着极为细密的措施和基层建制。如“老人”之制，目的即为主持乡间的“风俗词讼”。所以，“乡约”的施行，实际上是从精神体系上重构了民间生活，核心就是传统的“乡党道德”。加上它与保甲制度的相辅施行，使民间都能有效地纳入良好的控制体系。制度保障与乡约教化联合，就会起到很好的思想改造或警示的作用，为地方行政措施的有效展开，提供了重要的舆论和制度基础。

三十　相国卦竹有忠魂

乾隆《镇平县志》卷一《疆域志・古迹》载：“相国卦竹，在梅子畲。有竹数茎，叶上有硃点。相传文丞相过此，嚼血于竹叶卜卦。”

史载南宋景炎二年（1277），抗元名臣文天祥奉诏勤王，抗元兵败，从福建退入广东梅州，曾在境内招兵护驾，深得百姓拥戴。“青壮男丁几乎全部从军”，由镇平长潭口入梅子畲至江西。

文天祥经过镇平长潭鸡公山。鸡公山崇山峻岭，林密草茂，满山上都长满了“个竹”，当地的百姓称这种竹子为“个（贵）竹子”。一日，因天黑就扎营在山中过夜。夜里无月，又无灯烛照明，见村民点燃“竹精火”取光，便询问百姓，始知为山上的个竹，经捶破后在水中浸泡半月十日时间，捞起晒干后便可点燃备用。文天祥便命兵卒亦如法炮制，解决照明难题。此后，该竹子人们便叫它“丞相竹”。凌晨，文天祥梦见南宋幼主惨被元兵追杀，鸡公显灵，惊醒后痛哭不已，泪水洒落，化为孢子，渗入土中。而文丞相落泪的地方，后来就生出了桫椤。当时人们不知是桫椤，因其枝叶似蕨，于是有文人给它取名“高蕨诗碑”。意为其枝叶像一首首格律严谨的古诗，其茎干向上伸展。之后，“高蕨诗碑”被传来传去，就变成了“高洁诗碑”。文天祥复行数里，来到地处铁山嶂东麓、镇平与平远毗邻的泗水镇梅子畲，因思念幼主心切，咬破手指，嚼血喷于竹叶作卦，占卜幼主帝昺所在。后来，这一片生长的竹林，竹叶皆带硃点。为此，乡民称为“相国卦竹”，又称“满山红”。

文天祥当年由梅州北上抗元，在广东停留有一年半的时间。时间虽短，但几百年来流传着许多有关文天祥的历史传说，也留下了有关文天祥的历史遗迹。可惜在天灾战乱的破坏下，有些已经湮没了。至今尚存的一些有关历史遗迹、摩崖石刻、传说物品，仍然记录了这位英烈最后年代的斗争，吸引了万千凭吊、拜谒的人们。如明代平远诗人陈璋在《文山卦竹》写道：

我堂驻兵梅子畲，结营依竹近人家。

相传此竹生宋代，文山故事今犹夸。

梅畲古道自古以来为沟通平远与镇平的驿道。由于毗邻关系，平远与镇平一直以来交流紧密。明代正德年间，韩江流域水运逐渐兴起，“盐上米下”商品流通更加频繁。镇平的长潭码头经梅畲古驿，物资便可进入泗水、东石、上举一带丘陵腹地。所以，平远的梅子畲与镇平的鸡公山来说是一山的两面，一在西侧，一在东侧。不少骚人墨客都会到这条梅畲古驿道上去凭吊历史遗迹。乾隆《镇平县志》卷六《艺文志》就载有“失名”者诗一首云：

过梅子畲见相国竹

——为文山嚼血卜卦处至今竹叶有硃点如血

曾矢丹心照汗青（自注：相国诗有“留取丹心照汗青”之句），间关归国叹零丁。

荒崖留得千竿竹，犹有忠魂血点腥。

此诗作者已失名。诗直写路过梅子畲来到了文天祥嚼血卜卦的地方，亲眼看到了竹叶上有硃点如血的“相国竹”。诗从文天祥《过零丁洋》中名句“留取丹心照汗青”领起，转写文天祥丹心报国，抗元护主，但终究是势穷力弱，难挽颓波，最终经过艰难跋涉、辗转流离，被元军追赶到了伶仃洋。接着诗转到从眼前满山遍野、高岩荒崖上生长的竹子上着笔，那硃红色的斑点，不就是那民族英雄文天祥的英魂吗？至今犹能闻到它带血的腥味啊。

清末爱国诗人丘逢甲也曾感怀时事、缅怀先贤，写下《为友人书屏》一诗。诗曰：“乡乡都建相公祠，犹见遗民故国思。欲向梅畲寻卦竹，满山红处立诗碑。”诗中叙写了梅子畲古道上的每个乡村，都因文天祥抗元经过此地而感到自豪，也为文天祥的丹心毅魄所感动，为文天祥建立了“相公祠”，来表达对其人其精神的崇敬之情。那满山长着带硃点的“满山红”竹子，就是民族英雄文天祥的诗碑，以此来表达对文天祥的崇敬之意和思念之情。

三十一　“路亭”疑即是“思亭”

乾隆《镇平县志》卷一《疆域志・古迹》载：“思亭，在石窟都。宋知县刘安雅濒行，父老馈赆，不受。乃作亭纪思。今废。”

刘安雅，南宋绍兴年间（1131—1162）在梅州任职。绍兴初年，刘安雅是以右承务郎的官职出守梅州的。梅州，原名“敬州”，在宋开宝四年（971），因避宋太祖祖父赵敬之讳，改“敬州”为“梅州”（见乐史《太平寰宇记》、王象之《舆地纪胜》）。宋熙宁六年（1073），废梅州，改为程乡县隶潮州；元丰五年（1082），梅州复置，仍理程乡县，属广南东路；绍兴六年（1136），废梅州复设程乡县隶潮州；绍兴十四年（1144）又复置梅州，仍理程乡县，属广南东路。

右承务郎，是职官名。《隋书・百官志下》：“废诸司员外郎，而每增置一曹郎，各为二员……寻又每减一郎，置承务郎一人，同员外之职。”隋大业三年（607）置，代原尚书省二十四司员外郎以掌籍帐。唐代改置为八品下文散官。北宋前期沿置。神宗元丰（1078—1085）改制，复为职事官，正六品，员一人，掌受付兵、刑、工部之事，举正稽失。

刘安雅出守梅州，刚好碰上赣州盗寇陈荣等围困梅州城。刘安雅号召老百姓到山上割取“钩吻草”（又称“断肠草”，俗称“大茶药”），研磨汁液，倒入酒瓶醋罐中，放置在城郊周围老百姓的屋子里。盗寇派人拿着盘子到处向人索要金银珠宝，见到牛马就抢走。刘安雅又吩咐手下让老百姓赶紧把牲畜杀掉，器具毁坏，不让盗寇获得这些补给物资。盗寇窜入老百姓家中，见物就拿，见到有酒便拿起来就喝。谁能想到，这钩吻草舌如钩、口如剑，几乎全身都有毒。利钩一吻，足可断肠，是能致人性命的毒药。盗寇喝了掺入酒中的断肠草汁液，立马就死了百多个，剩下来的都昏迷不省人事。这样就把盗寇乖乖地收拾了，剩下一拨盗寇又惊又怕，搞不清什么原因同伙突然致死，以为有神鬼相助，赶忙逃遁而去，城围解除了。刘安雅因此一战成名，升任梅州知州。他卸任离别梅州归去时，梅州父老依依不舍，赠送行资，他一概不受。结果，只好把赠送的行资用来建了一个亭子，以纪念他。

当年刘安雅守梅州时，身先士卒，载智载谋。至其濒行馈赠，一概不受，史既载其行，而后人又建立“思亭”，以志慕思刘安雅之意。后人之思刘安雅，而刘安雅不一定能知也。但风剪草木，岁月沧桑，“风流总被雨打风吹去”。日子久了，后来亭子也就废了。

据黄香铁推测，为纪念知州刘安雅而建的“思亭”，就是现在所称的“路亭”。他在《石窟一征》卷六《地志》云：“路亭冈，距城北十五里，一冈横亘，其南则廛屋亭堠，高下参差。银塔一枝，标秀于霏蓝翕黛间，远望如读泰西画。其北则万木阴森，坡陀百步砌以虎皮石。近村烟火千家，冈峦环列。北望岩背，如青狮据地。君山、玉华诸峰，云中抗手。自城北至此，又成一洞天矣。按：路亭或以为地当孔道而名。然当孔道者，亦不止此亭。《周礼》：‘十里有庐，三十里有路台，五十里有侯馆。’汉唐五里有邮，十里有亭，三十里有驿，当是以其为路室，而又有亭，故谓之路亭。又，《邑志》：‘思亭，在石窟都。宋邑令刘安雅濒行，父老馈赆，不受。乃作亭纪思，今废。’疑此亭即思亭故址。其地距石窟为近也。[1]”

黄香铁的理由为：一是路亭一般都是建在大道上。当然，在大道上的肯定不只是此一亭。从周朝到汉唐，都有在大道上建立如庐、台、亭、邮、驿、馆等为官员路过歇息歇脚的客舍。此亭既在路上，又有亭，所以被称为“路亭”。二是亭在石窟都，符合当年送别刘安雅的情景。如果没有这种典型的背景，那就只会称一般的凉亭，不可能有专门称“路亭”，并一直流传到今。为什么原本叫“思亭”的又改称为“路亭”呢？他没有说，也许是年代久远，无从稽核，只能说“疑此亭即思亭故址”而已。

---

① 黄钊纂修《石窟一征》，《广东历代方志集成》第40册，岭南美术出版社，2009年，第281页。

嘉庆二十二年（1817）时，人们在路亭冈上建起了一座塔。后人称此塔为“路亭古塔”，亦称“文福古塔”。“路亭古塔”至道光初年始聚顶。其初建议者，为苎园采矿民众，后来矿场被封了，完全停工停产。至道光三年（1823），丰田、白马、兴福数乡的民众，自动捐款才最后建成。

据1992年版《蕉岭县志》第二十五编《文物·塔》：“文福古塔坐落在文福镇路亭岗，始建于清嘉庆二十二年（1817），道光三年（1823）建成。[①]”后人称此塔为“文福古塔”，亦称“路亭古塔”。此塔高34米，平面八角形，仿楼阁式七层砖室塔。塔腔为壁内折上式，共112个台阶，第七层有栏杆约1米高，供人登高眺览。每层有4个窗，塔檐用3层砖块结成齿轮形叠涩出檐，有万寿花纹、波浪形花纹，顶端有2米高的宝瓶状塔刹。塔门用花岗岩石垒成，内面每层用青砖拱成，并用大木料作梁架。文福古塔结构坚固、施工细巧、造型美观。

三十二　浩淼渊深长潭水

长潭，在县城西北六里处。它不是一个潭，而是石窟河中自峡口上溯至普滩的一段长五里的峡谷流段。乾隆《镇平县志》卷一《疆域志·山川》则云：“水则为长潭，在县西北，离城十五里。渊深不测。上有仙人桥旧址，下有龟子灵石，广十丈，长五里。古有僧寺。”

黄香铁在《石窟一征》卷六《地志》则有极为详细精到的介绍云：

长潭，在城西北六里。由峡口入至滩头约二里许，皆峭壁悬崖，澄潭镜绿。舟行傍东岸，有滴水岩，一名带水石，十二时滴水不断，藤萝下罥，冷翠莹然，沁人肌骨。余诗所谓‘泠泠漏壶天，滴水日升合者是也。稍行至西岸，有石垂二，分址层崖，如老妪背负小儿欲渡河状。东岸为双门阙，一径蛇盘，双门兽屹。又距数武，巨石百丈悬立东西岸，舟行其下，惴惴然惧欲伏压。沿岸为笋子排，旧多笋。既而河声如吼，则将近滩脚也。自

① 蕉岭县地方志编纂委员会《蕉岭县志》，广东人民出版社，1992年，第582页。

滩头入，为钵溪，有人家山店，鸡犬、烟霞、石桥，流水淙淙，作琴筑韵；泉声、滩声、风松声，天籁合凑。午后，有千百樵妇担，鱼贯而出。林香醉人，辄如中酒。行里许，见牙狮嶂崚嶒突兀，排立空际，层峦叠巘中，时有紫烟隐现，则龙归畲也。龙归畲，居民数十家，樵山渔水，大有桐江七里泷风景。自新峰滩以上，谽砑怪石，荦确水面，悬流喷薄，龙门吕梁之险，当不逾此。游者皆自崖而返矣。[①]

邑廪生廖云飘则用文学的语言、骈赋的形式，对长潭之水、石、泉、霞、云、月等种种奇观形胜作了描摹拟写，颇尽其胜。其《长潭赋》抄录如下：

繄镇平之西北，有浩淼之长潭。渊深莫测，澎湃难探。通窍于绿水之湖，清浊自应；注流于八溪之口，远近相涵。晴日澄波，竞起云光金碧；微风皱谷，还看天影蔚蓝。尔其清流瑟瑟，巨浪洋洋。万顷护田，灌千塍兮不竭；两山排闼，夹一水而俱长。竹岛萝溪之外，榕阴柳径之旁。路从石罅盘旋，中流激宕；人自松梢向背，古渡相羊。有时别墅絃歌，不异韩江旧俗；到处深村耕作，依然程水名乡。

若夫澄空水府，掩映山蹊。泻泠泠之浅濑，亘漾漾之长堤。石欲搏人，恍中山之奇鬼；波能鉴物，宛牛渚之灵犀。水以潭而愈昭其洁，潭以长而孰与之齐？洞口谽谺，欲辟武陵之径；滩头浓翠，人游罨画之溪。拟少陵之瀼西瀼东，真堪图画；比辋川之垞南垞北，信足品题。则有泉石高人，烟霞逸客。未开北海之樽，先蹑东山之屐。爱山花烂漫，与桃溪春色俱红；美锦浪平铺，较玉闸安流愈碧。摩挲不尽，来登石塔之巅；溯洄欲从，好叩山僧之迹。诚幽境之可娱，问乐乎其不亦？

至于西涵夕照，东捧冰轮；瓜皮艇放，荷叶杯陈。星点波心，看濛濛之象眼；月横水面，灿片片之龙鳞。潋滟而光侵衣袂，澄清而影射主宾。探妙景于水中，龟石之灵如见；仰奇观于山顶，仙桥之道疑真。

① 黄钊纂修《石窟一征》，《广东历代方志集成》第40册，岭南美术出版社，2009年，第279—280页。

爰乃荻岸闲维，菰舟偶泊。问今夕兮何如？喜兹游兮不恶。诗吟夜月，声声谷应山鸣；调唱竹枝，字字波生潮作。烦襟欲涤，茗炉则细验泉开；幽意未阑，棋局则迟听子落。此固可以为笠泽之栖迟，而转欲笑夫樊川之寂寞者也。乃为之歌曰：

长潭潭水自潆洄，清流蹙浪如银堆。
峭壁苍苍石色古，朅来玩赏同徘徊。
观逝者，叹水哉！
寻源欲觅泛槎路，中天月色明光开。

赋文开头以寥寥数语点明长潭的地理位置，然后写其“渊深”“澎湃”，辅以通窍绿水湖，注流八溪口；清流瑟瑟，巨浪洋洋；路从石罅盘旋，人自松梢向背等加以展示。接着写长潭的各种景物，细写石之怪奇、洞之幽妙、山之崔嵬，而且多侧面地借助其景物来写长潭的生气，写了水的灵动、云的飘逸、波的神韵、花的烂漫，为此把邑中八景的“桃溪春色”和“玉闸安流”拿来比衬。赋文重点写“长潭夜月”，每当瓜皮艇放，荷叶杯陈，月夜泛舟潭中，所感受到的那种景色迷濛空灵，恍若置身仙境的景象。结尾写游人烦襟欲涤、幽意未阑的快乐心情。赋文刻画尽致，如入画境，使人读其文如入其境。

比较黄香铁与廖云飘两文，黄文以叙述说明为主，叙写细致，清丽雅洁；廖文则以描摹抒情为主，洒脱生动，极事敷陈。各具特色，各擅胜场，又都毫无滞涩枯槁之感，而有生机盎然之气，给人以华润充实的美的享受。

1987 年，长潭峡口用水泥筑起了大坝。渊深莫测，澎湃难探的长潭变成了一座水库。高峡出平湖，其水、石、泉、霞、云、月等，自然又是另一番景致，闲暇不妨携步一探。

三十三　绿水湖边广福寺

康熙《镇平县志》卷一《舆地志·寺观》载：“广福寺，在径背叶田乡。”即在今广福镇乐干村绿水湖边山坡上。

又，乾隆《镇平县志》卷一《疆域志·古迹》载：“绿水湖，在广福寺前。与长潭相通，潭之清浊，湖水皆应之。古传南岩定光佛，得道建寺，运树于此。”

传说在古代，绿水湖与长潭相通。邑廪生廖云飘在其《长潭赋》中写道：“繄镇平之西北，有浩淼之长潭。渊深莫测，溯湃难探。通窍于绿水之湖，清浊自应。”从今天的科学观点来说，石窟地方属于石灰岩地区，石灰岩下会有地下暗河，或称“伏流”。它是指地面以下的河流，是地下岩溶地貌的一种。地面河潜入地下之后称伏流，常常形成于地壳上升、河流下切，河床纵向坡降较大的地方，在深切峡谷两岸及深切河谷的上源部分，伏流经常发生。在我国的乌江两岸伏流很多，有时进出口距离仅 3—4 千米，而落差可达 250—300 米。由于坡降大而侵蚀力强，有时甚至能穿透石灰岩中的非可溶性岩石而继续延伸。

地下暗河是由地下水汇集而成的地下河道，它具有一定范围的地下汇水流域，往往有出口而无入口。高温多雨的热带及亚热带气候最有利于暗河的形成。

绿水湖的水与长潭的水一样，潭水清时湖水亦清，潭水浊时湖水亦浊。传说宋代的定光古佛，云游至此，曾挂单居留。他站立于绿水湖附近山坡之上，见此地双河合水，乃风水宝地，便拟择此地结庙。所使用的建筑木材，就是通过这暗河运过来的，后来建成了广福寺。古时民间流传一首山歌：“石窟河水倒江上，自有满姨嫁姊丈。”也许就是指下游长潭的水，潜通广福的绿水湖，并且被定光古佛利用它来取运木料的这件事。

定光古佛，俗姓郑，名自严，福建泉州同安人，为宋代高僧。十一岁时出家，得佛法后，至福建长汀狮子岩继续修度，十七岁已是高僧，五十五岁隐居汀州府武平县南岩，摄衣趺坐，虎蛇尽服，被人视为神明，八十二岁圆寂。寂灭二百年后因能显灵御贼，奉旨封为“定光古佛”，并赐额“定光院”。其后，定光古佛信仰在官方史志、地方志及碑刻中多有记述，在民间亦有口述传说，在客家地区广为传播，并成为客家人的守护神。乾隆《镇平县志》卷六《艺文志·杂记》中亦有记述云：“定光祖师，法名圆应。（宋）仁宗时建醮宫中，师飞锡赴筵说法，大显灵异。敕赐铜钟，复敕有司建寺于武平南岩，说法于邑之广福寺。”

黄香铁在《石窟一征》卷六《地志》中载：“绿水湖，在广福寺。平原旷野，独出一湖。其水与长潭相通。屈翁山《广东新语》：‘镇平有长潭，与绿水湖相通。湖清则潭清，浊则潭浊，即指此也。’《广东舆图》：‘绿水湖，在城北三十五里，渊深莫测，与县西北长潭潜通，清浊相应。’按：湖今已淤废，惟长潭东岸石崖下有一窦，渔人识之，以为通绿水湖者。今广福寺中，有泉眼汹谲，澄泓甘冽，苔发网之，可半亩许，如济南趵突泉之在春夏间者。旧称为翡翠泉，以城内有珊瑚井，相俪而名也。”[①]黄香铁说，绿水湖已经淤塞，但是在长潭东岸石崖下有一个大洞，打鱼的人知道具体的位置在那里，并指认就是潜通绿水湖的洞口。在广福寺，有水猛烈地向上涌腾从泉眼中流出来，水清而深，味甘美清冽，其上有如头发般的水草网络覆盖，大约有半亩，就好像春夏间的济南趵突泉一样。过去称为“翡翠泉”，和城内的“珊瑚井”，对偶并称。

广福寺建于地处广东镇平县乐干村与福建省武平县岩前村两地交界处的山坡之西南边，山坡北面及东面有广东乐干小河流过，至山坡东北角交汇后即流至福建岩前。广福寺依山而建，主殿坐东北向西南，为一层庙堂建筑。寺门向东南，布局较为简约。寺内供奉定光古佛、何仙姑等诸佛坐像，邻近两省的人们常来奉香，香火兴旺。

广福寺建成后，时间推移至清代，广福及岩前两省村民，为旺寺院香火，集资出力，在广福寺背面山坡之上，建造了广福塔。故在当地素有“先有广福寺，后有广福塔”的说法，有了广福寺才有广福塔。广福塔，其结构为平面八角形，仿五层楼阁式砖室塔，高 24 米。第一层塔腔壁厚 1.3 米，塔腔为壁内折上式结构，共设 72 个台阶，塔层棚为木板。顶层结构别具一格，为帽顶式塔亭结构，立有 12 条木柱，漆红，出檐置琉璃瓦顶，塔顶端置有宝葫芦状塔刹。1985 年 2 月被公布为蕉岭县文物保护单位。2004

① 黄钊纂修《石窟一征》，《广东历代方志集成》第 40 册，岭南美术出版社，2009 年，第 280 页。

年突遭雷击，烧毁塔内木制构件，仅剩底部残墙及地基，空留塔身，塔基四周已是杂草丛生。2010 年 11 月广福古塔被撤销县级文物保护单位称号，转作古遗址登记。

据 1992 年版《蕉岭县志》第二十五篇《文物》载，蕉岭县现存古塔有四座：建于清嘉庆二十二年（1817）之文福古塔，建于清嘉庆年间之广福古塔、石寨青云塔，建于清道光十五年（1835）之高思水口塔。除广福古塔被毁外，其余三座古塔仍是完整的。

三十四　积铁万仞铁山嶂

铁山嶂，海拔 1164 米，在蕉岭县境内的千米山峰中位列第二。地处东岭村三圳镇，北枕蕉岭、南望平远东石，山脉大体呈东北走向。县志中称铁山嶂自江西安远迤逦而来，余脉分为玉枕山、狮顶山、茭岭、马耳山、燕尾山、西山嶂、叶婆嶂。铁山嶂也是平远、镇平两县的界山，是座外人鲜至的山峰。

山上大多为未开发的原始森林，物产资源丰富。铁山嶂主峰东面海拔约 800 米，名叫牛角窝的山腰处，有个小水库。水库主坝南北向横锁谷口，坝高约 10 米，长约 50 米。它集铁山嶂东侧峰的雨水，水面 10 余亩，库容 10 万立方米。

铁山嶂虽云“形如宝盖，色若皂染”“削玉千寻，积铁万仞”，却峰顶无石，亦无峰顶标识，多为荒草，或隔而见有小片低矮的灌木丛。山上有仙人叠石、卧马摇铃、仙人挽鼓、铁嶂雄鸡、蜡烛雄峰及峰顶仙湖等景致。站在峰顶俯望，但见四周群峰尽伏，山色秀奇，群峰起伏如碧波荡漾。再往下边远处望，长潭镇、新铺镇等地尽收眼底，向西还可望到平远县东石镇，让人有一种一览众山小的意境。在它的山脚下，有一处空阔的地方，凌乱地堆放着许多箩筐似的石物，旁边堆着像一堆堆仓皇乱倒的谷堆，当地人把这一奇异景观叫作“乱箩倒谷”。相传它有一个美丽动人的故事。

很久以前，铁山嶂下居住着钟和吴两姓人家。两姓都人丁兴旺，但却因祖上留下的积怨，一直不通婚、不来往。在钟姓人家，有一位年轻人，从小喜好读书，干农活也是好手。一次，他到庄稼地施肥，在路上碰上有两位富家子弟调戏一位年轻女人，女子一边反抗，一边呼救。钟姓青年立即冲上前，挥着担竿，把两个坏小子赶跑了。钟姓青年问过路年轻女人，知道她是吴姓村人，叫吴姗妹，也略读过一些书。今日上山，是因为父亲病了，替父亲上山寻找一种草药，不想中途遇到两个无赖。

由此事后两人开始了相恋。后来，钟姓青年的母亲知道儿子的心事，虽觉有祖上遗训，但心生恻隐，就托媒人去吴姗妹家里提亲，果然遭到了拒绝。吴姗妹知道这事后，便声明此生除了钟姓男子，谁也不嫁。吴姗妹的父亲十分恼火，指天发誓说，如果他钟姓青年有本事在铁山嶂半山上种出一百担稻谷来，就让他当女婿。钟姓青年听了这话，为了心爱的女人，真的扛锄上山，开田种谷。他还捎话给吴姗妹，说到夏收时定可种出一百担稻谷。

铁山嶂山腰上石头多，根本不是种稻谷之地。但钟姓青年每天早出晚归，凿石引水，终于开发出一大片田地来。到了收割季节，钟姓青年起早摸黑，把收割的稻谷一担担挑下山来。不想实在太累了，便在稻田里睡着了。

钟姓青年的行为，早就感动了山神爷，便趁钟姓青年熟睡时帮他收割稻谷。他吹了口气，变化出许多箩筐，把稻谷装进里面，喝了声“走”，那些箩筐就像长了脚板，排成队浩浩荡荡朝山下走去。哪想得到，箩筐快到时，钟姓青年突然醒了，看到眼前的情景，以为有贼来偷稻谷，大喊抓贼。山神爷见被人发觉，化作一阵风不见了，法术也就不灵了，那些箩筐顿时停了下来，化成一块块石头，停在那里，看上去就像一堆乱倒谷的箩筐。

山神爷帮钟姓青年的事被村民传开了，人们为他们的忠贞爱情所感动。最终，钟吴两姓的隔阂也消除了，两个青年人结了婚，两姓人也交往起来了。山神爷赶箩筐下山不成而石化在一处的地方，成了铁山嶂下的一道风景，“乱箩倒谷”的故事也在当地人中一直流传下来。

黄香铁在《石窟一征》卷六《地志》云：“《大清一统志》：‘铁山在城南三十五里，形如宝盖，色若皂染，亦曰‘铁山嶂’。按：此山在城偏西南，积铁万仞，魄气雄厚，徐溪一乡，皆其发脉，龙骧虎跳于二三十里外者，皆其支子也。邑志谓自江西安远迤逦至此，与平远分属，析而为玉枕，为狮顶，为茭岭，为马耳，为燕尾，为西山嶂，为叶婆嶂。盖如铁莲万柄，浮荡东洋。尝从瓜洲溯江至黄天荡，见叠浪如山。此则排山若浪，觉司马凌云之气，与宗悫乘风之想，皆从脚下生矣’。[①]”

黄香铁还称赞云：“邑中以玉笋峰为凤阁，铁山嶂为龙楼。铁山嶂产茶。而钟灵毓秀，霞蔚云蒸。人文之盛，亦相埒云。[②]”

① 黄钊纂修《石窟一征》，《广东历代方志集成》第40册，岭南美术出版社，2009年，第282页。

② 黄钊纂修《石窟一征》，《广东历代方志集成》第40册，岭南美术出版社，2009年，第282页。

人 文 邹 鲁

三十五　六修学宫铭殊功

据康熙《镇平县志》卷一《舆地志·儒学》记载云：

儒学在县治西，为贡生徐徽、生员徐惟础义捐。崇祯六年，与县署并建。顺治十三年，知县薛世望重修。

这就是说，镇平学宫在县署的西侧，与县署同时建于崇祯六年（1633）。其用地是贡生徐徽和生员徐惟础的宅居地捐出来的。

也许是新建之县百废待兴，无论财力、物力都有不足，使刚刚建起的学宫规模、质量都不很尽人意。崇祯十七年（1644），罗明夔代任知县，“力振废弛，至蠲金以新学宫”。实际上，是罗明夔第一次重修学宫。

据乾隆《镇平县志》卷六《艺文志·杂记》载：“国朝顺治三年正月十六日，山贼涂爪王、钟胜山、吴胜、赖党、刘武子聚众三圳墟，杀学吏林煌、县书傅明刚。十七日，破城，杀监生何启祥。是年冬十月，攻陷程乡，恣掠六日而逸。十一月，卜应凤、卜应龙率贼千余人，复攻程乡，县绅民计诛之。四年二月，赖其肖、赖其贤、赖应殿，率众据城。潮州总兵督兵来剿，贼贤、肖遁。及官兵回潮，复出据城。八年三月，游击陈储诛其贤，其肖遁。八月，应殿复纠党袭城，杀生员徐惟础。十月，潮镇班志富统兵至镇，其肖降。十一月，复叛。志富再徇镇平，计降之，从征平远。寻遁。”经过多次的民变，攻占县城。再加上鼎革之时，清军攻占县城，烧杀掠抢，县城几成一片废墟。所以，到顺治十三年（1656）时，虽然时间不过才过去十二年，知县薛世望在莅任之初，展谒学宫时，他只能看到学宫周围长满野草，在风雨侵蚀下，宫墙残颓摇摇欲坠。薛世望觉得没有好的学校，怎么可以教学呢？这件事不能耽搁下来，不能延缓，自己有责任把它修好。于是，他带头捐出俸银，县中乡绅士人跟着筹集资金。薛世望下令动工对学宫进行了修葺，不到一年时间提前完成了修葺工程。明伦堂、东西厢房、课艺斋、膳堂、教谕署等设施齐全了，祭祀孔子时用来击鼓敲钟、奏乐鸣号的器材也都置备好了。为此，明通议大夫、吏部右侍郎兼翰林院编修、程乡县人李士淳专门写有《修镇平学宫碑记》记其事，其文收录在乾隆《镇平县志》卷六《艺文志·记》中。

薛世望是第二次重修学宫。在乾隆《镇平县志》卷六《艺文志·记》中，有关重修学宫的碑记共收录了六篇。这六篇碑记中，只有李士淳的一篇碑记称“学宫”，其余五篇碑记都称“儒学”。其实，他们六个人说的都同指一个地方同一件事，所不同的是李士淳按南方人的习惯称“学宫”，而其余五人是岭南以北的人，其习惯则称为“儒学”。

又过了十六年，至康熙十一年（1672），知县程梦简在上任第二年即带头捐出俸银，对学宫作了大规模的更新扩建。除了文庙的大成殿外，还修建了东西两庑、戟门、棂星门、名宦祠、乡贤祠，特别是泮池、万仞宫墙整饬一新，已不再是过去的旧模样。儒学部分的明伦堂、尊经阁、儒学公署、射圃、祭器库、课艺斋房、四贤书院等，“旧制未善者，一一更新之”，这是一次扩建学宫的工程，也是在镇平历史上第三次重修学宫的工程。它奠定了镇平学宫的规模，完善了基本设施，给人以“泮壁崇焕，丹垩维新”的印象。程梦简应邑中大夫、士子之请，写下了《重修镇平县儒学碑记》一文。

康熙三十一年（1692），岁在壬申，县令周傥“莅兹土，仰瞻之下，窃用愀然。爰集都人士谋所以新之，诹吉鸠工，阅岁告竣”。县令周傥继薛世望、程梦简之后重修学宫。周傥有《重修镇平县儒学碑记》一文记此事，载在乾隆《镇平县志》卷六《艺文志·记》中。但此文比较简略，具体修建哪些项目没有记述。说实在话，此时距离程梦简重修才过了二十年，古代没有那么多“豆腐渣工程”，真正要修的项目也找不到什么。他自己也认为是一次奉诏整饬圣学的例行公事，是一次“修残补缺”的工程，但能说明自己没有旷废职责，应该也算是第四次重修。

第五次是乾隆十九年（1754），始由学博胡健发起，集诸生，谘大夫，请于上官而重修学宫，“扩旧制，宏新规，圣殿檐廊加广增高，濬泮池，崇石仪，两庑甎级悉易以石”，整体工程历时四年。新宫告成后，“高闳广庭，有觉有闲，宫墙泮池，言言湜湜”。其间历经了费映奎、夏扶雍等二位县令，至乾隆二十二年（1757）冬十二月，仍有十分之二三工程因经费不足停工。乾隆二十三年（1758）二月，史扬继任。在京城临行前，镇平乡贤、在吏部主管选拔官员的长官黄观清专门会见了史扬，就学宫工程未竣要尽快把剩余工程完工一事嘱托他办好。史扬莅任后，谆劝绅士，欣然乐从，很快得以竣工。县令史扬、惠潮嘉道梁国治两人俱撰文《重修镇平县儒学碑记》记述此事。自始至终负责实施学宫重修工程的学博胡健，尽管工程未竣，却趁着广东学政吴鸿于乾隆二十二年冬按试嘉应州的难得机会，请他写了一篇《重修镇平县儒学碑记》。

吴鸿，浙江仁和人，乾隆十六年（1751）辛未科状元。他在文中写道：“嘉应之为州也，人文为岭南冠。州之属四，镇平为冠。邑虽小，以余所评，文章之士莫能过也。”吴鸿作为当时的省教育厅长，对镇平如此高的评价，自然有他的理据，而不会是信口开河。相传这个吴鸿在乾隆二十七年（1762），与钱大昕、王杰一起出任湖南乡试典试。应试者出场，人将试卷呈送吴鸿，吴鸿阅卷后对丁甡、丁正心、张德安、石鸿翥、陈圣清等五人的文章最为赏识，评说均应中试。说道：“此五卷失一，吾以后不复论文矣！”结果，五人皆名列前茅，丁甡果然第一。时人皆称其为“识士”，无不赞叹吴鸿有知人识事之明。

镇平学宫始建自崇祯六年（1633），到乾隆十九年（1754），历时一百二十一年，进行了五次重修。由此可以看出：历任镇平官员以兴学育才为己任；镇平士民崇文重教，勤奋好学；镇平的大夫士庶向善乐捐。故能由丛莽之地渐次濡化为“岭东邹鲁”“人文为岭南冠”。诚如吴鸿学政所云：“美哉！兹举有三善焉。胡君之勤，诸生知义，而邑之大夫士庶复能鼓舞，而迄于有成也。”

顺延着说下去，光绪二十一年（1895），镇平学宫又一次重修，这是第六次重修。重修后在大成殿前竖有一块《重修镇平学宫碑记》，碑高 0.8

米，长 1.79 米。碑现存放在县博物馆内。这次重修是署镇平县事补用知县、巴陵人方大甡发起募捐，邑人士林鹏举独力捐千金鼎成修复。作为历史资料，我把它抄录如下（原碑无标点，标点为写作者所加）：

重修镇平县学宫记碑

镇邑文庙创于前明，重修于国朝乾隆二十三年，迄今越百余年矣。光绪二十年夏，余承乏斯土，展谒之余，慨其□□倾颓，桴棼侈剥，梁阴载缺，绵蕞安施？匪特都人士之羞，抑亦守土者之责。爰集众谋所以缮修之。佥曰："然。"苦无费。林绅鹏举，邑中巨室也，乃手书敦劝之。林绅毅然捐白金千两，犹不敷，复多方劝捐以足之。以训导徐绅院麟、吴绅枚董其事，附生徐绅丁毛、世袭云骑尉徐绅世清监其工，而余自总其成。事上大府报可。经始于三月，落成于七月，费白金千两有奇。于是颓兴剥复，数仞焕然一新矣。

余维镇平一弹丸邑耳。其土瘠特甚。况议修时适值倭人渝盟，南北用兵，海内骚然。未几又值邻邑寇警，□□再动，居民多避，事起仓促，筹饷练兵，公私兼学，立几莫可谁何。而余提倡重修之志不少懈，卒之以贫瘠之县，当艰难之时，举百余年未举之要，工而成一旦，固赖诸绅之力为多。而林绅慨捐巨款克盛典，尤可谓富而好礼、慕义无穷者矣，是皆可嘉也。故书石而之，以示后人。

光绪二十一年、岁次乙未孟秋月上之吉日，花翎盐课司提举，衔署镇平县事补用知县，巴陵方大甡撰并书。

1949 年后，镇平学宫被改建为蕉岭县人民小学。1985 年 2 月，被公布为蕉岭县文物保护单位。

三十六　崇焕维新话学宫

封建王朝自北魏孝文帝太和初，下诏郡县各立学祀孔子，与周公并享。太和十三年（489）七月，"立孔子庙于京师"（《魏书·高祖记》），这是首次在京城设庙祭祀孔子。这一举措改变了祭祀孔子不出阙里的规矩，对后世祭孔有着重大影响。

唐武德二年（619），诏令国子学内设周公和孔子庙。周公为先圣，在庙内居中面南；孔子为先师，配祀于周公西侧而朝东。唐贞观二年（628），停祀周公，以孔子为先圣，颜渊为先师。唐贞观四年（630），唐太宗李世民诏令天下“县必有学，学必有庙”，诏令天下所有州县学校内皆须设立孔庙，从此便庙学不可分。建立在学校和书院里奉祀孔子的为学庙，因称“文宣王庙”而简称“文庙”。文庙是庙学合一的教化场所，主要是传播推行孔子的学说与思想，所谓“庙有学，所以传道也”（宋·杜德机《泾阳县重修孔子庙记》）。于是，有了全国性的文庙修建。唐开元十三年（725），再令天下各州、县设立孔子庙。学校建立祭祀孔子的庙宇，到明清时达到顶峰，清朝有一千七百四十多所。

中国古代教育体制最大的特点是庙学一体。或因庙而学，或因学而庙。文庙作为国家行政教育场所和祭孔的场所，一方面是学习儒家经典的官方学校，另一方面又是祭祀孔子的庙宇。

从明末清初起，广东地区的州、府、县的庙学多统称为“学宫”，因此学宫也就成了文庙的另一称呼。这种称呼，把文庙和儒学这两部分都包含进去。严格地说，学宫分为文庙和儒学两部分，其中文庙是祭祀儒家先贤的场所，儒学则是当时秀才们上课的地方。

文庙的平面布局不同于其他古建筑，它有着相对固定的布局形式。文庙按规制大都是坐北朝南的，以供奉孔子的大成殿为中心建筑，里面祭祀孔子、四配和十二哲。其他建筑沿中轴线及中轴线两侧分布。大成殿后面为崇圣祠，里面供奉着孔子的五世先祖。

大成殿前面有月台，月台前为一个院子，院子左右设东庑和西庑，里面供奉着自孔子以来到清代历史上著名的先贤先儒。

大成殿南为大戟门，或称戟门。要祭祀两庑中的先贤先儒和大成殿的孔子与四配十二哲，须从大成门进入。大成门东西两侧，建有名宦祠和乡贤祠。

大成门前面是泮池、棂星门和万仞宫墙照壁。泮池可在棂星门内或门外。

万仞宫墙照壁，是文庙特有的建筑称呼。它是一道墙，正中不开门户，是文庙最南面的建筑物。在万仞宫墙两边分别开有“礼门”和“仪路”，也有称“圣域”和“贤关”，是进出孔庙的门户。礼门和仪路，告诉人们进入孔庙要有礼仪；圣域和贤关，告诉人们进入此门便到了圣贤之所。虽然两者间含义有不同，但本义是一致的。

据康熙《镇平县志》卷一《舆地志·儒学》记载，镇平学宫在县署的西侧，与县署同时建于崇祯六年（1633），其用地也是贡生徐徽和生员徐惟础的宅居地捐出来的。到了顺治十三年（1656），知县薛世望第二次重修。为此，明通议大夫、吏部右侍郎兼翰林院编修、程乡县人李士淳专门写有《修镇平学宫碑记》记其事。又过了十六年，至康熙十一年（1672），知县程梦简在上任第二年即带头捐出俸银，对学宫作了大规模的更新扩建，泮池、宫墙已不再是过去的旧模样了。这是一个扩建学宫的工程，首先是生员徐一鉷，义举独先，竭力捐出原学宫前后左右的地方，用来廓建万仞宫墙。其次是典史冯士塄，负责统一指挥工程，要记上他的一笔辛勤功劳。具体到努力经营，施工节用材料、财务出入丝毫不苟，那应该算是名望极高的林捷了。学宫中尊经阁后面的地方，是生员张琸、张湞、张渭，儒童徐懋学等人所捐出的。他们慷慨捐出土地的事迹记载在尊经碑的背面。

学宫有学田。雍正元年（1723），绅士黄绍玉捐出一十一石七斗三升种田作学田，出租给人耕佃，收取租谷用作文武考生参加乡试的资助费用。县志还翔实地列出了这些出租学田的所在地，面积、租谷和应征纳租税数量。

知县程梦简主持了这次扩建工程，从而基本上奠定了镇平学宫的规模。建成大成殿一座，殿前为方台，方台下有拜亭，左右两边有过道。还有方台前院子左右的东庑和西庑。前面是戟门。戟门前为棂星门。棂星门前为泮池泮桥。棂星门内东为名宦祠，西为乡贤祠。学宫围墙的左侧门曰“圣域”，右侧门曰“贤关”。而此后的乾隆四十八年《镇平县志·学宫图》标示出的是左侧门为“腾蛟”，右侧门为“起凤”。腾蛟起凤源于唐代王勃《滕王阁序》中有“腾蛟起凤，孟学士之词宗”。又，《幼学琼林》中有“文名共仰，曰起凤腾蛟”，都是形容文章辞藻华丽，文采飞扬，犹如蛟龙凤凰腾空飞起，光彩夺目。在文庙门额上题“腾蛟”“起凤”，有文运昌盛之意，激励学人士子，要奋发读书，成为人中龙凤。前面是万仞宫墙。万仞宫墙外面有“玉闸安流”之水从城内流过，因而架设了一座桥，对着桥的直道竖起了一座牌坊，正面榜曰“岭东邹鲁”，而此后的乾隆镇平县志则记载为“岭东邹鲁，圣道中天”。

以上是学宫扩建属于文庙的部分。

学宫中的另一部分是儒学，它是作为文庙的配套建筑。儒学即学校，其布局形制也有一定的要求，但并不严格。儒学的核心建筑是明伦堂。明伦堂居中，前部左右设东厢和西厢房，堂后为尊经阁或藏书楼。

镇平学宫中属于儒学部分的有：大成殿后的明伦堂，明伦堂后面的尊经阁，还有尊经阁东面的启圣祠，启圣祠前面的儒学公署，以及尊经阁左边的射圃和祭器库，尊经阁前面两廊作为诸生上课习艺以及膳宿之地，共十间。中间是四贤书院。

镇平学宫经过一年时间的扩建重修，可说是“泮壁崇焕，丹垩维新”。县里仕绅耆老，都诚请县令程梦简把此事记下来。程梦简因而写下了《重修镇平县儒学碑记》。

三十七　大成殿祭孔子礼

康熙《镇平县志》卷一《舆地志·儒学》载：

儒学在县治西，为贡生徐徽、生员徐惟础义捐。崇祯六年，与县署并建。

顺治十三年，知县薛世望重修。

至康熙十一年，知县程梦简捐俸倡首，更为鼎新之，而泮壁非复旧观矣。然是役也，力捐前后左右之地以廓宫墙之规，则生员徐一铁义举独先；董率维勤，则典史冯士埒劳绩足纪；至力任经营、鸠工节用、出入丝毫不苟，善人林捷之功居多。其尊经阁后地，乃生员张瑸、张湞、张渭，儒童徐懋学所捐也。详在建尊经碑阴。

大成殿一座。

殿前为方台，下有拜亭。

左右为甬道。

东西为两庑。

前为戟门。

前为棂星门。

前为泮池、泮桥。知县程梦简濬造。

文庙中的大成殿是古代官员和读书人祭祀孔子和四配、十二哲的地方，所以大成殿是文庙中最重要的核心建筑。唐开元二十七年（739）八月，唐玄宗下诏追谥孔子为文宣王，因此文庙称为“文宣王庙”，祀孔子的大殿也被称为文宣王殿。北宋崇宁三年（1104），宋徽宗赵佶往太学谒孔子，取《孟子》“孔子之谓集大成”语，下诏将“文宣王殿”更名为“大成殿”，这位在书画上有着相当成就的皇帝亲笔书写了“大成殿”匾额，从此“文宣王殿”正式定名为“大成殿”。至今，在西子湖畔的杭州孔庙里可以看到北宋皇帝御笔石刻“大成之殿”。

何谓大成？古代称古乐一变为一成，九变为九成，至九成而乐终，称为大成。孟子说“孔子之谓集大成”，是说孔子集中了古今许多圣贤的思想精华，再经过创造升华变成了一种至高无上的理念，这就是集大成。据《杭州孔庙》说是宋理宗赵昀所写，但有人考证说是南宋高宗赵构的御笔。这是国内现存最早的大成殿石刻。

大成殿的建筑风格威仪肃穆。不管是地方文庙的大成殿，还是作为都城国庙的北京孔庙大成殿，都充分表达了对孔子和儒家学说的褒扬尊崇，因此也是所有古建筑语汇的集中展现。

在文庙中，以大成殿为代表的大屋顶建筑，如同皇宫、寺庙等其他所有中国古建筑一样，有着不同的等级。但无论是硬山式、悬山式、庑殿式、歇山式、攒尖式或其他形式，就其基本外形，从侧面看去就是一个“人”字。“人”字形组成的大屋顶，在建筑上隐喻着中国几千年的历史文化和社会的统一。

学宫中祭孔子，最初是孔子的塑像，至明嘉靖九年（1530），嘉靖帝下诏全国文庙“去塑像，立木主，罢封爵”，规定孔子牌位“高二尺三寸七分，阔四寸，厚七分，座高四寸，长七寸，厚三寸四分”，题曰“至圣先师孔子神位”。还有祭孔子的群弟子即四配十二哲。四配是在元至顺间确定为复圣公颜回、宗圣公曾参、述圣公孔伋、亚圣公孟轲。

十二哲最初为十哲。十哲出自《论语·先进篇》“从我于陈、蔡者”所提及的弟子颜渊、闵子骞、冉伯牛、仲弓、宰我、子贡、冉有、季路、子游、子夏。其后，颜子配享，补上曾子。清康熙五十一年（1712），曾子配享后，补上朱熹。一说补上子张，又嫌遗漏有若，两位皆属《论语》里的热门人物。最后补上子张、有若和朱熹，由“十哲”改为“十二哲”。值得一提的是朱熹，他是唯一不是与孔子同时代的人而升为十二哲的。朱熹（1130—1200），字元晦，出生于福建尤溪。朱熹发展了程颢和程颐关于理气关系的学说，集理学之大成。朱熹穷毕生精力著书育人，誉复白鹿洞书院，创建了武夷精舍、考亭书院等。

乾隆《镇平县志》卷三《典礼志》云：“国家久道化成，礼制大备，草野士民有尊君亲上之义焉，有登降进反之文焉，有砥砺廉隅之乐焉。镇虽僻处边徼，亦蒸蒸丕变矣。至若宰官之职，每岁遵行，例有成宪。岂曰僻小之邑礼制遂有殊乎！谨遵依《大清会典》述《典礼》，而凡名宦、乡贤、节孝各事绩，皆类志之，亦以彰崇报之实，非等诸淫祀云尔。”其中，对文庙的“秩祀”有专门的记载，对仪式、参祭人员的要求有具体的记述，对祭品、祭器亦有详细的罗列，同时还记载下了乾隆三十六年（1771）颁行的《会典》中有关祭祀过程中，不同阶段吹奏的六首“乐章”歌词的内容，对于我们了解当时祭祀的情形仍有一定价值。

三十八　思乐泮水说泮宫

依古代礼制，天子太学中央有一座学宫，称为“辟雍”。四周环水，而诸侯之学只能南面泮水，故称“泮宫”。又因孔子曾受封为文宣王，所以建“泮池”为其规制。《诗经·泮水》篇有“思乐泮水，薄采其芹……”

等句，意指古时士子在太学，可摘采泮池中的水芹，插在帽沿上，以示文才。有的孔庙在池畔砖壁中央嵌着“思乐泮水”的石刻，便是出自这个典故。

说到泮池，还要先说到泮水。泮水是春秋时发源于泰山西北谷，东南流经泰安县，又东南流入大汶河的一条河流。留存下来的泮水称为“古泮池”，位于曲阜孔庙东南不远处，为东西长、南北短的矩形水池。

“泮池”又称“泮宫”，是位于大成门正前方的半月形水池，意即“泮宫之池”。古代“诸侯不得观四方，故缺东以南，半天子之学，故曰泮宫”。它是地方官学的标志，也是文庙区别于其他庙坛的特色建筑之一。泮宫，就是后来天下郡县文庙学宫的前身了。

中国的教育制度化，开始得比较早。《孟子·滕文公上》中说：“设为庠序学校以教之；庠者养也，校者教也，序者射也；夏曰校，殷曰序，周曰庠，学则三代共之：皆所以明人伦也。”这是说，庠是养老的地方，是敬养老人、以孝为主的教育场所；校是习武的地方；序是习射的场所。到了西周时，国家已经建立了完备的教育制度。《礼记·学记》中说：“家有塾，党有庠，术有序，国有学。”这是说中央有国学，地方有乡学，家族还有私塾。国家的最高学府，在商周时称为太学。太学的说法，最早出现在甲骨文上。国家的最高学府在周代又称为辟雍。现在可以看到的是北京国子监清朝乾隆时修建的辟雍。春秋时期的鲁僖公，公元前 659 至公元前 627 年在位时，兴学养士，并在泮水边建学宫，因此称为泮宫。各诸侯国纷纷仿效，凿泮池，修泮学宫，作为本国的学校。在文庙中修泮池，就是受了当时鲁国泮水的影响。《白虎通·辟雍》认为：“天子立辟雍何？所以行礼乐、宣德化也。辟者璧也，象璧圆，又以法天；于雍水侧，象教化流行也。辟之为言积也，积天下之道德也；雍之为言壅也，壅天下之残贼。故谓之辟雍也……诸侯曰泮宫者，半于天子宫也，明尊卑有差，所化少也。”随着孔子思想的传播，泮水和泮宫，逐渐成了教育与文化传承的象征和代名词。现在所能查到的文献资料中，除了鲁国的泮宫外，最早出现的泮宫是在东汉末年由曹操修建的，“(建安二十二年)五月，作泮宫”(《魏书·武帝纪》)。

到了明代，文庙中的泮池开始规范和普及。因为天子讲学的辟雍四周是圆形的水池，诸侯国以下的文庙就只能修筑半圆形的泮池与之区别等级，原有方形泮池也要改为半圆形的。泮池上一般都有纵跨的半圆弧形的石桥，或拱或平，或三座三洞，或单座多洞不等，被称为“泮桥”，也称作“圜桥”，又称“登瀛桥”“登云桥”，意为平步青云。民间百姓则直称“状元桥”，如果是三座桥并立，那两侧的就是榜眼、探花桥。镇平学宫的泮桥为一座三洞的，桥面望头柱上饰有棱角。泮池围栏有 16 条石柱。泮池中栽种莲花，养殖着金鱼。

古代生员入学第一天，要由所在地方官领着绕泮池一圈，称为“游泮”；然后学生过桥去拜孔子，称为“入泮”。现在有些地方开始恢复游泮的传统，但有所不同。以往是童生考中秀才后的入学游泮，现在是学童进入小学举行开笔礼时举行游泮仪式。

三十九　文石光耀棂星门

文庙的棂星门，是文庙中轴线上的牌坊或牌楼式石结构、木结构或石木结构的建筑，位于泮池前后。这是文庙特有的建筑形式，使文庙显得更为庄严。到了明代，文庙中设棂星门已成规制。

有关棂星门的说法，是从皇帝祭祀天上的灵星开始演化的。灵星，又称龙星，其左角为天田，故又称为天田星。《通典・礼四》中记载：“周制，仲秋之月，祭灵星于国之东南。”古人认为灵星是主宰谷物的。中国古代的哲学思想认为人事只是天意的体现，天意支配人事。日月星辰与人间事物有一一对应的关系。所以上至帝王，下至百姓，只要人事不顺，就祭祀上天以寻求保佑；人事顺利也要祭祀上天以报功致谢。老百姓家里供有灶王爷，过年时都要用甜甜的麦芽糖供奉他，让他上天言好事。一国之君的皇帝，要祭祀上天的事情就更多了，灵星只是其一。《后汉书》中有记载说：“汉高祖祭天祈年，命祀天田星。”北宋天圣六年（1028），都城南郊筑天坛时，其祭坦置棂星门。现在能看到用于祭天地日月的棂星门，是清代遗存下来的天坛、地坛、日坛和月坛。

最早的棂星门是木制窗棂的。因为棂星门是身份地位的象征，所以后来的寺庙道观、陵墓等庄重的场所，都开始建造棂星门。棂星门成了礼制上的一种重要建筑形式，有木栅门和窗棂与否并不显得重要。大多数的棂星门都是没有栅门的。有些文庙中的"欞星門"三个字，是临摹乾隆的字。"欞"字在下面原本有"巫"字的，因乾隆帝认为孔子一生敬鬼神而远之，"子不语怪力乱神"，所以在书写时去掉"巫"而写作"櫺"。

还有一种附会说棂星是天上的天镇星，"天镇星主得士之庆，其精下为灵星之神"。棂星门的设立，意即孔子是天上棂星下凡主管人间教化。

而黄香铁在《石窟一征》卷二《教养一》中则认为："《史记·封禅书》曰：'棂星，天田星也。苍龙左角为天田星，主谷土者，以教养为职，养先于教，故以此名门。'又，棂字，取疏通之义，凡坛壝皆用之。孔子以人鬼庙祀，而亦曰'棂星门'者，是神明孔子与天神地祇并重也。"[①]在黄香铁看来，孔子本来是人，而变成了神，把他庙祀，是和天神地祇一样看重了。

有意思的是程梦简在重修镇平学宫建造棂星门时，还发生了一件非常奇异的事情。程梦简因此写下《文石歌》用来记录此事。其《文石歌》也被收录在乾隆《镇平县志》卷六《艺文志·诗》中，现抄录如下：

甲寅元日天气清，千山万山如列屏。
山中主人卷书坐，叩门声急侧耳听。
闻昨南山伐片石，去城十里凌公坑。
此石高不盈四尺，取材将欲营棂星。
石工刀锯未及下，两两划开精气腾。
中间花草自迸露，枝枝叶叶胜写生。
我闻此语未深信，见之方信语有征。
旁人一一手指示，如有兰茝杂杜衡。
犹恐肤色易伪作，洗剔再四逾分明。

① 黄钊纂修《石窟一征》，《广东历代方志集成》第40册，岭南美术出版社，2009年，第223页。

诸生向我重叹息，天运已转地自灵。
昔年兵气暗闾里，千村冷落无人行。
祲戾渐消瑞应至，文章大块先舒呈。
我昔曾闻女娲氏，炼石用补东南倾。
又闻星精能化石，支机奇幻难为名。
五行互用本一物，精华隐现无常形。
纪之外史涉荒诞，置之泮壁匪窅冥。
周宣石鼓在太学，宝贵无异传石经。
天地无文亦无字，神工惨淡劳经营。
阅世应有物呵护，作歌纪事当勒铭。
为问作歌者谁子？江南钝翁县令程。

诗的大意是：甲寅年开年第一天，天气晴和，千山耸立，有如屏风。我正手里拿着书本，待在衙斋中闲坐观物。忽然，听到了一阵紧急的敲门声。随后来人告诉我，前些时派人到离城十里的凌公坑去采伐石材，没想到得到一块大石料，高不满四尺，准备开采来作建造棂星门的石柱子。刚刚把石头对半剖开，但见那石块质地特别晶莹润泽，一派氤氲积聚的阴阳精灵之气便升腾出来。石头中间的花色纹路十分像花草，茂盛排列，枝叶摇曳，比画的还要生动逼真。我听到来人说的话当然不敢贸然深信，便亲自赶到现场去，看到石头后才相信来人说的话一点也不假。周围的人一一地在用手比画着，说这像兰茝、像杜衡等香草。我还担心会不会有人故意弄虚作假，叫人挑来水反复冲刷洗涤，愈见晶莹剔透。县学生员不停地称赞说，天行健运，地见灵秀，于今精华呈现，是文明吉祥的好兆头。当年“五总之乱”把镇平的村闾搞得一塌糊涂，万户萧疏，路无行人。幸好妖氛戾气渐渐地消失，祥瑞应运而至，大自然锦绣般美好的景色已经舒展呈现。

以上是当时事情的经过，说明是程梦简的亲身见闻，不是虚假信息。此后，程梦简借题联想生发其见解。程梦简说，过去听说有天缺西北，地不满东南，女娲炼五色石补之；又传说星的灵气化成天上织女用以支撑织布机的石头。这样的事情真假有无，很难说得清楚。天地中五行本来就是一种物质，其精神元气时隐时现，没有一定的形态。这件事如果记录在野史、杂史上，就会涉及到荒诞不经；如果把石头置放在泮壁边上就不会显得幽暗。周宣王的石鼓文就保存于京城的孔庙中，非常珍贵，无异于石刻的经文。如果天地间不存在文字，那么，神人费再大的力气也只能是徒劳无功。程梦简认为，传世之物应当好好地保护它，所以他写下了长诗来记述此事，并希望勒于金石。程梦简最后一联以反诘设问：作歌记事的人是谁呢？于是，他交代了其身份籍贯姓氏名号来作结。

四十　万仞宫墙意何为

万仞宫墙，是文庙特有的建筑称呼，它作为文庙标志性建筑之一，有着深刻的文化含义，意为孔子的道德学问有万仞之高，不入其门非一般人所能理解。大红的宫墙，有檐有顶，人从其下走过，顿起肃穆之心、敬仰之情。也许是这“万仞宫墙”的原因，南方人把文庙作“学宫”。

在文庙的建筑格局中，它通常与围墙合而为一，成了真正的宫墙。万仞宫墙是孔庙最南面的建筑物，其位置是在中轴线上棂星门外，这是一道墙，正中不开门户。《礼记》中说：“圣人修义之柄、礼之序，以治人情。”以警示人们的行为要合礼仪准则。因此，在万仞宫墙两边分别开有礼门和仪路，是进出孔庙的门户。

“万仞宫墙”，其名源于《论语·子张》：“叔孙武叔语大夫于朝，曰：‘子贡贤于仲尼。’子服景伯以告子贡。子贡曰：‘譬之宫墙，赐之墙也及肩，窥见室家之好。夫子之墙数仞，不得其门而入，不见宗庙之美、百官之富。得其门者或寡矣。夫子之云，不亦宜乎！’”

这段话中的叔孙武叔，名州仇，是鲁国大夫，鲁国的三桓之一。他和孔子过不去，不是诋毁孔子就是挑拨师生关系。叔孙武叔在朝廷上告诉其他人说，子贡比他老师孔尼要好。文中的赐，即端木赐，字子贡，孔子的著名弟子。另一个鲁国的大夫，叫子服景伯，把叔孙武孙的话告诉了子贡。

子贡就说了这段话，用宫墙来打个比方，我端木赐家的墙只有肩膀那么高，可以看到我家室之好。老师孔子家的墙有数仞高，找不到进去的门，就看不见美好的宗庙和众多的房屋。能找到门的人或许很少吧。叔孙武叔是找不到夫子家门的，他说这样的话很自然。

子贡把孔子的学问之道比作有数仞之高，古时七尺为一仞，后世的人觉得数仞还是不够高，就用万仞来作比喻，更能说明孔子的道德学问之高，以此表达对孔子的敬仰之情。

“万仞宫墙”一开始并非文庙的规定形制。它起源于曲阜孔庙的“宫墙万仞”。明嘉靖十一年（1532），山东巡抚胡瓒宗题写了“宫墙万仞”，镶在曲阜孔庙的仰圣门上。到了清代，乾隆帝喜欢到处题字，到孔庙朝圣时，就把胡瓒宗写的“宫墙万仞”改成了“万仞宫墙”。或许他觉得巡抚的级别太低，由他皇帝来题写，当然就把其地位提高到了无以复加的地步。

乾隆题写的是“万仞宫墙”，但四川渠县的文庙却题作“宫墙万仞”，四川富顺文庙又题作“数仞宫墙”，贵州安顺文庙则为“宫墙数仞”，台湾屏东孔庙亦题为“九仞宫墙”。四川安岳文庙的“万仞宫墙”，是一堵棂星门前的影壁，题字很小，仅占墙中央很小的位置，且“萬”中间没有一点，据说要当地出了状元后，才能由状元推倒该墙，然后重建万仞宫墙。其实，不论是“万仞”，抑或是“九仞”，还是“数仞”，其中的“万”“九”“数”，在古汉语词中都有假借为是数之大者、多的意义。

不同地区文庙的万仞宫墙，题写者不同，文字风格也不一样。四川犍为文庙初建于明洪武初年，现存文庙经明清两代多次修葺而成如今的规模。犍为文庙的万仞宫墙，中间四个楷书繁体大字“万仞宫墙”，为清嘉庆十八年（1813），由县令王梦庚加筑，以全庙制。清咸丰元年（1851），县令杨炳呈重修万仞宫墙。宫墙砌就时，杨县令去京城同乡求字，同乡笑着说，干吗要舍近求远呢？犍为最出名的书法大家彭山就在你那儿。杨县令回去一问，彭山却正因灾开仓放粮获罪等着秋后斩处。于是，好言好语地把彭山请出监牢。彭山在宫墙上挥起大毫写就“万仞宫墙”。知县仔细一看，“宫”字头上少一点呢。就和彭山说，宫字没头呢。彭山笑道，我的头还不知保不保呢，管它宫字有头无头。杨县令一听明白了，立即宣他无罪。彭山拈起衙役头上的毡帽，沾上浓浓墨汁，飞起一脚，正好点在宫字上面，围观众人连声称好。彭山隐入人群，悄然而去。

四十一　器在道存说祭器

镇平在置县筑城建署之时，一并建起了学宫，以及朝廷规定地方政府在建官署时，要纳入建筑的项目并要举行祭祀的祠坛，如社稷坛、山川坛、厉坛、城隍庙等。由于当时的客观原因，如时间仓促、项目众多、经费拮据等，大多因陋就简急于应付支撑起来，内部的设施还比较欠缺。诚如程梦简在扩建学宫时发现的那样，尊经阁建起来需要购置大量的书籍，典制里面规定必须有的一些祭器也是需要一一置备。他就曾指出："至于春秋祭用瓦缶，典制之缺，莫此为甚，故祭器亦将次第求备焉。"

古人在祭祀时十分注重"秩祀"。秩，指有条理、不混乱；祀，祭祀。所以秩祀是指依礼分等级举行的祭祀。《孔丛子·论书》："孔子曰：'高山五岳定其差，秩祀所视焉。'"指的就是对高山五岳的祭祀要依据礼制分等级举行祭祀。在学宫内每年都要举行春秋两次祭祀孔子的典礼和祭名宦、乡贤的典礼。此外，还有社稷坛、神祇坛、关武庙、厉坛、节孝祠之祭。在祭祀典礼上，要有帛、牛、羊、猪等祭品，这些祭品又需要一定器皿如登、铏、豆、笾、簠、簋等盛放，即祭器。祭祀有严格的典制。典制除了有规定的仪式外，使用的祭品、祭器及其数量、形制亦有相应的规定。古人把祭祀看成是一项非常严肃认真的事情。《论语·八佾》云："祭如在，祭神如神在。"意思是说，参加祭祀的人应当在内心有虔诚的情感。祭祀祖先时，好像祖先真的在面前；祭神的时候，好像神真的在面前。

虽然程梦简发现用于祭祀的祭器仍然缺失，说要赶紧置备。但要购置这些器具，是需要真金白银的。也许是他手头紧，直到他离任时，也没有配备好。所以，当康熙二十年（1681），浙江嘉善人、顺治朝进士的孙鉥，以潮州通判身份暂时代理镇平县令时，发现了这个问题，并且把此事看得非常重大，认为"祭器不备为守土之责，固儒吏者之所为哉"，所以他自捐薪俸按规制以铜易锡置备了一整套的祭器。孙到镇平代摄县事的时间、任期，在乾隆志上只字未有记载。我们只是在乾隆《镇平县志》卷六《艺文志·记》中见到他的《新制镇平县儒学祭器记》一文。假若没有这篇文章，我们也不可能知道有这么一个人曾来代理过县令。

孙代县令刚一莅任，时值文庙春季祭祀，他召集县里的学生问道："镇平经过了几次盗贼作乱，祭器都应该保存完好，没有缺失吧？"学生们听过问话后，竟然一脸茫然，不知怎么回答。他只好再次盘问，学生却回答说："自从割平远、程乡而置镇平开始，就没有听说过祭器的事，并非因为盗贼作乱的罪过呀！"于是，这个孙代理县令就发出了一番叹息和议论。

孙銶认为，唐朝的刘蜕谈到"乡饮酒礼"时，就曾批评那些过于随便简略、重复的礼仪，没有真正尊敬长辈、尊敬身份地位高的人等徒有表面形式的现象，并且为这样的世道而担忧。他认为举行郑重的仪式莫过于祭祀，而祭祀又莫过于祭孔子。他强调"器也，而道存焉。尔博士弟子，毋以器视器也。"为什么孙銶会如此重视祭器呢，同时又把"祭器"的"器"和"道"扯在一起呢，而且还特别告诫弟子们不能把祭器仅仅看作是一种器具呢？

原来，"道"和"器"是中国古代的一对哲学范畴。"道"是无形象的，含有规律和准则的意义；"器"是指具体事物或名物制度，是有形象的。道器关系实即抽象道理与具体事物的关系，也就是相当于精神与物质的关系；器是物质，而道是意识。世界是由物质组成的，意识是物质的体现，没有物质就没有意识。《易·系辞上》："形而上者谓之道，形而下者谓之器。"老子提出："朴（道）散则为器。"认为"道"在"器"先。"器"是指具体的事物，"道"是指抽象的一般道理、原则。宋朝以后，对道器关系的不同见解表现为唯物主义和唯心主义的争论。程颐、朱熹等认为"道"超越于"器"之上。朱熹在《答黄道夫》一文中说："理也者，行而上之道也，生物之本也；气也者，行而下之器也，生物之具也。"把"道"和"理"作为维护封建伦理的理论根据。明清之际的王夫之则认为世界上真正存在的只有具体的事物即"器"，"道"即事物的规律则存在于具体的事物之中；没有"器"就没有"道"。"道"不能离开"器"而存在，提出了

“无其器则无其道”的命题。

孙代县令为镇平置备了祭器，他希望人们看到祭器，无论坐卧餐饭，都能想见到先贤的影子，念念不忘先贤。众弟子请他写一篇《记》。于是，他觉得学宫里置备了祭器这件事情要写下来，就好像《考工记》补齐了《周礼·冬官》一样，使之完整无缺了。《考工记》一书是中国先秦时期关于手工艺的专著，作者不详。据传《周礼》原名《周官》，由“天官”“地官”“春官”“夏官”“秋官”“冬官”六篇组成。西汉时，“冬官”篇佚缺，河间献王刘德便取《考工记》补入，作为《周礼》的一部分。刘歆校书编排时改《周官》为《周礼》，故《考工记》又称《周礼·考工记》或《周礼·冬官考工记》。

四十二　科举考试三关考

科举制度作为中国古代社会的选官制度，具有选举上的公开性、程序上的公正性及确保社会精英的有序流动等优点。从隋朝建立科举制度到宋代科举实现制度化、社会化，封建王朝对科举制度的修补与增益就没有间断过，直至它基本符合朝廷与广大士子的切身要求，被历代统治者沿袭并进一步加以严格、细化。

自隋朝首开科举考试作为一种取士制度以来，这一以读书考试录用人才的方式，让许多出身底层的有志之士，通过读书求取功名，从而赢得参与国政的机会。科举制度至唐而盛，这是对魏晋以来九品中正制的否定。追溯汉至六朝，察举制的弊端在汉代就已完全显露。东汉后期左雄建议：无论是贤良对策还是孝廉方正，都应在被荐出后再行考试加以甄别。自此，以考试为手段的选才方式就被沿袭下来。魏晋时期的九品中正制是乱世时期一种变通的选才权宜之法，但当国家安定统一之后，它很快便暴露出极大的不足。因此，隋唐时期逐渐废除了“长官察举”这一环节，实行完全公开、由各地人民自量智能、自由呈报、径由政府考试录用的科举制度。从此，选举制正式转变为考试制。如果说汉代是中国历史上考试制度的先行时期，那么隋唐就是中国历史上考试制度的确立时期。

乾隆《镇平县志》卷五《人物志·科贡》载：

科贡之制，祀先师以崇矩范，辟黉舍以聚生徒，时肄习以广术业，勤迪训以储人材。立考校之期限，慎教职之考核。岁科两试，知县考县学童生，申于州；州考录之而申于学政；学政考其秀者入学，曰“附学生员”。镇邑原额八名。康熙六十年，学政惠士奇题准加额四名，武童例入八名。

凡生员各治一经，学官月课，季有考，别其等以报学政。学政考取其最优者，食饩于官，曰“廪膳生员”。次优者别于附学，曰“增广生员”，如廪生之数。

每十二年，学政于科试后，考其文行兼优者会抚院复试。疏请贡入成均，曰“选拔贡生”，县各一人，赴部廷试一二等者，简选引见录用，余皆送国子监肄业。乡试中副榜者，曰“副贡生”，升入太学与选拔贡生同食饩。年久以次贡入成均者，曰“岁贡生”。三岁一人，恭遇覃恩以正贡作恩贡，与选拔副贡同，即与需次待贡者为“岁贡生”。

学政三年试竣于所报优生中，择廪增附之尤者，送部考试，准作贡生，曰“优贡”。附学及武生，准作监生。诸生有从军功，准作贡生者，曰“功贡生”，与优贡生均视岁贡。

又有荫监生及纳粟准贡生、监生者，皆得入国子监肄业。

据商衍鎏对清代科举考试的研究，清代科举制度沿袭明朝制度，但具体情况又稍有不同。清代入仕分正途科目和异途捐纳两种途径。正途科目按级别程度可由低到高排列为童生、秀才、举人、进士。读书人要取得功名，需经过初级阶段考、乡试、会试等三关考试。

所谓“童生”，明清时称尚未通过初级阶段考试，或没有考取到秀才资格的读书人。也就是说，凡没有取得县学、州学、府学学生资格，应考生员之试者，不论年龄大小，通称为童生或文童、儒童。因而童生可以是儿童、青壮年，也可以是白发苍苍的老年人。有的童生因多次未能通过考试，年龄又偏大了些，便被称为“老童生”。即尚未通过初级阶段的考试，也即尚未取得县、府学生员的读书士子被称作“童生”。童生的来源渠道主要有：来自乡一级机构主办的学校“里塾”，同一个村庄或几个村庄民众集资开办的“村塾”，大户人家个人出资开办的学校“私塾”。

只有通过了“童试”，包括本省的县试、府试、院试三级、三个环节组成的考试，考中者为生员，即俗称的“秀才”，文章中则常称为“诸生”。顺治时，县、府试有一定的取额，照入学名额，县考取二倍，府考取一倍，以送院考。

县试，一般被称为“童子试”，或“童试”，或“小试”，是科举制度中最初级的考试，由县官衙门组织的统一考试。所有学子无论年龄大小，都得参加这一考试。童生须由廪保方可入县试考场考试。童生需向本县署礼房报名，填写姓名，籍贯，年岁，父母、祖父母、曾祖父母三代的存殁，已仕、未仕之履历，出继者兼写本生三代，取具同考五人互结，保其实无冒籍、匿丧、顶替、假捏姓名。身家清白、非优倡皂隶之子孙，方准应考。初考的县试开考时间多在二月份进行。考试合格按学额录取的童生，集体入县衙举办的学校学习，称之为“庠生”“邑庠生”或“县学生”，名列前茅的可以获得朝廷给予的官粮补贴，即“廪米”，获得廪米的县学生被称为“廪生”或“邑廪生”，算是吃上“皇粮”了，很有面子。

府试，又称“州试”。因不同朝代行政机构设置和称谓不同，又称“郡试”。是比县高一级的官府组织的考试，通过了县试的考生才有资格参加。府试合格的考生，取得了参加院试的资格，并集体进入府衙举办的学校集中学习，也被称为“庠生”“郡（府、州）庠生”或“府学生”，有时也称“序生”或“郡序生”；名列前茅者获得朝廷“廪米”，叫作“府廪生”或“郡廪生”。

院试，即学政考试，是由省一级的学政衙门组织的考试，相当于如今省教育厅组织的考试，府试合格者才能参加。这次考试的优秀者，可以被推荐直接进入国子学、太学或贡院集中学习，成为其他学子羡慕的“国学生”“太学生”或“贡生”。

童生于县、府试后接考院试。府试时，因故未考者，补考一场；县、府两试均未考者，则补两场，皆可准许应院试。院试取进后，府、县须解送提调考生县、府试的正场试卷，并核对与院试试卷是否相符，以防舞弊。

县、府、院试，都是官府举办的初级阶段的考试，也是学子一生中的重要考试，是他们晋身的必由之路。县、府、院三级考试都合格的考生，统称为“生员”，俗称“秀才”，也叫“相公”。通过了县、府、院试者，方才取得生员资格。秀才不仅可以在科举、仕途上有进一步上升的机会，而且在地方上具有一般人所没有的权益。封建时代规定，秀才可以免除差役、徭役，见到知县可以不下跪，地方官员不能随意对其用刑，等等。因为秀才“知书识礼”“博学多闻”，成为民间活跃的特殊阶层，在普通老百姓当中享有很高的威望，受到相当的尊重，因此他们在老百姓与官府之间，起着桥梁和纽带的作用。很多秀才虽然一生都未能考取更高的功名，只能以开私塾教书或给官员们做幕僚等方法为生，但他们往往因为性格耿直、敢于为民说话而受到百姓的拥戴与赞誉。

明清两朝都有学制。所谓“学制”，就是规定官学学生的学额具体人数。而每县学额的多少，以文风高下、钱粮丁口的多寡为标准，分为大、中、小学。顺治四年（1647），定大学四十名，中学三十名，小学二十名。恩诏、巡幸等广额是临时性的。恩诏指皇帝登极或逢其整岁生日对各地学额有所增加；巡幸是仅就经过地方，如东巡、南巡、谒陵等，从四五名至一、二、三名，以大、中、小学的差别而增广不同的生员数额。

康熙八年（1669），又定州府学二十名，大学十五名，中学十二名，小学七八名。

明代没有武学考试，到了清代，武学也有了具体学额。顺治初，武生童依文生童例。督学三年一岁考，取进无定额。附文童教官管理其事宜，无科考。顺治九年（1652），令直省武童，该督抚提镇，于本省就近副参游内，委谙练骑射者一员，会同学道考取。

康熙十年（1671），题定武童进学府。州学二十名，大学十五名，中学十二名，小学七八名。十四年（1675），题定学道考试武童，不必会同地方武职官。乾隆七年（1742），礼部会同九卿议复准：武童三年一岁考，武生三年一乡试。本县武童入学，清初额定八名。道光时，十三名。光绪元年（1875），增至二十名。

镇平属小县，文科学额仅为八名。为此，康熙六十年（1721）任镇平知县的魏燕超以镇平文风日盛为由，具文呈请广东学政惠士奇题准，镇平由小学改为中学，加额四名，武童例入八名。此举额外开恩，学路广开，霑溉学人，让吃皇粮的员额一下子增加一半，是惠泽镇平的大好事。迄光绪初，又增加二名。

生员有增、附、监等的区分。清代廪、增生员皆有定额。廪生岁发饩银四两，在本府、州、县儒学署领，故曰“廪保”，亦曰“廪膳生”。“增生”则既无廪米亦无职责，名额略与廪生相等。“监生”则是在国子监内肄业诸生的称号，选入国子监读书的监生，多由学政考取，并荐入太学，这也是走向科举的重要一途。

取得生员资格者以后，接下来是准备参加“乡试”。所谓“乡试”，有时也叫“省试”或“解试”。是指省一级的考试，一般称作“乡试”。考取者称作“举人”，即乡试举人。乡试考取第一名的，被称为“解元”，故而也将乡试称作“解试”。这是诸多科举考试环节中最难的一环。因为秀才与举人的录取比率，平均来说是 60∶1，但参加考试人数增多或对于文化水平较发达的地区，比如文化教育水平相对较高的江南、浙江等地区，应考的生员人数较多，但地区名额有限，考试竞争就更加激烈，其中举的比率相对来说就更低，甚至达到 100∶1 以上。在科举时代，考中了举人，即取得了做官的资格，可以直接做官；也取得了参加会试的资格，有机会考取进士，取得更大发展；有的可能被直接选送到国子监或国子学、太学去学习成为一名“国学生”或“太学生”，同时取得朝廷给予的俸禄。乡试能够让普通的学子在一夜之间由贫门而变成豪门，所以它就成为诸多学子一生追求的目标。考取乡举是光耀门庭的荣事，但与考取进士相比，乡举还要差一些。各省乡试皆在省城举行。乡试三年为一科，子、午、卯、酉年为正科，遇万寿登极或庆典加科者曰恩科。乡试共分三场，考期于八月举行，以初九日为第一场正场，十二日为第二场正场，十五日为第三场正场。正场前一日（初八日、十一、十四），考生进入贡院，寻找自己的号舍，安置必需之物并接受必要的检查，直至第二天落午试毕，交卷出场。

进士是清代士子出仕的唯一正途。清代科目规定，举人会试中式者曰

“贡士”，经过殿试方始称“进士”。举人须在京城应进士之试，此为“会试”，乃“集中会考”之意。殿试特优者为第一甲前三名，被授予状元、榜眼、探花称号，赐进士及第。第一甲第一名授职翰林院修撰，第二、第三名授予翰林院编修。

有清一代，镇平中式文举人七十七名，武举人二十六名。举人应会试而登科第者，文进士十三名，武进士九名。

四十三　科举考试怎么考

乾隆《镇平县志》卷五《人物志·科贡》载：

其在籍者，听约束于州县官、三年宾兴由学政录科，送之乡试。

童生试：书一、经一、诗一。

生员岁试：书一、经一、诗一。科试书一、策一、诗一。

制义惟取理解精醇，格律雅正。书惟奉读颁行《御纂经解》《性理》《诗》《古文辞》。钦定《四书》文及校订《十三经》《二十二史》《三通》等书。有传习非圣之书者，黜之；读塾师讲章、时文及坊刻滥恶书文与流览淫词小说者，禁之。

童生阶段的初级考试由“县试—府试（直隶、州、厅试同）—院试”三个环节组成。童试三年两考，丑、未、辰、戌年为岁考；寅、申、巳、亥年为科考。未通过者可再考，俗称“小考”，亦称“小试”。顺治时，县、府试有一定的取额，照入学名额，县考取二倍，府考取一倍，以送院考。

在清代，县试一般共试五场，也有试四场或六场的。所考内容为：四书文一篇或两篇；五言六韵或八韵试帖诗一首；性理论或孝经论一篇；默写《圣谕广训》约百字；律赋一篇。前四场试毕，考生人数逐场减少。第五场终结，拆大号，将由第一场起所有应试童生姓名，全数排列发案，谓之长案，取列第一名者为县案首，院试时即依凭此据，取以入学。

学政到任第一年为岁考，第二年为科考，凡府、州、县中的附生、增生、廪生，皆须应考。岁考为学政主试，限十二月考完；科考为送乡试之考试。每个生员必须应岁考，如有欠考者勒限补行；欠考三次者，黜革。附生入学已三十年或年届七旬，或患笃疾者，可准许其免岁试，但不准应乡试。岁、科试题目，清初均为四书文二篇，经文一篇。乾隆二十三年（1758），改岁试为四书文一篇，经文一篇，五言八韵试帖诗一首，默写《圣谕广训》一则；科试四书文一篇，策一道，五言八韵试帖诗一首，默经一段，默写《圣谕广训》一二百字。此后沿袭，直至废除科举。

童生于县、府试后接考院试。府试因故未考者，补考一场。县、府两试均未考者，补考两场，皆可准许应院考。童生正场前先考经古一场，经古题初为经解、史论、诗赋；正场为四书文二篇、五言六韵试帖诗一首。仍有复试一场，即谓之“大复”，题目是四书文一篇、经文即《易经》《诗经》《书经》《春秋左氏传》《礼记》一篇、五言六韵诗一首，并默《圣谕广训》一二百字，经文可不作。

清代科举考试题目以八股文为主。明初以经义试士，不过敷衍传注，或散或偶，并无定式。明成化以后，经义文始定八股。清沿明制，仍用八股文，谓之“制义”，亦曰“制艺”“时文”“时艺”，或称为“四书文经文”。所谓“制义”，即八股文。《明史·选举志二》：“其文略仿宋经义，然代古人语气为之，体用排偶，谓之八股，通谓之制义。” 吴晗《朱元璋传》第五章：“科举各级考试，专用《四书》《五经》出题。文体略仿宋经义，但要用古人思想行文，并且只能根据几家指定的注疏发挥，绝对不许有自己的见解。格式排偶，叫作制义。”顺治二年（1645），颁科场条例，规定第一场试时文七篇，其中四书三题，五经四题，合成七艺。第二场试论一篇，题用《孝经》，判五道，诏、表择作一道。第三场试经史、时务、策五道。乾隆五十二年（1787），高宗命自明岁（戊申年，1788）乡试起，废专经，定首场四书文三篇，五言八韵诗一首。四书题沿用前代定例，在《论语》《大学》《中庸》《孟子》中分出三题；第二场经文五篇，题用《易》《书》《诗》《春秋》《礼记》；第三场策问五道，题用经史、时务、政治。此为后世沿袭不改。前两场考试四书五经，意在用经书阐发圣贤微言大义，以观觇考生心术；第三场用策论，则是考查考生通达古今变化的能力与才华。

三场自有其侧重点，应一同重视。但实际上考官与士子心目中所重的只在第一场，而第一场中又尤其重视八股制艺，只有那些考取前列的，才能真正做到三场兼优。当然，如果教官重视实学，那么第二、第三场中草率为文者，同样不会被录取。

康熙四十九年（1710），谕考试武生武童，用弓、石、马、箭、刀，并论两篇。第一篇，用《论语》《孟子》题。第二篇，出孙子、吴子、司马、法题。其乡、会试，原作论一篇、策二篇。今亦照此例出论题二篇、作论二篇，外作策一篇。

试文题目写作均有定式，不得违犯。考试初场四书文原定每篇五百五十字，康熙二十年（1681）增百字。乾隆四十三年（1778），规定乡试、会试四书文篇限七百字为准，违者不录，二场经文亦同。试文皆要点句钩股，书法工整。

由于考试范围被限定，题目自然不断重复。这种以八股考试为科举取士的制度，因实施日久而积弊沉重，饱受诟病，废八股取士呼声日甚。清朝廷把此问题交由朝臣议论，最后因为实在找不到能够代替八股取士的办法，只好将这次废除八股的提议暂时搁置。就这样，科举仍试八股，直至光绪二十四年（1898）戊戌变法，光绪帝颁布上谕，废除八股文，以策论试士。然此谕旋因变法失败而被作废，慈禧亲下懿旨，科举仍试八股，并不做任何更改。光绪二十七年（1901），慈禧迫于内外压力实行新政，决定废除八股试士，科举考试改用策论取士。光绪三十年（1904）清王朝举行了最后一届科举考试，宣布自光绪三十二年（1906）起，罢科举，兴学校，"人才皆自学堂出"，以学校教育代替科举制度，实现了传统科举向现代教育的转型。

四十四　训士讲经明伦堂

学宫是生员读书明礼的场所。明代李东阳就说过"庙之制为大成殿，学之制为明伦堂"。明伦堂是学校的主要建筑，是读书、讲学、弘道、研究之所，是传承千年的文化教育品牌。

在清代，各府县所在地的文庙规定必须建有明伦堂。“明伦”二字出自《孟子·滕文公上》“夏曰校，殷曰序，周曰庠。学则三代共之，皆所以明人伦也。人伦明于上，小民亲于下。”意思是乡里办的地方学校的名称，夏朝叫“校”，商朝叫“序”，周朝叫“庠”。至于国家办的学校即太学，三个朝代都叫“学”。无论是乡学还是国学，共同的目的都是阐明并教导人们懂得人与人之间的伦理道德标准。这种伦理道德标准，处于社会阶层上面的诸侯卿大夫都明白了，下面的普通百姓就会紧密团结在一起。明伦历来是中华文化圈家族教育的重要内容。“明伦昭统绪，尚理洽区寰”，就突出体现了中华文化的明伦思想。

至少从宋代开始，文庙、书院、太学、学宫便皆以“明伦堂”来命名讲堂。中国古代实行庙学合一的形式，各地的文庙不仅是祭祀大成至圣先师孔子的地方，也是当地的官办学校。明伦堂是训士讲经的地方，是社会精英讲学论道的地方，是当时参加科举考试的士子们获取知识与智慧的场所，当地的学子大多数都会在其中的官办学校学习。明伦堂作为“明人伦”的讲学厅，正堂中间大都供奉着孔子行教图画像，上悬“一以贯之”匾。当年新入学的生员在拜祭完孔子后，随即都要到明伦堂来，向老师行拜见礼，以后就在这里上课。上首为儒学教官的座位，下面桌椅排列整齐，就是士子听课就座的地方。士人们在此十年寒窗之后，都希望通过科举能登上朝堂，从而实现治国平天下的社会理想。

明伦堂的建立，以其“明人伦”作为教育的核心理念，推而广之形成了中华民族共同的价值观，凝聚了以汉民族为主体的中华民族的灵魂，在尊重文化、学术与教育的同时，为人类保留、传承、延续着东方文明的火种。现在很多文庙都复原了明伦堂讲学的样式，并每年在明伦堂举行开笔典礼，孩子们穿上小博士服，游泮池，拜孔子像，启蒙老师用朱砂为孩子们在额头上点上一个痣（意为点额开智），敲三下状元鼓，手拿“学业进步”吉祥语到金桂树下许愿。

明洪武十五年（1382），谕礼部颁发禁例十二条，禁止生员干涉词讼及妄言军民大事等，勒石置于明伦堂左侧。碑用石宽八尺，高二尺七寸，横卧而镌刻其文，称为“卧碑”。《明史·选举志》：“（洪武）十五年，颁学规于国子监，又颁禁例十二条于天下，镌立卧碑，置明伦堂之左。其不遵者，以违制论。”禁例规定府州县学生员不准论及军国政事，不准进入公门，对其勤惰要严加考核等等。清沿明制，于顺治九年（1652）颁《御制晓示生员条教》八条于卧碑，名为《训士卧碑文》。清乾隆《嘉应州志·建置部·学校》中载有“卧碑文”全文，特抄录如下：

卧碑文

朝廷建立学校，选取生员，免其丁粮，厚以廪膳，学院、学道、学官以教之，各衙门官以礼相待，全欲养成贤才，以供朝廷之用。诸生皆当上报国恩，下立人品。所有条教，开列于后：

一、生员之家，父母贤知者，子当受教；父母愚鲁者，或有为非。子既读书明理，再三恳告，使父母不陷于危亡。

一、生员立志当学，为忠臣、清官。书史所载忠清事迹，务须互相研究，凡利国利民之事，更宜留心。

一、生员居心忠厚正直，读书方有实用，出仕必作良吏。若心术邪刻，读书必无成就，为官必取祸患。行害人之事者，往往自杀其身，常宜思省。

一、生员不可干求官长，交结势要，希图进身。若果心善德全，上天知之，必加以福。

一、生员当爱身忍性。凡有司衙门不可轻入，即有切己之事，止许家人代告，不许干预他人词讼，亦不许牵连生员作证。

一、为学当尊敬先生。若讲说，皆当诚心听受；如有未明，从容再问，勿妄行辩难。为师者亦当尽心教训，勿致怠惰。

一、军民一切利病，不许生员上书陈言。如有一言建白，以违制论，黜革治罪。

一、生员不许纠党多人，立盟结社，把持官府，武断乡曲。所作文字，不许妄行刊刻。违者听提调官治罪。[1]

① 王之正纂修《嘉应州志》，《广东历代方志集成》第35册，岭南美术出版社，2009年，第223页。

通过顺治帝所颁《御制晓示生员条教》卧碑具体内容，可以看出其主旨在于训诫生员士子孝敬父母，清正廉洁，忠厚正直，存心良善，不涉官司，尊敬师长，莫谈国事，莫刊文字，勤勉上进，发奋图强，养成贤才，上报国恩，下立人品，以便将来成为国家的栋梁。

卧碑文具有重要的历史价值。它不但让我们对于清代的国学教育有了更全面深入的认识和了解，而且对于今日之教育有着重要的历史启迪。明清的国学教育，是在明清君主专制加强背景下的一种历史产物，不可避免地带有政治专制色彩。但是，里面诸多内容依然具有现代价值，值得现代教育者汲取。例如，要求生员孝敬父母，接受教化，读书明理，利国爱民，忠厚正直，力戒邪刻，不干求官长、结交权贵，存心良善，不干预诉讼，尊敬老师，勤奋上进等。这些其实都是古代重视道德教育的重要例证，是古代治国理政“德主刑辅”之充分体现。即便放至今日，也依然闪耀着德性的光辉，足以为后人世世代代所效法。同时，它也可以为当今以德治国和依法治国相结合之为政理念，提供重要的历史镜鉴。

四十五　张玉书记尊经阁

康熙《镇平县志》卷一《舆地志·儒学》载：“明伦堂后为尊经阁，知县程梦简造。”尊经阁就是藏书楼，相当于现在的图书馆，是庋藏六经、御制诸书及百家子史，供士子阅读的地方。元朝曾诏令天下学校，建学宫时要建尊经阁。所谓尊经，诚如明代大儒王阳明在《稽山书院尊经阁记》中所说，“六经之学，其不明于世，非一朝一夕之故矣。尚功利，崇邪说，是谓乱经；习训诂，传记诵，没溺于浅闻小见，以涂天下之耳目，是谓侮经；侈淫辞，竞诡辩，饰奸心盗行，逐世垄断，而犹自以为通经，是谓贼经。若是者，是并其所谓记籍者而割裂弃毁之矣，宁复知所以为尊经也乎？”王阳明这段话说明了尊经阁收藏《礼》《乐》《诗》《书》《易》《春秋》六经等儒家典籍对于读书士子的重要意义，同时也批判了那些尚利逐邪、奸心盗行者的种种欺世盗名的行为。

程梦简在扩建儒学的同时，也在日夜忧心思考着一个问题。他发现镇平士子大多心地正大光明，且勤奋好学，有上进心。如今，尽管建起了明伦堂、尊经阁等供讲习的地方，却苦于偏处一隅，素乏阀阅缙绅之家，连经典书籍也难于找到，所以见识闻知有限，学问缺乏，获得功名者少。还有一个问题是民间传布的书籍，字画多错误，读音不正确，因而给后学带来不少隐患。因此他想采购《十三经官板注疏》及《资治通鉴》《性理四书大全》《文公家礼》《名臣奏议》《文献通考》《大学衍义》《孝经注疏》《大清律例》等一批书籍，把这些有关理学经术的书籍，买来后都存于尊经阁内，供士子们抄读考订。为了把书籍管理好，书目全部记载在碑记上。学校教师与学官、贡生、副贡，分别掌管，防止胥吏与差役窃取或散失损坏。

为此，程梦简还专门修书给他在京城的朋友、文华殿大学士张玉书，请求他为镇平写一篇《尊经阁记》。该记收录在乾隆《镇平县志》卷六《艺文志·记》中。

张玉书（1642—1711），字素存，号润甫，江苏丹徒（今江苏镇江）人。自幼刻苦读书，顺治十八年（1661）进士。历任翰林院编修、国子监司业、侍讲学士，累官至文华殿大学士兼户部尚书。张玉书从考中进士授翰林院庶吉士算起，至康熙五十年（1711），卒于相位，居官整整五十年。从康熙二十九年升文华殿大学士兼户部尚书算起，到随侍康熙帝卒于热河，整整二十年。张玉书仕途一帆风顺、畅通无阻。首先是由于他知识渊博，谨慎廉洁，效忠皇室，万无一失，远避权势，门无杂宾；其次是康熙帝的高度信任以及某些千载难逢的历史机遇。由他担任总裁修成的书籍有《三朝国史》《大清会典》《大清一统志》《平定三逆方略》《平定朔漠方略》《政治典训》《治河方略》等。特别是《佩文韵府》一书，他亲自采辑经史，花了很多精力。《康熙字典》也由他担任总阅官。《明史》也曾一度由他担任总裁。张玉书祖孙三代全都是进士，加上张玉书兄弟三人，就是六个进士，可以说是“进士之家”。张玉书在热河逝世后，康熙帝诏令内务府监制棺椁，沿途拨夫护送回京。又命大学士温达会同翰林院官员、内务府总管前往吊唁，又遣皇三子诚亲王奠茶，赐带金千两以为丧葬之用。康熙帝还亲书挽联挽诗和碑文，加赠太子太保衔，谥文贞。特允玉书弟恕可离职迎丧，又遣行人护送归里。其规模之大、规格之高，是有清一代大臣谢世后未曾有过的。江苏丹徒张氏因张玉书而成为名扬天下的望族。

张玉书对程梦简的请求，没有居高临下、不屑一顾，而是非常给面子。他在文中深情回忆起一年之前，在京城见到即将赴任粤东镇平县令程梦简的情形，“见其色愉而气和，似不以僻远荒陋为戚戚”。当程梦简过了一年后写信，请求给镇平县建尊经阁时，张玉书兴奋地感叹说：“这样做就对了。程苍孚真是有别于其他俗吏的人，他能以经学作为理政治民之道。”张玉书在记中写道，听人家说镇平在粤东万山之中，风俗质朴粗陋，没有贝壳珍珠、犀角象牙的物产，这样更好。既可以省却过多名利追逐的困扰，又少了豪华奢侈过于精巧而无益的爱好。所以能够专心一志，和县里的读书人讲议研习学问，提出问题，进行辩论，成就他的事业。这也可以算是老天给他的一种幸运吧！而且还听说程梦简治理民众，有自己的见解，不妄随人意；也不会奇异偏激，违逆常情。有关兴办和革除的事情，都合乎人之情理。所以老百姓爱戴他，就像他在河南时一样，享有崇高的声誉。

张玉书认为，程梦简能精通《礼》《乐》《诗》《书》《易》《春秋》，所以能温柔敦厚，疏通知远，广博易良，洁静精微，恭俭庄敬而不烦，属辞比事而不乱。程梦简能汲取圣人治理严谨的经验，铲除妨害禾苗生长的杂草，让禾苗茁壮地生长；又秉持温和宽厚的态度待人，从而使风俗受德教而发生变化，安定人民生活。他严于律己，恭敬谨慎，处理事情注意开通疏导，是由其先天秉性决定，又在于其勤奋学习有所长进。所谓用自己言语行为来传达教育人的思想，儒家学说的要义因为有这样的人才能够保留下来。这是它的根本和关键。

张玉书表示建立尊经阁的各项制度，以及讲学的规条，程梦简能够自己心里有怎么规划，要怎么做，他有超过一般人的智慧，他就不多说了。他希望镇平的士子，能自觉奋发，互相勉励，能够和汉朝的经学大师们，生活在不同时代，而走的是同一条道路。

四十六　名宦祠与乡贤祠

在学宫中，享有香火、春秋祭祀的除大成殿中的孔子、四配十二哲以及东西两庑的一百五十六位先贤先儒外，还有当地的名宦乡贤，敬奉在名宦乡贤祠中。康熙《镇平县志》卷一《舆地志·儒学》载："棂星门内东为名宦祠。知县程梦简申请，祀公举未经入祀明知县胡会宾、沈惟耀，本朝知县薛世望。西为乡贤祠，原祀南齐处士程公旼，配以徐、李、宋三公。"而时间延及乾隆四十八年（1783）时，乾隆《镇平县志》卷三《典礼制·秩祀》中记载：

祭名宦之礼，立祠在棂星门之东偏，奉祀宋待制徙梅州刘安世，寓贤，附祀名宦祠。明惠潮嘉兵备副使鲁元宠、平远知县摄镇平事沈惟耀、镇平知县胡会宾。本朝太子少保、两广总督佟养甲，广东巡抚升湖广总督晋少保谥清端杨宗仁，广东巡抚杨文乾，镇平知县薛世望。即以上丁日致祭。献官行一献礼。祭品：爵二，笾豆各四，羊豕各半体。其未请入祠者，有魏燕超、许良臣诸人云。

祭乡贤之礼，立祠在棂星门之西偏，奉祀南齐处士程旼，明贡生、龙南县知县徐嘉祉，庠生、赠编修李鹍，庠生、赠亚中大夫杨孟昌，廪生宋翰，举人、分水县知县徐铿。亦即于上丁日分祭，行礼与祭品均与名宦同。其未请入祠者载《人物志》。

据说，名宦、乡贤之祀其来久远，相传周朝已有"祀先贤于西学"之制。宋元以后，名宦、乡贤祠祀才逐渐转向庙学中，规制要求建立在戟门或大成门的左右边，左（东）名宦，右（西）乡贤，渐渐与文庙官学结合，成为庙学建筑群的一部分，祀典也成了制度。元朝许有壬《晋宁路乡贤祠堂记》载："古乡先生没而祭于社，乡先生之德，乡人心悦而诚服者，其秩于祭，宜哉……祭于社之制不可考，附庙学作屋而祭之者则间有之矣。"明人李堂说："凡郡国名宦乡贤之祀，昉于有宋，盛于国朝……（宁波）

府有学宫，肇自庆历。释奠之余，渐及斯举，亦随宜设享而已。”以上表明，宋元时期在庙学祭祀名宦、乡贤虽已出现，但还没有普遍化，相关制度还未建立。

真正把名宦、乡贤祀典在庙学并普遍化，成为制度，是在明代洪武到弘治的长时间过程中。洪武四年（1371），诏天下学校各建先贤祠，左祀贤牧守令，右祀乡贤，此二祀建立附学之始。元明之际的林右曾说：“当今（洪武）天下郡县，必列祀先贤……用二丁祭毕次日。”先贤祠后来更名分为名宦祠和乡贤祠。明弘治九年（1496），王云凤为祠祭郎中，请天下府州县学校，悉立名宦乡贤祠，遂为定制。嘉靖时人蒋冕在《全州名宦乡贤祠碑》中称：“弘治中有旨，令天下郡邑各建名宦乡贤祠以为世劝。”清人对此最为称道。明末清初学者毛奇龄说：“古者祀邦贤于社，韩退之曰：‘乡先生没而可祭于社者’是也。其后社礼废而州县祀社不及乡里，且亦无复有衬祀者……惟明制，建学自成均以下遍及州县，较前代之建置无常格者最为周悉，于是哲配递降，由廊庑以外特设名宦、乡贤二祠于宫门左右。”康熙后期任吏部尚书的宋荦也说：“前明之制，凡郡邑乡贤名宦，各附祀于学宫，守令岁以春秋二仲率官属行礼，典纂重矣。”

何谓名宦、乡贤？概括地说，仕于其地而惠泽于民者谓之名宦，生于其地而德业著于世者谓之乡贤。

“宦”即“仕”也，“宦者”即做官之人。翻阅历史，做官之人随处可见，以什么标准衡量名宦？古人用不同的标准阐释了自己的看法。比较普遍的看法认为，“名宦者”不应以官位高低传世，而应以其在当地政绩显著、惠泽于民的标准来衡量。故“仕于其地而有政绩，惠泽及于民者谓之名宦。”封建朝廷设名宦祠，以待臣工。御大灾，捍大患，以劳定国，以死勤事，凡有功德于民者，则祀以报之，春秋享祭。明清名宦，按其职位可以分为县令名宦、儒学名宦、训导名宦、主簿名宦等，按其政绩可分为抗旱救灾，狱讼公正，恤政爱民，忠义报国等。明清两朝名宦人数之多，范围之广，决定了入祀需有一定标准，以便用来达到激励官宦、劝导后学、教化民众之目的。特别是名宦祠位于学宫旁，别立一祠，有幸入夫子门墙，和诸先贤紧邻，位置特殊，谓素履无愧于名教，即是为了昭示后学，励行教化。故祠名宦亦有劝官为政重民之意。

乡贤祠即祭祀乡贤的场所。乡贤，即出生在当地，历经春秋，能提倡宗风，蔚起人文，行谊著于乡党，忠节闻于朝廷，学识或品行为本乡本土所敬重的人士。入祀乡贤祠的条件和程序，都有严格的规定。入祀乡贤祠必须经过乡里公举，从县到省各级官员批准通过。国家如此重视乡贤祠祭祀与它的功能密切相关。乡贤祠有助于教化人民，使他们以乡贤为榜样，见贤思齐。除此之外，乡贤祠有利于净化风俗，使民心归厚，所祀乡贤属于良吏、贤能范畴，祭祀他们就是在宣扬忠君爱国思想，不仅可以教化人民和官吏忠于国家，更有助于肃清吏治，让天下官吏以乡贤为榜样，乡贤祠无疑成为统治者治理国家的工具。同时，乡贤祠是统治者崇德报功的方式，使有功德于国家和人民的人死后能够永享俎豆、流芳百世。统治者能够借助乡贤祠的功能促使人民的行为自觉纳入他们所期望的轨道。

由于名宦、乡贤祠附祀于学宫，其祭祀又与学宫密切相关。随着乡贤祠、名宦祠的普遍化，两祠的修建、乡贤名宦的推举等相关事务，通常由抚按、府州县正官负责。“正德间，提学宪臣始专其事，凡入祠者，府州县必请允而后行。”这里“专其事”指的是，批复地方推举的乡贤、名宦是否可以进人两祠享祀，有专人负责审查批准。凡历史上较有政绩者，可入名宦祠立碑；凡县籍之名贤，可入乡贤祠立碑。但均需由知县具文逐级呈报朝廷审批，方可入祠立碑纪念。除此之外，还有相应的程序规定：一是所祀乡贤、名宦要经儒学生员的公举和府县儒学的勘结，表明推举系出公论，绝无作弊。二是乡贤祠、名宦祠的祭期一般在春、秋仲月丁日祭祀先师后，主祭官率士儒、僚属祭于两祠。三是乡贤祠、名宦祠的祭品视孔庙之两庑，牲用少牢。祭品猪一羊一，酒果随用。置办祭品的经费，有的随孔庙春秋二祭时临时措办。有的出自里甲、均徭等公费银属额派。

四十七　镇平书院几沧桑

中国长期以来形成的本土教育，是以书院、社学、义学或私塾的形式，遍设于乡镇里社，便于学龄生童就近接受教育。就书院来说，自唐产生以来贯穿古今，是传承中华文化的重要渠道与载体，是中国历史上一种独特的文化现象，也是展示、认识、判断一个时代、一个地方文化兴盛与否的重要窗口和衡尺。书院制度始于唐而盛于宋，直到晚清新政时期，将书院改为学堂。从此，学堂被纳入现代教育系统，书院才终结了它的历史。

书院有三大基本功能，即讲学、藏书和供祀。书院里面也有文庙就是供祀孔子的重要场所，供祀的作用在于树立典型、对生徒进行教育，以达到劝诫规勉、见贤思齐的目的。祭拜孔子等先贤先圣，能产生强烈的认同感，树立起自信心和社会责任心。

书院之名始于唐代，分官立、私立两类。私人书院最初为私人读书的书房，唐贞观九年（635），设在四川遂宁县的张九宗书院，为较早的私人书院。官立书院初为官方修书、校书或偶尔为皇帝讲经的场所。真正具有聚徒讲学性质的书院于五代末期基本形成，主要为培养学生参加科举考试。

北宋初年，私人讲学的书院大量产生，陆续出现了白鹿洞、岳麓、睢阳、嵩阳书院并称的中国古代“四大书院”。到宋仁宗末年，北宋前期较有影响的书院全部消失。宋神宗熙宁四年（1071），改由朝廷直接向州学派出教授，以削弱书院和县学。

元至元二十八年（1291），元世祖首次下令广设书院，民间有自愿出钱出粮赞助建学的，也立为书院。后又多次颁布法令保护书院和庙学，并将书院等视为官学，书院山长也被定为学官，这是书院官学化的开始。

明初时，宋元留存的书院，多被改建为地方学校和社学。成化、弘治以后书院又逐渐兴复。到了嘉靖十六年（1537），明世宗却以书院倡邪学，下令毁除天下所有的私创书院。次年又以书院耗费财物、影响官学教育，再次禁毁书院。到嘉靖末年，内阁首辅徐阶提倡书院讲学，书院才得以恢复。万历七年（1579），张居正掌权，在统一思想的名义下，下令禁毁全国书院。其去世后，书院又开始盛行。天启五年（1625），魏忠贤下令拆毁天下书院，造成了“东林书院事件”。崇祯即位后，书院又陆续恢复。

清初，统治者抑制书院发展，使之官学化。顺治九年（1652），明令禁止私创书院。雍正十一年（1733），允许各省城设置书院，后各府、州、县相继创建书院。乾隆年间，官立书院剧增，绝大多数书院成为以考课为中心的科举预备学校。至光绪二十七年（1901），则令书院改为学堂，书院就此结束。

综观书院的历史，地位比较复杂，有时国家承认，允许发展；有时又不承认，想废除它。但是，书院是中国传统教育的主要形式，既有官立书院，也有私立书院。清代以前，书院以讲学为主，兼以考课。清代以后，注重科举制义，则讲学甚少，而主要为科举而考课者甚多。顺治九年（1652）颁布诏谕："各提学官督率教官，令诸生将所习经书义理，讲求实践，不许别创书院及号召游食之徒，空谈废业。"乾隆十年（1745），礼部议准书院每月考课仍以八股文为主，虽然士子也可以留心讲贯经史治术，余力可肄习对偶声律之学，酌量兼试论策表判等类，但书院完全沦为科举的附庸，却不言自喻。鸦片战争后，一些有识见的士大夫创办了一些书院，明确表明不课试八股，以博习经史词章为主，兼及小学、天文、地理、算法之类。

文化薪火，书院相传。书院在中国的教育历史上有着自己的独特作用，始终是官方教育体系的强有力补充。

乾隆《镇平县志》卷一《疆域志·官署》载：

胡侯书院，今无考。惟桂岭书院，旧在韩公祠后，年久隳废。前令陈必元移城西隅分司仓侧，地湫隘，又惑于青乌家言，士不乐居。乾隆四十五年，署令周克达，谋诸邑绅士，营葺于桂岭之阳，自三月经始，迄四十六年五月竣事。前为大门，大门内左为房四，右为房三；又内左为忠义祠，右为隽英亭；又内为讲堂，左右为房各五；又内为厅一，左右为房各四；上为楼，中祠文昌，左右祀名宦及创建书院者。是役也，都计用钱一千三百一十七千有奇。

查在康熙《镇平县志》卷一《舆地志·儒学》中，关于"书院"的记载有"四贤书院"，而没有"胡侯书院"的记载。所谓"胡侯书院"，推测是胡会宾建造或为纪念胡会宾而命名的书院。在"祠庙"条目中记述是"废"。在康熙《镇平县志》卷一《舆地志·祠庙》中："四贤书院，祀韩昌黎、刘元城、蓝奎、古革，在尊经阁下，知县程梦简建。"它是因崇祀四位贤人而起的名。真正可以确认为镇平最早的书院，是乾隆《嘉应州志·镇平县·官署、学校、仓厫、祠祀、坛壝》中记载："（尊经）阁旁为射圃；为昌黎书院；以唐进士赵德、知县沈惟耀、胡会宾、薛世望配旁。为课艺斋；为义学。俱蒋弥高建。[1]"原镇平县令、后来升为嘉应州伯的赵康也在其《移建桂岭书院碑记》一文中谈到，他于乾隆三十三年（1768）任镇平县令时："因访尊经阁后所为昌黎书院者，瓦砾榛芜，故址不可辨识。"由此可知，镇平的书院最早的名叫"昌黎书院"。我以为，从难于稽考的胡侯书院算起，到程梦简时的四贤书院再到蒋弥高所建的昌黎书院，它们存在的空间所指都在同一个地方，其存亡的时间如果从胡会宾莅任的崇祯十年（1637）算起，到赵康莅任镇平县令的乾隆三十三年（1768）止，其存续的时间不过是一百三十一年。决定书院的存续、发展、消亡，主要是不同时期的封建王朝对书院的地位、作用的认识比较复杂，有时承认，允许发展；有时又不承认，想废除它。所以，当朝廷承认时称"书院"，有时碰上朝廷想废除时又改换成"义学"的名称出现。这样折腾来翻覆去，就很难正常地生存发展，渐趋消亡。直到乾隆四十四年（1779），周克达把建在城西分司仓侧的桂岭义学，移建到桂岭之阳，即今之蕉岭中学所在地，正式命名为"桂岭书院"。县令周克达和已升任嘉应州知州的赵康两人都撰写了《移建桂岭书院碑记》记述此事。直至光绪二十七年（1901），下诏令书院改为学堂，书院就此结束。镇平的书院历史也就走到了尽头，画上圆满的句号而又有了新的起点。

1904年，丘逢甲在"桂岭书院"创办镇平初级师范传习所，作为培养闽粤赣边区地方小学教师人才的所在，开创了粤东师范教育的先河。1906年丘逢甲办学卓有成效，被聘为两广学务处视学，两广方言学堂监督，便把"师范传习所"改为"镇平县官立中学堂"。民国3年（1914）正式更名为蕉岭中学。"桂岭书院"曾作为蕉岭中学图书馆，1984年为纪念丘逢甲先生创办教育的业绩，省人民政府拨款维修。2005年11月由蕉岭中学

① 王之正纂修《嘉应州志》，《广东历代方志集成》第35册，岭南美术出版社，2009年，第504页。

筹资23.5万元进行全面修缮。1985年经蕉岭县人民政府批准，桂岭书院列为县级文物保护单位。2015年12月10日，被广东省人民政府公布为第八批广东省文物保护单位。

四十八　桂岭书院之移建

乾隆《镇平县志》卷一《疆域志·官署》载：

惟桂岭书院，旧在韩公祠后，年久隳废。前令陈必元移城西隅分司仓侧，地湫隘，又惑于青乌家言，士不乐居。乾隆四十五年，署令周克达，谋诸邑绅士，营葺于桂岭之阳，自三月经始，迄四十六年五月竣事。前为大门，大门内左为房四，右为房三；又内左为忠义祠，右为隽英亭；又内为讲堂，左右为房各五；又内为厅一，左右为房各四；上为楼，中祠文昌，左右祀名宦及创建书院者。是役也，都计用钱一千三百一十七千有奇。

移建桂岭书院，是一项耗时一年二个月、耗费一千三百一十七两银的浩大工程，又是深得民心民意支持的工程。所以，在这段文字后，还附录了一大串如“会计财力经营者”“续为佽助以资工用之不足者”“捐输膏火者”的名字，以彰他们的善行义举。

主持移建书院工程的县令周克达有《移建桂岭书院碑记》专门记述此事的原委经过。周克达是乾隆四十四年（1779）秋莅任镇平县令的。他刚一下车，就正好碰上童子试。童子试又称童试、县试，是最初级阶段的考试。由县官衙门组织的统一考试。所有学生不论年龄大小，首先要参加这一考试，通过了才有资格参加府试，未能通过的仍称“童生”，等待下一次县试。有的童生因多次未能通过考试，便被称为“老童生”。乾隆四十五年（1780）春，他聘请曾在京师的国子监读过书的古廷栋为义学的主讲即院长。

关于清代书院主讲的称呼，有称“山长”，即书院掌教；又有称“山主”，意为山之主人；还有“洞主”，洞主出自以白鹿洞名。山长、山主、洞主都是书院的掌教者。亦有人称“院长”。据李欣祥先生查得《大清高宗纯皇帝实录》载：“乾隆三十年乙酉，十一月乙卯……又谕：‘各省书院延师训课，向有山长之称，名义殊为未协。既曰书院，则主讲席者自应称为院长。著以各督抚奏事之便，传谕知之。’[①]”据此可知自乾隆三十年（1765）后朝廷已有规定，所有书院主讲席者均应称为院长。周克达此处仍称主讲，或因习惯使然。周克达在带领所选生徒举行拜孔礼后，参观了义学校园。看见课艺斋、学生宿舍等低洼狭窄。便询问起蒋弥高县令曾建在学宫后面、韩祠侧旁的课艺斋旧址。当初考评士子，出了不少人才。时间长了，衰颓倒塌。乾隆十年（1745）至十五年（1750）夏莅任的县令陈必元，把它迁移到城西边分司仓的左侧，那个地方除了又低洼又狭窄，又听信风水先生所传风水不好，学生们在那里读书，出不了人才，所以大家都不愿意去。周县令找来姓郭的教育局长一起商量，想把义学迁徙到别的地方重建，但手里没有可支配的财钱，只有准备修县志的五百两银可以先转移使用。于是便召集县里的绅士商量，又向知州请示同意迁徙。周克达挑选举人何清凤、邱鸣岐和贡生古声场一同负责迁建工程。地址选在桂岭的南面、城隍庙侧边，拣选个吉日动工上马。经费不够，就发动全县的人捐钱资助。经过 14 个月的施工，终于完工。桂岭书院整个建筑为三层宫殿式楼宇，长 25 米，宽 13 米，高 15 米，用沙灰砖砌墙，木梁架结构，建筑面积 1000 多平方米。前边为大门，大门内左边有四间房，右边有三间房；又内左边是忠义祠，右边是隽英亭；再内面是讲堂，讲堂左右两边各有五间房；再往内边有一个厅，厅左右边各有四间房；上面是楼，中间是文昌祠，文昌祠左右祀奉名宦及创建书院者。

当书院迁建好以后，周克达又在思考书院此后的发展问题。因而发动了由乡绅何清凤、古元长带头捐输银钱购置学田，然后出租收取租谷作为书院日常运营的经费，并得到众人的支持，故有开头提到的一大串“捐输膏火者”的名字。

乾隆三十三年（1768）时曾任镇平县令，而后已升任嘉应州知州的赵

① 李欣祥著《宋湘在惠州》，《嘉应文学》总 677 期，2021 年，第 14 页。

康也撰写了《移建桂岭书院碑记》。他回忆起十年前，自己莅任时，因饥荒之年请求粮食接济、减免赋税等事情，根本就不敢兴建大型土木工程，增重百姓的负担。过了两年，调任曲江，结果有这种想法却未能实现。嗣后又过了十年，自己已升任嘉应知州。有镇平的人士来谒见他，问起了书院的事，知道还是老样子没有改变。对这件事他一直感到茫然自失。直到乾隆四十三年（1778）夏天，周县令把众人商量决定迁建书院的事告诉他，让他感慨地说："这是我十多年前就想做而没有做的事，现在书院既移建又扩大规模。难道其兴建荒废的迟早，也是注定了的吗？还是同心合力，意气相投，也需要一定的时机呢？"赵康最后说，书院移建过来，又扩大了过去的规模。可以预见众多的贤士兴旺起来，名声兴起传扬不断，文风日新月异。

黄香铁后来在其《石窟一征》卷二《教养一》云："邑号蕉岭，书院独名曰'桂岭'。按：《骖鸾录》：'桂林有八桂堂。未至八桂二三里间，有小坡横道，高丈余，上有石碑曰'桂岭'。今以此为名。盖以书院据岭之阳，坡陁起伏，隐然如八桂之桂岭。且以桂林一枝昆山片玉，为多士颂也。[1]"黄香铁认为，县名为"蕉岭"，书院却以"桂岭"命名，是借用了桂林八桂的桂岭，就如同是借用昆仑山上的一块玉，来寄寓更多的人才涌现吧。

① 黄钊纂修《石窟一征》，《广东历代方志集成》第40册，岭南美术出版社，2009年，第230页。

八 景 钟 灵

四十九　永镇楼雄镇金城

曳杖新城第一山，山中金阙迥诸天。
千峰树影涵秋色，一带溪光动晓烟。
仙令清晖诗思里，幽人逸兴酒杯前。
锋销半壁城如锦，几度登临未忍还。

上诗是镇平儒学训导梁国树题镇平八景之“金城雄镇”的诗。梁国树为始兴人，原是平远训导，后于明崇祯十年（1637），改任镇平训导。

梁国树来到镇平当儒学训导，时当镇平城建好不久，所以诗中称“新城”。“第一山”即“蕉岭”。镇平城墙高跨北岭（即蕉岭）而过。康熙《镇平县志》对镇平的“城池”都是这样记载的：“城建于桂岭之阳，为古怀仁里，所谓石窟蕉岭也。”乾隆《镇平县志》卷一《疆域志·山川》云：“桂岭，在城内，原名蕉岭。为邑主山，巃嵸嵂崒，有涵盖一切气象。”桂岭作了县署的倚背，而成了一邑之镇山。镇平是小县，城也并不宽大，从乾隆《镇平县志·县治图》看，镇平城像个葫芦形。镇山楼是葫芦顶，城南是葫芦底状。梁国树登上第一山的蕉岭，感觉这山中的建筑和天上为仙人或天帝所居大不一样。起联交代了时间、地点和总体感受。

我们知道，崇祯十年（1637），知县胡会宾在北岭高阜处建了一座“永镇楼”，又称“镇山楼”。胡会宾发现县署背倚的后山太低太小了，而其左边的樟坑笔从最高峰处蜿蜒而直下樟坑村，右边的天马山余脉延伸到长潭口，虽可作县山的犄角之势，而来势太强太猛，有对主山形成压制的态势，势必会不利主政之人。因而，他决定在蕉岭上建造一座楼，借以镇住这种来势凶猛的威势，分散泻泄强大的压力，使两边的高大山峰成为主山拱护之势的护翼，这样就会化险恶为多情。其楼名既取县名的镇字，又和县名一样寓有镇压平定、镇邪去恶的含意。永镇楼高三层，在古代建筑中也算得上比较高大的建筑了，屹立在主山上，天造地设，成了壮丽的景观。特别是闲暇胜日，登上高踞桂岭的永镇楼举目四望，邑城雄伟峻整，固若金汤。也许，梁国树就是在这个时候，和胡会宾一起去曳杖观山的。诗的颔联对眼前的景色进行了铺陈叙写：永镇楼耸立在蕉岭上，蕉岭成了镇平的第一山。“千峰树影涵秋色，一带溪光动晓烟”一联，写景鲜明生动，使人如在其境。人们读了这一联，好像置身于镇山上，周边千峰耸竦拱立，翠绿的山头上，树影蕴涵着秋色；从长潭流出来的石窟河水，荡漾着霞光岚气，在眼前浮动。它们前呼后拥，左环右抱着镇平城郭。十四个字，写出了登临镇山看到的景致，有光有色，虚实相济，给人以大自然是那么壮丽绚美的感受。

颈联“仙令清晖诗思里，幽人逸兴酒杯前”。仙令，是对县令的美称。县令对此如此美好的山水正在酝酿着诗篇，幽居之士端起了酒杯在发抒超逸豪放的意兴。

诗的尾联回溯历史，这里曾是被称为“盗贼渊薮”的战伐之地。可如今，大规模的动乱如“五总之乱”已经平息，烽烟已经消散。随着县治的设立，兼扼闽赣的金城石郭，在一片废墟上建立起来；既崇且丽的城池，可谓是金城雄镇，壮我蕉岭。面对如此美好的景色，让人每次登临都流连忘返。

顺治八年莅任镇平县令的薛世望亦有“金城雄镇”一诗，云：

弹压三藩别一天，拥山冠石镇城悬。
剑峰麾雪头皆白，彩笔临风思欲元。
楼厂梵音收瘴雨，蝶迎潭影洗蛮烟。
我来重揖山精客，永砺千秋万有年。

薛诗以怀往咏史的形式，首联叙写镇平城“弹压三藩”“拥山冠石”的形胜。“悬”指极为高峻。“弹压三藩”，是指清朝初期三个藩镇王发起的反清事件。三藩是指平西王吴三桂、平南王尚可喜、靖南王耿精忠。此处是借指过去的动乱。中间两联极写建城以来的变化。结联“我来重揖山精客，永砺千秋万有年”，是作者有意想请出伏藏在山中的“山精”，向它发问并告诉它，于今时势已经变了，江山永固，是万有之年了。“山精”，传说中的山间怪兽。《淮南子·氾论训》：“山出枭阳。”汉高诱注：“枭阳，山精也。人形，长大，面黑色，身有毛，足反踵，见人而笑。”南朝宋刘敬叔《异苑》卷三：“山精如人，一足，长三四尺，食山蟹，夜出昼藏。”

清咸丰五年（1855）邑举人刘伯芙，亦有咏镇平八景之“金城雄镇”诗，抄录如下：

倚东西北控南天，十丈城高势岿然。
殿阁金银通上界，屏山苍翠入寒烟。
近添灯火多书院，远隔尘嚣少市廛。
僧拥蒲团喧佛偈，玲玲玉磬白云边。

五十　长潭夜月涤烦襟

千寻峭壁隐江滨，仿佛蓬瀛隔岫分。
浪涌银河疑浴日，声传蟠壁忽披云。
看来溪水湾湾绿，觅去山花处处芬。
寒月远汀渔火出，何人放棹漾鲛文。

以上是邑举人黄殿楫咏镇平八景之“长潭夜月”诗。同时题咏镇平八景的人应该不少，包括县令蒋弥高也曾题咏过，却将蒋弥高县令的附在后面，而把黄殿楫的诗放在首位，足见此诗为人赏识的程度。

长潭，由县城出西门，渡石窟河依循山边向西北走，在县城西北六里处。《广东舆图》：“长潭在城西北二里，其水四时常绿，深不可测。”长潭不是一个潭，而是石窟河中自峡口上溯至普滩的一段长六华里的峡谷流段。长潭源出于闽粤赣三省交界的崇山峻岭中，由无数大大小小的山溪汇流至此，地势陡然下陷，两岸巍峰接天，下临深渊，构成深不可测的潭水。长潭流段石壁嶙峋，悬崖峻峭。争高直指，千百成峰。夹岸高山，皆生寒树；负势竞上，互相轩邈。泉水击石，泠泠作响；好鸟相鸣，嘤嘤成韵。蝉则千啭不穷，猨则百叫无绝。让人望峰息心，窥谷忘返。河底水流过处，许多怪石巉岩。有的突立在水边，临流顾盼；有的屹立在江心，柱砥中流。

对“长潭夜月”的描写，邑廪生廖云飘有《长潭赋》最让人赏心悦目。其云：“至于西涵夕照，东捧冰轮；瓜皮艇放，荷叶杯陈。星点波心，看濛濛之象眼；月横水面，灿片片之龙鳞。潋滟而光侵衣袂，澄清而影射主宾。探妙景于水中，龟石之灵如见；仰奇观于山顶，仙桥之道疑真。爰乃荻岸闲维，菰舟偶泊。问今夕兮何如？喜兹游兮不恶。诗吟夜月，声声谷应山鸣；调唱竹枝，字字波生潮作。烦襟欲涤，茗炉则细验泉开；幽意未阑，棋局则迟听子落。此固可以为笠泽之栖迟，而转欲笑夫樊川之寂寞者也。”在悬崖峭壁之下，四周绿荫翠蔓，悄静幽邃，此时驾一叶扁舟，远望水天一色，波平如镜；月横水面，景色迷濛空灵，恍若置身蓬瀛仙境。加之荻岸泊舟，荷叶杯陈，临风把盏，顿涤烦襟。

黄殿楫的诗首联点出了长潭隐没在“千寻峭壁”之下，就好像蓬瀛仙山隐藏在云岫之中。颈联极写长潭景观壮阔：长潭水如天上银河的波浪，把太阳从水面托起来；声音惊动了螭龙，忽然间峭壁上披上了云彩。颔联展示了水绿花芬，略嫌平淡，与上联不相称。结联以“寒月”“渔火”“放棹”等词，组合成月夜放舟图，归结到“夜月”的主题。

康熙二十五年（1686）秋，莅任镇平县令的蒋弥高，其题“长潭夜月”诗，亦可一览。抄录如下：

夜晴如练曳寒穹，万顷澄波漾好风。
潭影遥涵丹桂殿，月辉静发白蟾宫。
怀人欲指千山外，寄意惟传一笛中。
只我冰心何所似，碧天如洗印虚空。

清咸丰五年（1855）邑举人刘伯芙，亦有咏镇平八景之“长潭夜月”诗，附录如下：

长潭潭水绿于油，橹剪三更客放舟。
万顷玻璃开玉镜，千条彩线走金球。
矶头鸥鹭醒曾未，水底鱼龙睡得不？
中有仙人骑鹤到，笛声吹破古今秋。

五十一　玉闸安流报丹宸

由来蓄泄重波臣，砥柱勋高好问津。
二水安澜民利普，千畴解泽物华均。
玉河环拱光如练，锦浪平铺色似银。
莫道济川无上策，澄清应矢报丹宸。

上诗是镇平县令徐履吉题镇平八景之“玉闸安流”的诗，载于乾隆《镇平县志》卷六《艺文志·诗》。

据康熙《镇平县志》卷三《官守志·知县》：“徐履吉，无锡人，拔贡，顺治十八年任，升行人。”徐履吉这次是擢升而去升为“行人”的。行人，官名。周代即有行人官，管朝觐，聘问。明代设行人司，也设行人的官职。虽取《周礼》“行人”之名，而性质不同。行人司置“司正”及左右“司副”，下有“行人”若干，以进士充任，掌管捧节奉使之事，凡颁诏、册封、抚谕、征聘诸事皆归其掌握。在京官中地位虽低，而声望甚高，升转极快。初中之进士，以任此职为荣。如果县志没有漏记，那么，徐履吉是在镇平任上干了六年，直到康熙六年（1667），才由蒋亨接替他。徐履吉在清康熙二年（1663），继胡会宾第一次修志后主持续修县志，在镇平修志史上是第二次修志，但未出版。徐履吉在康熙二年修志事，见邑人何殿屏为乾隆《镇平县志》所作《叙》中有一句话曾提及。除上引一诗外，还有一处地方提及过徐履吉，这就是乾隆《镇平县志》卷一《疆域志·山川》中附载“水利桥渡”条目中记载：“曰徐公桥，在招福乡。知县升行人徐履吉建。”可见，徐履吉也是一个乐于做事、做善事的人。

黄香铁《石窟一征》卷六《地志》云:“珊瑚井,即邑志所谓清泉,在东门内。其地为残明杨中丞别墅,极亭台竹木之胜。井在墙外,以便人汲也。方可丈余,莹澈见底,常有人取红鱼养其中。墙内有红棉一株,高可十丈,正覆其下。每当春二三月,火齐竞吐,倒影澄泓,如珊瑚之在水底也。井旁有涧,其源自东山引入城内,穿墅而出西门之水关。即邑志所谓‘玉闸安流’者。城市擅林泉之胜,殆无逾于此者矣。[①]”

按黄香铁的说法,邑志中所谓“玉闸安流”者,其源自东山溪峰河的水,流经城内东门杨中丞别墅家附近,适值该处有一座长约数丈的石窟窿,形如闸门。泉水流入窟窿内,又从那光滑如玉、形似闸门中流出来,由于地势高低落差的缘故,山泉出闸时喷涌而出,水花四溅,好似喷珠泻玉,形成天然的一道奇观。杨家把水引入自家别墅内,再流出墙外。杨家墙外有一口方可丈余的井,井水清莹澄澈透底,常有人把红鲤鱼放在井中喂养。墙内则有一棵高约十丈的红棉树,正好把井覆盖。每到春天二三月间,似火的木棉花开,倒影在清而深的水里,就像珊瑚生在水底下一样,故称此井为“珊瑚井”。这样,连接东山溪峰河的山泉水,从形似闸门中流过,又从杨家别墅中穿出墙外,再从珊瑚井旁边的水涧缓缓地流进城内,最后从城西西门水关流出来。这就是“玉闸安流”的由来。黄香铁不无得意地说:“城市擅林泉之胜,殆无逾于此者矣。”还需补充说的是,黄香铁称“广福寺中,有泉眼汹谲澄泓”者,“旧称为‘翡翠泉’,以城内有‘珊瑚井’,相俪而名也”,把“翡翠泉”与“珊瑚井”并列,确实天然妙对也。

值得一提的是,由于康熙、乾隆版两部《镇平县志》长期湮灭于人间,人们对“玉匣安流”,还是“玉匣川流”,抑或“玉匣穿流”,民间传流,语音混杂,称谓纷纭,莫衷一是。如今,《镇平县志》原稿本出来了,应该不辨而自明。

徐履吉的诗大意是:从古以来,水的蓄存与泄放,都有赖于水族君臣的主宰。位于三门峡东,屹立于黄河急流之中的中流砥柱,功勋卓著,知

---

① 黄钊纂修《石窟一征》,《广东历代方志集成》第40册,岭南美术出版社,2009年,第280—281页。

道其来源。浊清两水都平静，河堤稳固，民众就能普遍地得到好处；千顷的耕作之地都能得到灌溉润泽，自然景物就会得到调和。玉闸之水环拱着镇平城，波光闪烁似一条白练；石窟河平原上稻浪平铺，其色如银，这是多么美好的景色啊。不要说渡河治水没有什么好的办法，于今天下澄清，不正是对朝廷的恩典作最好的报答吗。

清咸丰五年（1855）邑举人刘伯芙，亦有咏镇平八景之“玉闸安流”诗，附录如下：

凿开混沌是何朝，时浅时深不算潮。
放鸭船回春水暖，卖鱼篮去暮烟消。
闺人衣浣三生石，酒保帘通独木桥。
高下田畴资灌溉，西城一带利多饶。

五十二　仙桥飞渡画图中

荒苔古道已千年，羽化由来旧事传。
幻迹自随云缥缈，遗踪空望水沦涟。
烟开乍见虹光吐，月出还疑舄影悬。
此日登临发长啸，拟将一曲咏成连。

以上是邑贡生汤铉咏镇平八景之“仙桥飞渡”的诗。

仙人桥，在城北面，距县城二十里的文福镇暗石村。仙人桥是因石灰岩洞上面的一块天然大石，拱合于村口明河之上，长约二十米，宽六米，状若一座似桥非桥的弧形拱桥，这就是有名的“仙人桥”。

相传千百年前，有道士不知从何处来，结庐其间，朝夕修真炼丹，也不知经过多少寒暑，只见他朝朝暮暮，无间风雨，或静坐沉思，或虔诚诵经，钟磬不辍，丹炉火旺。有一天晚上，正是月白风清的十五月圆之夜，那位从不与人往来，谁也不知道他姓名的道士，就在子夜圆月当空的时候，步上仙人桥，冉冉腾空，飞渡升天而去。此后，这块突起的岩石，便被人们称为“仙桥飞渡”。汤铉诗的首联“荒苔古道已千年，羽化由来旧事传”，指的就是这个传说。

诗的颔联对仙人升仙后的幻迹遗踪，留下“云缥缈”“水沦涟”的情景作了描述。紧接着的颈联“烟开乍见虹光吐，月出还疑舄影悬”，是对颔联的展开和补强。忽然间能见到云烟散开虹光显露，又像是月亮和人影都出来了。似真似幻，若隐若现，让人进入迷离境界。结联则说此次登临兴发啸歌，准备像俞伯牙的师傅成连一样，能移人之情入山水的情景中去。

汤铉的诗，写的是“仙人飞渡”的外观景象而没有涉及仙人桥下的溶洞和地下河。事实上，“仙桥飞渡”除拱起的天然岩石称“仙人桥”外，尚有桥下的溶洞和地下河组成一个完整的景观。

仙人桥下的岩洞，从地理学上来说，是一个喀斯特地貌的天然溶洞。因岩石经过长年累月风化，雨水侵蚀，致使石灰石受到碳酸水的溶解，久而久之遂成此溶洞。来到洞口，抬头可见“仙人洞”三个字。洞口有六七平方米，洞长约六十米，洞高低不等，高处达十几米，低处则人需弓背而行。从洞口往左侧行走，有一狭长暗洞，里面一片漆黑。洞顶不断滴水，滴在地上或岩壁上的水结成白色石笋，长短不一，悬挂在岩壁上，上垂下矗，互引撑住。诚如黄香铁在《石窟一征》卷六《地志》中写到仙人桥的岩洞时说的那样：“缘磴入，对面一厂（chǎng，山石之厓岩）石乳悬缀，有千百条。长者如玉柱，短者若瑶簪。上垂下矗，互相撑拄，结为人物，似鬼面，似象鼻，似牛目，似蛟螭盘曲，似珊瑚葳飞渡蕤，不可名状。以片石击之，响极清越，有作钟声者，有磬声者，有鼓声者，杂以山溜清冷，如在西湖水乐洞中。忽而天风震荡，鳞鬣交舞；又似在黄山一线天中，听松涛塞洞也。”[①]长长的如玉柱，短短的若瑶簪。有的如竹笋倒悬，有的又像香菌挂壁。有石鼓高悬，形状似鼓，用木击之如鼓声咚咚作响。有石钟挂壁，泉水顺流而下，似有叮当磬鸣。岩壁上岩脉晶体闪闪发亮，犹如钻石闪烁。洞内岩壁长期风化，有些还附着地衣和苔藓等植物，表面五颜六

① 黄钊纂修《石窟一征》，《广东历代方志集成》第40册，岭南美术出版社，2009年，第280页。

色，颇为好看。岩壁内散栖着无数石燕，穿梭飞翔，又为洞中一景。如此天然妙境，令人叹为观止。仙人洞的深处，已被水泥封死。据云此路可通往邻近的福建，因担心小孩来此好奇玩耍，迷路走丢，以防不测，后来洞渐渐淤塞。于是村民便用水泥封住去路。

黄香铁在《石窟一征》卷六《地志》中云："仙人桥……下开一洞，溪水穿其腹。自洞底望，则如石桥，横跨两岸，高二三十尺，其下沙石荦确如浅滩。[①]"自洞口沿阶而下数十级，还有一条地下河。地下河清澈见底。据说，此河流贯几个村庄，水流至福建。地下河迂回曲折，河床处有河弯，面积达上千平方米。河弯处有数块巨石，河中怪石错落，清水流沙。

黄香铁还写道："其桥东一厂，亦缘磴折而下，倚厂结椽，厂中供佛，如英州之观音岩。但彼以水面，此以山胁，不及其胜耳！"他把仙人桥与英州的观音岩相类比，认为很相像。英州，指的是英德市。观音岩是一个天然的石灰岩溶洞，位于英德市城北横石塘镇的东南古贞山，洞口下边即是北江。所不同的是观音岩濒临北江，而仙人桥在山峡中。

清咸丰五年（1855）邑举人刘伯芙亦有《咏仙人飞渡》诗，铿然可诵，与汤铉诗比肩伯仲。附录如下：

非关鬼斧与神工，翠壁丹崖倚半空。
飘缈宛如天上鹊，萦行还似雨余虹。
玉人箫咽三更月，黄石书怀两袖风。
桥外白云桥下水，倩谁写入画图中。

五十三　桃溪春色逐人来

清溪白石水粼粼，数亩夭桃欲斗春。
人自携锄耕乐土，花仍含笑远游尘。

---

① 黄钊纂修《石窟一征》，《广东历代方志集成》第40册，岭南美术出版社，2009年，第280页。

狄公门下栽培厚，潘令河阳景色新。
珍重莫分花片去，教人错认武陵津。

以上是上邑岁贡曾鹏题镇平八景之“桃溪春色”的诗。据康熙《镇平县志》卷四《人物志·贡士》载：“曾鹏，九岭人，顺治七年岁贡。初授廉州训导，升东莞教谕。”曾鹏参与了康熙《镇平县志》的采葺编订工作。

曾鹏诗中写的“桃溪春色”，在距蕉城三千米处的石窟河畔，今长潭镇桃溪村。首联即直写古时桃溪水自缥碧，清流见底；游鱼白石，直视无碍。桃溪两岸种满桃树，一到早春时节，桃花开得烂漫芳菲，争妍斗艳。第二联是对桃溪的写实。人们在这片安谧的土地上日出而作，日没而息。桃花自开自放，远离俗世的尘嚣。第三联则联想到历史上的贤臣，在其治下带来人才辈出和地方的美好变化，借用了唐狄仁杰所引荐的贤才和晋潘岳出任河阳县令时遍栽一县花的两个典故。此处以狄公门下贤才后来大多成为一代名臣，以潘令河阳满县栽花喻其善于治理地方。结联回到现实，希望人们珍惜这美好的春天和自然环境，不是武陵源才有桃花源，这里就是桃花源。

看到“桃溪春色”这样的命名，自然会让人联想到陶渊明的《桃花源记》：“晋太元中，武陵人捕鱼为业。缘溪行，忘路之远近。忽逢桃花林，夹岸数百步，中无杂树，芳草鲜美，落英缤纷。渔人甚异之，复前行，欲穷其林。林尽水源，便得一山，山有小口，仿佛若有光。便舍船，从口入。初极狭，才通人。复行数十步，豁然开朗。土地平旷，屋舍俨然，有良田、美池、桑竹之属。阡陌交通，鸡犬相闻。其中往来种作，男女衣着，悉如外人。黄发垂髫，并怡然自乐。”陶渊明写的是他所追求的理想境界，千百年来也被人们作为乌托邦社会的样板而追求。

黄香铁在《石窟一征》卷六《地志》有对“桃溪春色”的描述云：“桃溪在城西四里许。白屋数十百家，土田沃美，背山面河，对岸横堤垂柳，可数十株，无所谓桃花也。故老云：今桃溪乃昔时河底。故河由山脚转至石岩砦。夹岸桃花一二里许，丹霞绛雪，烂漫于碧岚绿涨间，山鸟水禽，啄红浴翠，直不减王摩诘所画桃源图也。沧桑更变，陵谷迁移。惟鸡犬桑麻，尚称乐土。武陵渔至此，当有迷津之讶矣！[①]”读过黄香铁对镇平“桃溪春色”的介绍，自会觉得它和陶渊明的《桃花源记》何其相似乃尔。这是我们自己家乡的、现实版的桃花源。

清咸丰五年（1855）邑举人刘伯芙，亦有咏镇平八景之“桃溪春色”诗，附录如下：

老渔何处问前津，两岸飞花夹水滨。
乱落轻红三月雨，远浮嫩绿一江春。
钓鱼矶畔多风致，吠犬林中少俗尘。
几度停桡江上望，痴心闲访种桃人。

刘伯芙的“桃溪春色”，其“乱落轻红三月雨，远浮嫩绿一江春”一联，写得风姿绰约，雅致动人。

五十四　花诰晴岚映宸枫

晴霭氤氲日正融，遥颁凤诏锦花红。
天边命锡三山外，云里纶宣四野中。
树色重重临晓月，岚光奕奕映宸枫。
山城不是夸恩宠，仙令从来两袖风。

此诗是康熙二十一年（1682），邑岁贡生邱明述咏镇平八景之“花诰晴岚”的诗。

花诰山，坐落在县城南5千米的三圳境内，在三圳小学对面，在三圳盆地与新铺盆地中间，自然地把三圳与新铺隔离开来。花诰山海拔只有260米，与东面800米的香炉峰相较，只能说是矮岭。若与西北方1164米的

① 黄钊纂修《石窟一征》，《广东历代方志集成》第40册，岭南美术出版社，2009年，第281页。

铁山嶂相比，就更如此了。

也许是“山不在高，有仙则名”的原因，“花诰晴岚”却堂而皇之当选镇平八景之一。究其原因，诚如黄香铁在《石窟一征》卷六《地志》云：“花诰山，为邑之南屏。形如诰轴，鸾回凤峙，云卷霞舒，距城南二十里，居九岭之左。九岭，即《郝通志》：‘九子岭，踞县水口者也。’[①]”黄香铁还认为，在离县城之南10千米的天马山、龙藏嶂、九子岭、诰轴山等，与县城的学宫对峙，远远望去就像是放在面前的案桌一样。

花诰山周围丘陵环列，周围众小山像个“花”字；远处群山并拱，巍然屹立，飞动舒展，其形有如诰轴，由此得名“花诰山”。和右边的九子岭一道，把住了石窟河南流的水口，是县城的南面的一道屏障。在花诰山顶极目四望，东有林木葱茏的油坑笔、大人嶂、高笔子与香炉嶂诸峰，南可以看到石窟河蜿蜒流过新铺圩，西方远处则是镇平、平远交界的最高峰铁山嶂，北边自县城全景开始直到花诰山下的乡村景色均历历在目。花诰山丛林郁郁，嘉木群生。山上怪石嵯峨，重重叠叠。

“花诰晴岚”的形成在于怪石嵯峨的危崖下有一泓湖水。湖成长方形，长约百丈，阔约二十丈。湖岸边上野草丛生，乔木参天。中间夹杂有枫树生长其间。湖水终年碧绿，清澈见底，水面波平如镜，不生波澜。走在湖边，可以看到云沉湖底，日没湖心；微风吹过浮光跃金，云卷霞舒。而到了秋风满地时，火红的枫叶，点缀在青绿盖野的大地上，倒映在湖光中，如诗似画。真正要欣赏“花诰晴岚”，是要在春夏秋间，雨过天晴后，此时湖水受日光照晒而水汽慢慢地蒸发上升，自然而然有一股似气如云的岚气，飘散到周边的山岭间。岚气经日光的反照，幻成五颜六色的光影，不断闪动，把山上的树木也染成秋天枫叶的颜色，随后又忽隐忽显地灭没在空中。这时远远望去，煞是好看。这就是“花诰晴岚”的来因。

清咸丰五年（1855）邑举人刘伯芙，亦有咏镇平八景之“花诰晴岚”诗，抄录如下：

① 黄钊纂修《石窟一征》，《广东历代方志集成》第40册，岭南美术出版社，2009年，第282页。

天边温语锡云云，策汝名山辅佐勋。
五色凤鸾辉日月，一时龙虎庆风云。
浑如东汉金泥诰，信有西秦玉检文。
近到诸峰皆拱揖，儿孙绕足簇缤纷。

五十五　天马腾空向云衢

求骏何须觅画图，层峦骧首向云衢。
嶙峋自贵燕台市，蹀躞群空渥水呼。
风起骄嘶追上驷，云奔隐见跨名驹。
莫愁伯乐无神识，鞭我人斯好并驱。

这是顺治八年（1651）任镇平县令的薛世望咏镇平八景之“天马腾空”的诗。“天马腾空”，其位置在县城西北，石窟河西岸的长潭入口处。其山高不及对峙的樟坑崇，景致不若下县的燕子岩。而被列八景之一，也许是“天马”二字让人喜爱。

天马山是镇平与平远交界的铁山嶂之西北方向大山的余脉，迤逦向东南正对县城而来；其南麓濒临钵溪水流，至溪口与石窟河长潭段西岸接壤，蜿蜒三四里至长潭口而止。一路多属悬崖峭壁，其尽头处岩石，壁立千仞。在长潭出口的下石滩左岸，有一块天然石矶，凸起河中，高可数百尺，形似骏骥昂首欲飞。前脚腾空屈曲，后腿欲伸，姿态欲跑欲飞，腱肉活灵活现，与真的千里马难分轩轾。如果人们站立在东南方向的镇山楼遥望对面，但见如高耸天际的天马山脉褐色岩石，宛如脱缰怒马昂首向北；前脖南连起伏连绵的燕尾山，若马的雄浑躯体，尤以圆圆的后臀，接山南山尾斜坡的丛林树木，则若鬃毛平后直扬。每当朝晨月夜，云雾出岫，这匹延袤数里的庞然大物，在云雾中时隐时现，就像一匹爱好自由的天马，腾云驾雾，走南逐北。

天马腾空的天马山只是头颈部分，其身躯却在燕尾山。而非燕尾山就是天马山。

清咸丰五年（1855）邑举人刘伯芙，亦有咏镇平八景之“天马行空”诗，附录如下：

房精炯炯斗牛间，诞降为何忽在山。
每解玉鞍随日驭，惯弛金络放人闲。
风吹碧草拳毛动，雨滴红泥血汗斑。
底事来从西极远，长歌空忆雁门关。

五十六　文峰插汉玉笋班

芙蓉簇秀冠尘寰，迥出丹墀玉笋班。
秋月春云凭点缀，西园东壁自回环。
江郎梦后归青琐，毛遂囊中化碧山。
花诰金城相对峙，文光直射彩霞间。

以上为汤铉题镇平八景之“文峰插汉”诗。汤铉，邑孝廉汤应龙之子，顺治十七年（1660），贡生。

“文峰插汉”距县城15千米，坐落在蓝坊镇与梅县隆文镇交界处的五座山峰中的一峰名为“尖峰笔”。“尖峰笔”其形状像一枝倒插的毛笔，冠出尘寰。远远望去笔锋直插云天，故称“文峰插汉”。

“文峰插汉”景色十分独特。虽然其山形似倒立的笔锋，但有路可登上峰巅。站在峰顶上，周边峰峦耸峙，环拱四列；云天浩荡，视野开阔。极目四望，东面可看见梅县隆文镇全貌，南面望去则隐隐可见云雾缭绕的阴那山，西面可看见巍峨峥嵘的铁山嶂，北面可以眺望那峻峭挺拔的君山笔。山上峰奇石秀，造型奇特，颇多奇观。山那边有“仙人砻谷”，远远望去但见一扁圆柱体大石块，形如石磨，情态可掬的一个仙人在砻谷；左侧山坡有两根约30米高的圆筒形天然石柱，形如正在点燃的花烛，人称“天生蜡烛”。此外，还有“道士舞剑”“公鸡长啼”“骏马欲跃”。对面山上有“龙泉飞瀑”“洗马潭”……俱是形神兼备，栩栩如生。可谓千奇百怪，令人目不暇接。

汤铉诗的意思是：尖峰笔由巍然耸立着的四座山峰簇拥着，高耸挺拔，好像是站立在天上仙人宫阙英才济济的朝班中。首句气势不凡，点出了尖峰笔超拔的气势。中间两联则极力以文笔峰上着墨，来渲染尖峰笔的神奇：春天的云彩，秋夕的月亮，都随意地作为它的装饰点缀；东壁图书府，西园翰墨林，在其中不断地回环往复。江淹的生花彩笔装饰了豪华富丽的房屋建筑，毛遂藏在囊中的笔却变成了碧绿的青山。结联则说，尖峰笔与花诰山、镇平城三者鼎立，遥相对峙，文章光艳直冲到彩霞之间。

邑清末举人刘伯芙亦有题镇平八景“文峰插汉”诗。其诗云：

搜奇七十二芙蓉，却逊蕉阳第一峰。
秋雨洗开偏露颖，夏云阴合好藏锋。
飞鸿过影千行草，舞鹤真形百丈松。
钟毓有灵才不忝，文章锦绣喜罗胸。

品味、比较汤铉和刘伯芙两人的诗，遣词用句虽然有别，但从立意到结构形式来看，却相似的成分较大。

乡贤懿行

五十七　乡贤祠祀更有谁

乡贤祠即祭祀乡贤的场所。一方水土养一方人。乡贤，即出生在当地，历经春秋，能提倡宗风，蔚起人文，行谊著于乡党，忠节闻于朝廷，学识或品行都为本乡本土的所敬重的人。在明清时期，乡贤祠祭祀非常盛行，随着乡贤祠位置的固定，逐渐成为文庙祭祀体系不可分割的一部分。祭祀乡贤的传统，在一些地方至今仍延续着。例如，在客家人比较集居的台湾新竹，当地一位已故中学校长因推动教育发展有功，经政府审核通过，入祀了当地的乡贤祠。而随着历史的变迁，在文庙中仍保留有乡贤祠的地方，现在已经改作他用了，或者铁将军把着大门锁闭着。

康熙《镇平县志》卷一《舆地志・儒学》载：“棂星门内……西为乡贤祠。原祀南齐处士程公旼，配以徐、李、宋三公。”而时间延及到乾隆四十八年时，乾隆《镇平县志・典礼志・秩祀》中记载：“祭乡贤之礼，立祠在棂星门之西偏，奉祀南齐处士程旼，明贡生、龙南县知县徐嘉祉，庠生、赠编修李鹍，庠生、赠亚中大夫杨孟昌，廪生宋翰，举人、分水县知县徐铿。亦即于上丁日分祭，行礼与祭品均与名宦同。其未请入祠者，载《人物志》。”

镇平的乡贤祠由原祀程旼、徐铿、李鹍、宋翰四人，到乾隆时期再增徐嘉祉、杨孟昌两人，共六人。

程旼，人所共知。他素以忠信结人，人服其行谊。里有争者，咸质成之，旼为之辨曲直、喻顺逆，愧悔而还，或望庐刻责焉。后人思之，名其都曰“义化”，乡曰“程乡”，源曰“程源”，“复以名县”。程旼被尊为“客家人文之祖”。

李鹍，是平远增生，李二何之父，因李二何而赠编修。生在平远刚刚建县之时，人文未振，李鹍力倡理学，称经师。乡民以保甲之役而困窘者，非常迫促。李鹍为他均平负担，以免负担不均衡；有喜欢越出常轨行为的人想挑起事端，李鹍默默地感化他。崇祯十年（1637），督学曾化龙题祀乡贤祠。

杨孟昌，是平远庠生。生性至孝，父母有病，自己亲为祈祷愿以身代，和兄弟相处友爱尤笃。自己拿出钱财设立蒸尝，或拿出银钱周济聚居的同族亲属。遇到灾荒战乱，想办法保御村里，一乡安定无事。还施粥给饥饿者免致饿死，救活了数千人，村里人都称颂其道德高尚。

以上三人，从籍贯上来说是平远县人。在镇平的乡贤祠中崇祀这三个人似乎有点对不上号，其实又应在情理中。镇平和平远都原属程乡，镇平又是从平远分出，所以，这三个人都与镇平沾亲带故，有渊源关系，只是割里分疆后才成了邻县之人。何况，乡贤能体现地方光辉的历史，可以显忠良、仰眷德、维风教，化民导俗，激励后人，只嫌其少，不嫌其多，多多益善，何乐不为？况且还有督学的批祀呢。

徐嘉祉，号梅林，石窟人。天性孝友，年九岁，执母丧一如成人。继母性严，竭诚事之，能得欢心。贼黄镛寇其乡，跪乞全母，贼异而释之。待异母弟，让产取瘠，尤笃友爱。俗以浮屠、宴宾客为敬礼，嘉祉独否。居丧哀痛蔬食，人多化焉。由恩贡宰江西龙南，廉且仁称。岁饥，捐俸赈济，全活甚多。不二载，乞休林下，设家塾以训后进，学者翕然宗之。祀程乡、平远、镇平三县乡贤祠。

徐铿，号幼林，嘉靖己酉举人。任广西罗城令，罢冗役，蠲逋赋，复土酋侵地三里，罗人刻石以志。以母忧，归庐墓三年。补分水令，厉禁溺女及轻生者。境内虎患甚烈，为文驱之，得三虎以殉。祀分水名宦祠。嘉靖间，新设平远于豪居林，铿上书当道，谓宜建石窟，议不果行。发愤著书，谓六十年后必复改县，嘱孙裔献遗书就其宗祠建县署，即今署地也。人服先机之哲。崇祯间，督学吴贞启、何三省前后檄程乡、镇平，祀乡贤祠。

宋翰，字易梧，龟浆人，实则为嘉应州白渡前人。设县前其地属镇平，至清康熙五十一年（1712）始改隶程乡。宋翰年幼时得到了郭青螺的赏识，每次考试都获头名。宋翰父亲病了，他衣不解带者一连几个月。作为一个乡村教书先生，大多数学有成就，而且将教书得来的报酬都分给兄弟和族人。人们都十分敬重他，即使盗贼侵扰都互相提醒不要去侵犯他。人们都说其有程处士的遗风。顺治十三年，省督学钱朝鼎题祀乡贤祠。

以上三人原本就是镇平人。三人也是经过公推程序经督学审批而崇祀的乡贤。徐嘉祉在程乡、平远、镇平三县崇祀。徐铿在程乡、镇平崇祀。

值得一提的是当年公推乡贤人选，在镇平没有把蓝奎推举上，反倒程乡把蓝奎当乡贤崇祀。程梦简说："蓝公为有宋名进士，实开邑中文风之首。今程乡祀之，而镇平缺典，行将与邑之士大夫别议，俎豆之。"蓝奎未能入祀镇平乡贤祠，是个谜，又是一种遗憾。

乡贤祠具有"可以显忠良，可以仰眷德，可以维风教"的社会教化作用。入祀的乡贤，都曾是地方精英。地缘的亲近感、地方社会的口耳相传，使人们对乡贤的事迹能够耳濡目染，了然于心。人们对乡贤功德事迹的熟知，自然会产生景仰追慕之情。根据"相近而易化"的道理，同崇祀于孔庙等其他地方的圣贤相比，乡贤乃乡人，耳闻习见，更具体直接、亲近易感。把乡贤作为人生之楷模，更能起引领、表率的激励作用。

乡贤祠举乡贤功德，风励民俗，是国家教化体系的一部分。从一定的地域视角论，乡贤往往体现地方历史的光辉。从民间私人立场看，父祖享祀乡贤祠，乃光宗耀祖，门楣有幸。为了家族的荣耀，目的是尊显其父祖，甚至有士大夫子弟亦有为其父祖营求入乡贤祠者，极力活动，便有了私家贿赂请托。乡贤祠也因私家"贿求"而出现冒滥之弊的现象。沈德符以乡贤为例，他说："学宫祀乡贤，最为重典。今乡绅身都雄贵，其父必登俎豆，至有生前屡罹胥靡之罚、暴著耳目者，亦俨然当春秋两祭。而黉序中，遂借公举以媒重贿，日甚一日。至于子孙微弱，则所列木主，庋置高阁间，供斋役爨材矣。"

黄香铁在《石窟一征》卷二《教养一》中就举"清嘉庆二十三年（按：实为二十年）时，粤东乡贤案起，自后睿庙特严滥祀之请，而乡贤名宦祠祭，始有慎恤名器之意矣”[①]。

故事说的是嘉庆二十年（1815），广东就有出海商人被公举为乡贤的事。这次初审完，主要负责人就中了风，口耳鼻舌都偏到左边；第二负责人得了眼疾，差点失明。二人虽然很快就好了，但是吃了些苦头。而等到名字放入祠堂的当晚，文庙传来唏嘘叹息声，拍桌子吵嚷声，路过的人都能听见。评审负责人一晚都没睡着。第二天早晨，那个商人的牌位掉到地上。又放上去，晚上又掉下来，这样连续五天。那个负责人让守夜的人白天把牌位放好，晚上拿下来，这样来掩人耳目。但是庙里每晚都会发出怪异的声音。

还有是本次排在首位的乡贤，一天晚上赴宴回来，掉到粪坑里，弄的满身污秽。他自己说："看到一个带剑的人，怒气冲冲的迎面而来，躲避不及落入粪坑。"从此昏昏沉沉好多天。

新科进士谭别驾，这次也有他的名字，但他自己不知道。某天晚上梦见去世的陈白沙大儒。陈大儒对他说："你幼年时就开始读书，现在中举做官了。而那个人年少时贫苦，学习制作钥匙的技术。后来给洋人做小厮，伶俐地侍奉主人，慢慢和洋人一起做生意，积累十多年成了富人。虽然他富有后乐善好施，对贫困的乡亲给予小恩小惠，但终究是市井小人。国家规定，学问高、品行端正的人才能成为乡贤。这个商人曾打伤哥哥，被杖责过，况且一字不识，这样的人哪能进入文庙？"

还有一个是番禺的刘孝廉，某天也梦到一个人，拍着他的后背说："你知道新邑立乡贤的事吗？他们推选了一个洋商。自古至今，哪有目不识丁的人进入文庙？这件事虽然不在我们境内，但是这样开了头，将来鸡鸣狗盗之徒都能混迹其中。高尚的文庙，成了藏污纳垢的场所。他们那里的人大多懦弱，而你是个铁骨铮铮的人，你要带领众人抵制这件事。这是公事，不要有顾忌，赶快去办。"

谭别驾和刘孝廉在省城遇到一起，互相说了自己的梦，虽然不同，但

① 黄钊纂修《石窟一征》，《广东历代方志集成》第40册，岭南美术出版社，2009年，第230页。

是讲的是一件事。于是二人联名上书抵制。中丞知道后非常吃惊，一面排查，一面上奏皇上。后来把洋商的牌位从祠中撤出来，文庙也就安宁了。

上面的故事是说明代中后期，乡贤、名宦祠出现“祀非其人”之弊是普遍现象，而乡贤祠较名宦祠更甚。原因是名宦非稍稍遗爱在人间，士民莫肯阿好。虽其子孙欲得之于祖父，无可如何。乡贤则都是其子孙之陈词请乞，依靠金钱、关系请托权位之人，询情市恩而获得批准的。开始时是做过官且诚实的人得到崇祀，接着是做过官但品德有缺点的人也被崇祀了；开始时是有科甲功名的人得到崇祀，接着是花钱买官做的人也崇祀了；甚至商贾的户籍、商人的儿子也名列仕宦高等级崇祀了。要找出他们立德立功立言的品行，没有一点儿可以称道；拿到乡评公评史评去考查，没有一点儿依据。祭祀席位上真假混淆，是非失实。为正人君子所不齿，羞与为伍。

乡贤祠举行日久，地方的、民间的、家族的力量运作其中，出现了攀援、冒滥之弊，所祀之人名不副实，难以起到风励一方的作用。如何来看这种现象呢？乡贤、名宦祠虽有庸常阘人之辈，毕竟也有功德卓伟的先贤。清者自清，浊者自浊。明清时期社会舆论对其弊端的严厉批评，表明公论犹在，清流尚存。

五十八　乡贤祠未祀蓝奎

康熙《镇平县志》卷四《人物志·人物列传（上）》载：“蓝奎，字灿斗，邑之蓝坊中村人。因公遂名蓝坊。博闻强记，借书而读过目成诵，越宿即还之。有诗云：‘懒思身外无穷事，愿读人间未见书’，其志趣可见。学者称为‘蓝夫子’。第进士，官文林郎、郡博士，受诏校文福州。按：蓝公为有宋名进士，实开邑中文风之首。今程乡祀之，而镇平缺典，行将与邑之士大夫别议，俎豆之。”而乾隆《镇平县志》卷五《人物志》是把蓝奎列为“懿行类”，生平记述与康熙志一样。

又，乾隆十五年《嘉应州志·人物部·乡贤（以下俱祀乡贤祠）》载：

“蓝奎，字秉文。博文强识，借书而读辄成诵，越宿即归之。有诗云：‘懒思身外无穷事，愿读人间未见书’，其志学如此。学者称为‘蓝夫子’。第进士，官文林郎、博士，受诏校文福州。”[①]

以上《镇平县志》和《嘉应州志》对蓝奎的生平记述是一样的，而身后的待遇却不一样。在镇平，蓝奎只是被当作当地的名人，而在嘉应州则被当作乡贤崇祀。值得一提的是康熙《镇平县志》中的“按”这一段话，“蓝公为有宋名进士，实开邑中文风之首。今程乡祀之，而镇平缺典，行将与邑之士大夫别议，俎豆之”。这是主修县志者程梦简的观点。然而，即使到乾隆朝时，程梦简的想法也没有成为现实。

从地域关系上来说，蓝奎是土生土长的镇平蓝坊乡中村人。自幼好读书，喜书法。因家贫，无藏书，向友人借阅，次日即行归还，书上所记，能背诵无误。年轻时，曾在梅城东山大东岩亦名石鼓岩读书。石鼓岩左侧有一天然石鼓，以石击之，咚咚作响，而洞形恰似倒扣之釜，奎乃题写“石釜灵响”四个大字于岩壁上。后人将其刻于大东岩洞门正顶，至今犹存有《读书东岩》七绝一首诗云：“飞瀑悬帘动清响，依岩结屋称幽居。懒思身外无穷事，愿读人间未见书。”宋元祐三年（1088），蓝奎赴京会试，中进士，官文林郎、郡博士。尝奉诏校文福州，文章气节，朝野钦崇。晚年家居讲学，学者称之“蓝夫子”。蓝奎“尝奉诏校文福州”。也就是说蓝奎以京官身份出任福建省乡试的主考官。蓝奎是钦命简放到福建省的“试差”，为福建乡试的主考官，专主衡文，以定去取。在古代，能够充当主考官是一项非常令人钦慕的差事。他是代表朝廷来考核人才的官员，不但本届乡试的举人都称他为老师，成为他的门生，就连平日雄踞一方的督抚藩臬也都刮目相看，对他相当地尊重。黄香铁《石窟一征》卷九《人物》中载：“其所居即邑之蓝坊乡，乡以姓著也。”乡人为纪念他，以其姓为乡名。有如因程旼而名“程江”“程乡”，且为县名一样，这是一种极高的享誉。清代廪生江李才，亦是蓝坊乡人，写有《咏蓝奎》诗赞道：“山水犹

① 王之正纂修乾隆《嘉应州志》，《广东历代方志集成》第35册，岭南美术出版社，2009年，第304页。

留姓氏香，为开风气在文章。梅州首纪科名录，岂独蕉阳十二乡。”说蓝奎是第一个开了梅州科举功名的人，他不惟是蕉阳的，也是属于梅州的。而且蓝奎的“文章气节，朝野钦崇”，被学者称为“蓝夫子”。所谓“夫子”，是人们对年长而学问好的人死后的尊称。

黄香铁也在《石窟一征》卷六《地志》中谈及蓝奎时云：“蓝坊，以蓝奎得名。中村宝庆寺，乃奎读书处。又州志载：州城东五里有东岩，宋蓝奎读书岩中，亦名石鼓岩。按：奎字秉文，宋元祐三年，戊辰正奏进士，官博士，其事迹无所见。邑志称其尝奉诏校文福州。又传奎读书时，常自书楹帖，有‘懒思身外无穷事，愿读人间未见书’之句。殆邃学之士欤！然距今七百余年，而蓝坊村人，尚传奎横行乡曲，且实其事迹云。①”黄香铁所据是七百多年前的当地传说，此处是坐实“奎横行乡曲”“实其事迹”。又一传说是蓝奎的后人欺压穷人的手段极为残忍。某年除夕前，农户们密商同一天送草至蓝家，于除夕夜点火烧蓝家房舍。蓝坊乡蓝氏从此灭绝，再无后传之人。黄香铁对蓝奎不被尊为乡贤有所龃龉，或与此传说有关。

从过去的历史关系来说，程乡是镇平的母县，既然母县都把他祀入乡贤祠，镇平也应顺理成章地崇祀入乡贤祠。何况，从明代中后期起，乡贤祠就出现“祀非其人”滥祀现象。不少地方的所谓乡贤，好些是其子孙依靠金钱、人情关系，通过请托乞求权位之人，循情交易而得到的。这可以说明入祀乡贤祠是一种崇高的声誉，人们趋之若鹜。

在我看来，当年公推乡贤人选，蓝奎未能入祀镇平乡贤祠，是什么原因，直至今天也没有人能说得清楚，是一种遗憾，又是一个谜。然而，就事论事，依州志、县志所载蓝奎俱是开文风之首的人，“文章气节，朝野钦崇”，“学者称之‘蓝夫子’”，村以姓著，乡以姓著，诸多溢美赞誉，却被拒之乡贤祠外，这是不仁之举。蓝奎能入祀嘉应州的乡贤祠，却在其生于斯长于斯的故乡故土不能入祀，这是一种不智之举。或传其后人欺压乡

① 黄钊纂修《石窟一征》，《广东历代方志集成》第 40 册，岭南美术出版社，2009 年，第 280 页。

邻，即使是有这样的事实，但也不能追责蓝奎。倘使上溯追责殃及祖先，这种做法则是不义之举。

五十九　“探玄先生”徐云崖

乾隆《镇平县志》卷一《疆域志·古迹》载：

广西都城隍徐云崖墓，旧志不载何地。按：云崖，即今徐氏始祖也。原博罗人，资质厚重，志气豪迈，通天文地理之学。元末，群雄并起，何真据广东，云崖代其友黄文质领梅州事，驰驿纳款，人赖安堵，见怀仁乡山秀水丽，风俗淳美，爰卜居焉。临终嘱其子孙，此地后必建城，当捐出为公用。至明末，果建城。凡县署、学宫，皆其旧宅所捐，至今子孙颁胙。其先机之哲如此，称为‘探元先生’。永乐间，有梁汉道，程乡人，犯抄监禁，欲自杀，梦神告曰：“大赦将至，可无死。”汉道问神所在，曰：“吾怀仁乡徐云崖也，今为广西都城隍。”后数月，汉道果还，乃建醮十日以报，又以其孙女配云崖曾孙仲侃。事载前府志。

上面一段记述说到了镇平徐氏的开基祖徐云崖。据《广东蕉岭徐氏源流》：徐云崖（1326—1370），世称“探玄先生”。元泰定三年（1326）出生于博罗低田村。其上祖从江西石城县迁福建，再迁广东博罗县罗仙都低田村。

徐云崖自小聪明好学，博览群书，通晓天文地理，且志气豪迈，青年时周游各州县，曾到过广西南宁府。

时值元朝末年，各地民众反对元朝的民族压迫统治。徐云崖后来结识了黄文质。

黄文质把徐云崖留在府内，对他无微不至地关怀。后来，两人竟成挚友。不久，黄文质升知府，又后一年调任广东惠州同知。徐云崖随同返任，在知府衙门内帮助黄文质处理各种事务。

黄文质在任期间因家事告假，便委托徐云崖代署州事半年之久，诸事均处理得有条不紊，四境安宁，深得黄文质称赞。时值元末，群雄并起。期间，徐云崖曾代黄文质带着金银财宝，去进贡据占惠州、东莞一带称东莞伯的何真。何真收下贡品，反赐赠财物，保住黄文质的官。黄文质非常高兴。徐云崖劝黄文质对元朝不可恋栈，勿助纣为虐。黄文质欣然接受徐云崖的劝说，于元至正十五年（1355），辞去官职，两人不忍分手，偕同时年方三十岁的徐云崖回到石窟，见怀仁乡山秀水丽，风俗淳美，便择地建屋，定居於黄田村北角铺。

徐云崖通晓天文地理之学，能预知未来之事。他洞观石窟地理局势，临终时曾嘱咐子孙："怀仁乡后必建城，届时当捐地为公用。"至明末，果然建城。凡县署、学宫用地，都是其旧宅所捐出来的。直至如今，徐云崖的裔孙仍然每年祭祀其祖，赏食祭肉。徐云崖这种能预见未来形势发展的先知之明，被人们称为"探玄先生"。

民间还流传"探玄先生"的异事：永乐二十二年（1424），扬古状富民梁汉道遭搜查并没收家产羁押系狱，要自尽。一天晚上做梦，被宪台提堂审讯。忽然看见一人身穿红衣，腰缠金带，打开四品以上官员出行时所用的伞盖，从过道上出来。提堂官急忙出去迎接，红衣腰金人面南立见。梁汉道跪伏在台下，听到问话："汝跪伏在地有什么事？"梁汉道以犯抄缘由回答。红衣腰金人说："朝廷近来有喜事，要大赦天下。你不一定死。"梁汉道叩首拜谢，问红衣腰金人来历。红衣腰金人曰："我是程乡怀仁乡徐云崖，现任广西都城隍。"梁汉道醒来，觉得非常奇怪，不再想自尽，等待数月，果然遇大赦。释放回家后设醮事十昼夜，以报答探元先生的恩德。一日，梁汉道至徐惠英家，问云崖公是你的祖父吗？惠英回答说："是。"梁汉道把前所发生的事讲了一遍，感叹地说："你祖上有阴德，所以死后为明神。我儿子仲真有个女儿，愿嫁给你儿子仲侃为妻，以此报答你祖上。"

林清水先生在其《石窟河史话》中有《黄文质没有领梅州事》一文，对上述记述就有过质疑。首先，这段记述中"黄文质领梅州事"与史实不符。乾隆《嘉应州志·官师部·文职》载："元末至正二十六年，黄圭任知州。孔圭，元末任，洪武二年归附。"康熙《程乡县志》载："同知别不花，元至顺间任。"可见，元朝末年黄文质没有在梅州任职。其次，据乾隆《镇平县志》卷五《人物志·贡士》载："黄兴，石窟人，洪武二十二年岁贡。南宁同知。"徐云崖卒于洪武三年（1370），而黄文质是洪武二十二年（1389）的贡士，后才任南宁同知。也就是说徐云崖去世19年后黄兴任南宁同知。很显然，这个传说经不起推敲，把生官与死人凑拍在一起了，属于离奇荒唐。

由此看来，把徐云崖编造成与黄文质有交情代领梅州事、生前能预知石窟建城的先知之明及死后变城隍办案放人等几件事，其目的就一个，为塑造徐云崖是"探玄先生"这一角色服务。诚如乾隆《镇平县志》卷一《疆域志·古迹》续史氏曰："镇平新造百余载，无旧典可数，兼之僻处一隅，骚人游士罕有到者，故古迹虽数条，犹多轶事云。"意思是说，把它当一种遗闻轶事，供茶余饭后的谈资就可以了，未必要过于较真。

据1992年版《蕉岭县志》第二十五编《古墓葬》载："徐探玄墓（原名徐云崖），为蕉岭徐姓开基祖坟墓，坐落在兴福乡堑垣燕岃山下，坐西向东，正对尖峰笔，人称'燕子扑梁'。[①]"

徐探玄，县志上写作"徐探元"。在这里需要补充说明一下：古代典籍上的"玄"字，从唐代开始往往与"元"字混用互见。其实，"玄"字是正写，"元"字是替代"玄"字的通用字。这是因为中国历史上一种特有的禁忌性习俗避讳。"避讳"是指不能直称或直接写出说出的名字。最初规定，臣属人子不得直称君父尊长的名字，必须另以其他的字或音替代；其后避讳的范围扩展到政事职官、制度名物、语言文字、社会生活等各个方面。在帝王专制时代，对于皇帝的名字和庙号，更得尊敬，不能随便直呼、直写，不然就会触犯律条，有"大不敬"的罪名，甚至会杀头。唐玄宗李治的庙号是"玄宗"，所以在唐玄宗以后，所有书写"玄"字的地方，一律要改为"元"字，否则就会触犯刑律。因此后世所见的古书，"玄""元"同用，"玄""元"不分。所以，徐探玄写作"徐探元"都是对的。再如清雍正皇帝为了尊孔，就曾下谕令，孔子的原名丘，为避讳，只能孔丘专用。其余凡系丘字，俱加"阝"为邱氏。所以，我们可以看到这两部县志中，

① 蕉岭县地方志编纂委员会《蕉岭县志》，广东人民出版社，1992年，第585页。

同一个人物，康熙志中姓丘，是以“丘”出现的，而到了乾隆志中，则都加了“阝”，变成了“邱”出现。点注的时候，为尊重原文，我也没有去变动它，而其实质是一样的。

毋庸讳言，徐氏家族较早在石窟定居，奠定了其家族的基础。徐云崖的后裔被称为“云崖派”，可见其后裔众多和声势显赫。徐云崖的后裔又能因时顺变，徐氏家族从第四代开始便有人步入科举仕途，因之而发展成为一个无论是经济实力还是政治声望，都对镇平社会的发展颇有影响的大家族。同时还需要特别一提的是，清代有很多广东徐姓人迁入台湾，其原籍大多在嘉应州的镇平县，而又以镇平“云崖派”徐姓为多。在迁台徐姓中，最值得赞颂的当推十九世纪末为抗日保台而壮烈牺牲的徐骧。徐骧的祖籍地在今蕉岭县兴福镇谷仓村。徐骧的先祖徐俊彩，是徐探玄十三世孙，在乾隆年间迁台，他是入垦苗粟的头份。徐骧生于1858年，是徐探玄十八世孙。在《中国近代史》《中国历史》《辞海》等史籍中，都有徐骧英勇殉国的事迹记述。

六十　力持正学之黄业

康熙《镇平县志》卷四《人物志·人物列传（上）》载：“黄业，字新江，邑之寨背人。以贡仕郧西教谕，力持正学，辟浮屠虚妄。居丧守文公家训，世不修佛事。在任清白著声，后多士为立祠祀之。其孙恒，为平远诸生，以信义见推乡里。万历丁未，谷价腾贵，赈活至数百人。”

黄业，字新江，兴福寨背人。黄业为黄氏石窟开基裔传十世孙。黄业幼时，其父怀经公病瘫，在母亲廖氏的鼓励下立志成儒。嘉靖十三年（1534），黄业以岁贡生身份出任福建武平县训导。据《郧阳府志》卷五《官师志——职官表四十》载，郧西县载教谕，“（嘉靖）二十一年，黄业，程乡监生。二十三年，尹廷献，长寿监生”。由此可知，黄业是在嘉靖二十一年（1542）出任郧西教谕的。黄业在郧西教谕任上干了二年。郧西县地处湖北西北边陲，汉江中上游北岸，正东及东南与十堰市郧阳区接壤，东北、正北、西北、西南、正南与陕西省商南、山阳、镇安、旬阳、白河五县毗连。北依秦岭，南临汉江，地扼秦楚要冲，素称“秦之咽喉，楚之门户”。

黄业在郧西教谕任上，抽暇要给生徒讲学。他所处的时代正是程朱理学盛行的时代，是当时的正学。他为生徒讲授周、程、朱、张的心性学说，排斥佛学之说。认为佛学虚空谬妄，都是没有事实根据的不着边际、不可捉摸的事物，无益于世道，有害于人心。学者当如虎狼蛇蝎以避之，不应被其动摇迷惑。他十分赞赏王阳明提出著名的知行合一思想。知是行的主意，行是知的工夫，知是行之始，行是知之成，知而不行是未知，行之明觉精察处便是知，知之真切笃实处便是行。知行合一、格物致知，用今天的话来说就是也就是理论联系实际，理论指导实践，实践完善理论。即事即学，即政即学，身体力行，知行合一，不可离开亲躬实践而空谈为学。郧西的士子都十分敬慕他。在黄业调教下，士子都能潜心研学经史，努力践行道德规范，表现出恭谨温顺的样子。黄业在郧西教谕任上，力持正学，清白著声，郧西的民众都遵从他的教诲。到黄业离任时，读书人为黄业建立生祠崇祀纪念他。

乾隆《镇平县志》卷五《人物志·懿行》亦有“黄业传”，稍为简略。其云：“黄业，字新江，寨背人。嘉靖十三年，以岁贡任郧西教谕，力持正学，清白著声，郧人服其教，立祠祀之。”

黄香铁在其《石窟一征》卷九《人物》中有专门的“黄业传”。传云：

黄业，字新江，平远人，所居乡曰寨背。明末设镇平，划以属之，今则为镇平人矣。业，嘉靖间岁贡，有隐德，世守文公家训，居丧不作佛事。授湖广郧西教谕，力持正学，辟浮屠。常言释氏之教，虚空谬妄，无益于世，有害人心。学者当如虎狼蛇蝎以避之，不可为所摇惑。若诵法程朱，践履实地，彼诐邪者将不攻而自破也。在任数载，清白著声。去后，人思其德，立祠祀之。子阳复，邑庠生，敦行嗜学，亲丧，庐墓三年，悲号不辍。抚异母弟及兄弟之子，皆自教之，济济克有成。婚娶毕，悉分其腴田，而自取硗瘠者，事载《平远县志》。潮守吴颖修郡志有传。康熙丁卯，守林杭学再修则削之。孙恒，亦庠生，万历丁未岁歉，捐家资赈济，全活者甚众。[①]

上文牵涉到黄业之子黄阳复的一桩公案。黄阳复，其事载嘉庆二十五年《平远县志》卷三下《人物》："黄阳复，邑诸生。父业，以明经为湖广郧西教谕，有隐德。卒，阳复庐墓三年，悲号不辍。抚异母弟，为毕婚娶，腴田悉分之，自存其瘠者。弟侄皆亲授业，游胶庠者三。学宪旌以'优行'。刘孕祚延辑邑志，多资考订焉。[②]"黄阳复本是一个诚实肯干，喜爱学习的人。父亲死了，在墓旁守孝三年，哀号不停。抚养异母的弟弟及兄弟的儿子，皆是亲自教育他们，使他们中三个成为县学的学生。等他们婚娶完毕以后，都分配给弟侄们肥沃的田地，而把瘦瘠的田地留下给自己。州学政以品学优良的"优行"表彰黄阳复。平远县令刘孕祚请他去编纂县志，黄阳复曾认真考证订讹。黄阳复在康熙《镇平县志》卷四《人物志·人物列传（上）》亦有传云："黄阳复，石窟人，教谕业之子，邑庠生。敦行嗜学，亲丧庐墓三年，悲哀不辍。抚异母弟、孤侄，皆有成。入庠者三阳、震阳、晋恒，皆其授业也。为诸弟婚娶毕，悉分以腴田，而自取其瘠。万历十八年，督学刘奖其优行，载《平远志》。"黄阳复的事迹在潮州郡守吴颖主修的《潮州府志》，有所记载。而到康熙二十六年（1687），郡守林杭学再修《潮州府志》时则把他删掉了。

为此，黄香铁援引了蓝鼎元的《鹿洲初集·黄广文小传》的评论原文，来说清楚林杭学删削黄业之子黄阳复传的原因。蓝鼎元（1680—1733），字玉霖，号鹿洲，福建漳浦人。蓝廷珍族弟，1721年随蓝廷珍出师入台，平台后又在台湾住了一年多。他出入军府，筹划军机，处理政务，提出了很多治理台湾的策略，被誉为"筹台之宗匠"。清政府在台湾增设绥化县、淡水厅，升澎湖通判为海防同知，添兵分戍，多出自蓝鼎元的建议。有《东征集》《平台纪略》《鹿洲公案》《女学》等著作行世。雍正二年（1724）

① 黄钊纂修《石窟一征》，《广东历代方志集成》第40册，岭南美术出版社，2009年，第312页。

② 卢兆鳌总修，欧阳莲协修《平远县志》，平远县人民政府，1997年，第232—233页。

到内廷校书，分修《大清一统志》。雍正五年（1727）任广东普宁知县。雍正十年（1732）任广州知府，到任一个月后病逝。

蓝鼎元《鹿洲初集》云：

镇之有业，景星庆云也。必力持正学，始可为泽宫师儒。前志逸其传，则以辟浮屠之故耳。于何知之，于他传知之。澄海林孝廉佳相者，《吴志·传》曰："喜浮屠学。"《林志》改曰："精浮屠学。"比事观之，义自见矣。孔子曰："攻乎异端，斯害也已。"朱子云："专治而欲精之，为害甚矣。"名教中自有乐地，何事浮屠？喜之且害，况精乎？佳相盖有托而隐者，未必真溺浮屠。《林志》一字之褒，铦于斧钺，岂《春秋》之微词欤？因业而恶及其子，则又何其已甚也！业持正学，辟浮屠，居丧不作佛事，在任清白著声，此镇邑第一流人物。余故特为阐幽，以为崇正之的。[①]

由上文可知，蓝鼎元对黄业是非常钦敬的，认为黄业是镇平的"景星庆云"，即吉祥的征兆。庆云，五色云，祥瑞之云。黄业力持正学，才能为儒学教谕。潮州府志为什么要删削掉他，是因为"辟浮屠"的原因。澄海县的举人林佳相发现，《吴志》写的是"喜浮屠学"，后来的《林志》改为"精浮屠学"。喜欢浮屠之事就是一种危害，何况既专治而又精工，其危害可就大了。林佳相有寄寓但比较隐晦，不一定是真正沉溺于浮屠之学。但林杭学以看似褒扬的"精"字，简直像刀斧一样锋利，哪里是春秋隐喻的批评手法啊？蓝鼎元认为，因黄业而又连累讨厌他的儿子，这种做法太过分了。黄业坚持周、程、朱、张的心性学说，排斥佛学虚空谬妄之说，居丧不做香花佛事，在任上清白有声，是镇平县第一流的人物。所以我特地把幽深隐藏的事实显露出来，目的是崇尚正直，摈弃奸邪。蓝鼎元不愧是一个仗义执言的学者，他为黄业、黄阳复父子洗涮尘垢，恢复清白，高度赞扬黄业为"第一流人物"。

黄香铁也在援引蓝鼎元文后加了一段"按"云："新江先生为余族祖，初任福建武平训导，后升郧西教谕。其子孙已十数传，有数百户，至今尚

---

① 蓝鼎元撰，蒋炳钊、王钿点校《鹿洲全集》，厦门大学出版社，1995年，第158页。

尊其祖训，无敢作佛事者。远近仰之，称为‘文教公’。[①]”

至今，蕉城镇寨背村仍有“业公祠”，为土木结构，坐北向南。业公祠分头、中、后三进，之间以天井相隔，檐口石柱，堂中格木圆柱，旁设东西厢，头门口是广场，建筑面积约一千平方米。该祠始建于乾隆五年（1740），至今已有近三百年的历史，仍显古朴、庄严、典雅，是黄业后裔祭祀先祖、商议族事的庄重场地。祠堂前有一半圆形的池塘，水质清澈，整个建筑倒影在水中，与蓝天白云、黛碧远山相映成趣，十分美观。黄业后裔仍然遵循“持正学，辟浮屠”“居丧不作佛事”的古训。

六十一　清廉爱民徐嘉祉

康熙十二年（1673），县令程梦简在主持修纂《镇平县志》时就曾颇有感慨地说过：

纪乡贤人物，而徐氏居其四焉。何一姓多贤也？考梅林公而下，如分水之宦绩卓然，且先机之哲，洞见六十年以后建置之废兴。其学识渊微，不可测矣。九仪之倡明理学，备见程志中。而弘猷以诸生建议，开万世草昧而城社之，尤士林中之特见者，宁独义捐其宅为可传哉？

程梦简所言的乡贤人物中，徐姓的就有四人。他们是：徐嘉祉、徐铿、徐徽、徐韶奏。石窟徐氏在镇平是一个大家族，也是较早定居于石窟的一个家族，无论是经济实力还是政治影响，都对镇平社会影响颇深。徐氏始祖徐云崖，于元末明初之际定居石窟。据说徐云崖洞观石窟地理形局，认为此处此后会建城，故在其临死前，嘱其后裔，如果有一天建城，要将自己家族的土地献出来。

徐氏家族从第四代开始便有人进入仕途。此人为徐积，是明弘治年间

① 黄钊纂修《石窟一征》，《广东历代方志集成》第40册，岭南美术出版社，2009年，第312页。

的贡生，任江西兴国县丞。后代均有人步入科举仕途。徐氏第六世孙徐嘉祉是明正德十四年（1519）的贡生，后来官授江西龙南县知县。康熙《镇平县志》卷四《人物志·人物列传（上）》载：

徐嘉祉，字君宠，号梅林，邑之石窟人，由恩贡授江西龙南令。天性孝友，年九岁，执母丧一如成人。继母性严，竭诚以事，能得其欢心。贼黄镛寇其乡，跪乞全母，贼异而释之。待异母弟，让产取瘠，尤笃友爱。俗以浮屠、燕宾客为礼，尽为反之。居丧哀痛蔬食，人多化焉。令龙南以廉称。岁饥，捐俸赈济，全活甚多。不二载，乞休林下，设家塾以训后进，学者翕然宗之。祀程乡、平远、镇平三县乡贤祠。

徐嘉祉，兴福乡人。从小就懂得事父母孝顺、对兄弟友爱的道理。九岁时母亲死了，他和成人一样举行丧礼，为母亲守孝，一切都做得符合礼仪。他的继母比较挑剔，徐嘉祉却把她侍奉得很好，各项事情都用尽心力去做，做到使其开心，看得顺眼。正德年间，盗寇黄镛侵扰石窟，徐嘉祉背上继母，往山里去躲避一下。没想到，路上却遇上了贼兵，被拦住了。徐嘉祉跪在贼兵面前，请求不要伤害他的母亲，放他母亲一条生路。贼兵觉得这样一个小小年纪的人，能如此孝顺母亲，都觉得十分难得，因而把他们放了。徐嘉祉对待异母弟弟，也特别真诚友爱。兄弟分家析产时，他把肥沃的田地、好的东西推让给了弟弟。过了不久，弟弟却把家业败掉了，徐嘉祉又拿出一部分自己的产业给他弟弟，让他过日子。乡村丧事习俗喜欢请和尚做香花佛事、请亲友们来大吃大喝操办一番，徐嘉祉却不这样做，只按丧事礼仪行事。居丧期间，心情十分沉痛，只吃些粗粮菜蔬，绝不大肆铺排张扬，因而村里的人也都受到感化。徐嘉祉后来出任江西龙南知县，也以清廉爱民著称。在任期间，碰上灾荒年，他把薪俸银捐出来，购买食物，赈济饥民，使不少饥民得以保全性命。在知县任上干了两年，便请求归老返乡。回到家乡后在家中设立塾馆，教授宗族子弟，读书人都一致推崇他。徐嘉祉被程乡、平远、镇平三县的乡贤祠崇祀。

徐嘉祉的事绩亦见载于清光绪《嘉应州志》卷二三《人物》中。其云：“徐嘉祉，号梅林。由岁贡授江西龙南令。天性孝友，九岁丧母，执丧如成人。继母性严，善事之，务得其欢。贼黄镛寇其乡，嘉祉负母避山中，道遇贼。跪乞全母，贼异而释之。待异母弟，友爱尤笃。分产业悉推善者与弟。寻，废业，又捐己产与之。俗丧以浮屠、燕宾客为礼，嘉祉反之。哀痛蔬食，乡多感化。令龙南以廉名。岁饥，捐俸赈民，多所全活。不二载，乞休设教家塾，学者翕然宗焉。并祀潮州及平远乡贤祠。①”

嘉庆二十五年《平远县志》卷之三《人物》中，亦载徐嘉祉事绩，其内容与《镇平县志》所载同。

徐嘉祉经常吟咏诗词，但作品都失传了。其在任江西龙南知县任上，往游县内名胜玉石岩，写有《游玉石岩》诗一首，刻在岩石上，故传留下来。诗云：

玉石岩开久，人传小洞天。
洌泉飞漱玉，好鸟奏新絃。
丹灶凭谁炼，禅床任客眠。
红尘浑不染，风月永无边。

徐嘉祉有三个儿子。第三子徐铿，明嘉靖己酉举人，曾任广西罗城、浙江分水两县知县。

六十二　先机之哲说徐铿

康熙《镇平县志》卷四《人物志·人物列传（上）》载：

徐铿，号幼林，嘉祉季子。领乡荐，初仕罗城令，罢冗役，蠲逋赋，复土酋侵地三里，罗人刻碑志德焉。以母忧，归庐墓三年。起补分水令，厉渰女之禁，严轻生之罚。境内虎患甚烈，为文驱之，得三虎以殉。祀分水名宦。嘉靖间，新设平远于豪居林子营，上书当道，谓宜建石窟，议不

① 吴宗焯修，温仲和纂光绪《嘉应州志》，《广东历代方志集成》第36册，岭南美术出版社，2009年，第400页。

果行。发愤著书，谓六十年后必复改县，嘱其裔孙献遗书就其宗祠建县治，即今镇平县也。先机之哲，若合符节。崇祯年间，督学吴贞启、何三省前后檄程、镇，祀乡贤祠。

徐铿，号幼林，是徐嘉祉的第三子。城里人。徐铿年少立志，继承父业。明嘉靖二十八年（1549），中举人。徐铿最初出仕广西罗城县令。罗城位于广西北部、河池东部、九万大山南麓，是个地处万山丛中、汉族和仫佬族混杂居住的山区县。徐铿上任后，采取了一系列措施，减少民众一部分的徭役，减免以前所欠的赋税，招募流民开垦耕种，使人心安定下来。罗城有三个乡村被仫佬族酋长占据，自立为王，不听朝廷王命。徐铿采取恩威并施的办法，经过谈判，分化瓦解仫佬族内部势力，使大部分仫佬族民众有所归化；同时又调动地方兵勇，用武力严厉打击其中的顽固分子，最终使这三个行政乡村田地归还给原先耕种的汉民。为此，罗城民众刻石纪念徐铿的恩德。

徐铿因母逝世，从罗城返家守孝三年。服满后，出任浙江分水知县。分水县之名，据《太平寰宇·卷九五》：“取桐庐江水中分为名。”析桐庐县西北七乡置分水县，于唐武德四年（621）始建县，今属浙江桐庐县。徐铿知道这分水地区，本是文化教育发达地区，然而民风狡诈，贪利健讼，难于管治。他以诚消其诈，以廉矫其贪，讼牒自息。分水有重男轻女、溺死女婴的恶习，徐铿认为这是“残忍不仁，伤生坏俗”的陋习。为此，他严厉惩治这一行为。按照朝廷的规定，对溺杀女婴者，比照祖父母、父母故意杀害子孙的条例，“杖七十，徒一年半”，制定了严厉禁止溺杀女婴的法令，对溺女者严加惩处。不仅按照杀子孙条例治罪，还对家长、邻居、保长实行连坐的法令。徐铿当然知道这种严厉的惩罚也不能完全遏止溺女婴的风气，必须同时有具体的纾解办法。因此，他带头捐出养廉银，鼓励当地士绅集资建立育婴堂，收养因生计困难、无力抚养的贫家女婴。这样威恩并施之后，分水县的男女结构比例有了明显改善，风俗为之大变，士民称颂。当时，分水境内老虎为害乡民的现象十分严重。徐铿效韩愈《祭鳄鱼文》之例，为文驱虎，结果三条老虎丧生，从此消除了虎患。徐铿离任时，民众列香案、献果酒夹道送别。分水民众还把他奉祀于名宦祠。

嘉靖四十三年（1564），拆分程乡及兴宁大信，新立平远县，设县治于豪居林子营。此时正好是徐铿辞官归里，他表示了不同的看法。他上书当道认为应设县治于石窟，但建议没被接受。徐铿心有不甘，发愤著书，在书中预言“六十年后必改县”，并嘱裔孙献其遗书，建议就在其宗祠地建县署。崇祯六年（1633），沈惟耀所建镇平县署的地方，果然是徐铿建议要建县署之地，时人佩服徐铿有先见之明。崇祯年间，吴贞启、何三省两位督学曾前后下达公文，责成程乡、镇平，把徐铿入祀乡贤祠。

徐铿居家期间，还着手修纂徐氏族谱，其时石窟地域仍属程乡所辖。他在第一次谱基础上修完一至五世的徐氏宗人传，收入谱中的皆嘉靖四十三年（1564）建平远县前的人士，谱修好后故称《程乡徐氏宗传》。

康熙十二年（1673）在任县令程梦简在县志中盛赞徐铿：“分水之宦绩卓然，且先机之哲，洞见六十年以后建置之废兴。其学识渊微，不可测矣。”确实如此，徐嘉祉、徐铿父子，居乡为贤人，作宰为良吏，殊为难得；父子同祀乡贤、名宦祠，足光县史，并可垂世也。

六十三　聪慧坚毅汤应龙

康熙《镇平县志》卷四《人物志·人物列传（上）》载：

汤应龙，字在田，生有异质。松江李太史一见呼为小友。弱冠补弟子员，试辄冠军，为张二无、魏仲雪、吴元行三督学所器重，一时学者翕然宗之，善造就后进。邑孝廉丘恒泰兄弟，皆出其门。登崇祯壬午贤书，时镇邑新造，百务未兴，公与邑侯酌量时宜，凡诸章程，多所厘定。又为邑重建义仓、修常平遗法，至今赖之。司理虔南，多所平反，迁计部枢曹。归，结庐苏峰，家一如寒素。李太史题其墓曰“敏毅”。

汤应龙，字在田，大地（今高思镇）人。明崇祯十五年（1642）举人。汤应龙小时候资性就特别聪颖，不同于一般人，看问题非常到位，做事干脆利落，绝不拖泥带水。连李二何太史一见到他，便称其为“小友”，足见其异于平常人。“小友”是年长者对所敬佩的年轻者的称呼。汤应龙年纪轻轻便成了县学生员，每次考试，都获头名，被张二无、魏仲雪、吴元行三位督学所器重。当时的读书人一致推崇他，认为他善于培养后进人才。县里的丘恒泰兄弟就是他培养出来的。丘恒泰，黄田人，崇祯己卯谢宗瑄榜举人。汤应龙中乡试举人时，镇平建县不久，百务待兴。镇平的几任县令都很敬重他。县令和他商量，根据情况需要制定相应的章程条规，最后由他整理修订。汤应龙在规划县城建设中，起了重要的参谋作用。

汤应龙还做了一件极大的善事。据康熙《镇平县志》卷一《舆地志》载：“预备仓，在城内县治左。顺治十七年，知县张天庆、乡官汤应龙建。”所谓“预备仓”，是明代各地为储藏赈济粮食所设的粮仓。《续文献通考·市籴三》：“明太祖洪武初，设预备仓。”明洪武三年（1370），命州县皆于四乡各置预备仓，出官钞籴粮贮之以备赈济，就地择其年高笃实之人管理。正统后，以收贮罪囚赎米入仓，无定数。成化后，始有每里积三百石或五百石之例。弘治三年（1490），定各州县仓库粮贮数目：凡十里以下积粮一万五千石；军卫每千户所积粮一万五千石，每百户所三百石。三年一盘查。十八年（1505）又定：凡赎罪等项及赃罚等物，尽行折纳，籴买稻谷上仓。正德七年（1512），令囚犯改纳纸札者，二分纳纸，八分折米谷上仓，不许折收银两。万历五年（1577），各州县分三等积谷，上等每岁以千石为准，多者二三千石，下等以数百石为准，少至百石。荒年借贷于民，秋成偿还，遂为一代定制，取代了常平仓。

常平仓是古代王朝为调节粮价、储粮备荒以供应官需民食而设置的粮仓。常平仓起源于战国时李悝在魏国所推行的平籴，即政府于丰年购进粮食储存，以免谷贱伤农；歉年卖出所储粮食以稳定粮价。它主要是运用价值规律来调剂粮食供应，充分发挥稳定粮食的市场价值作用。在市场粮价低的时候，适当提高粮价进行大量收购，不仅使朝廷储藏粮食的太仓和甘泉仓都充满了粮食，而且使边郡地方也仓廪充盈。在市场粮价高的时候，适当降低价格进行出售。

汤应龙“修常平遗法”，就是继承历史上常平仓储的具体做法，制定预备仓的管理规定。采取这一措施，既避免“谷贱伤农”，又防止“谷贵伤民”，对平抑粮食市场和巩固封建政权起到了积极作用，在一定程度上反映了民众的利益和愿望。

汤应龙的祖父汤嘉兴、父辈亦称贤于乡。康熙《镇平县志》卷四《人物志·人物列传（下）》有其传载：“汤嘉兴，字东溪，邑大地人。敦行谊，能文章，尤工诗，有以争至其前者，辄以醇酒作诗解之，每令争者愧悔而去。家贫，晚年以舌耕自赡。然重义好施，亲朋或有不给，必分遗之，亦不责其偿也。二子皆能绳武。仲子民元，以孝谨称，设法均里役之困，有足传者。孙应龙，以名宦著声，别有传。”

汤应龙后来出任赣南的判官，在任上平反许多冤案，后来升任户部中枢官署任职。退休返乡，就在苏峰下筑一庐居住，名“万石山房”，家中还像未出仕时一样，清素简朴。据说，汤应龙还把自己的诗集名为《万石山房诗抄》，然而后人未见有其诗。顺治八年（1651）的镇平县令薛世望与汤应龙的交谊十分深厚，曾经造访其庐，并有《汤孝廉在田新筑万石山房携其子铉读书其中余过而乐之作此以赠》一诗赠送汤应龙。诗云：

岩岩泰华石，四方削成之。壁立翔千仞，伟人恒在兹。伊予荆山子，性癖耽嵚嵜。披荆访国老，惟公邦之基。相与宝素朴，石交订心知。拜尔允称丈，攻予愿作师。生公坐边物，解语良自怡。阿大雄文赋，光怪灿陆离。嵌空天划巧，玲珑神镂奇。每奏辄见示，惟予叶针磁。更钦高士义，山静爱筑移。相彼大峰脊，逝将五丁施。凿开丹嶂径，环山天作帷。石架三梁险，猿狖不敢窥。于焉营石室，满壁题新诗。笑倾洞里酒，世事何齿为。元龙百尺楼，谁可偕栖迟？文藻三苏事，家风万石仪。愿言渐盘石，殿邦歌委蛇。考室颂且祷，曰予寄所思。

汤应龙死后，李二何太史感于他与汤应龙“小友”的交谊，应家属的请求，题其墓碑曰“敏毅”，可谓是对汤应龙中肯又崇高的评价。汤应龙子汤铉，亦有《仙桥飞渡》《文峰插汉》两诗，载在乾隆《镇平县志》卷六《艺文志·诗》中。

六十四　士林特见者徐徽

康熙《镇平县志》卷四《人物志·人物列传（上）》载：

徐徽，字弘猷，邑桂岭人，崇祯二年岁荐。立身行己，一以范文正、陈太丘为法。教授里门，一时及门多知名之士。天启间，寇盗横行，多扳累良民。徽多为辩白，全活甚众。至今丘泌义等子孙三十余家，每食必祝焉。崇祯间，寇踞石窟，三省皆为流毒。徽诣各宪，条陈建县以治之，竟如其议以行。凡县治学署，皆其住宅所捐也。后直指李公，行县给还地价。徽子一鉷辞而不受，以成其志。邑令胡公会宾、罗君明夔，咸称其父子济美，为诗旌之。

徐徽，字弘猷，是崇祯二年（1629）贡生。徐徽存身自立，行为有度，一切行为规范都以范文正、陈太丘作为榜样。范文正，即范仲淹（989—1052），字希文。北宋时期著名政治家、军事家、文学家、教育家。范仲淹文武兼备，政绩卓著，文学成就突出。他倡导的“先天下之忧而忧，后天下之乐而乐”思想和仁人志士节操，对后世影响深远。陈太丘，即陈寔（104—187），字仲躬，颍川许县（今河南省许昌市长葛市古桥镇陈故村）人。是东汉时期官员、名士。陈寔出身寒微，起家任都亭佐，转为督邮，迁西门亭长，四为郡功曹，五辟豫州，六辟三公，再辟大将军府。司空黄琼辟选人才，补闻喜县令，治理闻喜半岁；复除太丘长，后世称为“陈太丘”。他以清高有德行，闻名于世，谥号“文范先生”。

徐徽在乡村中教书，一时间，投拜到他门下来就读的有很多知名人士。天启年间，寇盗横行，有许多良民百姓被诬为寇盗或被指为窝藏寇盗，受到连累。徐徽挺身而出，为之申诉辩白，因而保全了许多民众。直到现在，丘泌义等共有三十余家，因受到徐徽的申辩而存活下来，其子孙每食必祝，怀念徐徽再生之恩。崇祯年间，正如徐铿预测的那样，在平远建县，并没有消除石窟的寇乱。寇盗十分猖獗，霸占了石窟，致使粤赣闽三省都被毒害流传。因此，徐徽亲自到各级衙门，分条陈述建县石窟的好处。朝廷为更好地管治粤赣闽边境地区，竟接受了他的建议，在明崇祯六年（1633），确定拆分程乡、平远两县建县石窟。兴建县署，首先面临一个建设土地的问题，秉承祖先的遗训，徐徽捐出了自己的宅基地作建县衙用地。

康熙《镇平县志》卷一《舆地志·县署迁建》载："县治在蕉岭之阳。建于崇祯六年，平远令沈惟耀先卜徐氏宗祠及贡生徐徽宅，时徽暨本宗义捐，移住县之左侧，后三不利于县令。崇祯十年，知县胡会宾改建于旧治之左，亦系徽住宅基捐出，是为今治。徽仍移住原地，徐氏复建祠焉。盖新旧两地皆徐氏所捐也。"

乾隆《镇平县志》卷一《疆域志·官署》载："县署旧在蕉岭之阳。明崇祯六年，平远令沈惟耀，卜徐氏宗祠及贡生徐徽宅基创建。十年，知县胡会宾改建于旧署之左，亦徐徽宅基捐建，是为今署。"

从上文可知，徐徽捐出了自己的宅居地，徐氏宗族也秉承其先祖徐云崖的遗训，把徐氏宗祠也一同捐出来。不单如此，还是建而复迁建的两次。后来朝廷特派巡视官员李公，巡查来到县里，指示给还补偿徐徽及其宗族以地价。徐徽的儿子徐一铁坚决不愿接受，说这是先人的遗愿，一定要按先祖的意愿来做。当时的县令胡会宾、罗明夔，都称赞其父子济美。崇祯十七年任镇平县令的罗明夔有诗赠徐徽，并在诗前小序中说"时议设县捐地千亩衙署学宫悉其地也纪事一首"。诗云：

齐卿但肯安湫隘，汉胄何为请考工？
建议成城开镇邑，输财启宇仰徐公。
谁能一掷轻千亩，我到重关达四通。
太史若修人物传，好将彩笔表高风。

徐徽父子，自愿将宅基地捐赠出来，建造县署、学宫，一文不受，以成先辈遗愿。真正是高风亮节，为人称道。而在随后的新县城建设中，徐氏族人还有不断捐助的义举。

而程梦简特别赞赏的是："而弘猷以诸生建议，开万世草昧而城社之，尤士林中之特见者，宁独义捐其宅为可传哉？"他觉得徐徽以一介书生身份，建议置县石窟，开启了从古以来原始未开化的状态，使它从此变成了城池和祭祀地神的土坛，从此变成了人民休养生息的地方。这是徐徽作为读书人而具有的独特见解，一般人是不可能具有的。我们不能仅只看到徐徽把其宅基地捐出来这件事。历史上，人们只看到徐徽“凡县治学署，皆其住宅所捐也”，却很少有人提及石窟士民一再“呈乞移平远治城于其乡”，尤以“徽诣各宪，条陈建县以治之，竟如其议以行”。这样一个事件和它的过程都让人们忽略掉了。这里，徐徽“诣各宪”“条陈”，一再“呈乞移平远治城于其乡”是其因。很难想象，假如没有徐徽这种有“岁荐”功名、地位、尊严的人去衙门上下行走呼号，就不可能有“如其议以行”的果。按说，在石窟建县是从徐氏石窟始祖徐云崖起的因，此后徐氏宗族几代人一贯都持有这种心结，到徐铿发愤著书预言“六十年后将建县”，再到徐徽“诣各宪”“条陈”，到捐出宅基地建县署学宫，徐徽子徐一锳辞而不受补偿，固然是徐徽“立身行己，一以范文正、陈太丘为法”的具体表现，也是徐氏几代族人言行一致、锲而不舍追求的结果。我赞成程梦简的评论。程梦简、罗明夔都是距镇平置县时间比较近的人，他们对当时历史事实的了解掌握，要比后来的人更接近真相、更为客观，而其看法亦自高人一等。

六十五　倡明理学徐韶奏

康熙《镇平县志》卷四《人物志・人物列传（上）》载：

徐韶奏，字九仪，乡贤徐铿孙也。十岁失怙，母余氏孀守成人。奉侍孝养，读诗至《小宛》，汕然出涕。及为弟子员，博综群书，成一家言，屡试冠军，两抑乙榜。教学乡邑，四方负笈者日众。郡大夫延为宾师，竿牍绝迹。领岁荐授训增城，倡明理学，力起浮靡。归田，手不释卷，著述甚富。年七十六，无疾坐逝。

徐韶奏，是乡贤徐铿的孙子。徐韶奏十岁时，父亲就死了。母亲余氏死了丈夫没有再改嫁，把徐韶奏抚养成人。徐韶奏竭尽孝忱奉养母亲，读到《诗经·小雅·小宛》这一首诗时，眼泪就像雨水一样滴落下来。因为这是一首父母离世后劝告兄弟小心避祸的诗歌。作者在表达自己的思想、抒发自己的感情时，采取了意味深长的比兴手法，使读者感到作者的每章诗意都是因物起兴、借景寄情，与徐韶奏力图维系家门传统的心境十分吻合，特别引起共鸣。

徐韶奏后来考取了县学生员，把能找来的书籍都认真研读，并有自己的看法，每次考试都位列头名。两次参加乡试却未能中举，他只好留下家乡教书。人们仰慕他的学问人品，所以不少人愿意拜投到他门下求学。后来，郡守官聘请他去作幕僚，他从不以此为便，接受别人的请托书信或贿赂之物，谋取自己的好处。

徐韶奏作为优秀人才被官府举荐录用，授任增城县儒学训导。在训导职位上，他向生徒提倡并阐明宋元明时期儒家思想学说的性理之学，强调个人自己内在的充实，自觉地作圣贤大夫、作道德的实践以完善自身的德行，圆满自身的人格。要求学生要力避怪力乱神的异端邪说，在日常生活中努力离开浮华奢侈、荒诞不经的场景。

徐韶奏退休后回到家乡，坚持每日读书，手不释卷，写了不少诗文。乡村间有“架有书千，囊无一钱”之歌谣流传指的就是他的境况。

崇祯十年（1637），时任县令胡会宾对徐韶奏十分器重。他专门延请徐韶奏主纂《镇平县志》。此志书分八卷为：疆域、营建、版籍、官师、山防、人物、艺文、杂流。志书编好后，胡会宾还写好了“序”。胡会宾在“序言”中就曾提及“乃延邑人、原任增城训导徐讳韶奏者主其事”。胡会宾看重徐韶奏的人品和学识。中国近代史上著名的文学家、史学家顾炎武曾提出“必其人，有学识”这个重要的修志标准。在用人上强调才能、学问、见识三者必备的要求。才能侧重于解决实际问题的能力，学问侧重于学习积累的知识，见识则是基于才能和学问的分析能力，侧重于对问题的看法、见解，尤为重视“其见远”或“其识远”的“识”的方面。徐韶奏在这三方面都具备了。可惜的是，这部经徐韶奏主纂成的《镇平县志》没能留存下来，让今人难睹其风流文采。

徐韶奏的事迹亦见载清光绪《嘉应州志》卷二三《人物》，内容与县志同。其云："徐韶奏，字九仪。十岁失怙，奉母余氏尽孝。孀守成人。读诗至《小宛》，潸然流涕。及为弟子员，博综群书，成一家言。教学乡邑，四方负笈者日众。郡大夫延为宾师，竿牍绝迹。领岁荐授训增城，倡明理学，力起浮靡。归田手不释卷，著诗文甚富。里有'架有书千，囊无一钱'之谣。[①]"

然而，由于时光流逝和朝代更替，加上兵灾战祸以及自然灾害的火燹水漶，徐韶奏的诗文著作荡然无存。今天仅能见到的是他的一首《七贤书院》诗：

群公祠院锦江干，正气光芒北斗寒。
金鉴千秋开铁汉，朱颜三月照黄冠。
文章北斗瞻芳躅，姓氏南齐重考槃。
炎徼昆关碑碣在，七星长挂水云端。

七贤书院为程乡县办书院，书院祀刘元城、文天祥、张九龄、狄青、蔡蒙吉、韩愈、程旻七位先贤。徐韶奏的诗载在王之正纂修的乾隆十五年《嘉应州志》卷七《艺文志》及清刘广聪修纂、曹延懿递增的《程乡县志》卷之七《艺文志》。

徐韶奏活到了七十六岁，无疾坐逝。在古代的医疗、生活条件下，"人生七十古来稀"，他能活到七十六岁，也可以说是不容易了，无疾坐逝，更是一种福报了。

六十六　今之彝鼎赖应试

康熙《镇平县志》卷四《人物志·人物列传（上）》载：

赖应试，号鸿初，邑之陂角人，平庠赖烈季男也。少而颖敏，克遵庭

① 吴宗焯修，温仲和纂光绪《嘉应州志》，《广东历代方志集成》第36册，岭南美术出版社，2009年，第403页。

训。弱冠游泮，屡试拔前茅。及壮，膺崇祯六年岁荐。生平笃孝，友睦里族，能捐己产以立伯父默后嗣。邑侯胡公多雅重，匾之曰“今之彝鼎”。义方训子，长子其解，髫年进邑庠学，茂行洁人，称有令嗣焉。迨任高凉广文，育才课士，郡人推为领袖。休致寓高村落，和厚近人，平易率物。都人士高其德。国朝凡两举正宾，高府刺史罗有匾以奖。

赖应试，号鸿初，陂角人。其父赖烈，在当年是一条好汉。在乾隆《镇平县志》卷五《人物志·懿行》亦载有赖烈的传记，云：“赖烈，陂角人。万历丁巳，流寇行劫。烈竭产椎牛置酒，募壮士缚歼巨魁，贼党解散。平远令李允懋奖以诗。”赖烈，在《平远县志》卷之三下《人物》中有，云：“赖烈，邑诸生。岁丁巳，流寇行劫，乡人争避之。乃日竭产椎牛置酒，募壮勇，得数巨魁缚于官而歼之，贼党解散。邑里安堵。邑令李公允懋，作诗嘉其义。”[①]赖烈是平远县学生员。明万历四十七年（1619），流寇劫掠乡村。村里人害怕，都躲到远远的山里去了。赖烈看到这种情况，便把自己的家产全部卖掉，宰牛买酒，招募乡勇，最终把流寇的几个首领抓获，捆送到官府后杀掉，流贼一伙也就因此解散，乡村恢复了安定的生活。为此，平远知县李允懋写诗嘉勉赖烈这种义勇护乡的行为。

赖应试，是赖烈的第三个儿子，小时候就聪明而有天才，能遵从父亲的教导，认真读书。年纪轻轻就进入县学，而且每次考试都名列前茅。到赖应试长大成人时，获得崇祯六年（1633）的荐举。他生平十分孝顺，友爱和睦族人，对金钱、财物看得比较轻。他能把自己的财产拿出来为其伯父赖默立继后嗣。所以，当年的县令胡会宾非常推崇器重他，并将“今之彝鼎”的牌匾赠给他。“彝鼎”泛指古代祭祀用的鼎、尊、罍等礼器。《礼记·祭统》：“对扬以辟之，勤大命，施于烝彝鼎。”郑玄注：“彝，尊也。”宋代欧阳修《相州昼锦堂记》：“其丰功盛烈，所以铭彝鼎而被絃歌者，乃邦家之光，非闾里之荣也。”其意是指赖应试典雅出众，是当今能够力扛大任的人。

---

① 卢兆鳌总修，欧阳莲协修《平远县志》，平远县人民政府，1997 年，第 247 页。

赖应试以儒家道统教育子女，很有成就。他的长子赖其解，十六岁进入县学为生员，盛德之行能让人廉洁起来，被称是赖应试才德美好的儿子。等到他后来出任高凉郡教授，育才课士，被高凉郡人推为领袖。高凉，是古代岭南一个极为重要的古郡县。据《读史方舆纪要》载："高凉山，本名'高梁'，以群山森然、盛夏如秋，故名'高凉'。"自古以来，此山是南粤名山。西汉至南朝时借助于这座名山的称呼，在山下建立郡县，取名高凉郡（县）。汉武帝元鼎六年（前111）开设合浦郡时所置，是合浦郡五个属县之一，县治址在今高州长坡一带。今之恩平、阳江、阳春、电白、茂名、高州、信宜、化州、吴川皆其属地。

赖应试退休致仕时寄寓在高凉的乡村里，待人和厚平易，是众人的榜样。高凉郡的人士都赞赏他崇高的德行，入清朝时曾两次被举为乡饮酒的正宾。高凉州姓罗的知州有匾以旌奖。

六十七　"芦衣""矢箙"宋元亨

康熙《镇平县志》卷四《人物志·科名表》在"贡士"下载："宋元亨，龟浆人，顺治甲午年拔贡。初授江南溧阳知县，改补罗城知县。有传。"又，康熙《镇平县志》卷四《人物志·人物列传（下）》载：

宋元亨，字长号，甲午拔贡，部试特等，授溧阳知县，迁令罗城。性孝友，事继母得其欢心，自筑室一区，与两弟均分。父永奎为土寇杨乾所杀，时乾拥众数千。元亨以书生竭产致命，卒得乾首以报父仇。顺治九年，恩诏采访孝子，邑令薛世望以元亨呈报，有"事母难于事父，芦衣儿已无间言；孝死贤于孝生，矢箙子终成厥志。合表奇节，以彰孝思。"有诗载《艺文部》。

宋元亨、宋光亨的事迹见于王之正主修的《嘉应州志》和温仲和主纂的光绪《嘉应州志》，并载于《广东通志》，其内容与县志大略同。光绪《嘉应州志》卷二三《人物》云：

宋元亨、光亨皆庠生，永奎子。永奎尚气节，为土弁杨乾所害。当鼎革时，乾统乡兵，凶暴肆虐。元亨思报父仇，入陈储幕。陈储者，初为练总，团练乡勇，屡与乾抗。元亨故曲意事储，欲假储兵杀乾。未几，储与乾连姻，置酒安济侯庙。邀乾与元亨为欢，矢诸神，释两家怨。元亨阳诺，密与光亨谋。是日，乾至，元亨笑迎，让至神前叩首誓。光亨从神龛后突出，挥刃断乾首。储色变，元亨曰：'乾暴虐，人思噉其肉。况某兄弟为父报仇乎！且邑无乾，兵权悉归公，谁敌公者？'储然之。元亨、光亨携乾首归祭其父。后乾家讼诸官。官直元亨兄弟，释不罪。元亨拔贡，仕溧阳、罗城两县知县。光亨为诸生。①

宋元亨，其弟光亨是同父兄弟，同为县学生员，是镇平油坑乡人。他事父母孝顺、对兄弟友爱。特别是他侍奉继母，非常孝顺，能赢得继母的赞许。自己经手建造了一栋楼房，拿出来与其弟光亨平分居住。其父宋永奎，也是一个在乡村中深受尊敬的节义之士。康熙《镇平县志》卷四《人物志·人物列传（下）》亦有记载："宋永奎，增广生。早丧父，事母以孝闻。母丧，哀毁几于灭性。喜拯人之危，见不平力为纷解，不避权贵。崇祯间，妖僧梁和尚作乱，毒流闽广，生设伏擒之。直指使洪公，题受守备，不受。"宋永奎是秀才出身，年幼时丧父，俸奉母亲非常孝顺。母亲死时，居丧悲伤异常而几近毁灭生命。平时喜欢拯救人于危难，发现有不公平的事情，他都尽力为之调解纠纷，也不偏袒有权有势的人。崇祯末年，有个姓梁的和尚妖言惑众作乱，祸及福建广东。宋永奎想出办法把他活捉，解送官府。有姓洪的朝廷特派官员，题奏宋永奎为守备，但宋永奎没有接受。因其时正处在明清易代之际，宋永奎宁可留在乡中过安静日子。然而，一向崇尚气节的宋永奎，却被杨乾杀害了。杨乾是一个统领数千乡兵的头领，平日里横行肆虐、为所欲为的土霸。宋元亨想报杀父之仇，便把家产变卖了，投靠到陈储手下当幕僚。而陈储这个人，世称为陈其明，原来是西洋

① 吴宗焯修，温仲和纂光绪《嘉应州志》，《广东历代方志集成》第36册，岭南美术出版社，2009年，第409页。

练总、一方土霸，清朝授予其平镇营游击，与杨乾互争权柄，结下过节。据康熙《镇平县志·官守志·平镇营戎帅表》载："陈储，程乡人，顺治十一年任。按：储先为西洋练总，与叛贼杨乾争权，逐乾而夺其柄，恣肆较乾尤甚，后死于五指石。其子益荣继为城守，亦以罪斥去。从前土弁为害，至储极矣。"由此看来，陈储也不是好东西，比杨乾更坏。宋元亨为报父仇，不得不暂时隐伏在陈储帐下，想借陈储之兵杀死仇人杨乾。不久，陈储与杨乾联姻。陈储想劝宋元亨与杨乾和好，不要记仇，摆酒设宴安济侯庙，邀杨乾与宋元亨一同参加，在神明前起誓冰释前怨。宋元亨表面上答应下来，暗中却和其弟光亨商量，定下计策。是日杨乾应约而至，宋元亨笑迎携手至神前，焚香拜叩起誓。突然间，光亨从神座后面跳出来，杨乾完全没有防备，措手不及。光亨手起刀落，把杨乾的头割了下来，连陈储看了都大惊失色，不知如何是好。宋元亨当即镇静地对陈储说："杨乾暴虐，大家都恨不得食其肉。何况我兄弟只是为报杀父之仇。如今邑中没有了杨乾，兵权全在你手中，谁还敢和你作对？"陈储听了觉得有道理，也就不再说什么了。元亨、光亨兄弟带着杨乾的头颅，回到老家祭奠其父。后来，杨乾家里人把元亨兄弟告到官府，特派负责巡检的官员把元亨兄弟带去提堂过问。宋元亨直认不讳，说明原委。直指使把元亨兄弟当堂释放，不予追罪。

到顺治九年（1652），朝廷下诏各地收集报送孝子的材料。时任县令薛世望将宋元亨事迹呈报上司，在材料中有"事母难于事父，芦衣儿已无间言；孝死贤于孝生，矢箙子终成厥志。合表奇节，以彰孝思"的话语，其中有"芦衣子"和"矢箙子"两个典故。"芦衣"是指用芦花代棉絮的冬衣。语出《太平御览》卷八一九引南朝·宋·师觉授《孝子传》："闵子骞，幼时为后母所苦，冬月以芦花衣之以代絮。其父后知之，欲出后母。子骞跪曰：'母在一子单，母去三子寒。'父遂止。"后遂以"芦衣"为孝子的典故。"矢箙"（sh ǐ fú），指箭袋。语出《周礼·夏官·司弓矢》："中春献弓弩，中秋献矢箙。"郑玄注："弓弩成于和，矢箙成于坚。箙，盛矢器也，以兽皮为之。"薛世望充分肯定宋元亨兄弟是孝子，其杀杨乾是为报父仇、为民除害的节义行为，请求朝廷表彰。

由此，宋元亨被授予孝子。薛世望还向省学政推荐，再经由省学政向朝廷推荐，宋元亨成了清顺治十一年（1654）的拔贡生。据《清史稿·选举志一》载，拔贡，是科举制度中选拔贡入国子监的生员的一种。清制，初定六年一次，乾隆七年（1742）改为每十二年（即逢酉岁）一次，由各省学政选拔文行兼优的生员，贡入京师，称为“拔贡生”，简称“拔贡”。同时，经朝考合格，入选者一等任七品京官，二等任知县，三等任教职；更下者罢归，谓之“废贡”。

宋元亨在吏部面试时为比较优秀，被分发到江南溧阳任知县，后来又改任罗城知县。

明末清初屈大均《广东新语》卷七《人语》在“报仇三孝子”条下有《赠宋元亨》诗，诗前有序：一曰宋元亨，字应乾，程乡之贡士也。其父为总兵杨乾所害，元亨乘间即军中刺杀乾，有司系之。予贻以诗云：“旗门直入报仇还，孝子威神岂等闲。天马不惊橒里去，坐令追吏至深山。”“雄刀三载箭中鸣，报怨而今事已成。何必君思频见赦，千秋人识子崔名。”

康熙辛未进士、官翰林院检讨、程乡人李象元亦曾赠诗曰：“漫欺文弱两青衿，酒杯何能释怨深。怀刃三年终绣血，千秋人识脊鸰心。”黄香铁亦作古风一首追咏其事：“十丈高，洒至地，仇人血，孝子泪。热漉漉，湿淋淋。仇人头，孝子心。屈身事总练，总练今日色莫变。兄弟一心攒万箭，怀刃三年君未见。君未见，取君看。鹏鹈膏，脊鸰汗。”读之词意悲壮，意韵苍凉。

黄香铁还对宋永奎宋元亨父子的籍贯作了考证，云：“永奎父子，有谓油坑乡人，有谓白渡前人。今白渡属州治矣。顺治九年，恩诏采访孝子，邑令薛世望以元亨报，则又为吾邑人矣。”上引屈大均语，把宋元亨说成是“程乡之贡士”，或许是因镇平在置县前属程乡辖地，故从广义上说宋元亨为程乡之贡士。即黄香铁所述，亦有油坑乡人和白渡前人两说。然而，薛世望知县具文呈报是不争的事实。而且，程梦简主修的康熙《镇平县志·凡例》中提到，原溧阳令宋元亨是“相与共参订者”，参与了其中“卷一·舆地志”的编纂事宜。因而，可以铁定宋元亨为镇平籍人。薛世望断不可能把别县的人拿来自己去呈报，这样做于理不合，反倒会招惹是非麻烦。程梦简也不会请外邑人来“相与参订”县志。

宋元亨兄弟事迹载王之正主修之《嘉应州志》，并载《广东通志》。

六十八　度量洪雅之赖应

写赖应，不好写。在乾隆《镇平县志》中介绍赖应的文字仅寥寥36字。好在黄香铁的《石窟一征》卷九《人物》有赖应的专题介绍，而且也是因蓝鼎元十分推崇赖应，并有精到的评论。这样，才下决心把这样一个“平民”“逸民”的事迹敷衍成文。

赖应在乾隆《镇平县志》卷五《人物志·懿行》载：

赖应，字绍庭，陂角人。笃志好学，不求闻达，超然以古逸民自许。处里党间，度量宏雅，人以为难。

以上文字并不难读，其意思是：赖应，字绍庭，陂角人。他专心致志，勤奋好学，从来没有追求过名誉和地位。他把自己当成是超然于现实生活的古代逸民，生活在乡村邻里之间，又能不计较个人恩怨得失，人们都认为这样做非常难得。

黄香铁的《石窟一征》卷九《人物》载：

赖应，字绍庭，镇平人。笃学高尚，不求知于世，超然有古逸民风。宅边有大榕树，手书一卷，坐卧穷年。为人度量洪雅，无争竞，里党间怡怡如也。乡有赁其牛而耕者，牛疲，行迟，鞭牛背詈曰：“赖应，何不速行。”应适经其处，或以为弗闻也者而过之。乡人觉而谢罪，应曰：“戏言耳，无足怪。”邑有邱甲者，好讼。应尝买其田十亩。俄而，甲讼焉。将赴郡待质。甲贫甚，囊无钱，求附应舟往，应许之，复饮食之。甲对簿理屈，不伏辜，复他讼。连年不解，往返皆随应，应待之无改于初。人莫知其为仇讼者，或以为从行之仆耳。后甲悔，踵门谢罪，应款之，还其券。甲得田大喜，稽首称谢。及应卒，甲哭之，恸如丧所生。

论曰：赖应，古之君子也。以此风世，则民无争。或曰：既如此，曷不还田于未讼之先，省仆仆公庭乎？曰：刁风不可长，恐人人效尤，罄田宅无以为继耳。积诚以感之，俟其倦而归之，亦善处小人者夫！固不以一讼累其德。

按：绍庭，邑西门外白马乡马荠湖人。今宅边榕树尚存，子孙亦蕃衍。同上并《蓝鹿洲集》。[①]

由此又可知，黄香铁是抄录了蓝鼎元《鹿洲初集·赖逸民小传》的原文而介绍赖应的。

赖应以"古逸民"自许。所谓"古逸民"，就是通过隐逸的方式保持了人格的完善和独立的人。赖应虽然笃志好学，却从来没有踏入科场去考取功名，获取利禄。在古代社会的科举时代，"学而优则仕"，是实现人生价值的唯一正途。纵使经纶满腹，如果未能科场挂名、求得一官半职者，则会被人瞧不起，认为是白读了书。赖应生活在世俗社会里，邻里乡党之间就不容易。好在他脾气好，能宽容人，不计较个人恩怨得失，也不计家长里短。人们都认为这样做非常难得。

赖应在乡里生活，手书一卷，自顾自读书，不与人争名竞利，和睦相处，日子过得和顺安适，怡怡自得。有乡人租赁他的牛去耕田，牛疲困行动迟缓，乡人用鞭子抽打牛背，并对着牛骂道："赖应，为什么不走得快一点？"赖应刚好经过那个地方，他假装没有听见而走过去。乡人知道后而向赖应道歉。赖应说："开玩笑的话语，不用去计较。"县里有邱甲这个人，喜好诉讼。赖应曾经买过他的十亩田。不久，邱甲诉讼赖应，将要到州里去互相对质。邱甲十分穷，囊中无钱，请求搭赖应的船一起往州府，赖应答应他，并给他路上的饮食。邱甲对簿公堂没有道理，还不认过错，又到其他地方去诉讼。几年来都没有把事情解决好，每次往返都附随赖应的车船，赖应对待他都还是和开初一样，没有改变。人们都不知道他们两家是对簿公堂的人，有的人还以为邱甲是从行的仆人呢。后来，邱甲知道错了，登门谢罪，赖应招待他，并把卖田券还给他。邱甲得到返田，非常高兴，稽首拜谢赖应。到赖应逝世时，邱甲痛哭之，悲恸得就像死了自己

① 黄钊纂修《石窟一征》，《广东历代方志集成》第40册，岭南美术出版社，2009年，第312—313页。

的生身父亲一样。

蓝鼎元评论说，赖应，古时候的君子啊！他要求自己严格而全面，他对待别人宽容又简约。严格而全面，所以不怠惰；宽容又简约，所以人家都乐意做好事。用这样的办法来劝勉世人，那么，老百姓就会减少争斗。有人问：既然这样，为什么不在没有诉讼之前把田还给他，省得仆仆风尘到公庭去对簿呢？答：强横刁蛮的风气不可长，怕人人都照坏样子去做。那样，你把田地住宅还光了也还不够还啊。积累诚信来感化他，让他疲乏了，这时再归还给他，也是对待小人非常好的一种办法啊！所以不因一再诉讼让其德行有所减少。

蓝鼎元说得多好，一褒一贬，真正是眼光独到。赖应是具有高尚人格和情操的一个人，从他身上可以看到人文精神的仁者美德，又有崇尚自然、追求自由的精神。他选择了隐逸以保全自身，却能以自身行为劝勉世人。诚如范晔在《后汉书·逸民列传》中论及士人隐逸的原因："或隐居以求其志，或回避以全其道，或静己以镇其躁，或去危以图其安，或垢俗以动其概，或疵物以激其清。然观其甘心畎亩之中，憔悴江海之上，岂必亲鱼鸟、乐林草哉！亦云性分所至而已。"这也可能就是赖应隐逸的动机和目的吧。

黄香铁作了说明，绍庭，邑西门外白马乡马荠湖人。今宅边榕树尚存，子孙亦繁衍。

六十九　血荐孤贞林丹九

负崖倚险聚苍生，心与寒潭一样清。
任是史官编不到，山灵知道此孤贞。

这是林丹九的《龙潭寨自志》，写于顺治三年（1646）。当时清军攻入镇平，林丹九率乡兵退踞长潭，负崖倚险拒止清兵之时。纵然历史上写不上他的名字，但山川之神知道我的孤直忠贞。诗表达了林丹九抗清到底，誓不降清的意志和决心。

林丹九（1590—1647），又名际亨，字一桂。明末举人。长潭乡白马村人。诚如他在诗中说的一样“史官编不到”，无论是康熙版的、还是乾隆版的《镇平县志》，都未收入他的名字和事迹。

历史上的文天祥、史可法，在国家遭遇异族入侵的生死存亡面前，表现出不计个人生死安危、一死殉国的忠贞气节，不单赢得民众的崇敬，也赢得对手、敌方的钦敬。《文天祥列传》写道：“文天祥就义后，和许多戏剧版本一样，忽必烈也来了个刀下留人！可就晚了那一会儿工夫。《宋史》记载：‘俄有诏使止之。’忽必烈后悔了，他说文丞相是个好男子，不肯为我所用，我一时轻信杀了他，实在可惜呀！他虽然贵为一尊，可也希望众臣像文天祥忠于宋朝一样，对他尽忠无悔，他也希望树立这样忠君的楷模。”①“宋朝之后的元明清三朝的帝王，都不得不尊崇他：‘浩然之气，与日月争光’。”②作为明末抗清名将、民族英雄史可法，亦被后世推崇。据《史可法全传》载：“从清乾隆三十九年开始，扬州知府谢启昆便奉圣旨重建史公祠，在墓的一侧另建祠堂。后来乾隆帝南巡扬州，为了抚慰民心，亲自前往史可法墓前吊唁，加谥号‘忠正’，并写下了‘褒慰忠魂’四个大字。在敕修《历代通鉴辑览》一书时，他命将史可法《复多尔衮书》编入书中，并加御批称：‘夫可法，明臣也，其不屈，正也，不载其语，不有失忠臣之心乎？且其语不载，则后世之人将不知其何所谓，必有疑恶其语而去之者，是大不可也！’在敕赐专谥一文里，乾隆又称赞史可法‘砥行能坚，秉诚克裕。遭时坎坷，恒仗节以无挠；殉义从容，竟捐生而不悔’。”③清代编纂《四库全书》时，乾隆尤其注意明末清初人的著作，四十一年颁谕：“前因汇辑四库全书，谕各省督抚编为采访。嗣据陆续送到各种遗书，……第其中有明季诸人书集……若刘宗周、黄道周立朝守正，风节凛然，其奏议慷慨极言，忠荩溢于简牍，卒之以身殉国，不愧一代完人。又如熊廷弼受任疆场，材优干济，所上封事，语多剀切，乃朝议所挠，

---

① 引史在新、刘敬堂著《文天祥列传》，中国文史出版社，2019 年，第 260 页。

② 引史在新、刘敬堂著《文天祥列传》，中国文史出版社，2019 年，第 261 页。

③ 引史锡腾著《史可法全传》（上、下册），华中科技大学出版社，2018 年，第 1100 页。

致使身陷大辟。尝阅其疏内，有‘洒一腔之血于朝，付七尺之躯于边塞’二语，亲为批识云：‘观至此为之动心欲泪，而彼之君若不闻，明欲不亡得乎！’……又彼时直臣如杨涟、左光斗、李应昇、周宗建、缪昌期、赵南星、倪元璐等，所有书集，并当以此类推，即有一二语伤触本朝，本属各为其主，亦止须酌改一二语，实不忍并从焚弃，致令湮没不彰”[①]（《乾隆实录》卷 1021）。从中可以看出，乾隆更看重其舍生取义、各为其主的“孤忠”精神。

原本在康熙朝，就有名臣汤斌曾就当时准备修《明史》，大胆地提出过自己的看法。汤斌认为，“《宋史》修于元至正，而不讳文天祥、谢枋得之忠；《元史》修于明洪武，而亦著丁好礼、巴颜布哈之义。”他援前朝先例，认为史书修纂应秉笔直书，不应该有所讳饰，明末清初的史实书写也应如此：“顺治元年、二年间，前明诸臣有抗节不屈、临危致命者，不可概以叛书。宜命纂修诸臣勿事瞻顾。”[②]要将明末清初的史事完全不作曲笔，显然要冒天下大不韪，触及清朝的隐讳。汤斌的提议虽遭到其他降清大臣的强烈反对，但康熙并未罪责他。可见康熙是认同汤斌观点的。所以，长乐举人温训在《林丹九传》中说：“余览前人文集，多载明末死节事无所讳。”然而，在编纂《镇平县志》时，也许是因为林丹九誓不降清事涉朝更代换，过于敏感；也许是因为编纂者的学识胆力，未能从抗节孤忠的高度来认识林丹九；也许是当时的文字狱风盛行，怕惹上麻烦……种种原因，导致林丹九声名湮灭不闻。

直到道光年间，邑贤黄香铁撰写《石窟一征》，他收集整理了林丹九的《答许有信书》《再答许有信书》《三答许有信书》《答吴之玑书》《再答吴之玑书》《答黄梦麟书》《复汤戎部书》《恋贫赋》等遗作。其间，黄香铁还请其友人、长乐举人温训撰写了《林丹九传》一文。另外，还有不著撰人姓名的《丹九先生行略》一文，俱收录进其《石窟一征》卷九《人物》“林丹九”传中。此外，传说尚有《续正气歌》《续归去来辞》《醉乡记》

---

① 引唐文基、罗庆泗著《乾隆传》，人民出版社，2015 年，第 308 页。

② 引冯贤亮著《清史》，上海人民出版社，2015 年，第 52 页。

等等，惜多已佚。

道光三十年（1850），距林丹九殉203年后，广东学政许乃钊仰慕林丹九的节义，请准褒扬，并奉准在林丹九殉节处建祠以祀。咸丰元年（1851），“景忠祠”落成之日，全县名流咸集，并作诗文颂之。许乃钊曾为景忠祠撰联“伟抱非常，续文山正气高歌，更忠孝能全，一第扬名娱老母；征书屡却，有柳下及门私诔，纵厄穷不悯，千秋清节付长潭。”时嘉应州知州文晟亦撰联为，“高歌会续文信国，清节堪追谢叠山。”评价都甚高。

林丹九，生于贫苦农家。他学识广博，文思敏捷，兴趣广泛，弹琴吹唱无所不能。人称“一日十余艺可立就，一题十余艺不同局”。碰上考生取士之时，往往把作文样品送给人家。二十四岁时以教书授徒自给，三十岁始补博士弟子员，四十岁以后，看到时局艰难，变化不定，便不再思进取科场。除了讲学之外，要么终日兀坐，要么高卧鼾睡。这样的日子过了有十多年。

林丹九乐善好施，在乡教书时收入甚微，有时卖文润笔，累计收入不下千金，除维持家庭日常开支外，其余分给贫苦兄弟亲友。

林丹九从现实中看到朝廷腐败，家乡田园荒芜，民不聊生，在自己穷愁潦倒、郁郁不得志的生活中，深感贫富悬殊、世道悲凉的痛苦，提笔挥毫泄愤。他在《恋贫赋》中以主客对话的形式，借屡空先生之口，斥责“王孙公子，不知稼穑之艰，婆娑几筵之间。耳淫郑卫，目倦黄玄；口爽珍错，鼻厌麝兰。踏貂狐之温丽，披罗绮之翩跹。入宴瑶宫之灿蔚，出驱庆封之轻轩。陈妖冶以娱心，湎醇酒以酡颜”；同情劳苦百姓“岁时乏祭先之具，喜忧缺庆吊之仪。日暖而妻号寒，年稔而儿啼饥。主宾欢绝，戚属谊亏。珠愁桂怨，兰惜芝悲。土灶晨冷，牛衣夜啼。四序寒多，三光日稀。蓝缕带索，冠摧履决”。这些表达了他“知富不可求，贫斯足恋”“金菊养性，玉梅吐诗。家常淡淡，心自怡怡”的志趣和追求。

清顺治二年（1645），南明隆武帝在粤会取士，五十五岁的林丹九奉母命往试中举。致书家人说：“吾以迟暮之年，际衰季之运，天下事已不可为。功名一念，久已灰冷。但得一叶渔舟，牛犁蓑雨，奉母以终天年足矣。”

顺治三年（1646），清军入镇平，林丹九率乡兵据长潭石寨拒之。潮州总兵许有信屡攻不下，与镇平县令吴芝玑及黄梦麟、汤都戎某等一起，修书劝降，均遭严词拒绝。林丹九在《三答许有信书》中道：“前闻石扇地方，有石银一寨，薙发迎降，俱被杀戮；又有五里径寨民，亦薙发迎降，复被杀戮。”清兵入镇平后，“房舍焚毁，不留束茅，不存片瓦，致命四民野居露宿，与禽兽卧游，水深火热之叹，在在都有。”林丹九在信中还斩钉截铁地说：“白首何归，怅余生之无几；丹心未泯，誓九死以不移。”表达了誓死不降清的决心。

顺治四年（1647），林丹九母亲去世，他把母亲的后事处理毕，来到长潭一线天顶端，思绪万千。觉得明朝气数已终，时局难挽，自己抗节数年，誓不降清，也是大厦之倾非一木可支。因而仰天长叹说：“国亡母殁，可以死矣！”林丹九的子孙环跪号泣，请求林丹九保全生命。林丹九见此情状，便微笑着说道：“你辈为新朝良民，吾乃前朝节士，何泣为？”乃从容地穿戴上明朝的服饰衣帽，向北面而拜，又向祖先坟茔而拜，然后纵身一跳，投崖殉节。此一跳，可谓忠孝两全，惊天地而泣鬼神。据说，在长潭一线天景点，飞瀑从高崖处泻落谷底，谷底乱石交错，高低不平，有数处石块色若红铜，人们称之为“血斑石”。相传即为林丹九殉节投崖时，鲜血溅在岩石上而成的血斑石。任是流泉飞瀑溅落冲洗，其斑斑之色始终不变。其门生赠谥曰“文节先生”。其门人杨六笥有诗凭吊云：

巍然尊道范，正气卓平生。
节励寒松劲，风高采蕨清。
危峰千古在，片石寸心盟。
回忆谈经久，凄凄夜月明。

纪念林丹九节士的“景忠祠”，屹立在长潭畔。不少文人墨客，无间古今，皆仰慕林丹九的节义，曾往拜谒，写下不少诗词楹帖，遍悬祠内。如邑中知名人士曾云章、丘逢甲、徐省吾等，就曾写诗词寄意，表达无限敬慕之情。

附林丹九：

恋贫赋

挹皇主人与屡空先生，生而俱来，童而习焉，长而偕焉，至老而不能排焉。麾之不去，驱之不开。于是主人揖先生而言曰：“先生与吾处有年矣，独不闻管子之言乎？仓廪实而知礼节，衣食足而知荣辱。礼生于有余而废于不足。故富者人之性情，所不学而俱欲，富则得势而益彰。贫则跼蹐嗫嚅，形影自增其龌龊。今人皆餍粱肉，而子不能自充其米粟；人皆曳纨绮，而子裋褐不足以蔽体；人皆处华堂，而子蓬茅不足以自藏；人皆策骐骉，而子款段不足以一驭。致使岁时乏祭先之具，喜忧缺庆吊之仪。日暖而妻号寒，年稔而儿啼饥。主宾欢绝，戚属谊亏。珠愁桂怨，兰惜芝悲。土銼晨冷，牛衣夜啼。四序寒多，三光日稀。蓝缕带索，冠摧履决。席厚者耻与为交，满籝者视为弗肖。愧崖岸之奇行，耻臧获之与列。且先生又不见夫昔之履盈处丰、志气扬扬者乎？子贡鲁儒，结驷连骑。乌倮畜牧，朝请显录。寡妇名清，筑台表贞。宛孔铁冶，游闲名雅。由此观之，千金比郡，巨万拟王。岂非富之所归，得势益彰者乎？今先生与鄙人，毕世依依，情亲无比。遗我四壁，曾无一余。干世讶逢迎之拙，谋生嗟才性之迟。殖谷而诸葛之困，妖神代粜；营钱而青蚨之箧，黠鬼阴移。虱虻作族，鹑鸽为依。蛀蠹之苦不尽，蓼虫之辛自知。羽有杰兮介有豪，草有秀兮木有芭。岁有春兮夕有朝，我独何为兮长年萧条？羽毛零秃，志气摧凋。歌皆五噫，赋尽九愁。誓将去汝兮适彼乐郊，君宜变计兮别寻丰饶。”

于是屡空先生揶揄而笑，谇予而叹曰：“吁！子何言之乖也。子不闻夫白圭之治生乎？谋若伊吕，用若孙吴，法若商君，惟断是图。今予智不足以权变，勇不足以决纠，仁不能以取予，强不能以有守。阘阘茸茸，瞢瞢腾腾。欲以求富，不亦谬乎？且子曷不由今思昔？歌楼舞馆兮，今为碎瓦颓垣也；凤箫龙笛兮，今为春蠡风蝉也；玉烛金缸兮，今为鬼燐萤红也；象白驼峰兮，今为秋荼春葱也；蜀帛齐纨兮，今为白荻丹枫也。衰者盛之根，荣者枯之因。叶有发而必谢，物无盈而不倾。若夫王孙公子，不知稼穑之艰。婆娑几筵之间，耳淫郑卫，目倦黄玄；口爽珍错，鼻厌麝兰。踏貂狐之温丽，披罗縠之翩跹。入宴瑶宫之灿蔚，出驱庆封之轻轩。陈妖冶以娱心，滑醽醁以沉湎。口笔乏典据，称引错事类。剧谈则方战而先屈，临疑则未老而憔悴。故虽铜山赐通，金穴据郭。玉舅绛帐，石生金谷。拥逸乐之须臾，同沤泡而倾覆。此其人之贤不肖为何若哉？维彼伟人，器巨量逸。纵高蹈以孤往，澄精神于玄一。身寄波流之间，性跻九玄之极。三坟为金玉，五典为琴筝。百王为钟鼓，诸子为簧笙。使味道者为理饱，酣德者为义酲。超尘壒而遐举，轶亿代而扬馨。侔造化以为徒，何货贿之秽情？吾方与子，友堪舆于无始，迓羲娥于大庭。烹大得滓，炼道取英。植乔松之永寿，藐朝菌之夭龄。奈何子兮嫌我清圣，慕彼财奴？眉花落倩，面采浮枯。韶容苒苒而谢，壮发落落而丝。俗气填膺，气粃埋颅，是谓拙民不足以图。纵使予一旦脱清苦，拥素封，擅计愁之策，夸倚顿之隆。孰与夫颜氏一瓢，原思委巷？伯子躬耕，幼安穿床，犹足永世传芳哉！”

主人见责，气不得息。抚案沉吟，爽然自失。乃揖先生而谢曰：“今而知富不可求，贫斯足恋也！一枝之巅，巢父可栖；一壶之内，壶公可居。尔乃窟室徘徊，衡泌栖迟。檐直倚而妨帽，户平行而碍眉。鸟多闲暇，花随四时。一日杯饭，十岁匹衣。金菊养性，玉梅吐诗。家常淡淡，心自怡怡。”

辞曰：澄吾心兮侵大清，洗红尘兮入青林。莫厌屡空兮无爰亨，江风山月尽丰盈。

才储八斗，词藻已极浑雄；贫恋三生，志行更为卓越。此赋之传诵千秋也宜矣。这是人们对此赋的评价。

（注：此文根据《广东历代方志集成》所收黄香铁《石窟一征》，原文无标点，标点为作者所加。）

七十　“顽民”“义士”赖其肖

赖其肖（1613—？），字若夫，又字未若。白马乡（今陂角村）人。据康熙《镇平县志》卷四《人物志·贡士》载，其父“赖如保，陂角人，泰昌元年恩贡。云州知州”。

赖其肖少年长身玉立，眉清目明，生来就聪颖特异卓尔不群，又能刻苦好学，见到他的人都啧啧称其聪慧过人。十二岁应童子试，十四岁去参加督学院试，取得了秀才的资格。明崇祯六年（1633）初，赖其肖从历史、地理、政治、经济、军事的角度，论述了石窟区域隶属平远管治的种种弊端，倡议在石窟区域另置一个新县，以加强对这一区域的管治，以根本上改变“石窟贼薮”的现实困境和另置新县的好处，写下了《请开筑城池呈稿》。此稿呈送时任两广总督熊文灿，获得其认可，并由其转而草拟《建城疏》上书明朝廷获准，于明崇祯六年（1633）割平远之石窟一图、二图，程乡之松源二图、龟浆二图共四图组建一新县，名镇平县，隶属潮州。石窟设县，固因赖其肖呈稿为起因，也因当局顺应民意而所成，还有是因应管治的时势使然而不得不为的结果。因而说，赖其肖为石窟设县呈稿倡言，立下首功并不为过。其呈稿后来被黄香铁作“附录”收入其《石窟一征》卷九《人物》，标明“附录其肖先生请开筑镇平县城池呈稿”，意在说明是将其呈稿文收录在下面，而不是赖其肖“呈稿”的标题。可是，后人在谈及此呈稿时往往将其作题目而引用，这是不当的。理由很简单，赖写作呈稿时是秀才，当时只有“石窟”之名称。“镇平”一词是熊文灿的《建城疏》中第一次出现，赖既不可能给予命名，也不可能未卜先知所建的县名为“镇平”。所以这样作标题来引用是不合适的。

清顺治二年（1645），朱明王朝已被清朝代替。明唐王朱聿键即位于福州，成立南明小朝廷，是为隆武帝，任命万元吉以兵部尚书总督军务。当时，岭外民众多以拥护南明朝廷为正统。是年，南明在广州开科取士，赖其肖中试举人。他因曾受知于原潮州推官万元吉，便团聚家乡义勇结寨自守抗清。顺治三年（1646）二月，明将张家玉募兵于惠、潮。六月，赖其肖率其众万余人归附张家玉，遂隶属张家玉部“武兴营”。赖其肖建“忠孝节义”四营兵，踞守镇平县城。八月，隆武帝遇害。十一月，桂王即位于肇庆，是为永历帝。张家玉奉表永历帝，被授为兵部尚书，提督岭东军务，为右副都御史。张家玉实授赖其肖为兵部主事。

明史记载：顺治四年（1647）春，“张家玉、陈邦彦及新会王兴、潮阳赖其肖先后起兵，陈子壮亦于七月起兵九江村”。这一年，赖其肖在长潭勒马寨伏兵杀死清兵副使文贵金。随后，又于牛圳寨抗击清潮州总兵许有信部。顺治五年（1648），增城侯张家玉，主事陈邦彦，阁部陈子壮等，谋起兵袭广州。赖其肖率兵响应。然而事情败露，致陈子壮兵败而死。赖其肖乃率兵返回镇平。顺治六年（1649）十二月，清军攻下南雄。顺治七年（1650）三月，清军度过大庾岭。赖其肖见大势已去，乃退兵长潭踞险固守。期间，有程乡白渡人宋应乾，曾与赖其肖友善，十日内连写三封信劝赖其肖降清。赖其肖回信说："弟砼砼拘执，终不以兄言为转者，非弟愎忆，甘自蹈于灭亡。诚以天下之大，吾道之广，有伊周不可无夷齐，有杨墨不可无孔孟。宋有正气之歌，楚有离骚之辞；清有应乾，明有未若，有其一不可无其二。""故弟今日之所为，亦极难耳。然而卒如此晦而不转者，正以全乎其为士；何愧乎高位厚禄，为人臣而不顾其君，而反颜事人者也。"并表明"弟惟信理任天，忘机守正，睦邻修好，以济时势。济则君之灵，不济则以死继之，弟也筹之熟矣"的宁死而不降清的决心。顺治八年（1651），赖其肖被清军设长围困于长潭。当此之时，清惠潮巡道陆振芬私下里钦服赖其肖的人品才能，曾微服乔装，易名直至赖其肖寨中，以"识时务者为俊杰"相劝，要赖其肖归顺于清朝。赖"誓以死报明"不为所动。陆振芬便以军情实告，劝赖其肖作速逃遁，以免玉石俱焚。赖其肖知大势已去，孤木难支。是夜，乃趁夜率兵转移，向西北山路遁去。过了二日，清总兵班志富统领大兵而至，仅获空寨，赖其肖已不知所终。

和林丹九的遭遇一样，对赖其肖的评价，有人认为其是被"载入国史的第一人"。其实，在官修史志中能看到的赖其肖都是负面形象。康熙、乾隆版《镇平县志》在"科贡""选举"中都不载赖其肖的功名。更为甚者的是乾隆《镇平县志》卷六《艺文志·杂记》中，谓赖其肖为"土寇"，语多贬斥。其《请开筑城池呈稿》也没有载入。只是因为是其家族所收藏，后来才有载录。

而黄香铁在《石窟一征》卷九《人物》中则称赖其肖为"我大清之顽民，固前明之义士""若赖其肖者，比之邹瀰、谢翱之徒可也。永明既奔滇，粤地尽入版图，赖其肖始变姓名遁。夫其肖为前明诸生，父如保为云州刺史。其起兵也，传记统之于陈子壮、陈邦彦、王兴，固非寇之也，审矣！故老传其肖据土抗命事，皆訾其桀骜不驯。即其肖宗族，亦若外之为寇焉者，可以见当日王师之来，望若时雨。如其肖之顽民，真绝无而仅有。乃以其为顽民，而遂侪之于土寇，镇平旧志至与徐黄毛、涂武子同列也。吁！亦过矣”。[①]（《读白华草堂文稿》）在黄香铁看来，赖其肖据土抗命这件事，已经在国史的传记中统之于陈子壮、陈邦彦、王兴的抗清复明的史事中，都没有把陈子壮等归入“寇”的一类，是审慎的结果。黄香铁认为赖其肖既是清朝的顽民，又可说是明朝的义士，就像宋代的邹渢、谢翱一类的人。至于其宗族都指斥赖其肖生性桀骜不驯，把他当外寇者，镇平县志甚至把他和真正的土寇徐黄毛、涂武子同等看待，是太过分了。我以为，黄香铁这种看法具有历史唯物主义倾向，是很有见地的，值得肯定。

清末著名诗人丘逢甲对赖其肖也十分景仰。他来到赖其肖的出生地白马乡，写下了《白马乡有怀明义士赖若夫先生》一诗云：

万山之中小县耳，乃有须眉之男子。
山是大明山，水是大明水，明亡六年犹守此。
岂有若夫为不善？人自不识若夫豪杰士。
若先生者，乃能真不死。
忠孝节义名四旗，白马之乡良足纪。
先生之风今未已。
吁嗟乎！当时乃已神龙见首不见尾。

附赖其肖：

请开筑城池呈稿（时明癸酉）

为民心思治，恳恩提改花封，以回气运，以永康阜事。

窃维王民率土，咸依日月之光；帝德普天，仍藉山河之壮。昔公刘胥居邠土，庶免永叹之虞；文公避狄楚邱，民获允臧之庆。事莫之为，机真有待。

伏照：平远县炎方僻处，山谷陋区。唐宋间原隶梅州，嘉靖间始开邑

① 黄钊纂修《石窟一征》，《广东历代方志集成》第40册，岭南美术出版社，2009年，第318—319页。

属。崇岗峻岭，燕雀遇之而回；密洞深林，虎狼凭之而穴。先为巨寇梁能巢薮，后得名宦王化削平，此一时也。势图弹压，就附近遂创孤城；事起倥偬，因简陋莫迩众志。龙兼乾戌，恨气脉之非纯；局更参差，惜秀气之未足。凌石一山居上，天门闭而地户开；鹅岭诸岫当前，文峰斜而凶砂促。县衙厅反镇山腰，规模逼窄；圣庙斋居傍城角，气象幽囚。是以数十年来，升贤科者落落如晨星，入爰书者累累无停日。近来魑魅魍魉之交作，桑麻鸡犬之尽空。杀人盈城盈野，放火燎原燎舍。遂至劝请王师，一切懔承威命。谈笑间而五总蒙刀斧之诛，指顾中而群贼受鲸鲵之戮。旋见山高水长，复闻鸡鸣犬吠。

然而乱极思治，匹夫匹妇咸兴伦父之谋；居安虑危，无小无大悉动愚公之想。阅历诸村之广，莫如石窟之饶。背山面水，负坎向离。形势环绕清奇，田赋坦平渊沃。江通舟楫，民免负戴之劳；路接江闽，邑得货财之聚。庶富臻宁，平居堪称乐土；金汤险阻，临敌可作坚城。留旧治以作屯营，移巡司而通驿递。东或请益松源，南或求裨龟浆。用文兴武，截长补短。总握三省咽喉，独当一面锁钥。永享乐成之利，何妨吏治之艰；创建非常之业，允协黎庶之愿。

恭逢钦命大公祖大老爷，明朝麟凤，盛世圭璋。治国如治家，爱民如爱子。执盈廷之议，断筑城之谋。钱粮暂停本邑，缺乏转借邻封。舆郭重开百里，善建不拔；云礽继起万年，丕基无坏。庶几蔡人即是吴人，晋国将为仕国。恩等乾坤再造，业同日月重辉。

无限瞻仰，须至呈者。

（注：此文根据《广东历代方志集成》所收黄香铁《石窟一征》，原文无标点，标点为作者所加。）

七十一　县志主纂黄殿棏

有关康熙《镇平县志》的主纂者黄殿棏，我们知之甚少。康熙《镇平县志》卷四《科名表·举人》仅载："黄殿棏，陂角人，康熙癸卯湛凤光榜。”又，乾隆《镇平县志》卷五《人物志·科贡》载：“国朝康熙癸卯科，黄殿楫，考选知县。”也仅此而已。黄殿楫作为康熙《镇平县志》的主纂者，如果在康熙版中录入传记肯定是不行的。一般来说，史志、谱乘传统上皆生不入传是通例。然而，在乾隆版中亦未见其有个人传记，在我看来，则应算为一种缺失。不管如何说，黄殿楫以举人之身，出任康熙《镇平县志》的主纂，当时也应算是一大功劳，于今来说就是莫大的贡献，因而在乾隆版《镇平县志》该有一席之地。

黄殿楫，陂角人。康熙二年（1663），与湛凤光同榜举人。后来考选知县，但什么原因未实授任职，不得而知。

黄殿楫出任《镇平县志》的主纂，当时的县令程梦简对他应是十分赏识和信任的。虽然此前已经有胡会宾、徐履吉两人先后主持修纂过而未出版的县志为参考基础，但毕竟天道十年小变，时过岁迁，事易境殊，像舆地、建置、赋役、官守、祀典、选举、人物、艺文等诸方面的内容，都会有所增加，自然还会碰上选取标准的取舍问题。我们知道，旁括远绍、彙别门分，需要证会事辨的认定和综变世核的确立。持议验识、比词证学则是编志著史中的试金过程。提出一种观点需要史识基础，史识就是对史事的评断。写这些人而不写那些人，记这些事而不记那些事，这样记而不那样记，是取是舍就是史识的一种表现。记写人物传会有评论赞语，写看法，写感慨，常常一字一泪，是直接表示史识。表示史识，还有写为总论通论的。这类对史事的评断，不管是直接的还是间接的，我们是同意的还是不同意的，都值得我们参考。当然，对史事的是非分辨需要一定的标准。举例说，县志的“人物志”有“贞烈列传”，这些贞烈女性所以能够入志，最看重妇女的贞操。所谓贞节，就是对丈夫从一而终这样的一种标准。虽然这是以礼教道德为主流的社会环境与文化背景下的产物，但也值得我们客观看待和研究。

由程梦简修、黄殿楫纂的康熙《镇平县志》，其版本版式也有其特色。原书每页八行，每行二十字；属有注本，注文用小号字，相当于正文之半，既对照鲜明，又比例匀称；正楷书写，比较美观，突破了明代方方正正的“匠体字”常套；板框内有一条条直行细黑的界行线，使版面具备了古代竹木简书写遗痕之韵味；边栏粗黑厚重；版心骑缝上方有实心带纹鱼尾，鱼尾上面刻书名，鱼尾下面刻卷数，成为引人注目的符号，以突出鱼尾之一上的书名；白口；书口多刻有书名、卷次、页数、刻工姓名等。其总体设计，让人“开卷一种书香，自生异味”。康熙《镇平县志》由清康熙嘉树堂刻本印行。嘉树堂是江苏无锡市的一家著名印书馆。

康熙《镇平县志》原为八卷，而实际内容仅存五卷为：“舆地志”“赋役志”“官守志”“人物志”“祀典志”。余下的卷六至卷八“山川志”“艺文志”“杂志”三卷，俱有目无文。这部县志为残本，且目前唯国家图书馆有藏本。当年成书后，亦很少有世人看到过。在道光年间生活的黄香铁也没能见到过康熙版的《镇平县志》。是什么原因后三卷不全呢？没有人能说得清楚。也许是印数少，后来因战乱灾害的原因，后三卷竟丢失了。但为后来修志奠定了基础，此后修志都是在原编上增补更定之。

乾隆《镇平县志》卷六《艺文志·诗》中，收录了黄殿楫咏镇平八景之一的“长潭夜月”诗一首。抄录如下：

千寻峭壁隐江滨，仿佛蓬瀛隔岫分。
浪涌银河疑浴日，声传螭壁忽披云。
看来溪水湾湾绿，觅去花山处处芬。
寒月远汀渔火出，何人放棹漾鲛文。

黄殿楫在乾隆版的县志的人物传记中未能有一席之地，能在“艺文志”中录入他的一首诗，亦可当作一种补偿吧。然而，他的名字镌刻在康熙版县志的封面上，那才是让人感到他是不朽的。

七十二　京官吏部黄观清

乾隆《镇平县志》卷五《人物志·懿行》载：

黄观清，字任浤，白马人。生有至性。早丧母，哀毁如成人。事继母尤孝。举乾隆辛酉举人。壬戌成进士，官国子监丞，升吏部郎。庚辰典顺天武闱试，卒于官。观清幼时，家甚贫，而性好读书，虽枵腹时犹琅琅出金石声。后居官廉明勤慎，不稍为利禄计，故当道俱称为能。所著有《澹溪诗稿》行世。其子孙今亦岐嶷杰出。

黄观清（1724—?），字任浤，号淡溪。今蕉城镇霞黄村人。具有天赋的卓绝品性，幼年聪慧。母亲死时，他年纪仍然幼小，居丧时跟成年人一样悲伤异常而毁损其身。其父后来续弦，黄观清对待继母也非常孝顺。家里贫穷而生性好学，虽然腹中饥饿，仍然能听到他琅琅如金石声般的读书声传出来。由于家贫的原因，直到十三岁才入学。清乾隆六年（1741），黄观清十七岁，中了举人。紧接着次年，黄观清与康熙五十九年（1720）中举的林孔焕一同进京参加会试。林孔焕是因身体有病，加上家中贫穷的原因，经二十二年后才进京赴考的。事有凑巧，黄观清与林孔焕同时中了进士。小小镇平县，一科中了二位进士，州省均传为美谈。

黄观清中进士后，便留在京城做官，被授予国子监丞。有清一代，镇平读书人考取了进士功名，又在京城中任职者，以黄观清为第一人。在以科举为荣的封建官本位时代，一个县，一个村庄，一个宗族，一个房派，甚至一个家庭，出了一个官宦，当然是值得夸耀和显摆的。

国子监丞，亦称做“国子监监丞”。唐以后国子监丞皆为内部事务官，唯明朝特设绳愆厅，以监丞为之长，参领事务，而诸生有过者均由其惩之。明清时期监丞职能是学监的性质，负责惩戒国子监中犯有过错者，凡国子监内博士以下的所有教职员工和监生，如有违反规章制度的人，都归绳愆厅处罚。从黄观清的履历来看，他是一个勤奋读书、博闻强记的人。中举后一年参加会试，就考取了进士，并被授予国子监丞的官职，由此可见其是个才学非凡的人。

此时的黄观清，大概颇有“春风得意马蹄疾”的豪情，踌躇满志地要为朝廷奉献自己的心力才智。他在自己的工作岗位上尽心尽力，既深得太学学生的敬重，也深得同事甚至于上司的喜爱和器重。由此过了不久，便升任吏部考功司员外郎。吏部考功司员外郎，古代官职名，简称“考功司员外郎”。明清吏部考功清吏司，副长官，佐郎中掌司事。明洪武二十九年（1396），改为考功部员外郎，一人，从五品。清顺治元年（1644）沿设，汉员外郎一人，以科甲出身者注授。满洲司官初不分曹，随长官所派。后增至三人，宗室、满洲、汉族各一人。乾隆九年（1744），俱定从五品。

黄观清身在京城任职，但对家乡并未忘情，十分想念家人。其在《睡起》一诗中云："未延时誉朝兼隐，久隔闺情宦亦僧。"可以看出是他任京官远离家园妻室心情的真实写照，最为人称道。

黄观清也时刻关心着家乡的建设与发展。乾隆《镇平县志》卷六《艺文志》载有史扬《重修镇平县儒学碑记》一文，云："戊寅仲春，余捧檄出都，邑绅铨曹黄观清来谒，谆谆以学宫为嘱。"说的是乾隆二十三年（1758）二月，史扬出任镇平县令。在京城临行前，黄观清专门会见了史扬，就镇平学宫工程因经费不敷，导致工程未竣一事，谆谆嘱托史扬，要尽快把剩余工程完成，以对邑人有所交代。

乾隆二十五年（1760），黄观清出任主持顺天考场的武生考试。

黄观清一生居官廉明勤慎，志节皎然，不贪图利禄，所以获得当道的好评。由于操劳过度，积劳成疾，结果死于任上。

黄观清逝世后，其友河源人邝开曦刻其遗诗，辑为《澹溪诗稿》二卷，出版行世，并以诗哭之，有"唯有一函遗草在，不教饱蛀没红尘"之句，盖亦笃于彼此间友谊者也。邝认为《淡溪诗稿》不事矜奇，自饶雅韵。如《壬申除夕》云："释褐将盈纪，乘车忽半年。贫中尝宦况，闲处忆家园。入目关山异，衔杯岁月迁。破除无一事，遣睡有陈编。"可谓不事雕饰，语淡情浓。七律如《江行》云："春水岸平滩响细，竹帆风饱浪花粗。"则观察细微，情景俱妙。

黄观清生有二子：长子黄先，居乡入学为秀才；次子黄竞，乾隆四十三年（1778）拔贡，任崖州教谕。其后代都幼年聪慧，长大有所成就。

七十三　翼善传圣林孔焕

乾隆《镇平县志》卷五《人物志·懿行》：

林孔焕，字尧文，号健斋。康熙庚子举人，乾隆壬戌进士，除潮州教授。品行端方，淹通经史，其教人先器识而后文艺。居官训迪亦如之，卒于官。所著有《四书讲义》及《五经批评》，至今闽越人犹称尧文先生。

林孔焕（1699—1759），字尧文，号健斋，蓝坊乡峰口村人。勤奋攻读，乐于助人，于清康熙五十九年（1720）中举人后，因家贫缺少盘费，未能赴京会试，一直在家乡教书。林孔焕在品德修养、言行举止上，端庄大气，遵规守矩；在学问上，精通古代各种典籍，能有自己的见解。他在日常教学中，对学生强调“士之致远，先器识而后文艺”。这句话出自后晋赵莹主修的《旧唐书》列传《卷一百四十》，意思是读书人要先培养自己的胸怀、气度、识见，培养自己对社会、对人生的基本信仰和价值观，然后才是文学技艺这种属于写作技能的事情。器识、胸襟是文章写作的根基，正如情感是文章写作的源泉一样。没有这个根基，就不可能写出好文章。因为中国古代社会注重人的品格塑造，养浩然之气、重人伦道德是文化传统的重要内容之一。

据传说，清乾隆四年（1739），林孔焕准备好了上京赴考的一定盘费，由镇平步行至江西弱门岭转乘船至会昌，黄昏时上堤岸散步，见一妇人携一小孩凄凄哭泣，问其原委，妇人称丈夫李家积欠官府钱粮，无法交清，将终身坐牢。她又因病不能劳作，母子俩准备投水自尽，一死了之。林孔焕回到船中对众举人讲明上述情况，众举子均称爱莫能助。于是林孔焕带上全部盘费五十银元，偕同妇人母子直奔会昌县署，为李家还清积欠粮款四十六银元，又赠三元给李家作生活费用，自己留下一元作伙食费步行回乡。

李家夫妇还清官府积欠粮款后，从县衙放出来，立刻跪谢恩人，并将儿子改名为“李林恩”。后来李林恩亦中了进士，钦点翰林，再后出任云南大理知府。

乾隆七年（1742），林孔焕再次赴京应考。中三甲第六十三名进士，授潮州府教授。他在府学教授的位置上，依然用“士之致远，先器识而后文艺”的这套理论教育官学弟子。

清乾隆二十四年（1759），林孔焕在任上去世。林孔焕一生从乡村教书先生到“除潮州教授”，可以说都与教育教书分不开的。林孔焕是一个本色的读书人，旧时称“士”，用今天的话来说就是一个纯粹的知识分子。他有自己相对独立的价值体系和判断标准。“三军可以夺帅，匹夫不可夺志”“富贵不能淫，贫贱不能移，威武不能屈”的古训是他赖以立身的道德准则，从而铸就了他作为读书人的骨气。

一般读书人生在世上，兼擅高才，往往利有所趋、名有所鹜。纪晓岚就曾说过，读书人一入世，就未能免俗，能够超出象外的，不是很多。读书人进入社会，自然就会有功名利禄、权力酒色等种种诱惑，就会有世俗之圆滑虚伪陋劣的浸染，要经受住诱惑和浸染，对世俗未著于深心，需要读书人的定力和耐心。读书人之处乎天地之间，当有其内心本真自我之存在，有不可自解不能喻拟之执着存在，浩然之气充盈于胸，凝聚为灵魂之光华，感悟天地宇宙之哲思义理，洞察世象，圆解理蕴，不局促于一观而遍反于三隅，格物之殊致，神与思会而趣与味谐，赏其心则真美与俱，体物能运，无碍其心，又有以真心善情一以贯之，自能保持自己的本色。

林孔焕自认为是儒家道统“吾道一以贯之”的承续者和维护者。“士不可以不弘毅，任重而道远”，他有这份自知和自信。因而他在晚年时把自己对儒家经典著作的理解认识，加以整理删削，定名为《四书讲义》及《五经批评》。林孔焕阐发经典奥义，揣摩圣贤心事；驳论疑难之说，做到深心用思传达，致使读者胸中疑团豁然开悟。阅读其书，若非积学功深、具大手笔者，定然做不出来。所以，直到今天，广东福建人犹称林孔焕为“尧文先生”。所谓“尧文”，就是能用文章翼善传圣。旧时指称能辅助善行、品德高尚，而且又能自己著书立说的人。这样看来，林孔焕是当之无愧的了。

七十四　赴义急公何清风

乾隆《镇平县志》卷五《人物志·懿行》对何清风的事绩有翔实的叙写。传云：

何清凤，徐溪人。乾隆壬申武举，任江淮五帮千总，督运迅速，事集而丁不扰。以假归，好善乐施予。乡邑公事必为之，倡庚子移建桂岭书院，清凤及弟贡生照邻、廪生清珊，首以其祖尝费输花银三百元用资膏火，并身为督理，朴斫涂塈，靡不周至。其他赴义急公，皆类是云。

另外，乾隆版《镇平县志》中的《重修〈镇平县志〉姓氏》中，何清凤是四个"经理绅士"之一，参与了这一文献的财务经费的筹集管理。

"江淮五帮千总"，是官名。明清督理漕粮的官员。隶于总漕。明朝漕粮北运，由卫所官军押运，设守御千户所千总、所千总领运。清朝裁卫，改归州县，而领运之卫所依旧。古代京城中帝王、官员、军队的食用，都是通过水道向京师运送粮食，保证"天庾"无缺。历代都有漕运，明清两代将东南粮食运往通州和北京，其路线分别是黄、渭、汴、惠民、广济、京杭运河以及海道等水道运输。漕运的粮食，要求极严。就清代而言，运往京中的粮食，上自皇帝谕旨，下至官府札移，都要求按时征兑乾圆洁净的好米，灰暗杂碎，一律不准征兑。南方的漕粮，以大米为主。根据历史记载，明清两代，全国漕运粮食，每年均保持在四百万石左右。鉴于漕运如此重要，漕粮质量如此严格，数量如此之多，因此历代政府极为重视，设官任职，严加督率，使漕粮南兑北交，通畅无阻，确保仓储充羡。在清代，户部于通州设有坐粮厅，侍郎董其事；于淮阴（江苏省淮安市）设有带兵部侍郎衔的漕运总督；在有漕之省，省设督粮道，府下设卫，卫下设帮，帮下设所。例如江南（清初江苏、安徽合称江南省）江安督粮道，下有十五个卫五十一个帮。其中扬州卫有头帮、二帮、三帮、仪徵帮四个帮。各帮有其管属辖地。分领各省漕帮，每帮由一人或二人领运，必须依限过淮抵通州。

何清凤任江淮五帮千总，职级应该在七品以上，辖地也不小，事多而杂。他督运迅速，事情繁多但处理得井井有条，押运过程不混乱，按限回空。约束官兵，杜绝盗蚀，总是圆满完成任务。何清凤致仕回到家乡，喜欢做修桥筑路的善事，乐于救济贫困的人，碰到县里乡里兴办什么公益事业，都带头做起。

最值得一提的是乾隆四十五年（1780），县令周克达和包括何清凤在内的邑绅士商议筹谋，将城西隅分司仓侧的桂岭义学，移至桂岭之阳，正式命名为“桂岭书院”。何清凤是作为“其会计财力经营始终者”之一参与其事。移建期间，何清凤还身兼工程督理，加工木料，涂饰墙壁，没有一样不细心过问检查。当桂岭书院建成后，周克达县令尚为书院后续发展的维持经费担忧。他在《移建桂岭书院碑记》中写道：“今书院蒇事，居肆虽成，又恐负笈而来者，不免悬釜而去，则善后无策也，其何以垂永久？”何清凤知道周县令的忧虑后，立马想到对策，回应周县令说：“唯唯！是惟捐输置田以助膏薪，俾寒儒肄业，得沾饩粮。岁终，贤邑宰为考校去取，定正附课名数，择名师而教育之。率以为常得勿替。予族有祖仁德尝银，请捐三百元以倡。可乎？”何清凤取得族人同意，带头捐出祖尝银三百两，作为置学田然后出租来解决师资日用经费，周克达县令的忧虑迎刃而解。后来，周克达县令以“德门尚义”署其祖祠。继而起者有监生古元长等，先后捐输银两广置学田。此事在乾隆《镇平县志》卷一《疆域志・官署》亦有详细记载：“至捐输膏火，则有，若举人何清凤、贡生何照邻、廪生何清珊、儒士何文振，倡捐其祖仁德尝银三百元。前令周克达以‘德门尚义’署其祖祠。其三百元之银，即买丰田乡乌土溪田，租五斗八升，价银二百七十八元，岁纳租谷六石三斗三升，余银二十二元，归为工料用讫。”

何清凤作宦为良吏，在邑为乡贤，特别是在移建桂岭书院一事上，用力尤多，贡献甚巨。其倡捐祖尝银三百两置学田，作为书院的不动产，每年能收到一定租谷，用作书院学子的油灯纸笔费用。这种买田出租、收取租谷用作教育经常费，相似于当今的教育发展基金，不能不说这是何清凤的远见卓识。我希望今后在谈及桂岭书院的时候，要提及周克达县令的谋划，更不要忽略了何清凤乡贤的卓越贡献。

七十五　筑坝开田杨方岳

乾隆《镇平县志》卷五《人物志・懿行》：

杨方岳，油坑人。生有至性。母有目疾，每以舌舐之，母疾竟愈。登乾隆癸酉贤书，甲戌成进士。初知三台，筑城堧，开水田万顷，民沐其德。后补长沙，以经术为吏治，历署永、桂、沅、蓝四县，皆有贤声。今年近六旬，致仕归里。著有《宦余应试》诸稿行世，士林宗之。至其周急济困，则族里咸仰赖焉。

杨方岳，字聿参，油坑乡（新铺镇油坑村）人。清乾隆十八年（1753），乡试举人。乾隆十九年（1754），上京参加会试，中了进士。杨方岳生下来就具有天赋的卓绝品性。母亲不幸染上眼疾，杨方岳以舌头沾清茶水舐舔母亲的眼睛，经过一段时间无懈无斸地坚持，也许是皇天不负孝心人，后来母亲的眼疾竟奇迹般地痊愈了。

杨方岳中进士后，即被授任为四川三台县知县。三台县，别称梓州、潼川，隶属四川省绵阳市，位于四川盆地中偏西北部，绵阳市东南部。三台县在历史上一直为四川东部政治、经济文化中心，人文雄厚，名人辈出。

杨方岳莅任之初，就发现城池对岸有一片长满芦苇和野草的荒地，空置在那里。于是，他调动县里的人力、物力、财力，带领民众在城池外的河边筑起了长长的堤坝，把河边的荒地围起来，一望数十里连成一片，配套上相关的水利设施，改造成万顷良田，改变了三台遇春而涝，遇夏而旱，秋收无望的境况。杨方岳利用当地资源，发动民众，发展经济，改善民生，让老百姓得到实惠，富裕起来，民众大为得益。

杨方岳后来补授湖南长沙县知县，他把儒家的经典著作和理论作为治理政务的准则，顺着民众的习性，感化和教育民众养成良好的风俗习惯。署任江永、桂阳、沅陵、蓝山等四县，皆有政声。

杨方岳年届六十时致仕返归乡里。杨方岳深知自己归来，伏处乡中，却身为一乡之望，居乡必当维持风化，感劝闾阎，要为乡民百姓所矜式。自己虽然具有高于普通民众的文化知识和精神素养，但也要对下层民众生活有所了解，对民众的疾苦有所同情。因而他在乡里扶助处境危急的人，救济生活困难的人。许多人都得到他的帮助，口碑很好。

乾隆四十八年（1783）修纂县志，杨方岳不惮辛勤，广为采辑，是总采茸绅士。他曾写过不少文章诗词，结集为《宦余应试诸稿》，读书人都把它当作宝典来看待，但因年久而失传。上海商务印书馆出版的《古今联语汇选》，收录有其“贺某百岁联”一副云：“五福寿无双，阅历清朝三万六千日；九重恩不再，开辟蕉阳一百四十年。”

杨方岳年轻时矢志于学业，勤勉于政事，努力追求品行的高洁，行为的高尚，忠厚的持守；而致仕归乡时，依然维持风化，感劝闾阎，尤为一乡之望、一乡典范。他和村民在一起，享受泥土的芬芳、草木的逍遥、风烟的自由和收获的快乐。杨方岳不愧是作宦为良吏，而在家为乡贤。

七十六　谦谦君子何殿屏

乾隆《镇平县志》卷一《疆域志·官署》有续史氏曰：

兴贤育才，居官急务。镇虽蕞尔微区，然磊落英多，文风日振，后进之才，类可培植。余于莅任之初，百务未遑，即延邑孝廉何君殿屏以为之师，拔生童之俊者，肄业其中。公暇即躬亲课试，虽不敢以作人自任，亦庶几少佐文明之化云。

此处称何殿屏是“孝廉”。实际上，何殿屏是乾隆己亥恩科举人，即乾隆四十四年（1779）举人。孝廉是汉武帝时设立的察举制考试，作为任用官员的一种科目。所谓“孝廉”，就是“孝顺亲长、廉能正直”的意思。后来，“孝廉”这个称呼，也变成明朝、清朝对举人的雅称。对何殿屏称孝廉，就是用这种雅称。

何殿屏中举以后，不知什么原因没有出仕，却留在县里被桂岭书院聘任为院长，并作为乾隆四十八年（1783）县志采茸绅士之一。潘承焯和吴作哲两任知县对其极为敬重，当乾隆版《镇平县志》纂修编好出版时，还专门请他写《叙》并放在潘承焯、吴作哲的序言之后，吴作哲对何殿屏的敬重不言而喻。不妨把何殿屏的《叙》抄录如下：

叙

古之设官分职，天下皆在掌记之中。考《周礼》所载，保章辨星野，遂人造县鄙，职方辨物产，诵训掌方志，详哉其言之矣。又恐不能周知天下之故，命小行人适四方，各采所见闻，其万民利害为一书，政事教治为一书，礼丧凶荒为一书，康乐安平为一书。每国辨异，以反命于王制，更明且备也。自采风之使不行，列国各有史官掌记时事，编年纪传，自成一家言。萧何收图籍，以知天下扼塞户口多少者，其即此物也。嗣是一方故实，悉属宰斯土者随时纂修，勿令有所郁堙。

镇以弹丸小邑，僻处天南。前明崇祯六年，始割程、平两县地以置之。草创之初，邑侯胡君会宾，诸所创建，规模粗备，始编邑乘，以昭来兹。厥后踵修者，康熙癸卯则徐君履吉、癸丑则程君梦简、丁卯则蒋君弥高，至雍正丁未则沈君廷鹤，或十余年或数十年渐次增厘，所有故实及一切递更端末，展卷瞭然。越今五十余年，山川、土田、疆域，悉如其旧，而官师人物、闺壸贞淑，与夫潜德幽光，凡可列诸记载者，较前更夥，而顾可听其日就湮没、久而无稽哉？

辛丑春，邑侯潘君下车伊始，百务未遑，即延余杭王君应亨，开局增修。潘君指授纲领，斟酌体裁，簿书暇手自订厘。阅八月而稿始就，时将付枣，以艰回籍。壬寅春，邑侯吴君莅任，缴呈上宪。上宪病其冗滥，谕令更加刊正。吴君乃复搜罗点窜，缺者补，繁者除，越癸卯秋始行付梓。

噫！镇以蕞尔邑乘，前有潘君肇厥制，后有吴君蒇厥成，以之信今传后，镇实有光矣！吾于斯志复何间然？吾所少者，镇平百余年，奇杰寥寥，无以运诸君之鸿才椽笔，为可愧耳！虽然，我国家太和酝酿，至治熏蒸，虽僻壤山陬，秀灵日出，吾镇幸勿自域可也。况诸君之纪笔载言，激浊扬清，从兹鞭策，安知后日不显烁隆茂、照耀史册也欤！

余末学菲才，滥竽院长，于斯编也，无能为役。特以刍问情殷，且命序言，故为之跋云。潘君名承焯，字若亭，官镇八月，布政明肃。吴君名作哲，字且庵。越今政通人和，自有口碑，匪阿所好。

时乾隆四十八年癸卯岁，年家眷治弟何殿屏顿首拜撰

何殿屏在《叙》的开头追述历史上志书记载“一方故实”的重要作用，所以历朝历代都要求“宰斯土者随时纂修”，不要让它湮灭不存。接着回

溯了镇平建县以来，胡会宾、徐履吉、程梦简、蒋弥高、沈廷鹤等几次修纂邑志的历史。因为何殿屏的追溯的文字，才使我们得以知道整个修志的过程，尤为难能可贵。进而又继续叙述潘承焯“指授纲领，斟酌体裁，簿书暇手自订厘”，尔后吴作哲“复搜罗点窜，缺者补，繁者除，越癸卯秋始行付梓”的后续过程。他认为“镇以蕞尔邑乘，前有潘君肇厥制，后有吴君蒇厥成，以之信今传后，镇实有光矣！”

何殿屏最后觉得县志修好了，他自己没有什么话可再说了。他感到遗憾的是“镇平百余年，奇杰寥寥，无以运诸君之鸿才椽笔，为可愧耳！”他希望故乡镇平在太平盛世、秀灵日出之时，千万不要自筑围城，故步自封。需要借此激浊扬清，从兹鞭策，从而创造显烁隆茂、照耀史册的业绩来。

而何殿屏却在《叙》的落款处题为“年家眷治弟何殿屏顿首拜撰”。在清代，人与人交往中，无论有无科第，概写“年家”。清代中期后，亲戚称“姻”，世交称“世”，同年只称“年愚弟”，而去“家”字。老师与门生称“通家生”，亦称“同学弟”。若子侄之师，则互称“通家弟”。同门友称“门愚弟”。督抚与司道名刺称“愚弟”，与府厅称“寅愚弟”，与州县称“寅弟”，与下僚称“年家眷弟”。州县与生监、盐当等商人，亦称“年家眷弟”。甚至乡民间亦有“眷生”“眷弟”之称。“年家”即同年的意思，“眷弟”即宗弟，“年家眷弟”一般是用在交情并不很深的人之间的客套称呼。“治弟”则是治下的人。在这里，应该看作是何殿屏的一种谦称，他当然不可能尽情地吹嘘自己与县令之间如何如何深的交谊。

何殿屏的《叙》文，以叙述为主，一气呵成。叙述平实简洁，感情质朴真挚，语言婉转流利，文字清新秀美，写得非常得体。读其文想见其人，何殿屏当是一个文质彬彬的谦谦君子者也。

七十七　擅“竹枝词”廖云飘

乾隆《镇平县志》卷二《赋役志·风俗》在介绍镇平习俗节日后，专门云：“至其乡里流风，则邑廪生廖云飘《竹枝词》尽之矣。”

廖云飘，字明扬，是县学的公费生，其秉赋才情过人。乾隆四十八年（1783）修纂的镇平县志时，廖云飘被聘为四个采葺绅士之一，和杨方岳一起不惮辛劳，搜集材料，亦有汗马功劳。虽然在县志中无其个人传记专门介绍，但却收录了他的《长潭赋》和十首“竹枝词”。以一个县廪生能有此殊遇，实属不易。尤以“竹枝词”，人多所作，而能传颂至今者，迄无多见，足见其文笔功力深厚。

“竹枝词”，是一种诗体，本巴、渝一带民歌。唐代刘禹锡作为把民歌变成诗体的文人，对后代影响很大。竹枝词在漫长的历史发展中，由于社会历史变迁及作者个人思想情调的影响，其作品大体可分为三种类型：一类是由文人搜集整理保存下来的民间歌谣；二类是由文人吸收、融会竹枝词歌谣的精华而创作出有浓郁民歌色彩的诗歌；三类是借竹枝词格调而写出的七言绝句，这一类文人气较浓，仍冠以“竹枝词”。之后人们对竹枝词越来越有好感，便有了“竹枝”的叫法。

廖云飘的《竹枝词》属于第三种类型，虽然文人气较浓，但充满了乡土气息。抄录如下：

一

烂烧银烛照华筵，爆竹声中饯腊天。
怪底儿童识双好，深深拜祝太平年。

二

月正廿日爱新晴，女伴相呼作队行。
齐向梵王低语祝，大人缘愿结来生。
（自注：镇俗正月二十日，妇女礼佛云：“结大人缘”。）

三

五月台湾谷价昂，一车闻说十元强。
澎湖风浪今应静，个个迎门待玉郎。

四

乾鹊无端朝乱呼，绣窗私语扶床姑。
前村南路客初到，试问阿兄归也无？

五

谷雨连番日乍长，土空（自注：山名，在镇西偏）
初试绿旗枪。
年年乐事清明后，采得茶来又插秧。

六

黄昏人未掩柴关，明月刚看吐半山。
絃索齐鸣檀板碎，开场先唱过台湾。

七

最苦田功是妇功，陌西踏遍到阡东。
早禾刚拾番禾插，又爱携镰筑早蓬。

八

腊尽争传出土牛，迎春箫鼓剧风流。
看春便觉春光好，暖日齐来拾翠游。

九

晴空卵色蔚蓝天，争趁重阳赛纸鸢。
三五儿童齐拍手，夕阳鸦背看谁妍。
（自注：镇于重阳，儿童竞放纸鸢，拍手争奇。）

十

红霞暮霭搅霜时，省岁归宁各尽之。
（自注：镇俗冬余，妇女归宁，名曰“省岁”。）
竹篮依旧莫空挈，花伞翻新聊倒持。

廖云飘是土生土长的镇平文人，熟谙乡邦掌故及地方风俗民情。他以“志土风而详习尚”，以吟咏风土为其主要特色，状摹世态民情，洋溢着鲜活的文化个性和浓厚的乡土气息。如其第一首“爆竹声中饯腊天”，“饯腊”，就是写送别残冬腊月，指的就是过年的时候。第二首写镇平习俗，正月二十日，妇女拜佛，向诸天之王许愿，要“结大人缘”。希望来到尘世，到处都遇见好人，找到理想的郎君。它不说“找郎君”，而说“结大人缘”。第三首写镇人过台湾“作场工”，把赚到的钱带回家来。所以设想郎君回来经过澎湖时风浪平静，个个妇女在前门倚立着，盼望郎君的到来。第四首还是写女盼郎归的故实。起句“乾鹊无端朝乱呼”，俗称喜鹊鸣叫有喜事到。所以，“绣窗私语扶床姑”。这是结婚不久的女人，就在绣窗下低声问扶床的小姑。“前村南路客初到，试问阿兄归也无？”前村南路已经有台湾客回来了，那么，你哥回不回来呢？第六首尽管写的是乡村的文化生活，但其内容依然“开场先唱过台湾”，且哀弦慢板，表达过台湾者生活凄苦，留守家中妻儿日夜思念。“檀板碎”，言表演的器乐以极凄美哀婉的气氛来加以渲染。第五、七首俱言农事妇功的繁忙“采得茶来又插秧”，用叠词重复的“田功妇功，陌西阡东，早禾番禾”，加上“携镰筑早蓬”来具体地体现。第八首反映立春日迎春神，鞭春打土牛、驱散瘟疫的仪式和活动。第九首写重阳，儿童竞放纸鸢，拍手争奇。第十首“红霞暮霭搅霜时”，据乾隆《镇平县志》卷一《疆域志·气候》载：“（农历）十一月北风大发，名‘搅霜’。以红霞暮起为征，风止则霜，搅不成而雨。”此时农事已闲，妇女趁机省岁归宁。镇俗冬余，妇女归宁，名曰“省岁”，提着装满东西的竹篮箩鬲，携着花伞招摇而去。

廖云飘的竹枝词，与地域文化结下了不解之缘。它常于状摹世态民情中，洋溢着鲜活的文化个性和浓厚的乡土气息，这对于许多学科特别是社会文化史和历史人文地理等领域的研究，具有极为重要的史料价值。譬如其中包含了镇平人过台湾方面的历史资料，可供学术研究采撷；说到镇平地狭人稠，因生计问题，百姓背井离乡，四处迁徙，清代康熙初年始即有大批百姓或过台湾，或下南洋的历史事实。故而竹枝词对于一地历史文化的研究，具有无可替代的史料价值和极为特殊的学术价值。有的竹枝词也就相当于一地的风土志。

七十八　“荐辟”“封赠”显荣宠

康熙《镇平县志》卷四《人物志·小叙》中有程梦简的一段话说：

修镇志而至人物，盖难言之何难乎。难其分梅州之一隅，既不欲以程、平之英奇，侈其溢美；则四十年来，毓灵所及亦寥寥无几矣。然十室忠信，既足增山川之色；而幽贞遗行，又往往见于其际。《传》曰：“土瘠民劳，劳则善心生。”殆信然耶。

程梦简这段话的意思是，纂修《镇平县志》，写到“人物志”的时候感到艰难，甚至可以说是难乎其难。作为镇平置县，是拆分梅州的一块边远地方，不可能像程乡、平远那样，过度地去夸饰那些才智特出的人。而四十年来，聚合天地之灵气，孕育出优秀人才也没有几个。但是，即使是十户人家的地方，也一定有忠诚信实的人，完全可以为山川增色；高洁坚贞的节操，前人传下的品行，又往往体现在他们中间。《论语》说，选择贫瘠之地让百姓定居下来，使百姓劳作才会思考，要思考才能找到改善生活的好办法。劳作在贫瘠土地上的百姓，没有不讲道义的，是因为他们勤劳啊。几乎确实就是这样的啊！

隋唐以后，科举制度是中国古代社会选官的主渠道。此外还有荐举征辟、加封追赠、荫佑世袭等为官之途，这是封建皇帝的特殊庇佑和另类荣宠，同样成为人们的无上荣耀。他们虽然没有经由更多的科举考试的历练与提升，却同样拥有“仕宦的荣耀”，甚至比科举考试所获得的荣宠还要多几分。

古语说得好，百步之内有丰草，十室之邑有忠信。镇平虽然偏小，建县时间又短，但在镇平的历史上，卓异清修、忠诚任事者代不乏人。除了科举进身仕宦者外，还有以“荐辟”“封赠”等方式入仕为官的，这是皇恩的特殊庇佑和另类荣宠。

康熙《镇平县志》卷四《人物志》就有“荐辟”条目。所谓“荐辟”，就是举荐和征辟，也就是推荐和征召的意思，是封建政权对民间颇有声望和能力的人，通过地方官员推荐或者朝廷大员举荐，然后由朝廷征召的方式，任命他们担任官职。这种荐之天子而不加考试者曰“荐辟”。查《明史・荐举》之目，荐举的名目有“聪明正直”“贤良方正”“孝弟力田”“儒士”“孝廉”“秀才”“人才”等，还有一种称“年高德劭”者，也就是所谓“耆民”这种人了。依据这些名目举荐人才，礼送京师，供朝廷擢用。

镇平以“荐辟”方式入仕为官的，记载有十一名被“荐辟”的人物，其中有：

隋朝的程松，有传。

明朝的林仕选，举人材，仕河南布政。有传。

徐道成，举生员，江西佥事。

黄理，举文学，贵阳府判。

伍得显，举聪明正直，仕济源知县。

伍得隆，举文学，仕扬州府判。

丘文显，举年高德劭，仕光泽知县。

黄文洲，举秀才，仕宣化知县。

张时钦，神岗人。有传。

另外，还有清朝的黄朝用，兴福人，康熙四年（1665），题授副将官提标后营游击事；六年（1667）调补福建兴化府城守副将；十一年（1672）升山西平鲁卫总兵都督佥事。

所谓“封赠”，是指封建时代皇帝推恩臣下，将爵位、名号授予其父母、祖先和妻室。父母存者称封，死者称赠。封赠之制，起于晋与南朝宋，至唐始备。最初仅及于父母。唐末五代以后，始上追曾祖、祖、父母三代，往往以子孙的官位为赠。封赠的爵位、名号往往不是实际的官职，而是有等级待遇的爵级衔位，或者相当于某个实际职务的待遇。一般来说，封的爵衔较低，而赠的爵衔却较高。明代以前，封赠的等级、范围都有比较严格的限制。到了清代，为宣扬其孝治天下，推广人子亲亲之恩，把封赠的等级、范围都放宽扩大，而且还可以貤赠捐封。学正、教谕、训导、把总，过去未入流，现在都名列品级，可以受封本邑。所以，乾隆《镇平县志》卷五《人物志》“封赠”条目罗列了杨明经等四十名人物的名字：

杨明经，崇祯己亥拔贡，授天长令，调江都，迁淮安同知，升淮安兵备道，转江西湖东兵备道，累封亚中大夫。

钟顺正，顺岭人。由行伍征复连州，功加守备，后升北直松棚路都司佥书，管都司佥书事，服勤戎务，屡著劳绩。顺治八年，封顺正祖升、父显章，怀远将军；祖母彭氏，母凌氏，妻涂氏、萧氏俱淑人。

黄尊怀，字少初，兴福人。性慷慨，好施予，乡里有缓急，虽囊无盈余，百法设措，周恤不吝。子朝用，官福州副将，赠尊怀如其官。

李坤，字日开，顺岭人。由行伍任平镇营右哨千总。康熙十年，署守备。十三年，土寇林青袍倡乱，坤领兵进剿擒戳之。续征河婆五指石瓦子寨，俱著劳绩。十六年，广西巡抚傅泰知坤才，调赴军营，题授左江镇总兵。子国柱，时任容县都司。十七年十二月，坤与吴贼战藤县，贼大败。复战，陷汙泥中。国柱援不及，遂死之。传泰请旨优恤，赠谥忠烈。孙芳，饶平把总；曾孙忠，黄冈协把总。

陈展仰，金沙人。康熙六十年，由功加把总，迁肇庆守备。雍正元年，貤赠曾祖赞廷、祖宏拱，俱武德将军。

邱皋，字赞华。性至孝，家贫力学。康熙癸巳登贤书，授香山教谕。雍正十三年，赠其父挺，登修职郎。

邓承祚，蓼坡人。性孝友，人无间言。延师课子，敬礼有加。子维岳，以明经授潮阳训导，赠承祚修职佐郎。

黄拔楚，兴福人。性至孝。事亲竭力奉甘旨弗缺。教子仪凤极严，后仪凤官安定训导，封拔楚修职佐郎。

古泰光，字文超。遵例急公授儒林郎。赠父士彩，如其职；母陈氏、妻左氏，俱安人。其父行谊，载“懿行传”。

赖君逢，以孙联，赠奋力校尉；妻黄氏孺人。

赖有瑶，以子联，赠奋力校尉；妻傅氏孺人。

古如珩，以孙沧龙，诰封儒林郎；妻徐氏、郑氏、林氏，俱安人。

古锴，以子沧龙，诰封儒林郎；妻张氏，安人。

赖有万，以孙光表，貤赠文林郎、奉天宁海县知县；妻陈氏，貤赠孺人。

赖遇泰，以子光表，貤赠文林郎、奉天宁海县知县；妻廖氏，敕赠孺人。

梁得荣，以子飞凤，赠奋武郎。

刘兆禹，以孙道光，貤赠修职郎；妻邱氏，孺人。

黄如金，以孙南春，诰封儒林郎。

刘若启，以子道光，貤赠修职郎；妻钟氏，孺人。

黄绍玉，以子南春，诰封儒林郎。

黄熙臣，以子南坚，貤赠登仕郎。

黄相卿，兴福人。事父孝，父卒哀毁。逾礼，视犹子如子。以子国徽，貤封修职郎；妻张氏，孺人。

黄生万，白马人。性孝友。妻邱氏亦有贤德。以子廷亮，赠登仕佐郎；邱氏，孺人。

杨珖，字德光。油坑监生。以子方岳，诰封修职郎；妻徐氏，孺人。

何珀，徐溪人。幼丧父，事母以孝闻，待寡嫂、训幼弟、抚弱侄，悉本天真。以子元植，貤封登仕佐郎。

邱若周，以孙标，貤赠奋武郎；妻廖氏，貤赠孺人。

邱登芳，以子标，赠奋武郎；妻曾氏，诰封孺人。

黄其柏，白马人。赋性笃实不苟，妻赖氏德称之。以孙相，貤赠武信郎；妻赖氏，安人。

黄南瓒，以子相，诰封武信郎；妻赖氏，孺人。

利日企，以孙振纲，貤赠武略郎；妻谢氏、曾氏，俱宜人。

利国松，以子振纲，诰封武略郎；妻徐氏，宜人。

利大猷，以侄振纲，貤赠昭武大夫；妻曾氏，恭人。

梁旺，以孙彪，赠奋力校尉。

利鸣皋，以子天宠，貤封登仕佐郎；妻赵氏，孺人。

梁廷标，以子彪，赠奋力校尉。

李周祥，以孙洪声，貤赠奋武郎；妻钟氏，孺人。

李友润，以子洪声，诰封奋武郎；妻张氏，孺人。

古梦简，以孙乘超，封武信佐郎；妻徐氏，安人。

古荣林，以子乘超，封武信佐郎；妻宋氏，安人。

列入名单中的人物，不管其荐辟、封赠的所予职位爵衔的大小高低，都是一种极为风光的荣耀。他们能载入史志，流传下来，是给其个人、家族，也可以说是给镇平县带来的一份荣耀和自豪。这份荣耀和自豪，也不亚于科举入仕者带来的荣耀和自豪，也可以给后世的人们带来一份努力去争取功名利禄的激励。

七十九　负耒怀忠褒“义民”

乾隆《镇平县志》卷五《人物志·科贡》载：

康熙六十年夏，台湾朱一贵倡乱，破府城。镇人耕种凤山之李直三等，纠镇平及邻县万余人起义剿逆，销田器为甲兵，分设七营，立参谋主之。与贼六战，杀万余人。贼大溃。王师继至，直三等随营助击，生擒一贵于凤山西港下，贼悉平。提督施世琅会各大吏，旌其里曰“怀忠”，名其民曰“义民”。各给外委都司、守备、千把总职衔，部颁功加守备。札付一百一十五人，功加外委把总；数百俱列部册，候缺叙用。

是役也，镇邑授守备衔者，得一十八人焉。曰刘定贤，漳州镇标中军守备；曰李直三，汀州右营千总；曰邱永月，延平左营把总；曰刘庚辅，福宁镇左营把总；曰陈展裕，建宁协中营把总；曰陈展仰，督标左营肇庆守备。俱康熙六十一年任。

曰陈重辉，曰张明仰，曰邱永招，曰邱上珍，曰傅文光，曰钟国虬，曰林有台，曰谢必凤，曰邱永府，曰赖有贤，曰徐兰桂，曰邱若瞻，曰邱登岸，曰邱克用，曰邱若深，曰邱从经，曰陈硕利，均未叙用。其功加外委、千把者，得一百四十六人焉。

曰钟沐华，曰钟沐纯，俱邵武府把总。康熙六十一年任。

曰赖有贤，雷州协把总。

此外，还有林漠泰、林有印等一百四十九个“未叙用”而有名有姓的人，被封为“义民”，也都一一罗列在县志上。

朱一贵是福建漳州长泰人。他在康熙五十二年（1713）抵台，原担任衙役，但很快遭到革职，在凤山县罗汉门（今高雄县内门乡）养鸭为生。因台湾吏治腐败，在康熙六十年（1721）四月于冈山举众数万人的趁乱起事。朱一贵与杜君英争夺权位，产生矛盾，引起内讧，连带引起朱一贵大量屠杀粤东客民，府城尸横遍野。此后，朱一贵日益扩张势力，声势最盛时号称有众三十万人。在这场乱事中，下淡水客庄的侯观德、李直三等人，组建了一万多名粤东客民自卫团，举起拥护清王朝的旗帜，奉大清皇帝万岁牌与贼拒战，进行自卫护庄，助官军平叛。“粤大庄多种刺竹数重，培植茂盛，严禁剪伐，极其牢密。凡鸟枪、竹箭无所施，外复深沟高垒，庄有隘门，竖木为之。又用吊桥，有警即辘起固守，欲出岗则平，归仍辘起。其完固甲于当时之郡城矣。”(《台湾采访册》)

同书又载：“雍正十年，台匪吴福生作乱，镇平起义获功加者，又有李瑞伯、谢登钦、林有印、林有台、邱万春、邱万连、林必秀、陈士珀、陈士梅、陈尚科、陈锡礼、钟琼祥、钟统明、谢必凤、涂子文、陈硕扬、汤简英等二百三十二人。”雍正十年（1732），福建平和县移民吴福生带领一群人在凤山造反，镇平“义民”的作用再度显现。清军平乱时，有九百多名客民义民在下淡水庄人侯心富率领下，协助官军重创吴福生的作乱之众。二百三十二名镇平籍人受到朝廷的褒封。

乾隆《镇平县志》卷五《人物志·科贡》有“续史氏”的评论，曰：“邑民多泛海业台湾者，而十载间，两以负耒之氓，怀忠向义捐躯命，为国剿贼，使逆匪就擒。褒然称为功首，虽未尽授职，亦足征小邑之不乏义勇矣。况如赖有贤、张明仰、陈硕扬、邱若及、涂子文、钟琼祥、邱万春、邱万连、谢运秀诸人，居乡或以孝友闻，或以好义称，其皎皎自好，更为不可没者哉！故附诸科贡之末，以光盛治，以新耳目焉。”

事实上，这些镇平赴台垦耕作场者，诚如蓝鼎元《与吴观察论治台湾事宜书》说：“广东饶平、程乡、大埔、平远等县之人，赴台佣雇佃田者，谓之‘客子’，每村落聚居千人，或数百人，谓之‘客庄’。[①]”其《粤中风闻台湾事论》又说：“广东潮、惠人民，在台种地佣工，谓之‘客子’，所居庄曰‘客庄’，人众不下数十万，皆无妻孥，时闻强悍，然其志在力田谋生，不敢稍萌异念。往年渡禁稍宽，皆于岁终卖谷还粤，置产赡家。春初又复之台，岁以为常。[②]”朱一贵作乱时，南路客子团结乡壮，奉大

① 蓝鼎元撰，蒋炳钊、王钿点校《鹿洲全集》，厦门大学出版社，1995年，第49页。

② 蓝鼎元撰，蒋炳钊、王钿点校《鹿洲全集》，厦门大学出版社，1995年，第236页。

清皇帝万岁牌与贼拒战。平乱之后，敕赐“义民”银两，功加职衔，通过此举在台湾获取了相应的地位和社会资源。在随后一次次的社会动乱中，因为与朝廷保持同一立场，又使得这一意向得到强化，为镇平人在台湾的生存谋得更多的社会资源。反过来，这又是促成镇平人迁徙台湾垦殖的动因。为褒奖他们的义勇，县志把这些原本泛海谋生的负耒之民，怀忠向义，助官军平叛剿贼，有的甚至献出了生命的原镇平籍人士，把他们的名字列在“科贡”目中，等同获取科举功名一样看待，是给他们一种崇高的荣誉，也是一种最高的奖赏。直到今天，我们还能看到他们闪光的名字。

此后的乾隆五十一年（1786）底，台湾发生林爽文和庄大田的联合叛乱。这是台湾史上最大的民变。清王朝大量动用客籍义民去参加平定林爽文叛乱，镇平籍义民又一次站在朝廷一边，率团练义勇，为官兵先导，助官军平定叛乱。客籍义民杀掉了庄大田派去劝诱的人员，于是年十二月十九日，齐聚在朱一贵乱事平定后在今屏东县竹田乡西势村建造的“忠义亭”，“选壮丁八千余人，分为中左右前后及前敌六堆，设总理、副理事以资管束，推曾中立为主”（引自《平台纪事本末》），随同官兵打仗。乾隆帝御赐“褒忠区额”，赞其“实属义勇可嘉”。另还传谕内阁奖赏六堆民义，“所有管理义民之教授罗前荫，著加恩赏给同知职衔。曾中立业已赏给同知职衔，仍著赏戴花翎，并加恩给予义勇巴图鲁名号。俱著送部引见。刘绳祖、黄叁、涂超秀、周敦纪，著赏戴蓝翎，用示优奖”（《钦定平台纪略》卷五十七）。

诸罗县因之改名“嘉义县”，是因为广东义民等助官军撄城固守，大功告蒇而予嘉誉。乾隆帝在褒奖诏中称“嘉义县及淡水等处义民，随同官兵杀贼，并购线侦探、擒捕匪犯，实属奋勉。著福康安即向各义民等详加询问，如伊等情愿顶带荣身，不欲出仕者，各听其便；其情愿出仕者，著福康安量其才具，分别文武咨送吏兵二部，带领引见，候朕酌量补用实缺，以示鼓励”（《钦定平台纪略》卷五十四）[①]。乾隆以粤人深知大义，特诏颁“褒忠”二字，额于广东义民之里门。负耒怀忠褒“义民”，忠义爱国

① 引汤锦台著《千年客家》，大雁文化出版，2014 年，第 172 页。

的精神一次又一次在镇平籍台胞中体现出来。

八十　台湾镇平籍人多

乾隆《镇平县志》卷二《赋役志·风俗》记载：

力田者多置产于台湾，春往冬归，岁以为率，亦有尽室寄居者。

有人说“大陆有一个蕉岭，台湾有两个蕉岭”，指的是祖籍在镇平的台湾同胞有四十六万，大大超过今天蕉岭的原乡人口二十三万。那么在台湾，有多少镇平籍人士？为什么会有那么多镇平籍人？这是一个困扰着今天蕉岭人的问题。

我以为造成这种状况的原因大致有五个方面：

镇平籍人士赴台的第一个原因是由于镇平人稠地少、土瘠民贫，不得不向外谋生，寻求发展。从清代初年开始，镇平籍人士便开始大量外出谋生，其中大部分是前往台湾。因为台湾直到十六世纪后期，大部分地方仍属原始未开发地，只有今称嘉义、台南一带的西南海岸地区，有少数福建汉人前来捕鱼或与当地居民部分贸易。明天启四年（1624），荷兰人占据了台湾。清顺治十八年（1661 年）三月，郑成功亲率二万五千名兵将，分乘百艘战船，从金门出发。他们冒着风浪，越过台湾海峡，在澎湖休整几天准备直取台湾。郑成功从荷兰侵略者手里收复了沦陷三十八年的中国领土台湾。这场战争结束了荷兰东印度公司在中国台湾的经营，开启了明郑政权对台湾的统治。清康熙二十二年（1683），台湾收归清王朝统治。

对镇平籍人赴台湾垦耕的事情，蓝鼎元有相对深刻的研究。蓝鼎元在《镇平县图说》写道：“镇平作邑，为萑苻也。三省之交，山峒深阻，明季屡为贼巢，远迩生灵横遭涂炭。崇祯六年，始割程乡之龟浆、松源，平远之石窟，得地四图，遂建镇平县治……田少山多，人稠地狭，虽有健耜肥牛，苦无可耕之地。群趋台湾，垦辟成家，台中客子庄数十万众，皆程（乡）、大（埔）、平（远）、镇（平）人民，而镇平尤倚赖之，竞以台湾为外宅。[①]”

蓝鼎元（1680—1733），字玉霖，号鹿洲，福建漳浦人。自幼勤学诸子百家，研习诗文，尤注重经世致用的学问。青年时期曾外出游历，考察福建、浙江沿海岛屿和港湾形势。康熙六十年（1721）夏，台湾爆发朱一贵起义，蓝鼎元随堂兄、南澳镇总兵蓝廷珍前往镇压。他赞襄军务，不少文移书均出于其手。事平后，又与蓝廷珍一道招抚投降者和逃亡百姓，安顿原住民社区，历时一年有余。返归后，他写下《平台纪略》，记述事件经过，并提出治台策议。雍正元年（1723），蓝鼎元以荐辟被选入京，校书内廷，分修《大清一统志》。雍正六年（1728）冬，他向雍正帝奏议经理台湾、河漕、黔蜀疆域等六件时务。之后被任为潮州普宁知县，不久又兼摄潮阳知县。他在普宁、潮阳两地治绩斐然，却因秉性亢直，违逆了上司，革职回籍。后来，两广总督鄂尔泰欣赏蓝鼎元才识，聘其入幕府，并具奏明蓝鼎元受诬始末，并向朝廷举荐，得到雍正召见，署为广州知府。到任一月后病逝于官署。蓝鼎元熟悉闽粤台三地社会民情，政绩出色，受到器重。他在治台方略中指出的闽粤人赴台垦种，值得注意。蓝鼎元曾经对雍正帝坦言海禁之害：“闽、广人稠地狭，田园不足于耕，望海谋生，十居五六……南洋未禁之先，闽、广家给人足，游手无赖亦为欲富所驱，尽入番岛，鲜有在家饥寒，窃掠为非之患。既禁之后，百货不通，民生日蹙……闽广产米无多，福建不敷尤甚，每岁民食，半藉台湾，或佐之以江浙。南洋未禁之先，吕宋米时常至厦（门）。[②]”（《鹿洲初集》卷三《论南洋事宜书》）蓝鼎元还在《与吴观察论治台湾事宜书》中道：“广东饶平、程乡、大埔、平远等县之人赴台佣雇佃田者，谓之‘客子’。每村落聚居千人或数百人，谓之‘客庄’。[③]”其在《粤中风闻台湾事论》又说到：“广东潮、惠人民在台种地佣工，谓之客子，所居庄曰客庄，人众不下数十万，皆无妻孥，时闻强悍，然其志在力田谋生，不敢稍萌异念。往年渡禁稍宽，

① 蓝鼎元撰，蒋炳钊、王钿点校《鹿洲全集》，厦门大学出版社，1995 年，第 55—56 页。

② 蓝鼎元撰，蒋炳钊、王钿点校《鹿洲全集》，厦门大学出版社，1995 年，第 55 页。

③ 蓝鼎元撰，蒋炳钊、王钿点校《鹿洲全集》，厦门大学出版社，1995 年，第 49 页。

皆于岁终卖谷还粤，置产赡家，春初又复之台，岁以为常。[①]”从蓝鼎元的文书中可以看出，闽粤人民大量向海外谋生，迁往台湾垦种谋生，是一种社会趋势，是当地的普遍需求。主要是本地人稠地狭，苦于无可耕之地，是为了温饱而去的，所以有春去冬回、不携家眷的前期方式。

第二个原因是台湾相较“土瘠民贫”的镇平而言，无疑可视为是一个“土地膏腴，易于谋生食力之所”。早期赴台的民众多是贫民，一般主要从事农业垦殖活动。他们最初是只身前往，志在垦殖耕种，把一年收获的作物卖了，把在台湾挣得的银钱，到腊冬岁尽带回老家来置产养家，然后又在过完年后返回台湾去垦殖耕作。他们不定期地往返于台湾与家乡两地，作候鸟式迁徙。年复一年，年年如此。由于在台湾垦殖有较丰厚的回报，便开始了“多置产于台湾”。尔后，他们往往以血缘或地缘关系为纽带，将自己的族人或同乡带到台湾去。有的父子同往，有的叔侄同往，有的兄弟同往。大量人口往来于镇平与台湾，使得赴台湾谋生成为镇平社会的一种常态化现象，台湾成了镇平的“二亩半”外宅。随后其他一些从业者如医生、儒生、工匠甚至风水师等纷纷前往台湾，寻求谋生的社会空间与机会。这样，愈来愈多，渐渐地由个体的“客子”，群居在一起，变成了集群体的“客庄”。台湾岛上客子庄数十万人，“皆程、大、平、镇人民，而镇平尤倚赖之”。就是说，镇平籍人特别多。这种方式既不会是短期的，而居留时间也是不固定状态的，于是就产生了“客子”“客庄”的他称。还有一点应该看到，既有“客子”，又有“客庄”，这都表明流移到台湾去的闽广人，不仅是分散的个体佃耕者，而且有了集群型的田庄村落，甚至是属于自己的耕地产业，经济上站稳脚跟，定居就会跟着出现，也就改变了前期赴台谋生的方式。

第三个原因是地方官员了解民情，体恤民意，支持和协助镇平籍人士渡台。最著名的事例是康熙六十年（1721）任镇平县令的魏燕超，了解到“镇人以地窄人稠，多就食于台湾，而海防例严，苦无以渡。燕超请于上

① 蓝鼎元撰，蒋炳钊、王钿点校《鹿洲全集》，厦门大学出版社，1995 年，第 236 页。

官，并移咨闽省，准镇人给照赴台耕作”。镇平地窄人稠是客观的事实，民众不得已要向外谋生发展。然而，当时清王朝海禁之严，不是随便可以出海赴台湾的。往台湾要办理一定手续，办手续还要交手续费。不单镇平县里出证照要手续费，到厦门验证照还得交一笔手续费。为此，魏燕超专门草拟呈文请准上司，从而使镇平民众获准给照并“省两处规费”，可直接由福建厦门等地渡海赴台湾耕作。也就是说既合法前往，又为民众省却费用，提供了许多方便。这也无疑会鼓动更多民众赴台谋生发展。镇平民众有了官方认发的证照和正常的渡台通道。即经由厦门海防发给执照，然后从厦门渡海的通道。但更多的人是顺石窟河而下韩江，从潮州的樟林港偷渡出发，自己直接乘船前往台湾，来得直接快捷、简单方便。

第四个原因是清王朝下诏，有去台者须带家眷的政策强制。携家带眷赴台，鼓励赴台人士在台定居安家，自然又会促成人口迅速地繁衍增长。蓝鼎元有“客子”“客庄”之论。它原是指在台湾租佃开耕者，因为他们不携带家眷，春去冬回，常年如此，称为“客子”。称“客子”的人数越来越多，多到几十万，聚居在一起开垦，又称作“客庄”。这种“客子”“客庄”的称谓流行在台湾和粤东地区，为社会所认可；直接关联的县域是饶平、程乡、镇平、大埔、平远等县。所谓“客”，是他称，皆因“饶平、程乡、镇平、大埔、平远等县之人赴台佣雇佃田”。这个时候人们称呼的“客子”“客庄”，也是指其生活劳作的临时性、流动性。蓝鼎元还说到这些“客子”，因其没有妻儿老小在身边，行动自由，参与争斗，流徙无牵挂，官府不易控制，被视为危险人群。为求削弱其勇于搏斗、难于羁縻的优势，蓝鼎元因而建议朝廷命他们来台必须携带家属。这也是导致台湾镇平籍人口大量增加的重要原因。所以到了清康熙中期以后，特别是“迁海复界”令结束后，镇平籍人更是大举迁台，达到了高峰时期。民间编纂的族谱对镇平籍人外出情况有较翔实的记载。蕉岭《徐氏族谱》资料显示，徐姓从清初就有大量的人口外迁到台湾垦殖。徐氏从十四世至十八世，即康乾嘉时期，就有九百一十四人。此外，还有镇平的涂氏、古氏、林氏、赖氏、陈氏、汤氏、钟氏的族谱，都明确地记载着迁台人员的姓名、大致时间。清朝廷这种政策强制完全改变了镇平籍人士春去冬回、不携家眷的前期方式，变成了携家带口、定居安家、创业发展的方式。这样，镇平籍人士就会滚雪球一样增长增加。

还有第五个原因是诚如乾隆《镇平县志》卷五《人物志·科贡》有“续史氏”的评论所说的那样：“邑民多泛海业台湾者，而十载间，两以负耒之氓，怀忠向义捐躯命，为国剿贼，使逆匪就擒。褒然称为功首，虽未尽授职，亦足征小邑之不乏义勇矣。”康雍时期，镇平籍人士怀忠向义，助清朝官军平定朱一贵叛乱和吴福生叛乱，以及在乾隆时期，又一次助官军平定林爽文叛乱。镇平籍人士原是负耒之民，而一变而为“义民”，称功首、赏银钱、授官职，大大地提高了镇平人在台湾的社会地位，改善了镇平人的生存环境，获得了更多的社会资源和发展空间。这样又反过来，变成是镇平人迁徙台湾谋取更大发展空间的动因。

明乎此，就能解开“大陆有一个蕉岭，台湾有两个蕉岭”之谜，指的是当年镇平籍人渡台人员之众，而后在台湾定居，生育繁衍后代，进而超过了原乡人口的真实状况。虽然台湾进入清王朝版图以后，当局并未鼓励移民移入，甚至有意为移民者设下重重障碍，但是却没能阻止移民的大量涌入。至嘉庆时，人口已达二十二万四千多户，男妇人口达一百七十八万六千多人。全台各地都可见到闽粤移民，特别是镇平籍人的身影。

镇平民众从康熙年间开始赴台为人“作场工”，这种迁徙的状态一直持续到中日甲午战争，共经历了两个多世纪之久。甲午战争清朝战败，台湾被割让给日本。至此，两地往来的历史进程遭到严重影响。由此可见，当时镇平县与台湾的关系是何等密切，竟“以台湾为外宅，如二亩半在田”。

镇平民众，最早前往台湾拓垦的地方是台湾南部的屏东平原地区。从清初开始，他们在此筚路蓝缕，不断与大自然作斗争，开垦荒地，引水灌田，逐渐建立村落，形成了一支重要的开发力量。镇平籍赴台民众，尔后逐渐进入台湾北部的桃源、新竹、苗栗，最终成为赴台最多的粤籍群体。镇平籍赴台民众在台湾的开发史上留下浓墨重彩的一笔。

八十一　巾帼风烈足纪存

程梦简在康熙《镇平县志》卷四《人物志·贞烈列传》的开头语曰：

修邑乘而至节烈，不觉载笔而兴也。盖粤唯潮俗为尚礼。潮属邑，唯一二山县，为淳朴勤俭，有古遗风。此妇人女子所以诚笃不移，风烈足纪，其天性然也。但昌黎倡教之风既邈，处士躬行之化鲜闻，小民习俗浸淫，莫可纪极。今得贞烈数人，矫矫独立，如严冬松柏。故不惮力为表彰，以为一邑矜式。读是传者，或亦感兴而起夫。

这一段开场白道出了程梦简对镇平作为潮州属下的山区县，民风“淳朴勤俭，有古遗风”“妇人女子所以诚笃不移，风烈足纪”“其天性然也”，是“尚礼”的根本原因这样一种基本看法。他“载笔而兴”，记下了“矫矫独立，如严冬松柏”的贞烈数人。他不遗余力为她们作传，给予表彰，目的是让她们成为一个县的学习典范。

自古以来，男人的气节主导着社会舆论，成为后世学习与效仿的榜样。然而，女性的气节同样值得后世景仰尊崇。她们身上所展现出来的气节品质，更令日月含悲、山河变色。镇平的女性同样具有高洁的品质、坚忍的意志、壮烈的气概、不屈的气节，留下了令人千秋景仰的豪壮篇章。

这样的女性人物，在康熙《镇平县志》卷四《人物志·贞烈列传》记载有十二名；在乾隆《镇平县志》卷五《人物志·列女传》中除照载康熙版十二名外，增加了一百八十四名，共一百九十六名。这些人中，又可分为烈妇、节妇、烈女、贞女这几类人。由于封建礼教重男轻女，故在传中，有其丈夫的姓名而没有她们自己的名字，只有姓氏。传中或详或简地记述了一群贞烈、节孝、贤惠的女性，用生命与岁月谱写了一曲曲气节的赞歌，向世人展示了崇高品格和悲烈气节的女性形象。

所谓“烈妇”，指重义守节的妇女。特指以死殉节或殉夫的妇女。她们面对贼寇、强盗与敌兵，被执不屈，义不受辱，凛然大义，从容赴死，令人赞叹。如：康熙版中所记的石窟古王安妻黄氏，二十二岁即守寡在家，侍奉家翁家娘能克尽妇道。正德六年（1511），贼寇黄镛劫掠其乡，被抓住，贼寇欲奸污她。黄氏曰："我苦苦守节那么多年了，难道能为贼寇侮辱吗？"大骂不绝于声，宁死不为奸污。于是为贼所杀。

又如：黄立富妻赖氏，结婚一年，丈夫死了。赖氏也想因丈夫死去而上吊自杀。她的婆婆用好言抚慰她，商量好准备以族人之子过继为丈夫的后嗣。然而，赖氏的父母却坚持要她改变主意，另行改嫁。赖氏哭泣着说："我所以忍死偷生到现在，目的是为黄家血食不断绝，香火仍有人传下去。现在我的志愿不能完成，是天在作主不容许了！"于是饮毒药而死去。知县蒋弥高还专门写了祭文祭奠，立碑旌表赖氏。

一个人很年轻就轻率地舍弃自己宝贵的生命，实在令人扼腕。今天，在慨叹她们节烈义勇的同时，也不得不对她们舍弃自己生命、轻视家人痛苦的行为感到痛心。

所谓"节妇"，指夫死守贞不再嫁的妇女。她们从小就受到"夫为妻纲"的思想禁锢与束缚，从未摆脱甚至根本就不知道要摆脱"从一而终"的封建礼教的桎梏。丈夫年纪轻轻就去世，她们无不悲痛欲绝，甚至再三寻死以求殉夫，但最终又无不忍痛含悲，或孝敬公公婆婆，侍奉他们颐养天年；或抚养儿女使之长大成人；或抱养丈夫兄弟的儿子作为丈夫的子嗣，为丈夫延续身后的香火，活得委屈，却活得坦然。如：生员黄怀经之妻廖氏，是寨背人。她二十八岁时，丈夫就瘫痪不起。黄氏日夜熬汤煎药，三年如一日为丈夫疗病。丈夫死后，艰辛守节，教育其儿子黄业，学有所成，于嘉靖十三年（1534），以岁贡的身份出任福建武平县训导。嘉靖二十一年（1542）出任郧西县教谕。执掌刑法的郑司理旌匾其门曰"节载省志"。又如，徐溪张德远妻涂氏，十七岁便嫁给张家。不久，生下一子而丈夫却死了，张家门庭零落孤苦伶仃。涂氏不因生活清苦而改嫁。她为人清白，坚守自己的品质和操行，没有一点儿改变，靠纺织丝麻获取微薄收入来供养父母，真正有织席孝养的遗风。涂氏一生经历了各种艰难困苦，把儿子永浤培养成国子生。到家庭稍为宽裕后，每每推食解衣帮助邻居，但并不因此而觉得有恩于人。乾隆己丑年饥荒，让其子捐钱赈灾；己亥年碰上水灾，又捐资助修河堤。州牧赵康、邑令张曾谊合以“节贞善普”旌之。

这些女子，在其丈夫死后，她们不改嫁，而是独立抚育子女，用自己恭和的态度、贤惠的品德对待公公婆婆，替自己的丈夫履行了人子之责，尽到了人子之礼。同时她们又用自己良好的品性和言行，既教育子嗣上进求学以成功名，也教子嗣做人道理以立身处世。面对悲惨命运、坎坷生活，她们宁可忍辱负重，委屈自己，侍奉公婆，抚养儿女，以坚忍的意志维持一个家庭的存在、传承与延续，事迹足以感天地、泣鬼神。

所谓“烈女”，指殉夫或杀身以保全贞节的女子。她们的思想同样受到“夫为妻纲”的限制，受到“从一而终”的桎梏，即使自己还未出嫁，但由于已经许配给对方，便毅然地舍弃自己的生命而为未婚夫殉葬，行“生是夫家人，死是夫家鬼”的俗语，态度决绝、意志坚贞、义无反顾。如：黄氏，是古王安的妻子。黄氏二十二岁时，丈夫死了，她留守在古家，没有改嫁，侍奉公公婆婆十分孝顺，勤俭持家，过平常日子。明正德年间（1506—1521），土匪黄镛入侵其乡，黄氏也被匪徒掳掠去了。黄镛想奸污黄氏，黄氏誓死不从，骂声不断，于是遭到杀害。

还有所谓“贞女”，指有节操的女子或从一而终的女子。与烈女年轻女性不同的是，她们保留着自己的生命，却实践着为夫守节的纲常。未婚夫去世了，她们“缟素”入夫家，替未婚夫侍奉公婆，抚养继嗣以延续夫家血脉。如：丘恒泰妻张氏，十八岁嫁给丘恒泰，侍奉公婆以孝闻。恒泰以贤能登上被举荐的名录，到京城参加考试，不幸死在金陵。张氏听到丘恒泰的死讯后悲痛不已，决心以死殉夫。但看到婆婆年老需赡养而断了死的念头，由此孀居数十载，在闺阁家门以外，听不到她的言笑声，外面的亲戚也难得看到她的身影。又如：徐启姑，是贡生徐茂兰的女儿，从小许配给王嵊。还未过门，就听到王嵊的死讯。她悲恸欲绝想去自尽。父母哭泣着从旁再四劝谕。徐启姑于是说：“请允许我去奔丧，这样才可以有一点生机。”于是，立即到王嵊家中去，悲痛地穿上丧服为未婚夫王嵊守孝，不愿再返回母家。王嵊父母遂为她立下嗣子，延续血脉。徐启姑守节教子，八十岁才死去。

上面列举的这些女性，思想不一定深刻，认识也不一定全面，所作所为多是细小琐碎之事，甚至是愚昧之事，但节烈的气概，刚直的品行，巾帼不让须眉，是许多男性都无法达到的境界。在以礼教道德为主流的社会环境与文化背景下，皇上六宫，拥三千粉黛；宦门万贯，纳十二金钗。君子不妨狎妓，平民亦可续弦。大丈夫三妻四妾，天经地义；小女子三从四德，铜锁铁枷。卜卦定婿，指腹为婚。嫁鸡随鸡，嫁犬随犬。以再醮为耻，以守寡为荣。卫道传经，红颜女被迫就范；潜移默化，青春妇自愿居孀。半世孤灯，照出满头白发；一生痛苦，换来两笔朱批。贞节牌坊，压抑多少人性；朝廷旌表，扭曲无数灵魂。悲剧正剧，只留下残碑遗迹；张氏王氏，最可哀有姓无名。她们的行为甚为官方所称道，专门在城内分司仓前建了节孝祠，供人们奉祀。还将她们的事迹载入县志，并拨款修建牌坊。牌坊上还赫然镶嵌着“女贞表节”“贞孝可风”“抱淑守贞”等题额，旌表她们的风烈节义。

八十二　贤母天性范仪型

中国自古提倡女性要贤良淑德，做一个贤妻良母。评价一位妇女的品格，最看重妇女的贞操。这虽然是封建社会的产物，但这种对爱情从一而终的品格，的确值得世代敬佩和学习。因此出现了很多名垂千秋万世的模范母亲，在中国历史上受到普遍尊崇。中国古代四大贤母中，除了岳飞的母亲之外，孟子、欧阳修和陶侃的母亲都是早年丧夫。而他们的母亲都没有改嫁，独自含辛茹苦地养育他们长大成人。孟母、欧母、陶母，她们并非没有条件改嫁，这是因为她们接受了中华传统文化的熏陶。

在乾隆《镇平县志》卷五《人物志·列女传》中，共有一百七十六名女性入传。这些人中除了上述一节中谈及的烈妇、节妇、烈女、贞女这几类人外，还有一类可以说是“贤母”型的女性。

所谓“贤母”，是指以自己贤能的品德、贤惠的操守，相夫教子的女性。她们中有的“饮冰茹蘗，贞操不变”“以母兼父，苦节抚之”；有的“尊崇斯文”“博览群书，兼精岐黄”；有的“篝火夜绩，佐读相夫”“购书无资，脱簪珥助”；有的“淡约一生，协上下，和内外，事夫君，皆能尽礼”“力机杼以奉舅姑”；有的品行“庄重”“端慧淑德，为乡族仪型”。她们或抚孤成立，或责子勤读，或劝助夫君，或操持家业。其中有堪与孟轲之母相比者，有堪与欧阳修母同提者，有堪与岳飞母齐论者，都闪耀着母性的光辉。这里只能举几个例：

例一，金沙儒士陈世仪的妻子杨氏，是程乡人。十七岁就嫁到了陈家。过了一年，杨氏生下一子，儿子出生三个月后丈夫却死了。杨氏以女人之身一肩兼父母双职，把持操劳，内外应酬。杨氏坚守节操，矢志不渝把儿子抚养大，以勤俭持家作为第一要务，所以家道渐渐地富裕起来。她的儿子陈飞云，候选县丞；两个孙子宜元、宜亨，也都名列官设的最高学府。一门美盛，都是杨氏教育有方的结果。

例二，兴福黄奕类妻杨氏，博览群书，特别熟悉《资治通鉴纲目》。《资治通鉴纲目》简称《朱子纲目》，或称《纲目》。纲目体编年史书，五十九卷。南宋朱熹撰。因为司马光的《资治通鉴》部头太大，且内容太繁，所以要点不明，又不便阅读。因此，朱熹以《资治通鉴》为依据，改编成一部简明扼要的通俗读本。另外，朱熹还以《春秋》笔法为义例，使之能够更好地为统治阶级提供历史借鉴，并加强了史书对于维护封建秩序及封建道德、伦理教育的作用。杨氏还精通医术，活到一百零四岁。病重临终时，孙子、曾孙们问她有什么重要的话要说。杨氏说：“我没有别的什么要嘱咐你们，唯一希望你们延请老师教育子孙，尊敬读书的人，读圣贤的书，做忠孝的事，如果能够这样我就满足了。”

例三，徐溪张德远妻涂氏，十七岁便嫁给张家。不久，生下一子而丈夫却死了，张家门庭从此零落孤苦伶仃。涂氏为人清白，坚守不失身、不改嫁的道德观念，坚守自己的品质和操行，一点儿都没有改变，靠纺织丝麻获取微薄收入来供养公公婆婆，真正有织蓆卖履、竭尽孝忱、奉养父母的遗风。涂氏一生经历了各种各样艰难困苦，把儿子永浤培养成国子生。到家庭稍为宽裕后，每每推食解衣帮助邻居，但从不向人表露出来，并不因此而觉得有恩于人。乾隆己丑年饥荒，让其子捐钱赈灾；己亥年碰上水灾，又捐资助修河堤。州牧赵康、邑令张曾谊一起以“节贞善普”赠匾表彰她。涂氏既是节妇，又是贤母。

例四，嘉应人李氏，十六岁，便嫁给高思汤镇芳作妻子。婚后，能得到公公婆婆的欢心。汤镇芳喜欢读书，购买书籍没有钱，李氏把自己的银簪耳环变卖了帮助买书。汤镇芳过于用功读书致病，李氏侍夫汤药，接连数月没有解下衣带睡觉。后来知道丈夫的病好不了，哭泣着安慰丈夫说：“好在我已有孕在身，能生下男孩那就十分好了。”丈夫死后，生下儿子名膺山，选择好的老师给他上课辅导，拿出丈夫所购买的书籍，叫儿子全部读完。膺山在县学取得了公费生资格。学使吴鸿以“贞松慈竹”赠挂在其门上。

例五，生员林纶妻刘氏，十九岁嫁到林家，二十三岁时丈夫死了，仅生有一子。刘氏几次想投缳自尽，一死了之。但转念家中婆婆年老，儿子还小。自己死了，还有谁人能够赡养老人抚育小孩呢？她教育儿子最为严格，经常说：“你的祖父诗书传家，如果你们这些后辈不读书，那么，我虽然活着也像死了一样啊。”子孙听从她的教训，都有所成立。县令吴作哲有匾表彰她。

《列女传》卷二十九云：“凡孝慈肃雍勤敏之行，纴织文咏之才能，皆妇人之美德也。”中国古代社会对妇女提倡孝敬父母，慈爱子女，亲善兄妹，庄严雍容，勤勉机敏的行为；既会纺织，又能够进行文学创作的才能，并与操劳中馈家务并行不悖，这是妇人应该具备的良好品德。这种要求不仅是我国传统道德规范的一个重要内容，也是中华民族传统美德之一。

人们都在说“妇顺而后内和理，内和理而后家可长久也”，上面列举的几个事例，其淑媛之风教，足以超出流俗；又有享期颐之寿，而无亏妇仪者。居此原委，不揣在《巾帼风烈足纪存》外，又另专门辟出一篇记述“贤母风采”。

名宦风仪

八十三　镇平名宦祀何人

康熙《镇平县志》卷一《舆地志·儒学》载："棂星门内东为名宦祠。知县程梦简申请，祀公举未经入祀明知县胡会宾、沈惟耀，本朝知县薛世望。"

由上可以看出，程梦简在康熙十一年（1672）扩建维新学宫时，一并建起了名宦祠、乡贤祠。当时经过公举，推举了明朝知县胡会宾、沈惟耀，本朝知县薛世望三个人，由程梦简拟文呈报各级部门查核事实，据保结题，最后由当朝皇帝命下之日，礼部行文为准。

上述三人，首先是沈惟耀。他原来是平远县令，崇祯六年（1633）镇平独立置县时，是以平远县令兼摄镇平县事。其间，建筑城池，日夜操劳，导致城未筑好而身亡。其主要功劳是在镇平置县之初百务待举，而能急公忘身。作为开县之宦，入祀名宦祀自然名正言顺。

其次是明知县胡会宾。他在崇祯十年（1637）莅任，设县之初百务未举，莅任后渐次兴举。改建县署，整理城社，建置学宫，为学宫增置学田、建社仓、办义学。他所经营操办的事情，纲举目张。人们普遍认为他，以决策能力而论，果断英明，刚正自立，智识深远，公正清廉，宽厚爱民，类似北宋的张乖崖一样的人物；以才思而论，知识渊博，考虑精细，头脑敏捷，敦尚本实，倡明正道，淡薄之守，又像他的宗前辈北宋时人胡瑗。他把这两个身上的长处都集中于一身。虽然任职才二年，但至今让人怀念他。

第三个是顺治朝的薛世望，在任六载。当时镇邑筑建城池才不久，寇乱还不时发生，薛世望抚慰民心，招徕流民，让老百姓安定下来。顺治十三年（1656），见崇祯十七年（1644）罗明夔在任时所建的学宫，墙颓草茂，风雨交侵，即带头捐俸鸠工修饬，由此学风顿开。特别是薛世望草拟上呈《兴革条陈》，请求减免镇平过往七年来未交的法定赋税，每年2700两，共计18900两，全部一次性免除；把摊派给驻扎镇平胡椒营年饷4200两有奇的防兵费用，纳入国家财政中去开支。这两件事给镇平的百姓带来十分大的实惠。他深厚的仁爱和恩惠，遗留造福于后世，老百姓今天仍然津津乐道。

以上三人，都是仕于其地而惠泽于民者，称得上"名宦"并当入祀名宦祠。特别值得一提的是薛世望，在其第一次重修镇平学宫时，明末通议大夫、吏部右侍郎兼翰林院编修、程乡县人李士淳在《修镇平学宫碑记》中就称道薛世望"之德之才之吏治，行将协喜起而格天人，暂试其奇于一邑，家歌召杜，载勒心碑。邑人士请于上官，将祀侯于学宫，以垂万世，上台佥相许可，侯力以现任辞。盖有待而行之文，其在兹哉！"众人推举他，上级机关也都同时认可，但他谦逊地以现任官员作推辞理由。到了程梦简主持修志时又一次公推申请以上三人入祀名宦祠。

而时间延及乾隆四十八年（1783）时，乾隆《镇平县志》卷三《典礼制·秩祀》记载，"祭名宦之礼，立祠在棂星门之东偏，奉祀宋待制徙梅州刘安世，寓贤，附祀名宦祠。明惠潮嘉兵备副使鲁元宠、平远知县摄镇平事沈惟耀、镇平知县胡会宾。本朝太子少保、两广总督佟养甲，广东巡抚升湖广总督晋少保谥清端杨宗仁，广东巡抚杨文乾，镇平知县薛世望。即以上丁日致祭。献官行一献礼。祭品：爵二，笾豆各四，羊豕各半体。其未请入祠者，有魏燕超、许良臣诸人云。"

从康熙十二年（1673）至乾隆四十八年（1783），已经整整过了一百一十年，沈惟耀、胡会宾、薛世望三个人，终于实至名归，入祀名宦祠。而同时入祀名宦祠的还有刘安世、鲁元宠、佟养甲、杨宗仁、杨文乾五人。

这五人中的刘安世（1048—1125），即刘元城。其事迹见载于康熙《镇平县志》卷三《官守志·寓公列传》和乾隆《镇平县志》卷三《典礼志·名宦附载寓贤》中。刘安世是北宋后期大臣。熙宁六年（1073），登进士第，不就选，从学于司马光。后因司马光、吕公著举荐，升任右正言。累官左谏议大夫，进枢密都承旨。以直谏闻名，被时人称之为"殿上虎"。章惇掌权时，贬至英州、梅州安置。宋徽宗时获赦，历知衡、鼎、郓州及镇定府。蔡京为相后，连谪至峡州羁管。宣和七年（1125）刘安世去世，享年七十八。刘安世被流放到岭南六年时间，受尽了各种艰难险恶，被苏轼称为“铁汉”。刘安世作为流寓官员，据说是因其刚贞气节、人格精神深深熏陶、影响了后来的梅州人民，被入祀梅州学宫，梅州城中有“元城路”“铁汉楼”用来纪念他。

明朝鲁元宠，顺天人。崇祯十四年（1641），以编修出为按察司副使、兵备惠潮。时镇平隶潮州。整肃明敏，郡无滞狱，所至严察，泛堡萑苻屏迹。岁饥赈恤，民赖编生。尤以振兴文教为己任，葺学宫，选师儒，崇尚古学，浮华之士勿贵也。

清朝佟养甲，奉天人。两广总督。奉命平定百粤。顺治三年（1646），偕提督李成栋，统师入潮州，先遣闽衿宣谕威德，潮人赴关迎附。时群盗各拥众数万，分据诸县。养甲剿抚并用，盗皆归顺。由惠入广，抚循难民，以次削平。嗣遇岁饥，捐金平粜，存活甚众。

杨宗仁，奉天正白旗人。明警廉隽。康熙五十八年（1719），巡抚粤东，洗刷陋例，褫属吏之贪墨，除重充之革役，惩终讼之刁风。官师肃轨，奸滑潜踪。巡抚四载，通粤怀德畏威。后擢湖广总督，卒于楚。

杨文乾，字元统，宗仁子也。敏练严重，有大臣干局。雍正四年（1726），授广东巡抚，时值岁祲。文乾告籴四方，聚米实仓，减价平粜。贫不能市粮者，按口赈给，远近赖以生活者甚众。抚粤三年，多有劳绩。上有操守胜人，实心办事，整饬官民不避嫌怨之褒。其卒也，通粤之民莫不悲痛。

还有两位是：

魏燕超，正定举人。康熙六十年（1721），任县令事。政尚宽恤，爱民如子。吏胥计里给钱，不得分毫滥索。先是，镇人以地窄人稠，多就食于台湾，而海防例严，苦无以渡。燕超请于上官，并移咨闽省，准镇人给照赴台耕作。每岁资入无算。镇学原额八名，燕超以文风日盛，详恳督学惠士奇，奏加四名。去之日，镇人尸祝之。所作《留别诗》三章，载《艺文志》。谆谆婉笃，至今如见其爱民之心也。

许良臣，侯官举人。乾隆六年（1741），任邑事。兴利剔弊，摘伏无有遁情。邑人祝以“冰镜”，有德政去思碑。

魏燕超、许良臣这二位是仕于镇平而有政德惠泽于当地的县令，是经公推拟请而尚未请准入祀的名宦。此二人入祀亦在情理中，只能假以时日等待批文而已。

按说鲁元宠是惠潮兵备，佟养甲是两广总督，杨宗仁、杨文乾是广东巡抚，且是父子。这四人都在州、省做官，也切实为民做了好事实事，若论给予他们一定的名誉和纪念也在情理之中。但若以“仕于其地而有政绩，惠泽及于民者”，则其首先不在“仕于其地”。他们是仕于州省的官员，果以他们能“惠泽于民”则应以州省之名宦祠祀奉为宜。在其所属辖地上都上牌位崇祀，则有“于斯滥矣”之嫌。清道光年间举人、长乐县人温训就县级名宦祠祀省州级公共人物此类现象，作过批评，指出“若鲁元宠，虽有功德，孔（毓珣）、朱（弘祚）、二杨，亦通省所公共，乃特祀于兹，去取多乖”。去取多乖，即选取或舍去，大多不协调统一标准了。自明代以来，这种未尝官于其土，而因其名声过高而被崇祀的现象，比比皆有。这种所祀超过地域限制、名不副实的泛祭滥祀现象，属于“祀非其类”，流于谄渎，将不可能达到对名宦报功怀德的作用。

八十四　开疆首事沈惟耀

康熙《镇平县志》卷三《官守志·名宦列传》载：

沈君讳惟耀，号沧州，孝感人，任平远县令。镇邑初议分治，公奉抚道监造镇城，工未卒而殒焉。开疆首事之劳与急公忘身之谊，皆当百世不祧，与城社咸永者也。康熙十一年，知县程梦简允绅士里民公呈详各宪，请祀名宦，蒙批查事绩，取结举行。呜呼！公之魂魄，其依镇山镇水而长在欤。

查清嘉庆二十五年《平远县志》卷之二《职官》载：“沈惟耀，湖广孝感，贡，崇祯六年任。”

从上文可知，沈惟耀是在崇祯六年（1633）才刚刚任平远县令的。正好碰上从平远、程乡两县划出部分地方组建镇平县的时候。从才智能力来说，沈惟耀应该还是可以的。不然，他就不会被熊文灿直接点名来兼摄镇平县事的。

我们知道，古代县级政府是国家权力结构中的基层组成部分，其稳定和发展是国家长治久安的根本。就清代来说有一千五百多个县级行政单元，由于环境条件和社会发展程度的不同，差别很大。在这方面，除了国家制定了一系列的行政管理制度和措施，发挥其重要的效能作用外，当然还需要地方官吏们勤政爱民。《清史稿·职官志》对县级政府主要官吏的职责，都有比较明确的解释：知县主掌一县政治，包括决讼断辟、劝农赈贫、讨猾除奸、兴养立教等，“凡贡士、读法、养老、祀神，靡所不综”。县官的职任十分繁重，王朝的正常运转，没有勤政的基层官吏，那情形是很难想象的。对州县官员来说，他们的首要职责是必须保证“国家”钱粮赋税按时按数上交朝廷，为此不惜对基层代理征收者与纳税民户实施催比、捉拿、处罚等。对他们的考核，主要在听讼、催科、缉盗，这些工作做好了，就是第一等好牧令，其他的教养诸善政，方能赖以生根。所有钱粮等情况，一般都要登记在案，以便事后自己稽查和应付上级官府的考核。

康熙《镇平县志》卷一《舆地志·县署迁建》载：“县治在蕉岭之阳。建于崇祯六年，平远令沈惟耀先卜徐氏宗祠及贡生徐徽宅，时徽暨本宗义捐，移住县之左侧，后三不利于县令。”

《说文》曰：“城，以盛民也。”言简意赅地表述了我国古代筑城之“居民”“保民”的历史功能。新建县治，筑城是一项十分紧迫而繁重的工作。除了稳定人心、安置民众等繁杂政务外，还要尽快建设地方行政中心的县署。城市的建设是根据人们聚居的需要形成。《考工记》一书规定“匠人营国，方九里，旁三门。国中九经九纬，经涂九轨。左祖右社，面朝后市”，其建设规范也给后世各地的府城、县城建设提供了参考。建造一个城市，首先要考虑依据山形、水势等地形条件，把城池建设成方形或长方形。其次，要把城里的道路规划得错落有致，十分整齐。再就是官衙、学校、寺庙等建筑，要聚集在城市中最为方便到达的部位，官衙一般也位于城市中央之地。城防设施还要考虑到防盗、防兵、防灾等安全方面，建筑城墙、护城河等城防设施。

沈惟耀接受了这个工期紧急、项目繁多、工程浩大的建城任务，进行规划设计和施工；同时还摄理了一段时间平远县的事务。可以想象其是如何忘身忘我、日夜操劳的，为此，身体也拖垮了。沈惟耀在监造镇平城池、县署时“工未卒而殒焉”。城池尚未建好，这位平日恭宽信敏惠、做事清廉勤政的地方官员却死在任上，有如诸葛亮“出师未捷身先死，长使英雄泪满襟”那样悲壮。让人不可思议的是，连同沈惟耀的后任者成所为、冯良谟二位县令亦相继染疾而殒。四年间接二连三出现县令中道而亡的事情，引起社会的哗然议论。于是，风水先生就认为是县署犯了堪舆学的来龙、结穴、消砂、纳水和立向等五要素中的其中的穴、砂、向三不利之大忌，对主政者不利，造成三位县令相继中道而亡，而后有胡会宾迁建县署之举。这当然是民间的一种说法。

康熙十一年（1672），知县程梦简以沈惟耀“开疆首事之劳与急公忘身之谊”为由，取得镇平绅士民众的公推，呈文上司请祀沈惟耀于名宦祠，让沈惟耀的魂魄和镇平山水一起而永远长留在这片他曾流下心血的土地上。呈请得到上级审核批准，取结举行。这样，沈惟耀就像家庙中的始祖神主，永不迁移，和城隍神、土地神一样，永远被这方土地上的人们祭祀。

也许是《镇平县志》长期不流行于世，许多人都不知道沈惟耀这个名字；也许是后来的编志者未能读懂上面这段话的含义，不了解沈惟耀的功德而未提及沈惟耀。1992年版《蕉岭县志》第二十八编《人物·古代人物传》仅介绍乾隆年间的魏燕超和赵康两位名宦，实遗珠太多。窃以为这是偏颇，感到遗憾。沈惟耀虽在任时间不长，但其是开县之人，如人之开基祖一样不能遗漏。自然，魏燕超和赵康有其事绩值得记入新编的县志。然而，这个沈惟耀，“开疆首事之劳”是其功，“急公忘身之谊”是其德。他作为开镇平县的第一人，被清代镇平人祀在名宦祠，受春秋祭祀。沈惟耀有功有德于镇平而未被提及，就好像自己宗族的开基祖被后代遗忘了一样，那是忘根忘本的事啊！

为此我建议，在以后续编的县志中，能够给沈惟耀，还有胡会宾、薛世望这几位名宦以一席之位。比较起来说，他们三位各自对镇平的贡献，绝不会亚于魏燕超、赵康这两位县令。只是因为我们不熟悉过去镇平的历史，而把他们忽略掉了。今后应该把这种缺失和遗漏找回来、补上去才好。

八十五　高迈精敏胡会宾

康熙《镇平县志》卷三《官守志·名宦列传》载：

胡会宾，字见如，云南昆明县人，由乙科任县令。当开设之初，百务未遑，公一身任其事，以渐兴举。邑中庶事咸修，其大者如改建县治，整理城社，建置学宫，增置学田、义仓、社学廪。眼凡所经制，纤悉靡遗。论者谓其才力勇决，识度高迈，似张乖崖一流；而精敏之思，淡薄之守，又似君家瑗。威矣！二载解组以归，渊明五柳庶几近之。名宦之祀，端推公为第一流云。

胡会宾是云南昆明人。“由乙科任县令”，即未经殿试的举人，都叫乙科，由举人直接被授任县令。明清时期，凡经过殿试的正规进士都叫甲科，未经殿试的举人都叫乙科。胡会宾是建县之初的崇祯八年（1635）春莅任镇平的。那个时期，镇平县建立起来了，但朝廷没有对地方进行有效的管理，没有采取有效的办法措施安置民心。特别是在召回流民、逃入山谷的“野人”，使其能附着在土地上，成为国家的“编户齐民”等问题，均没有得到解决。而繁重的赋税则使刚刚稳定下来的“小民”又面临逃入山谷的局面。诸如此类的许多事情都来不及处理，但他一个人担当主事，渐渐地把轻重缓急理出了头绪。县里许多事情要改造整治完善，譬如说县署的改建。康熙《镇平县志》卷一《舆地志·县署迁建》载：“县治在蕉岭之阳。建于崇祯六年，平远令沈惟耀先卜徐氏宗祠及贡生徐徽宅，时徽暨本宗义捐，移住县之左侧，后三不利于县令。崇祯十年，知县胡会宾改建于旧治之左，亦系徽住宅捐出，是为今治。”据胡会宾在《原叙》中说：“殆署一迁而疵疠渐消、冥顽渐格，盖有难测其隐者矣！”县署改建事有明礼部尚书黄锦写的《改建县署记》；改建城隍庙和修复祭神的坛庙；在镇山上建造“永镇楼”；建置学宫，增置学田、义仓、社学廪等。这些都是看得见、数得出、记载在县志上、人们比较熟知的事情。

这里要特别提出来的是收录在乾隆《嘉应州志》中，而县志中却未载入的胡会宾于崇祯十年（1637）时写的《清粮减编牍并议》。胡会宾的这一“牍并议”，主要内容是“清粮减编”，使用文体是“牍并议”。“牍”是中国古代官府往来文书的文种名称之一，原指用竹或木制成的短简。将短简编连在一起也称为牒。小简曰“牒”，大简曰“册”。薄者曰“牒”，厚者曰“牍”。胡会宾使用的就是这种官府之间的往来文书，同时还“议”。“议”就是就事论事，也就是对“清粮减编”这件事谈自己的看法。

胡会宾在《清粮减编牍并议》的开头，就开宗明义地点出如今明王朝处于“海内多事，外讧内忧，至今日而极”的形势，然后直指内忧的原因为“盗寇之原，起自民穷；民穷之原，起自赋重”。在封建时代，能如此大胆批评时政，需要惊人的胆气。

胡会宾说，程、平两县经乱之后，议建新邑，用来控制粤闽的重要道路会合的地方，作为是防范门户的计策安排。然而镇平县刚刚设立，要有抚慰宽恤的措施，用来召回流民使其能附着在土地上安心耕作，让那些想拨弄干戈的人死了这份心思，以稳定民众住惯了本乡本土，不肯轻易迁移习惯。以轻徭薄赋来安置他们，这样才是正确的。然而，这些问题都还没有得到解决，而繁重的赋税和额外的摊派又逼使刚刚稳定下来的民众产生了逃离的念头。胡会宾说，他刚刚莅任，清理钱粮数目时，就发现镇平“徭差均平”征派分摊不合理。在镇平建县时，“其粮米割程乡十分之一，割平远三分之一，以成新治”，所以在分徭役与赋税时，应以这个为比例基准来征收赋税。但胡会宾上任后，“清理钱粮数目，见条编之外，加派尚多三百余两”。最初认为是吏胥作奸犯科的事，等到询问里排三老、乡村百姓，都在说程、平二县分割钱粮，如扣解弓兵铺兵、团操打手工食，各驿支应，迎贺举人进士，修理城垣等项，都做了手脚，给镇平以额外摊派，让小民百姓不堪重负。

胡会宾接着就事论事，对发现这其中有几项不平等摊派事实进行了

“议”：

一是程乡县的团操、打手工食钱为1584两4钱，如以十分之一计，镇平只应摊派158两4钱4分，但程乡多分出了61两给镇平征收，违背了“议赋为均”的原则。

二是驿站银，过去平远县没有为程乡一起分摊，但镇平建县后却要分摊，其数量是68两。胡会宾认为不合理，是额外摊派。

三是石窟弓兵银分摊不合理。明代巡检派驻弓兵，充役弓兵也是徭役中的一部分。条鞭法以银代役后，即征收弓兵银。石窟巡检司以前隶属平远，其银也由平远征收。镇平建县后，石窟巡检司隶属于镇平县境内，所以弓兵银全由镇平征收。但这样对镇平很不公平，因为镇平从平远所得到的粮米没有那么多，只有其三分之一。又因为一条鞭法改革后，徭役中这些以前要亲自应役的项目由银折收了。

胡会宾计算过，把这些项目加起来折合成银两，就多达300多两。镇平本来就土瘠民贫，又是新成立的县，“必有一番宽恤，以固其安土重迁之意，然后可”。可是，现在又多出这些征派，势必会遭到反抗，又会“盗乱”四起。这个问题如果没有解决好，必然成为社会动乱的根源，事实上过去的“石窟之乱”也都与此有关。

胡会宾在“议”中说得有理有据，合乎情宜。他既懂政治，又懂时务；上关政本，下系民瘼；反复申说，切磋其端；叙事明白，说理剀切；既不迂阔，又不刻薄。应该得益于其做过周密的调查研究，又在叙述中明白核实、手口兼营，故能切中弊端，获得认可。

胡会宾还做了一件不太为人所知的事，就是延请邑人、原任增城训导徐韶奏主修《镇平县志》。志书分八卷为：疆域、营建、版籍、官师、山防、人物、艺文、杂流。志书编好后，胡会宾为其作序，收录在程梦简主修的康熙版《镇平县志》的开头为“原叙”和乾隆版《镇平县志》卷六《艺文志·叙》中，题目作《旧志序》。也因这篇“原叙”，我们才得知在建县的第四年，胡会宾就已经聘请高手编纂成县志，何其远见卓识啊！可惜的是这部县志没有留存下来。

乾隆《镇平县志》卷三《典礼志·名宦》中所载胡会宾的内容大略与

康熙版同。其云："胡会宾，字见如，云南昆明举人。镇邑开设之初，百务未举。莅任后改建县署，整理城社，置学宫，增学田、社仓、义学。凡所经制，纲举目张。论者谓材力勇决，似张乖崖；而精敏之思，淡薄之守，尤足以济之。阅二载解组，至今人怀思焉。"

康熙《镇平县志》卷三《官守志·名宦列传》对胡会宾的评价是"其材力勇决，识度高迈，似张乖崖一流；而精敏之思，淡薄之守，又似君家瑗。威矣！二载解组以归，渊明五柳庶几近之。名宦之祀，端推公为第一流云"。意思是说，他的才智魄力勇敢而果断，识见与器度高超非凡，像是张乖崖那样的人物；而精细敏捷思考问题，淡泊清静的操守，又像他的本家先贤胡瑗。其所表现出来强大的力量和令人敬畏的气势，给人留下十分深刻的印象。任职二年便解下印绶，辞官归去，又与五柳先生陶渊明差不多。名宦之祀，确实应推举胡会宾为第一流人物。像胡会宾这样高迈精敏、政声极佳的官员，为什么任职二年便学陶渊明解绶归去？县志中没有说，我们也不好推测，只能让人们作各种各样的猜想好了。

对胡会宾的评价中还涉及张乖崖和胡瑗两个相类比的人物。他们都是北宋时的名人，需要说明一下。张乖崖即张咏（946—1015），字复之，号乖崖，谥号忠定，濮州鄄城（今山东省菏泽市鄄城县）人。太平兴国年间进士。累擢枢密直学士，真宗时官至礼部尚书，诗文俱佳，是北宋太宗、真宗两朝的名臣，尤以治蜀著称。胡瑗（993—1059），字翼之，泰州如皋（今江苏如皋）人。北宋时期学者，理学先驱、思想家和教育家。生于淮南东路泰州如皋县宁海乡胡家庄，后迁居如城严家湾。因祖居陕西路安定堡，世称安定先生。和孙复、石介并称"宋初三先生"。提倡"以仁义礼乐为学"，讲求"明体达用"，开宋代理学之先声。先后主持苏、湖两州州学，所创"经义""治事"两斋，为高等学校分系分科的开端。庆历二年（1042）至嘉祐元年（1056）历任太子中舍、光禄寺丞、天章阁侍讲等。

附胡会宾：

清粮减编牍并议

窃照海内多事，外讧内忧，至今日而极矣。然盗寇之原，起自民穷；

民穷之原，起自赋重。程、平两县经乱之后，议建新邑，所以制粤闽之冲，为绸缪牖户之计。第山谷野人才亲耒耜，弄兵赤子方歇戎心。必有一番宽恤，以固其安土重迁之意，然后可。

卑职莅任，清理钱粮数目，见条编之外，加派尚多三百余两。初意谓是吏胥弊窦耳，及询里排百姓，俱称程、平二县分割钱粮，如扣解弓兵铺兵、团操打手工食，各驿支应，迎贺举人进士，修理城垣等项，俱额外坐派，小民不堪重累等情。卑职伏思，建县之初，分割自有定数。建县之后，输解应有定额。乃朝暮申请，而坐加者接踵而至。夫新县既辟，旧粮已分，如徭差均平供一县，犹虞不给；又代二县，势定难全。若得观文者留在旧县派给，扣解者割在新邑编征。是镇平之百姓一也，而应三县差役；镇平之田亩一也，而供三县钱粮矣。甚至程、平条鞭则例，每石减银三钱有奇，而镇平粮差派银及一两五钱，则是新邑之民更苦，旧县之民翻逸也。况前加派之银，因征催急迫，经署将正项钱粮，那解已半。见今开比追补，民户诉苦不已，情实难堪。且加派成例，又非一日之事，而万年之害也。卑职实司刍牧，观此情景，不能立视其毙。谨将后开原割加派款目，逐项登答，乞裁夺。

本县知县胡会宾覆议：得王者，有分土，无分民。盖仁人胞民与物之襟怀，不容以封畛限也。自镇平县未建，其地程、平之地，其人程、平之人。殆新县辟而始代程、平控贼盗，以少效一臂于鞭长之不及，意实相成，原非相累。乃吏胥不察，朝暮申请，而坐加者不一而足，移参罚之祸于蕞尔之附庸。安乎？不安乎？且镇原盗薮，土瘠民贫。若复重征，势必为盗。一邑有事，三邑牵连。唇亡齿寒，实深隐虑。卑县之请宽请恤者，为程、平非为镇也。两令仁人君子，八荒为闼，知不以新旧大小，画地岐观。矧旧县规制已定，多数十金适还其所应得，小邑捐数十金只免其所本无，而多寡裒益之数，不再计决矣。

本县刘，看得镇平之于潮，如黑子之著面。草昧新创，割之程乡，又割之平远。而平远则向者亦割之程乡者也。邑之创也，议赋维均，则程乡以十分中割一分，平远以三股中割一股。当年之挈领，已如振裘。而细目之议，尚偏肥瘠，此该县所以有均役之请也。今据镇请之，又着程、平会议之，则三邑固爱其赤子耳。请者诚望邻而拯我，议者亦安肯瘠己而肥邻哉！本府酌议其情理大势，覆以《赋役全书》，则赋之当均于程乡者有二焉。如团操、打手工食银，程于镇实多派六十一两一钱零，则此应责程之征解也。如各驿站银两皆程之所辖，昔不派诸平，而今独派诸镇。程尚有学仓等粮可以通融，而镇建在平之后，更难协济，则此项应责程之征给也。若其当均于平远者，则一焉。如石窟弓兵，革半存半，其旧役工食，半给该役，半以充饷。地虽割于镇，而丁粮则镇于平实派三之一耳。镇独认弓兵之全银，可乎？则给役者宜责之镇，而充饷者宜责之平也。其余各款，或系另额编征，或系扣明均派。程、平固不肯为镇认，镇不得不与程、平争。镇之所为于条鞭之外，多派三百二十七两五分六厘六毫者，职是故也。至所设官吏、师生、门书、皂壮，其俸廪、工食，不得以例多米少，从长酌增，则官米每石比程乡多三钱有奇，亦势之使然。虽欲议减，不可得也。斯则本府核以《赋役全书》，酌以情理大势，而为持平之覆者也。

兵巡道副使邵，看得镇平初建，其粮米割程乡十分之一，割平远三分之一，以成新治，则凡徭赋之分于镇平者，亦应视此为差耳。乃镇平所称加派尚多三百余两，其中实有可议者也。如程乡县一项团操打手工食一千五百八十四两四钱，以十分之一而言，镇平止应派一百五十八两四钱四分。今多派六十一两一钱一分三厘。镇平不任受，所当还之程乡征解者也。又一项驿站银，地方皆属程辖，况在昔平远亦割自程乡，程乡未尝以此项派之平远。今镇平后平远而建，乃以此项协济六十八两二钱九分六厘派诸镇平，镇平有辞矣。在程尚在别项可以通融，此项应还之程乡征给者也。又平远一项石窟弓兵，革半存半，其工食银二百八十八两，半给现役，半扣充饷。巡司虽割在镇平之蓝坊，然镇平只得平远粮三分之一。奈何以弓兵全银，责之镇平？应以给役一百四十四两归镇平，充饷一百四十四两还之平远征解者也。其余或另项编征，或均派，已明各照数解输，将无容另议。至有县则有官吏、师生与门皂等役，即有俸廪工食等费，镇平每米一石，比之二县多派钱数，以为供亿之需，亦理势所然，而无能议减者矣。

（注：此文根据《广东历代方志集成》，原文无标点，标点为作者所加。）

八十六　蠲金减馈罗明夔

康熙《镇平县志》卷三《官守志・名宦列传》载：

罗明夔，字杓寿，贵州永宁卫人。崇祯乙卯（应为崇祯己卯）豫章陈大士先生典试解首也。任于崇祯之末年，能力振废弛，蠲金以新文庙，减馈以甦见里，尤政绩之足纪者。以调繁增城去，百姓思之。

乾隆《镇平县志》卷三《典礼志・名宦》："罗明夔，字杓寿，贵州永宁卫人。崇祯末年任县事，能力振废弛，至蠲金以新学宫，减馈以甦里役，尤政绩之足纪者。调繁增城去，百姓思之。"

罗明夔，贵州永宁卫人。崇祯十二年（1639），贵州乡试解元。书中误为"崇祯乙卯"。崇祯仅在位十七年，没有"崇祯乙卯"，应为"崇祯己卯"。这一年江西临川的陈际泰以行人（掌朝廷册封、传旨的官）身份赴贵州监考，罗明夔获得陈际泰的青睐，取得乡试解元。

陈际泰（1567—1641），字大士，江西临川鹏田陈坊村人。崇祯三年（1630）举人；崇祯七年（1634），陈际泰时年六十八岁，始中进士。崇祯十年（1637），被授行人，赴贵州监考。崇祯十三年（1640），奉旨护送已故相国蔡国用灵柩回乡，次年于济宁途中染病去世，年七十五岁。陈际泰是明末古文家、"临川四大才子"之一。其父陈仪生，号西园，流寓于福建汀州武平，教书为业，陈际泰生于该地。他幼年家贫如洗，无法与其他幼童一样进学读书，只好借邻居小孩的书，偷偷躲在一边自学。八岁时，得到表兄一本破烂《书经》，刻苦自学，揣摩其意，慢慢通晓其义。十岁时，在外公家药笼中找到一本《诗经》，便日夜攻读。父亲要他下田劳动，他将书带在身边，一有空就诵背不止。十四岁时，代父教蒙馆，先后向济川、钟美政、郝庶野等人学习写文章。二十岁时，认识了邱一敬，两人诗书相传，互相切磋。陈际泰家境贫寒，常受当地恶少欺凌，不久便返故乡临川。回乡后，结识了章世纯、罗万藻、艾南英，四人志趣相投，一见如故，结“豫章社”。一起倡导时文，致力写作，以时文著称，被誉为“临川四大才子”“江西四家”。陈际泰才思敏捷，写作速度极快，有时一天能写二三十篇，一生之中作文多达万篇。史书称他“经生举业之富，无若际泰者”。他将经史古籍融会贯通，自辟门径，借题发挥，驰骋才思，抒发己见，在八股文方面造诣较高。被人称为八股文大家。

罗明夔是崇祯十七年（1644）任职镇平的。其时明朝已经风雨飘摇，局势一片混乱。明朝遭遇到了李自成攻陷北京、吴三桂引清兵入关、崇祯自杀、清军入主中原等重大变故。不久，南京失陷，南明弘光帝朱由崧殉难，南明天下大乱。一方面，浙江有人拟奉鲁王朱以海摄位。另一方面，唐王朱聿键在福州即位，改元隆武。而闽粤两省人心未定，所在多有勤王之师，如顺德陈邦彦、东莞张家玉等均起义兵拥护。而在当时的梅州地区，无论在籍绅耆，抑或草泽英雄，亦各树一帜纷纷响应勤王。难得的是罗明夔受命于危难之时，能清节自守，处世谦和，爱民如子。他努力去做应施行而未施行的事，拿出自己的俸银去修缮因变乱而损坏的学宫，减少征输粮食使老百姓能获得自我拯救。这两件事，特别为子民乡人所敬重。不久，便调任政务较为繁巨的增城县任职去了。

清人郝玉麟主修的《广东通志·卷十六》亦载有罗明夔“蠲金以新文庙”事。其云：“镇平县儒学在县治西，明崇祯六年，抚按委平远县知县沈惟耀督建。其地系贡生徐徽、生员徐惟础义捐。时县治新设，草创未备。十七年知县罗明夔修。”罗明夔对徐徽捐出宅基地、宗祠建县署学宫一事十分欣赏，曾有诗《赠徐宏猷》，并在诗前小序中说“时议设县捐地千亩衙署学宫悉其地也纪事一首”。诗云：

齐卿但肯安湫隘，汉胄何为请考工？
建议成城开镇邑，输财启宇仰徐公。
谁能一掷轻千亩，我到重关达四通。
太史若修人物传，好将彩笔表高风。

诗的大意为：齐国的公卿都心甘情愿地居住在低洼狭小的地方，而汉室的后代为什么还要兴工动土、大兴土木呢？“汉胄”应该指徐云崖的后代，徐氏在镇平属望族。首联故意设问，领起徐氏祖孙为石窟开筑城池之事。中间两联是叙写徐氏先祖从徐云崖预知建城到徐铿“嘱其裔孙献遗书就其宗祠建县治”，再到徐徽、徐一鉷父子“凡县治学署，皆其住宅所捐也。后直指李公，行县给还地价。徽子一鉷辞而不受，以成其志。”捐赠土地，建造县署、学宫，一文不受，以成先辈遗愿。人们都钦敬徐氏宗族的慷慨施予。还有谁能像徐氏族人一样，爽快地把千亩土地一下子无偿地捐出来呢？从而使得我一来到这险要的关塞之地，已经觉得是四通八达了。诗的尾联则是寄望嘱托记写历史的官员，如果要写人物传记，一定要用生花之笔将徐氏祖孙的高风亮节记写下来。

八十七　深仁遗爱薛世望

康熙《镇平县志》卷三《官守志·名宦列传》载：

薛世望，字山子，江陵人，由岁荐任县令。时镇城甫定，外寇尚繁，公拊循招徕，不茹不吐，民赖以安。而请蠲七年之钱粮，归防兵于经制，民获更生之乐，二事为最著焉。若其修举润色之功，父老皆能传道之，又不能悉数矣。顺治十三年，呈举名宦，以见任暂停入主。康熙十一年，知县程梦简复申请入祀，奉批取结在案。

薛世望是江陵（今湖北荆州）人。于顺治八年（1651），由岁贡出任镇平知县。他莅任之初的镇平，正经历过顺治三年（1646）的涂爪王之乱，顺治四年（1647）的赖其肖率众据城，顺治八年的赖应殿纠党袭城杀生员徐惟础，县城历时七年被非法盘踞，潮镇总兵班志富统兵征剿等一系列变乱事件之后。虽然薛世望莅任镇平知县时兵燹已息，始稍平定，而他面对的是残破的城池和凋敝的民生。当时镇平的社会状况，薛世望在其《兴革条陈》中所描述的是，“镇城建于削平寇乱之后，制度草创半冈半垅。自丙戌被贼盘踞历七年。所雉堞倾圮，门楼颓毁，西北角崩塌百余丈。城内学宫、官署、仓库、狱禁，皆鞠为茂草”“惟时寇去城空，盎无斗粟，巷无孑民”“镇平人文衰落，乡绅如晨星，子衿不下百人。其敦尚名义者固多，而保慝护奸、蝎良螫善者间有”“溯镇平户口凋零之故，多由士民逃离，大半流寓于上杭、程乡等处。且原割程之两图，粮籍虽隶于镇，人户半居于程”“镇平官欲喂鹤而无粮，欲鸣琴而无丝，思登临而无酒，航游屐思结客而无玉帛篋篚”。再有李二何在《三柏轩文集》中描述的那样：“初，侯之入镇也，镇人固负已久，倔强如故，张牙相向，怒目而睨，日夜聚族而谋，谓本文辈夜郎自大，不知有汉，何知有汉长吏？大声呼之不听，计无如何，侯不为所动。”他面对“固负已久，倔强如故，张牙相向，怒目而睨，日夜聚族而谋”的镇人，他只好一面修复城池、衙署；一面抚循招徕，尽快把秩序安定下来。他存心宽恕，抚民如孩，面对残破的城池和凋敝的民生，扪心自问可谓催收租税，拿不出什么成绩来体现政绩；对百姓的安抚体恤，认真思考又想不出什么好办法。他在现实生活中通过调查了解，发现了问题的所在和症结。于是，他亲手起草了一篇分条陈述、总共八条的关于创建和革除意见的呈文，名为《兴革条陈》送给上司抚院道府。

薛世望的《兴革条陈》共有八条：“城池为一方保障”“钱粮为国课首务”“军饷为防守急需”“厚士风则民俗还淳”“息词讼则刑狱无滥”“多行招抚以护持善良”“躬亲庶务以补救地方”“阔略格套以举行实事”。其中，有革除弊端，严禁勒索；培植士风，淳洁民俗；惩奸化顽，宽狱息讼；护持善良，至诚待人；躬亲庶务，节约开支；简省模式，举办实事等涉及决讼断辟、劝农赈贫、讨猾除奸、兴养立教等社会民生诸方面的问题。薛世望是一个平民县令，日用所需，与民价取，衣不重帛，食不兼味。他甚至“屏去驺舆仪从，绝去厨传供帐。不时接见绅衿，一疏一勺，不取诸民”。而其中最为重要的是第二、三条。第二条是请求将镇平过往七年来未交的法定赋税，每年 2700 两，共计 18900 两，全部一次性免除；第三条是把摊派给驻扎镇平胡椒营年饷 4200 两有奇的防兵费用，纳入国家财政中去开支。薛世望对这两件事甚为详明，据理陈说，结果都做成了，极大地减轻了民众的赋税负担。

顺治十三年（1656），薛世望又带头捐出俸银，号召邑中士绅捐款，对镇平学宫进行了第二次修葺。明伦堂、东西厢房、课艺斋、膳堂、教谕署等设施齐全，祭祀时击打奏鸣器乐也都置备妥当。

民众感戴他的恩德，公推要将他入祀名宦祠，上司也都一致同意推举，他本人则以现任官员而辞谢。明通议大夫、吏部右侍郎兼翰林院编修、程乡县人李士淳就曾在《修镇平学宫碑记》记述此事："夫以侯之德之才之吏治，行将协喜起而格天人，暂试其奇于一邑，家歌召杜，载勒心碑。邑人士请于上官，将祀侯于学宫，以垂万世，上台佥相许可，侯力以现任辞。盖有待而行之文，其在兹哉!"由于薛世望在镇平多惠政，声誉极高，接着升任绛州知州。直到康熙十一年，知县程梦简再一次呈报申请，让薛世望入祀名宦祠，得到上面批复同意入祀。

有关薛世望的记载，乾隆《镇平县志》卷三《典礼志·名宦》所述大略与康熙版所载相同。其云："薛世望，字山子，江陵人，由岁贡任县令。时，邑城甫定，外寇尚繁，抚循招徕，赖以安定。而请蠲七年之钱粮，归防兵于经制，二事为德尤大。其深仁遗爱，父老犹能道之。"薛世望深厚的仁爱遗留给后世，镇平士民都能说得出他的政绩。民间甚至流传着他在绛州任上逝后，而返归镇平当城隍爷。应该说，生为良吏，死作明神，这是中国传统文化的因果报应之说。薛世望生而有德行留在镇平，死后庙食于镇平，享受镇平子民对其的香烟烛火的崇拜，是一种极为真挚的回报。

薛世望还是极富文学才华的县令。在乾隆《镇平县志》卷六《艺文志·诗》中就留存有他题镇平八景的"金城雄镇""天马腾空"和"汤孝廉在田新筑万石山房携其子铉读书其中余过而乐之作此以赠"等三首诗。

附薛世望：

兴革条陈

镇平县遵将地方、军民利病，请求酌议，当兴当革条款，逐一登报，仰乞采择施行。

一、城池为一方保障

镇城建于削平寇乱之后，制度草创半冈半垅。自丙戌被贼盘踞历七年，所雉堞倾圮，门楼颓毁，西北角崩塌百余丈。城内学宫、官署、仓库、狱禁，皆鞠为茂草。卑职受任于兹，乃鸠工庀具，筑登削屡，缮垣葺缺。未几，戍楼窝铺碁布，排栅炮石皆具。惟时寇去城空，盎无斗粟，巷无孑民。减衣缩食，募工给值以成之。但苦经大创后，木石工佣，所费不赀。正项杂项，无可动支。求绛县父老于鳏寡无告，时则失时，又见讥于春秋矣。计无如何，或详情行查逃亡绝产，量取路亭税饷，设法补凑以事筑凿，庶茧丝乎保障哉。

一、钱粮为国课首务

镇平额供二千七百零，出浮于入。鼎新之初，烽烟未息，兵马繁兴，输将刻刻难缓。一意催科，而生民狭隘，剜肉痛心；一意抚字，则点金无术，岂能逭于官谤？卑县惟存心宽恕，多方劝谕。两季来编审户口，稽考钱粮，迄今征六千四百有奇。未尝妄肆鞭扑，就中奸顽不少，总因邻封妖聚，蹂躏镇邑。遂尔追呼莫前，当此思为百姓宽减一分，则受一分之赐。亟革去一切夙弊，凡官之火耗，吏之秤头，银匠之掯索，概行禁止。与夫起解钱粮，官封官贴，不累现役以水脚出纳；库藏之时稽时考，不开吏书以侵渔，总遵上文再三申饬，奉行之恐后矣！最苦者，卑职到任于八年九月二十八日，而欲以一年追七八九年正供，比死还难。详抚院道府，乞免七年正供，蒙批径启两藩示行，切思用一旦当缓二，一年岂能征三。况目此反侧，万难催科，安敢以击断从事？

一、军饷为防守急需

镇平原设胡椒营，额兵不满三百。新奉平南王令，委署防将陈储，增兵五百名。盖念镇平为群盗穴窟，三省咽喉，非委健将、宿重兵不可以战且守。然旧额每名兵粮七钱，其饷皆领之本府六营饷内支给。以镇平每年正供仅二千七百，除官吏俸薪工食一千零，而本县额费又不下千金，即支一季兵饷犹为不足，况营兵五百零四员名，递年饷四千二百有奇，即罄正供不敷。卑县自受事来，设法权宜，已给发兵饷共三千六百有奇。终日呕心哀乞申请，以图长久之策。近奉王令，将胡椒营入经制，额内兵饷自有着落。顾现今寇围城池，两镇大兵云集，萧然繁费，尚缺于供。而营兵往来更番，呼庚呼癸，撤之不敢，养之未赡。是则广省潮郡苦难无比，补偏救弊，惟百叩于主持封疆者，垂念镇平虽小，关系全潮安危，理合每季赴府支给兵饷，通融协济以养之。且既归经制，例应分督镇守。官兵有盔甲大马，以充此营伍，则土寇望风消弭。士马腾饱，永障三藩矣。

一、厚士风则民俗还淳

镇平人文衰落，乡绅如晨星，子衿不下百人。其敦尚名义者固多，而保慝护奸、蝎良蝥善者间有，是则表率之不端于民乎何尤？卑县虽才驽下矣，与贤士大夫正人心、厚风俗，凡绅衿之体统，罔弗崧饬，未敢以旧事相格，未敢以市心从事。士之执文请益，常効一得以规勉。下车弥月，即有事于生童考校，盖士风丕变矣。独苦寇氛不靖，稂莠犹掩嘉禾。若乃学宫斋社，系培养本源之地，说者悯其荒颓，而官吏绅衿，苦无米难炊。或许令设立税饷，倡醵金以举之，亦聊以振饬山县人文也。

一、息词讼则刑狱无滥

镇平鼠牙雀角，挟仇报怨非一日矣。卑县惟以止讼息争为福，恪遵宪文，一概旧事不理。半年来词讼不盈十余纸，且除勾摄之牵引，蠲旧例之纸赎，户婚田土，数言立剖。讼衰狱息，圜扉草青。是则镇平不但庭可罗雀，盖鸟飞不下矣。然溯镇平户口凋零之故，多由士民逃离，大半流寓于上杭、程乡等处。且原割程之两图，粮籍虽隶于镇，人户半居于程。凡追比粮差，勾摄词讼，辄以隔属，期期不奉。惟仰仗上台，严檄程乡，谕令各还所辖，有流徙不归者，许地方驱逐，将田土入官。庶镇渐有鸠乎。

一、多行招抚以护持善良

镇平数抚数叛，实由贼首不除，养虎遗患，顾歼厥渠魁难言之矣。每大兵至，则贼首逃入深山，未易就缚。或当事阴用机权，而狡兔脱。不得已旋剿旋抚，惟恐暴良相波，不欲玉石俱焚。卑职忝任兹土，抚民如孩，一以至诚待人，间有格奸化顽者，悔泣于庭。每张一示于通衢，里老扶杖而观，流涕称颂。第无奈习惯自然，不能革心。今十二乡未尝啸聚，而邻封僭号播恶。唇齿株连，勾引为患，元恶未诛，人将咎其失刑。除恶务本，俟邻封犁穴后，取各乡之非种锄之。谕令一家有盗魁，能聚族出首者免坐。否则，株连亲族，庶几为恶知惧。

一、躬亲庶务以补救地方

镇平原石窟巡检司改建，乃官署荒凉，并不及隘口一巡司。最苦册籍煨烬，搜求残缺，鱼鲁豕亥，舛错莫稽。又吏书经乱离后星散，仅存一二。

募役新充，漫不知文移条款，又以浃月无事件，逃归役田，徒寄虚名。每遇宪件牌票、钱粮申请，俱卑职手自起稿，内自誊写。一旦大兵云集，衙役兽奔，比户逃入山谷。县官出纳粮料，躬充仓吏。顾募丁役，躬作夫头。米盐零杂不以问烟户，供应絮繁不以责见年。非不欲存大体以尊朝廷，而因俗为治求无累于地方，幸矣！更苦卑县原设巡司衙门于三圳墟，以建县改为蓝坊。连因荒乱，蓝坊巡司衙舍未建，巡司寄居破庙。近奉道委一员，穷无以糊口，旋即弃去，此赘员似宜汰裁者也。不则，或将三圳墟有逃亡屋一大楹，拟改建为巡司，拨兵汛守，或可分劳欤。

一、阔略格套以举行实事

镇平官欲喂鹤而无粮，欲鸣琴而无丝，思登临而无酒，航游屐思结客而无玉帛筐篚。卑职惟是冰蘖自甘，屏去驺舆仪从，绝去厨传供帐，不时接见绅衿，一蔬一勺，不取诸民。虽奄奄病躯，催科政拙，而重惩暴乱之后，务在禁网疏阔，但化大事为小，化有事为无。不狥名，不苟利，实心行实事，恒虑寡过而未能耳。

（注：此文根据《广东历代方志集成》，原文无标点，标点为作者所加。）

八十八　宽恤爱民魏燕超

乾隆《镇平县志》卷三《典礼志·名宦》载：

魏燕超，正定举人。康熙六十年，任县令。事政尚宽恤，爱民如子。吏胥计里给钱，不得分毫滥索。先是，镇人以地窄人稠，多就食于台湾，而海防例严，苦无以渡。燕超请于上官，并移咨闽省，准镇人给照赴台耕作。每岁资入无算。镇学原额八名，燕超以文风日盛，详恳督学惠士奇，奏加四名。去之日，镇人尸祝之。所作《留别诗》三章，载《艺文志》。谆谆婉笃，至今如见其爱民之心也。

魏燕超，河北正定府栾城县（今河北石家庄市栾城区）人。康熙六十年（1721）以举人身份出任镇平县令，至雍正二年（1724）。在任行事器量宽大，体恤百姓苦难，消除他们面临的危害。平时官府中办理事务的小官吏出门，按里程算钱，不能多拿分毫。

镇平是山岭与谷地平行相间的山区。丘陵山地面积占全县土地总面积的百分之八十以上，河谷盆地狭小，农田耕地、山地资源又相对有限，加上土地贫瘠，所产粮食严重不足，乡民苦不堪言。镇平置县以后，官府对社会的管治得到加强，社会通过不断的慢慢整合，进入和平发展时期。康熙时期重订《简明赋役全书》，在明代“一条鞭法”的基础上，对赋税征收的操作手段实行进一步改革，改变地亩、人丁双重赋役标准所造成的征收上的混乱和弊端，实行“摊丁入亩”的制度，不收人头税了，而是根据田产来收税，因此带来了清朝人口激增。期间还有移民的不断涌入，人地矛盾日益突出。为获取更多或相对有利的生存资源，人们势必要多方寻求谋生之道，不能不寻求向外发展，不断向外迁徙，有相当部分迁往台湾。镇平民众从康熙年间开始赴台为人“作场工”，这种迁徙的状态一直持续到中日甲午战争，共经历了两个多世纪之久。故乾隆《镇平县志》卷二《赋役志·风俗》记载：“力田者多置产于台湾，春往冬归，岁以为率，亦有尽室寄居者。”乾隆《镇平县志》卷五《人物志·科贡》有“续史氏”云：“邑民多泛海业台湾者”。黄香铁在《石窟一征》卷三《教养二》云：“邑地狭民稠，故赴台湾耕佃者十之二三；赴吕宋咖喇吧者十之一。①”这些记述都可以说明当时镇平人向外谋生发展的社会状况。

黄香铁还说到，“邑中贫民，往台湾为人作场工，往往至三四十年始归。归至家，尚以青布裹头，望而知台湾客也。往台湾者，例由本籍县官给照，至泉州、厦门海防同知验放，方准渡海。然盘费过多，贫不能措者，往往在潮州樟林径渡台湾”②。往台湾为人“作场工”，就是佃耕人家的田地。但是往台湾为人作场工也不容易。主要是海禁之严，不是随便可以出

① 黄钊纂修《石窟一征》，《广东历代方志集成》第40册，岭南美术出版社，2009年，第237页。

② 黄钊纂修《石窟一征》，《广东历代方志集成》第40册，岭南美术出版社，2009年，第238页。

海赴台湾的。往台湾要办理一定手续，办手续还要交手续费。不单镇平县里出证照要手续费，到厦门验证照还得交一笔手续费。黄香铁在《石窟一征》卷三《教养二》就有这样的记述云："上年赴台湾民由县给照渡海，向有陋规。嗣因至厦门同知衙门验照，仍须规费。而厦门同知亦得给照渡台。以故镇平民皆向厦门领照，以省两处规费。而镇平县官遂无陋规。①"

为此，魏燕超任职期间，关心民间疾苦，专门草拟呈文请准上司，从而使乡民获准可直接由福建厦门等地渡海赴台湾耕作，为民众提供方便。这是魏燕超为民众办实事的一项德政。然而，赴台作场工者大多是贫民，办理官方通道要经过烦琐的手续，一般贫苦百姓很难承受。在现实中，走正常官道路线长、边关检查多，耗时费工，带来总的费用仍是很大的一笔开支，一般贫民难以筹措。因而，更多的人是乘船顺石窟河而下韩江，从潮州的樟林港偷渡出海，自己直接乘船前往台湾，来得便宜快捷。镇平人赴台佃耕，日渐见多，随后其他一些从业者如医生、儒生、工匠甚至风水师等纷纷前往台湾，同时又以血缘或地缘关系为纽带，将自己的族人或同乡带到台湾，以致他们后来在台湾成家立业，成村立庄，使得赴台湾谋生成为镇平社会的一种常态化现象。镇平籍赴台民众，为台湾的早期开发作出了巨大贡献。

旧时科举考试，都有"学制"。所谓"学制"，就是规定官学学生的学额具体人数。而每县学额的多少，又以文风高下、钱粮丁口的多寡为标准，分为大、中、小学。顺治四年（1647），定大学四十名，中学三十名，小学二十名。到康熙时又作了调整。镇平属小县，原额只有八名。魏燕超以镇平士人，闻风向学，文风日盛为由，恳请广东督学惠士奇查明实在，增加学额四名。旧时为官一任，当地士子的科举功名是作为地方官头等的考功考绩的，所以也关乎魏燕超自己的仕途进止：而兴学教育，振兴人文，又是读书人的关注点，魏燕超能为镇平多争取到四个学额，镇平士民着实感恩戴德，自然又是他的一大德政。

① 黄钊纂修《石窟一征》，《广东历代方志集成》第40册，岭南美术出版社，2009年，第247页。

雍正二年（1724），魏燕超离任时，作《留别镇平士民诗三首》云：

其一

桂阳风物美，绕郭碧山重。
经术为儒术，田功是妇功。（自注：邑俗，
田园率用妇人操作。）
寺高观远野，（自注：仁寿寺殿，高数十丈。
每一登临，下视环城，山川郊野如画。）
溪曲入崇墉。
四载恩勤意，闾阎幸率从。

其二

磨崖书事迹，刻木肖形神。
自顾何功德，频烦尔士人。
爱无遗老幼，俭以处卑贫。
只此纾民力，崇朝旧俗新。

其三

莼鲈秋思切，欲去复叮咛。
足食惟勤力，教儿在幼龄。
心宜惩忿欲，事忌逞精灵。
出入欢相接，何劳蹋讼庭。

其诗第一首写的是镇平的山川风物和习俗。“经术为儒术，田功是妇功”，是说他的“经术”即经营之道是用儒家学说来教化民众，而“田功是妇功”是指客家健妇把犁，耕作田地，语中暗地赞赏客家妇女的担当精神。来到镇平四年时间，他所感恩和为之辛勤操劳的事，就是庆幸不管是城市还是乡村，都能得到老百姓的支持和拥护。第二首是写镇平百姓把他的事迹刻在石上，又用木头刻上他的头像图形。他回想自己究竟做了那些事情，能让士民如此感恩。他觉得是对民众有大爱，没有忘记老的幼的；能够在思想行为上约束自己，保持着像贫贱时过日子的样子，节省而不奢华。通过这样来纾缓民困，坚持走下去，使风俗丕变日新。第三首“莼鲈秋思”，急着想返归故乡，“欲去复叮咛”，却离别时千言万语，说了一遍又重复一遍。他告诫士民要丰衣足食，只有通过辛勤努力；教育儿孙，应该在年龄还小的时候，使之养成良好的品格与习性。用今天的时髦话说，就是“要从娃娃抓起”。一个人需要自己惩诫心绪散乱的欲念，做事情最怕卖弄自己的小聪明。大家出入相见笑容相接，有矛盾纠纷坐下来商量和解，哪里用得上到公门里去对簿诉讼啊？可谓是言辞恳切，谆谆婉笃，读之如见其爱民之心。

黄香铁在《石窟一征》卷三《教养二》中写道：“魏，直隶正定府栾城县人，康熙六十年任。去后，邑人塑像祀于北门外之观音堂。嘉庆二十四年，邑绅士佥议，移祀于桂岭书院文昌阁西龛。呜呼！使吾镇之人，数百年不艰于粒食者，公之惠也，其祠祀也，宜哉！[①]”说的是魏燕超离任后，邑人就为魏塑像并崇祀在北门外的观音堂。到嘉庆二十四年（1819），镇平绅士民众共同商议，把塑像移祀于桂岭书院文昌阁西龛。黄香铁非常感慨地说，能使我镇平的民众，数百年来不会艰难地谋生觅食，是魏公的恩德也。建立祠宇崇祀他，是十分正确的事情啊！

八十九　去思牵念许良臣

乾隆《镇平县志》卷三《典礼志·名宦》载：

许良臣，候官举人。乾隆六年，任邑事。兴利剔弊，摘伏无有遁情。邑人祝以“冰镜”，有德政去思碑。

许良臣（1694—1763），字思夔，号石泉，福建福州三坊七巷之光禄坊人。据《清史列传·文苑传》称：“闽中以诗世家者，皆称‘许氏’。”

① 黄钊纂修《石窟一征》，《广东历代方志集成》第40册，岭南美术出版社，2009年，第238页。

许氏兴于明末许豸。经学大家梁章钜曾说："福州以许姓为文献世家，本朝瓯香、月溪、铁堂、雪村诸诗人，皆衍其门风，累世擅三绝之誉、闺房亦工诗画，至于今未艾，风流文采，蔚于海滨，实以玉斧为开山手。"玉斧即许豸的字，而瓯香、月溪、铁堂、雪村，则是许友、许遇、许珌、许均，都是清代颇有影响力的诗人。

许良臣为许豸四世孙，雍正元年（1723），许良臣与其父许鼎同举于乡，一时传为佳话。许良臣家学渊源，自幼在乌石山的许氏石林别业读书，擅诗。

乾隆元年（1736），许良臣知增城县。《乌石山志》称许良臣"知增城，民为立去思碑"。不久闻讣回籍丁忧，服满回粤。乾隆六年（1741）秋，始任镇平知县；乾隆十年二月，钱塘监生刘鉽代之；六月，许良臣复任。到乾隆十三年（1748），调补电白知县。

许良臣在镇平七年间，兴利除弊，平反冤狱，减轻徭役，翦除强暴，兴办文教，廉洁奉公，政绩卓著。他治理政事精明，看问题能分析透彻，把握关键；揭发隐秘的坏人坏事，不徇私情。许良臣离任时，邑人祝以"冰镜"之匾，其意思是许良臣的人品道德像"河水结冰，光亮如镜"。

许良臣在镇平任上有"惠政"，所以在他离任时，士子民众都觉得他是个好人，也是个好官，且有德政，老百姓都拥戴他，对他感恩戴德。为他竖立"德政去思碑"。所谓"去思碑"，又叫"德政碑"，是地方百姓为离职官宰所立的纪念碑。"去思"，意即离去后仍被思念，以志黎民百姓的思念之情。

许良臣于乾隆十六年（1751），擢崖州知州。乾隆十九年（1754）后，历任化州知州、信宜知县、理徭同知及连州知州，凭着这样的履历，升迁也是顺理成章。乾隆二十四年（1759），许良臣担任第七任澳门同知。然而，上任第二年（1760）五月初七日，即遭到两广总督李侍尧题参革职，斥之"貌似谨愿，志实昏惰""诸事萎靡，罔知整顿""年力渐衰，精神不能贯注""遇事偷安"。李侍尧举例，有"询以地方海务、所属营伍诸务，俱各信口支吾，鲜能应对"；"于商夷船只出口并不亲往稽查"；也不"亲身督率训练"兵丁，对兵丁滋事不法，亦不从严惩治；等等，建议将"许良臣革职，以肃吏治”。但实际上，李侍尧并未指出许良臣在澳门同知任内是否犯有具体过错。另一方面，史载李侍尧精明干练，颇有才略，但“屡以贪黩坐法，上终怜其才，为之曲赦”。相比之下，原先保举许良臣上任的广东巡抚周人骥则认为许良臣“才具干练，办事勤慎”，他对许良臣的评价应该可信度还是很高的。

许良臣终其一生都在地方任职，官位虽不显，但其能力和政绩还是颇受认可的。乾隆《镇平县志》卷三《典礼志·秩祀》中犹有“祭名宦之礼”云：“其未请入祀者，有魏燕超、许良臣诸人云。”从中也可以看出，倘使许良臣真若如李侍尧题参的那样贪渎，决不会有拟请许良臣入祀名宦祠之议。

顺便提及一下，受李侍尧题参革职的还有一个镇平知县，名叫阎睿蒲。乾隆《镇平县志》卷三《典礼志·名宦》载：“阎睿蒲，渠县举人。乾隆三十二年，任县事。不尚严威，以宽厚和雅得士民心。在任未久，因公被劾，通邑惋惜。后复官茂名，循声大著。”阎睿蒲是乾隆“据李侍尧等奏，署镇平县知县阎睿蒲等，疎纵遣犯至五六名之多。请照重犯越狱之例，将阎睿蒲并典史鲁端似、巡检印寅曾，一并革职留任，戴罪督缉。如逾限不获，分别名数降级革职”。阎睿蒲因疏忽职守而让朝廷流放罪犯逃脱，被李侍尧题参革职留任，所幸后来复官茂名，循声大著，一洗污名。

许良臣据载著有《梅岩集》《石泉诗钞》《影香窗存稿》等著作，今不见。其女许琛，是乾隆朝福建最著名的女诗人之一，著有《疏影楼稿》。

九十　三署邑事夏扶雍

乾隆《镇平县志》卷三《典礼志·名宦》载：

夏扶雍，孝感举人，嘉应州同知。乾隆二十一年至三十年，三署邑事。性恬静，不干名誉，事亦无壅。政尚宽大，每箠楚，辄愍然不安。公暇手不释卷，雅爱士人。其署中清素，人以为吴隐之之流亚云。

夏扶雍，湖北孝感举人。夏扶雍的宦海生涯比较独特。他在来广东任职以前，曾在湖北蒲圻县任教谕七年。他曾为湖北饶氏四修族谱《饶氏续谱叙》写的序言中说道："予莅蒲阳七载，接见邑绅士多矣。"叙的落款是"蒲邑教谕夏扶雍撰"。由此可知其在蒲圻教谕职位上干了七年。

夏扶雍于乾隆二十一年（1756）得到升迁，来到广东接替费映奎任镇平县令。不过，仔细来审阅一下夏扶雍在广东嘉应州的任职经历，还是比较有趣的。乾隆《镇平县志》卷四《职官志·县令》这样记录云：

十九年春，仁和举人方显代之；秋，进士周怀济代之；冬，仁和举人费映奎代之。

二十一年，孝感举人夏扶雍代之。

二十二年春，费映奎复任；冬，夏扶雍复任。

二十三年，高密进士史扬代之。

二十六年，曲阜贡生曾尚渭代之。

二十七年，泾县进士翟大程代之；是年费映奎又任。

三十年，夏扶雍又任。

三十一年，大兴监生方元巘代之。

由上可知，乾隆二十一年（1756），夏扶雍接替费映奎。这是第一次与费映奎的置换。谁想到了乾隆二十二年（1757）春，费映奎复任；冬，夏扶雍复任。这是第二次费映奎与夏扶雍两人间车轮式的置换，总时间不会超过两年，费夏之间的轮换已经有两个回合了。到乾隆二十三年（1758），夏扶雍离任镇平，到别的县任职去了，接任的高密进士是史扬。乾隆二十七年（1762），费映奎又任镇平县令。这期间，夏扶雍曾于乾隆二十九年（1764）正月至三月，莅任过两个月的长乐县令。查道光《长乐县志·职官表·知县》和民国《五华县志·职官志·知县》俱载："夏扶雍，孝感人，举人，乾隆二十九年正月署。丁履仁，永城人，二十九年三月任。[①]"不过，夏扶雍仅在长乐知县任上干了两个月又离任别署去了。乾隆三十年

① 侯坤元修，温训纂，丁思深校点道光《长乐县志》，五华县地方志编纂委员会办公室，2016年，第57页。

（1765），夏扶雍又回来接任费映奎的镇平县令。这是费与夏的第三次置换。是什么原因让夏扶雍走马灯似的换过来又换回去，在任上的位子尚未坐热又被置换了，是个人能力还是应急需要？我们无从得知。但这种频繁置换县令的事情，对当地的官员来说，会让他们感到人人自危，如坐针毡，谁也弄不清楚哪一天要走人。这样，任期目标、基本建设、兴学育才等的想办的事情都会成为泡影，总不是件好事。

夏扶雍虽然如车轮般调换职位，但他在乾隆二十二年（1757），与费映奎第二回合轮换时，直到史扬接任这段时间，倒是参与了镇平学宫第五次的重修扩建维新工程工作。这次重修，工程大，项目多，前后耗时四年时间。作为主政一县的县令，不可能不参与这项工程。

好在夏扶雍“性恬静，不干名誉，事亦无壅”。也就是说，夏扶雍生性恬淡安静，对于调来迁去，任无定所，个人的名誉得失，也不太计较。每到一处，不管任职时间长短，都能做到政令畅通，该处理的事情都处理好了。他是一个有怜悯心、同情心的人，理政宽容厚道。审理案件时，每每看到动用鞭杖刑具拷打犯人，就会感到忧思不安。夏扶雍自己是个喜欢读书的人，对读书人也特别喜爱尊重。只要是闲暇时间，他都会手不释卷。他的衙斋布置得闲雅，没有排场的派头，没有一点俗气。人们都认为他是吴隐之清高儒雅、博涉文史、敢饮“贪泉”的那种人。

夏扶雍历尽艰辛，时来运转，结束了调来迁去、任无定所的命运，后来升任“嘉应州同知”，也算不负其所艰辛付出得到回报了。“同知”，明清时期的职官名，为知府的副职，正五品，因事而设，每府设一二人，无定员。相当于今天的副市长了。

夏扶雍在镇平知县任内的乾隆三十年（1765），修葺了城内的关帝庙，但工程未竟而他升任去了。这一年，他还做了一件非常有意义的事，直到今天仍然被人们称道。那就是夏扶雍知县接受兴福乡乡民申诉，严禁在东山杨子宫一带山上乱砍林木，保护水源，以利乡民耕作，并立下“示禁碑”。此石碑至今仍在兴福乡东山乌石岗附近的杨子宫堂内完好地安放着。

九十一　处事精勤说史扬

乾隆《镇平县志》典礼志《卷三·名宦》载：

史扬，高密人。乾隆二十三年，由进士出任知县。处事精勤，抚字有方，更严私宰之禁，盗贼敛戢。二十六年，以终养归。三十七年复任，民遮道郊迎，盗贼远遁。四十四年，坐交趾厂事，挂误落职，贫无以归，邑人争赆之。

史扬，字云亭，号西峰，山东高密（今山东潍坊市高密市）张应镇河流史村人。高密市是春秋名相晏婴、东汉大经学家郑玄、清代大学士刘墉、当代诺贝尔文学奖获得者莫言的故乡。高密市还是中国民间艺术“三宝”扑灰年画、泥塑和剪纸的原乡，久负盛名。

史扬出身于书香门第，家境富裕。传说他从小聪明异常，但很顽皮。其父史开疆曾先后给他聘过几个先生，都被他气走了。眼看儿子一天天长大，学问却没有长进。史开疆心里着急，就托人从城里请来了一位名师。这位先生教了几天后就对史开疆说：“这孩子天庭饱满，两眼炯炯有神，将来必有出息。不过，我观其性过顽，要让他成才，必须寻一处僻静地方，严加管教，方能成才。”史开疆望子成龙，便在艾山西石下盖了房屋三间，作为先生教育儿子的场所。在先生的严厉管教下，史扬收紧心思，用到读书上去了，一年就读了别人学了两年的课程，结果考中了秀才，不久又考上了附监生。乾隆二十二年（1757），史扬参加乡试，考中举人。

乾隆二十三年（1758），史扬赴京城会考，连捷进士。据说当史扬回家后，抱住母亲放声大哭，母亲惊诧地问：“你十年寒窗终于高中进士，应该高兴才对，为什么哭啊？”史扬拿出一个用绸布包裹的铁匣子，母亲打开一看，里边装了一匣子肤皮。原来，当年先生为了督促史扬学习，几乎每天都用戒尺打他，打脱了皮，史扬就放进铁匣子，结果把铁匣子装满了。

乾隆二十三年（1758）二月，史扬出任镇平县令。史扬在京城临行前，镇邑乡贤、吏部铨曹黄观清专门会见了即将赴任的史扬，就镇平学宫工程因经费不敷，导致工程未竣一事，谆谆嘱托史扬，要尽快把剩余工程完成，以对邑人有所交代。事见乾隆《镇平县志》卷六《艺文志·记》，载有史扬《重修镇平县儒学碑记》一文，云："戊寅仲春，余捧檄出都，邑绅铨曹黄观清来谒，谆谆以学宫为嘱。"说的就是这件事。史扬莅任后，见工程已完成大部分，剩有十分之二三尚未完工。于是他召集县里绅士，合力捐输，加快工程进度，很快就竣工了。史扬在文中对镇平士风民俗亦有极高的评价云："余惟镇邑士庶，百余年荷沐圣朝教泽，沦肌浃髓，人文冠于州属。"

史扬在任上遍访境内百姓，了解民情风俗，深为百姓生活之苦叹息。他想方设法对百姓安抚体恤，用三个月的时间清理了几年的积案，又组织乡勇进山围剿山贼，使百姓不受侵扰得以安居。镇平县小人多，加之捐税繁重，每年生产的粮食不足半年之需，其余所需粮食多仰赖赣闽运来。粮价高得出奇，人民极端困苦。史扬鼓励生产自救，采取一系列休养生息的措施，连年获得丰收，民众得以温饱。他还出台严厉禁止私自宰杀耕牛的禁令。古代农耕社会，牛是重要的生产工具。从西周时期起，就严格禁止宰杀耕牛。在《礼记·曲礼》里就有记载："诸侯无故不杀牛"。秦代的秦律里设有保护耕牛的律条，禁止在牛马经过的地方设置陷阱，即使没有造成伤害也要处罚。明代的《大明律》规定："凡故杀他人马牛，杖七十，徒一年半。私宰自己马牛，杖一百。耕牛伤病死亡，不报官府私自开剥，笞四十。"耕牛就算伤病死了，也不能随便宰杀，要报告官府，等查验以后才能处理，否则还是有罪。直至到 1955 年，国务院还颁布了"禁止任何的机关和农民私自宰杀耕牛"的规定。只是后来随着机械耕田的普及，才逐步放松。

乾隆二十六年（1761），史扬辞官归家，以终养年老的亲人。

上面有关史扬的传中云："三十七年复任，民遮道郊迎，盗贼远遁。四十四年，坐交趾厂事，罣误落职，贫无以归，邑人争赆之。"查《镇平县志》职官志《卷四·县令》载："（乾隆）三十七年，溧阳监生史崧寿代之。四十一年威宁州副榜吴开元代之；冬，史扬复任。四十二年秋，扬为乡试同考，代之者举人潘汉型；九月，扬复任。”由此看来，其中的“三十七年复任”，可能是误记。比较可靠的应该是“职官志”的记载，因其是流水式记录的。乾隆三十七年（1772），莅任镇平县令的是溧阳监生史崧寿。大约都姓史，而把“史崧寿”误记为“史扬”。史扬复任，不是乾隆三十七年，而是在乾隆四十一年（1776）冬。事隔十五年，史扬重新归任镇平县令，老百姓到城外夹道欢迎，盗贼山寇则躲避得无影无踪。又，导致史扬落职是“坐交趾厂事”。“交趾厂事”案事具体不明，应该是此前在别的任所发生的，而非在镇平任上发生的。

这里值得一提的是：乾隆四十二年（1777）秋，这年乡试，史扬被委任为“乡试同考官”，所以史扬的县令一职这一时段由举人潘汉型代理。到九月乡试结束时，史扬仍回任县令的职位。“乡试同考官”是明清时期科举考试乡试和会试的阅卷者，地位次于主考官。考生作答后，由外帘同考官糊名、誊卷，再由内帘同考官初步择优选取，最后将同考官选出的卷子上呈主考官，由主考官定夺是否取中以及排名。因此，对于中举的考生，同考官与主考官都是功不可没的恩师，中举者成为考官的门生，而同考官被称作房师，主考官被称作座师。故史扬能作为乡试同考官，是一种较高的政治荣誉。

乾隆四十四年（1779），史扬因交趾厂事的过失牵连而受到革职处分，人们为之惋惜。史扬治理镇平，政有膏露，刑去霜雪；恩威并举，宽严相济。史扬以廉政爱民著称，平时没有什么积蓄，连返家的盘费都不够，县里的人都争着送钱给他作盘费，为他送行，作为对一个好官的回报。

九十二　赵公堤祠祀赵康

乾隆《镇平县志》卷三《典礼志·名宦》载：

赵康，同官人。乾隆三十三年，由贡生任县事。廉明果敢，不苛察而事理。鼠牙雀角，一经剖析，从无翻覆者。岁己丑，邑大饥，劝富户捐赈于城中，为粥以待饿者，各乡五日一计口发米，全活无算。大吏异其能，调高要、曲江及南海令，所至皆著声。戊戌擢嘉应州守。己亥，邑遭水灾，捐俸救济，复鸠工筑堤。庚子，邑建义学，捐给膏火。其留心民瘼，振兴文教，一如任镇时，民咸俎豆之。

赵康，陕西同官（今陕西铜川市印台区）陈炉镇人。贡生出身。其父赵屏晋，字周翰。雍正年间进士、文字学家。曾任户部主事、永平府知府。赵氏在同官是望族，《同官县志》对其家族中的赵循祖、赵俊、赵介等人的事迹，都有详细记载。

赵康曾于乾隆二十七年（1762），任钱塘（今浙江杭州）知县。乾隆三十三年（1768）莅任镇平县令。二年后调任曲江知县。乾隆四十三年（1778），升任嘉应州知州。赵康出身于书香门第，廉洁而清明，处事果断，精明事理，不苛刻烦琐就能把事情处理妥善。民众打官司，因为强暴者的欺凌而引起争讼，只要是经他剖析断案的，从来没有出现过有人翻案的事。

赵康来到镇平，就发现镇平“俗敦淳朴，人尚诗书”。他在桂岭义学讲学时发现义学破败不堪，想把它移往尊经阁后的原昌黎书院旧址另建，当时因碰上饥荒之年，首要解决的是请求粮食接济、减免赋税等事情，所以，根本就不敢兴建大型土木工程，而增重百姓的负担。过了两年，赵康调任曲江，他空有这种想法却未能实现，只好带着丝丝遗憾往曲江上任去了。直到过了十年，桂岭义学依然破败不堪，而赵康已升任嘉应知州了。有镇平的人士来谒见赵康，“询及义学，知因陋就简，相沿未改者又十年”。赵康知道义学还是老样子没有改变，感到茫然自失，沮丧不已。又过了一年，镇平县令周克达召集绅士，把建在城西分司仓侧的桂岭义学，移建到桂岭之阳，即今之蕉岭中学所在地，正式命名为“桂岭书院”。县令周克达和知州赵康两人都撰写了《移建桂岭书院碑记》记述此事。赵康在文中称“矧嘉属山川奇秀，人物盛繁，实甲全粤。蕉阳六十里而科名不堕。”

人们都称康熙、乾隆两朝为“康乾盛世”，好像那是风调雨顺、物阜民康的时代。殊不知，在乾隆年间的现实社会生活中，镇平大地上却连年发生如洪涝、干旱、雨雹、风暴、虫害等自然灾害。大饥荒年，民多饿死的现象也屡屡在镇平大地上出现。赵康在任的乾隆三十四年（1769），镇平就正好发生严重饥荒。百姓食不果腹，流离失所。知县赵康命人在县城街头搭棚施粥，每天为来城中乞讨的灾民提供食物。他体恤留守在乡里的老弱病残灾民，多方筹集钱粮，并带领下属，五天一次，按照人口数量，轮流向各乡村运送赈灾粮食，使许多人免于饿死，存活下来。上司了解了此事，知道赵康的特出才干，把他调曲江、高要及南海比较大的县去任职，赵康所到之处都留下好的声名。

乾隆四十四年（1779），此时的赵康，已升为嘉应州知州。镇平县城西面的石窟河艾坝段决堤三百多米，洪水一泻而下，冲毁良田、庐舍不计其数，并殃及县城，陂角、城郊、白马等地，尽成泽国。赵康闻知灾情，急忙赶到镇平县视察。他看到，河道两岸到处是淹没的农田、倒塌的房屋，无数百姓家破人亡，一片哀嚎之声。此情此景，让赵康万般辛酸。他决心修建一条河堤，抵御石窟河的洪水。于是，他带头捐出俸银救济灾民，并召集绅商出钱、民众出力修筑河堤。

黄香铁在《石窟一征》卷三《教养二》中曾有记述云："乾隆四十四年，艾坝决堤一百余丈，冲废田庐无算。先是堤外有坝，为各埠析篓之地。至是，州牧伯同官赵公康来镇勘灾，以各埠析篓，逐日践踏，以致坏堤。饬令各商及水客，每盐一票，输钱二千，筑复外坝。嗣因外坝屡被洪水冲却，盐船拢近堤岸挽泊，践踏益甚。复议每盐一票输钱五百，为岁修艾坝堤岸之用。道光元年，经惠潮道夏公修恕，檄令嘉应州牧及镇平县令，妥议详核，给示勒石。亦守土恤民之至意也。"①

这堤坝除赵康捐俸外，主要是他下令"各商及水客，每盐一票，输钱二千，筑复外坝"，而后"复议每盐一票输钱五百，为岁修艾坝堤岸之用"，并勒石给示，规定下来。经过镇平绅商民众的不懈努力，终于建起了一条牢固的长堤。堤在石窟河东岸，起于陂角小水口，沿河经榕子渡向李黄的沙滩、艾坝延伸，全长3000米。采用红糖、糯米和石灰浆砌坚石而成，

① 黄钊纂修《石窟一征》，《广东历代方志集成》第40册，岭南美术出版社，2009年，第239页。

平均高 3.7 米，厚 0.42 米，堤墙基脚深厚。这一坚固的长堤，可长年抵御洪水的侵害，百姓得以过上安康生活。民众为纪念赵康的功德，将这条长堤命名为“赵公堤”，并在堤上建立了一座“赵公祠”。赵公祠占地约 150 平方米。正墙竖立护堤石碑一块，正堂有长生禄位牌七个，厅堂横批“泽恩广大”。门柱两侧配以两副对联：一曰“惟愿长堤永固，毋忘贤令深恩”；另一副为黄香铁所撰，联曰“红羊劫免其鱼患，白马乡衔有豸恩”。

赵康从乾隆四十三年（1778）升任嘉应州知州，一直做到乾隆四十八年（1783）。他一如其任镇平县令时一样，关注镇平，关心百姓疾苦，注意兴办文教。1992 年版的《蕉岭县志》第二十五编《人物 · 古代人物传》中，忽略了如沈惟耀、胡会宾、薛世望等诸多名宦，而仅介绍魏燕超和赵康两位名宦的事迹，虽然在我看来是不无偏颇，且遗珠太多，然而，赵公堤、赵公祠，“民咸俎豆之”，毕竟从中可以看出赵康在人们心中的崇高地位。

宦绩品鉴

九十三　名宦独缺程梦简

康熙《镇平县志》卷三《官守志·官师表》载：

程梦简，丹徒人，辛丑进士，推官改授。康熙十一年任。本年壬子分考。

由此可知，程梦简于康熙十一年（1672）莅任镇平知县之前，曾在河南任过“推官”。推官，职官名，别称“推府”“豸史”“司李”，与知县并列则省称“推知”。在明朝时为各府的佐贰官，属顺天府、应天府的推官为从六品，其他府的推官为正七品，掌理刑名、赞计典等事务。《明史·选举二》：“二、三甲考选庶吉士者，皆为翰林官。其他或授给事、御史、主事、中书、行人、评事、太常、国子博士，或授府推官、知州、知县等官。”可见推官虽为佐贰官，但为朝廷规定的新科进士初授官职之一。

相传程梦简曾在考城县（今为民权县）任职，并留下一段佳话流传至今。这就是：河南考城县治西南，有一供奉无量佛的无量殿。无量佛又称无量寿佛、阿弥陀佛，在过去久远劫时曾立下大愿，建立西方净土，广度无边众生，成就无量庄严功德，为大乘佛教所广为崇敬和弘扬。其时，康熙帝在宠臣张英的陪同下到考城，时任县令程梦简早已候在边界接驾。康熙帝问程梦简可有好的游览之处？程梦简不假思索地回应说，距城不远，有个无量殿，冬天不冷，夏天不热，有求必应，十分灵验。康熙帝来了兴致，问：“张英，张爱卿，朕是去呢，还是不去呢？”张英笑着说：“去吧。”无量殿距城不远，转眼即到。殿高不过五丈，占地不足一亩，砖石台基，青砖砌墙，琉璃瓦盖顶。室内木椽重重咬合，斗拱挑承屋架，却不见一根柱梁。康熙帝见其精巧奇特，暗自叹服说：“无量殿，真无梁啊！”程梦简待在旁边，等的就是这话，慌忙跪倒说："谢主隆恩!"康熙帝纳闷地问："爱卿何以谢我？"程梦简说："考城连年遭灾，百姓无粮度日，我主已知下情，定有圣恩浩荡。"程梦简有意将康熙的"无梁"曲解成了"无粮"。张英趁机说，万岁金口玉言，不能收回。康熙帝恍然明白，哈哈大笑说："好个圣恩浩荡！考城近几年该纳的皇粮，免了。"消息传开，万民称颂。当地人就把无量殿，改成了无梁殿。后来又误将"殿"字写为"店"，遂成为现今的程庄镇葛庄村无梁店自然村。

程梦简于康熙十一年（1672）莅任镇平之初，就扩建维新学宫。重建大成殿，新建棂星门、泮池、万仞宫墙，重修明伦堂，新建尊经阁。工程竣工时，程梦简又请其好友，时任翰林院编修、文华殿大学士的张玉书写了《尊经阁记》。由此而奠定了镇平学宫日后的规模格局。康熙十二年（1673），又在胡会宾、徐履吉第一、第二次纂修县志的基础上，主持镇平史上第三次修志并出版了第一部《镇平县志》。该志还请时任国子监祭酒、经筵讲官徐元文作序。徐元文的《序》称赞程梦简"莅任期月，政修事理，盗息人和"；张玉书的《记》则肯定程梦简"别于世之俗吏"，能"省烦剧奔竞之扰，又鲜华靡淫巧之好""一其心志，与邑士讲习论难，以成其业"，认为程梦简"为治，不诡随、不矫激，凡所兴革，合乎人情""故士民爱戴，一如其治中州时"。徐元文和张玉书都给予程梦简极高的肯定评价。

然而，在乾隆《镇平县志》卷四《职官志・县令》的记载中："国朝顺治八年，江陵薛世望以岁贡任。十四年，建阳举人张天庆代之。十八年，无锡拔贡徐履吉代之。康熙六年，以内擢行人去；代之者为莱阳监生蒋亨。八年，南平拔贡陈俨代之。二十年，南城例监钱应科代之。"特别是康熙八年至二十年的记载中却没有了程梦简的名字。这一缺失让我在点注时感到不可思议，反复地核对原文，证实自己没有遗漏，是原文没有记载。按说，换成另一个任职时间短，又在镇平表现平庸、乏善可陈的县令，被县志缺记漏载，还是比较好理解。而像程梦简这样的县官，曾经修学宫、修县志，为学宫写碑记，为县志作序，受过当时名人称道，其诗文又都收录在《艺文志》中的人，是不应该也不可能被遗漏的人。简单到《职官志》

中记录的秩官县令，都是后志抄录前志的，康熙志中明明记载着，却连抄录也出现有遗漏，且连校勘官三番五次校对都发现不了这个缺失，简直不可思议。不是我苛责前贤，但我以为，出现这种低级错误是不可原谅的。

程梦简是一位好官、有作为的县官，他不能入选名宦、入祀名宦祠，对于他来说已经是非常苛刻了，我们无可置喙。就退一万步来说，即使其后来犯了错误，其做过镇平县令也是客观存在的，总不能把其名字也在记载历史事实中抹去啊！

程梦简有他修学宫的碑记、修县志的序言，有《文石歌》诗，都留在乾隆《镇平县志》卷六《艺文志》中，毋庸置疑，自可以证实其历史清白及其在镇平留下的丰功伟绩。更重要的是他主持镇平史上的第三次修志，并出版了康熙《镇平县志》，为镇平历史上树起了一座文化丰碑。

九十四　谁人不思蒋弥高

乾隆《镇平县志》卷四《职官志·县令》载："二十五年，零陵举人蒋弥高代之。"

蒋弥高，湖南零陵（今属湖南省永州市零陵区）人。康熙二十五年（1686）秋，以举人身份莅任镇平县令。如果县志的记载没有缺漏，他应该在任有五年时间。到康熙三十一年（1692），周侻才接替了他的县令职位。而据乾隆《镇平县志》卷一《疆域志·官署》载："大门外为谯楼，为拊循坊。康熙三十二年，知县蒋弥高建。"此处记载时间为"康熙三十二年"，应该有误。假定谯楼为蒋弥高所建，则不可能是"康熙三十二年"。因为在康熙三十一年，周侻已经接替了蒋弥高的县令职位。

要说蒋弥高在镇平的政绩，主要的还是修建韩祠、改修城隍庙和修县志。下面略述之：

一是修建韩文公祠，"欲藉公之典型，为多士之矜式。"乾隆《镇平县志》卷一《疆域志·祠庙》载："（崇圣祠）旁为射圃。左有君子堂。为祭库，为四贤书院，未成。中为昌黎祠'知县蒋弥高建'祀韩文公，以唐进士赵德，明知县沈惟耀、胡会宾，本朝知县薛世望配之，左右为课艺斋。知县蒋弥高建，每月朔望躬亲课试。”蒋弥高有《修建韩祠碑记》记述此事。他说，自己生平崇拜韩文公。这次来镇平任职，翻越衡山湘水，跨过湍急的泷水，沿着韩愈谪迁潮州时所走过的地方，总是流连徘徊不忍离去。觉得“于山见其为高，于水见其为深”。而且，韩昌黎祠宇遍建潮属，因为这里是经他教化过的地方。然而，独独在镇平却没建有韩文公的专祠。那么，连祭祀进香的地方都没有，怎么来表达对韩公的仰慕啊？因此，他在学宫后面找到一块地，捐俸银建韩公祠宇，左右两边为课艺斋、义学馆。除了让城里的文人学士到这里来聚会吟咏，蒋弥高还每月逢初一、十五，亲自为在学生徒讲课。其目的是借助韩文公这一具有代表性人物，作为众多学子的榜样，并不仅仅为表达一种崇敬之意。他希望诸生中能有闻风兴起，像赵天水那样的人，那么百世之师在这里，读他的书的人就能够毫不犹疑地振作起来。韩祠建好后，蒋弥高专门拜谒，还留下了《谒韩祠》一诗：

山斗何人不系思？揭来瞻拜大贤祠。
闻风百世犹廉立，原道千秋有见知。
鱼徙恶溪潭影静，云开粤岭瘴烟披。
姓名知共江山永，衰草凄凄锁旧碑。

诗的意思是说，谁人能不常常怀想泰山北斗那样的人呢？今天，我终于来到韩祠，瞻拜这位“文起八代之衰，道济天下之溺”（苏轼：《潮州韩文公庙碑》）的大贤。韩文公的品德流传百世，能让人保持高尚的节操；他对儒家道统的解释，是千百年来的真知灼见。鳄鱼已从恶溪中迁走，潭影从此清澄；祥云打通岭峤，瘴烟渐见披靡。韩愈的姓名与此地的山川一起存在，而眼前看到的是枯草依然悲凉地遮住了昔日的石碑。

二是改建城隍庙，满足民众心理需求，符合相助相纠之道。康熙《镇平县志》卷一《舆地志》：“城隍庙，在县治后。”乾隆《镇平县志》卷一《疆域志·祠庙》载：“城隍庙，在县署后。康熙二十六年，知县蒋弥高倡捐移建。何在中施石磜乡田，租十石七斗，征粮二石五斗九升，额租三十九石二斗；温念波施金沙乡樟坑子田，租四石五斗，征粮九斗，额租三十二石；王捷三施石磜乡蛇坑田，租六斗六升，征粮一斗，额租六石二斗。”镇平的城隍庙，是和县治一起建的。当时开始兴办比较随意，规模狭小，而且又靠近县署的后面。县署是官员办公的地方，而城隍庙是人们祈求雨晴的地方。这一阳一阴的官邸紧挨在一起，既不整肃雅观，也不方便民众的祈拜。整体的布局都显得粗疏、不合情理。康熙十二年（1673），程梦简任上就有移建城西分司的想法，却没有办成。蒋弥高甫到镇城，刚一下车，就有士民提请改建城隍庙的事。只是因为惦念着老百姓的事情，没有时间顾及改建新庙。后来蒋弥高心想：国依于民，民依于神。怠慢神灵不是治民的办法。清依明制，规定凡地方官员莅任，都要到城隍庙去住宿斋戒，在城隍神面前起誓。每逢初一、十五，都要到庙里行香礼拜，就是使守令官有所顾忌而不敢随便肆虐百姓。特别是看到城隍庙已经颓圮，怠慢就更不应该了，那么改建新城隍庙就不能再拖延了。于是，在康熙二十六年（1687），蒋弥高“倡捐以为民先”，将城隍庙改建在地势高大宽敞、又靠近河边的西门城内的分司这个地方。城隍移建新庙有诸多善士捐施田租，因而有了固定庙田租谷的收入，维持日常的运作。

三是蠲除炉饷银。乾隆《镇平县志》卷二《赋役志·田粮附载各饷·炉饷》载：“镇平原无炉饷。自顺治八年，有铁商陈古兴等开煽，每座输饷银四十八两，以助军需。至康熙三年，以不便于地方，矿罢炉毁。而每年饷银不除，遂于民间代纳解司。后因藩司行查，知县蒋弥高取乡保、地方甘结，申报在案。”由上文可知，蒋弥高在任内，将一项自康熙三年（1664）已经“矿罢炉毁”、停工停产的炉饷税，却一直延续下来由民间代纳，且交纳到蒋弥高莅任镇平县令的康熙二十五年（1686）（这里只作假定，或许更迟一些）已有二十二年的炉饷，请藩司行查，申报在案而蠲除。这种强加的赋税，由“民间代纳解司”，无疑是加重了民众的额外负担。蒋弥高能为民请命，减轻民众负担，做了一件极大的好事。

四是纂修县志，虽是奉诏而为，实亦充实文献。康熙二十六年（1687），朝廷诏令“纂集通志，令天下各绘舆图以进，而史馆复征郡邑诸志，藏之天府，以备掌故。”蒋弥高尽管上任不久，百废未举，突然接到纂修县志的诏令文书，只好将日常琐屑之事放在一边，拿来胡会宾、程梦简两人原来纂编的县志，“而十余年事迹犹有缺略而未备者，只节录以应采取”，作一些修改补充，以完成任务。书稿纂修好了，上缴完旨，没有下文，更未出版。但毕竟是蒋弥高主政时所做的一件大事。乾隆《镇平县志》卷六《艺文志》还收录了蒋弥高为这次修志写的“序言”为《旧志序》和《谒韩祠》《金城巩固》《长潭夜月》三首诗。

还可补充一点的是来自蒋弥高家乡的《零陵县志》，收录了他的一首七言律诗《秋日登回龙塔》。作者介绍则称，“蒋弥高，清代诗人，生平不详。”其诗云：

塔高雄峙永阳城，健步登临迥不群。
霞照嵛峰明远树，雁飞江浦送归云。
湘烟开处蓝如染，潇水流来影尚分。
日落秋潭千尺映，白蘋洲静漾波纹。

蒋弥高五年内在镇平任上做了四件大事，这四件事都有他自己写的文章记述留存下来。然而，在乾隆《镇平县志》卷三《典礼志·名宦》中却看不到蒋弥高的名字。由此看来，古代对“名宦”标准的执行要求是不是高了点？像蒋弥高这样的县令，任上有所为，而身后无所遇。除了慨叹，是不是也可借用其“山斗何人不系思？”诗句，作一个诘问：谁人不思蒋弥高？

九十五　建祝圣殿说周傥

乾隆《镇平县志》卷一《疆域志·祠庙》云：“万寿宫，在北城之高阜。康熙壬申年，知县周傥即明知县胡会宾所建永镇楼改建。内为正殿，奉安皇帝万岁牌。前为拜墀，左右为朝房。后为观音真武文昌阁。都计为十六间，周以围垣，垩丹髹漆，颇称壮丽。”万寿宫，又名“祝圣殿”，俗称“永镇楼”“镇山楼”。请注意，此处记载的时间“康熙壬申年”，有误。康熙壬申年是康熙三十一年（1692），那时周傥刚刚到任。周傥在其《建祝圣殿碑记》中说是“经始于乙亥春”，即康熙三十四年（1695）的春天，是周傥莅任后的第三个年头了。应该说，准确的时间是周傥自己写在碑记中的时间。

周傥，德化（今属福建省泉州市德化县）人。他于康熙三十一年（1692）以“难荫生”的身份莅任镇平县令。“难荫”，是古代的一种荫袭制度。清朝规定，因公殉职的文武官员，不论爵秩，例得有一子入国子监读书，谓之“难荫生”。《清会典事例·吏部·除授》：“难荫生录用，康熙三年定，三品以上荫知州，四品以下荫知县。（康熙）十八年定，布、按、都三司首领，及州县佐贰六品七品官之子，准荫县丞；八品九品官之子，准荫县主簿，未入流之子，准荫州吏目。”由此看来，周傥能出任县令，其父该是四品级的官员了。

从乾隆《镇平县志》卷四《职官志·县令》的记载来看，“（康熙）三十一年，德化难荫生周傥代之。四十四年，满州笔帖式李明阳代之”。假设这段县志记录没有遗漏的话，周傥应该在镇平县令任上干了十三年。这在镇平的历史上，可以说是在任时间最长的县令。周傥在这么长的任期内，虽然是政绩平平，没有什么突出的贡献，县志只在“职官志”中有他的名字，在“名宦”中没有他的一席之位，但他也并非乏善可陈，无所作为。至少，他做了两件比较大的事情：一是奉诏整饬圣学，对镇平学宫做了一次“修残补缺”式的重修；二是将镇山已颓废的永镇楼“悉捐俸营度，不以丝粒扰吾民”改建为祝圣殿。这两件事都留有周傥自己写的碑记，收录在乾隆《镇平县志》卷六《艺文志·记》中。

第一件事是重修镇平学宫。周傥有《重修镇平县儒学碑记》一文，记载重修学宫的事情。康熙三十一年（1692），岁在壬申，周傥“莅兹土，仰瞻之下，窃用愀然。爰集都人士谋所以新之，诹吉鸠工，阅岁告竣”。其实，周傥这次重修学宫距离程梦简重修才过了二十年，没有什么重要的项目要整修，是一次“修残补缺”的工程，只不过是一次奉诏整饬圣学的例行公事。在镇平学宫的历史上说，这是继罗明夔、薛世望、程梦简之后的又一次重修学宫，也是第四次重修学宫。

第二件事是建祝圣殿。周傥还有一篇《建祝圣殿碑记》一文记录此事。

事情的原因是周侻在任上，遇上元旦，冬至，皇帝、皇后的生日等朝廷规定的法定节日，要穿上朝服，带着属下的官员，设香案于祝釐场所，遥望着天子宫阙的方向，举行三跪九叩头礼。由于没有其他场所可供选择，就只好在县衙署中举行。这让周侻感觉到不够恭敬严肃，让他由此感到惴惴不安。

到了康熙三十四年（1695），周侻发现了崇祯十年（1637）的县令胡会宾当年在北岭所建的永镇楼已经倒塌倾颓。这原本是一个极好的地方。前面有文笔峰耸立在翠绿的山头上，从长潭流出来的水在眼前回旋，前呼后拥围抱着城郭。远望那石窟河平原上的村庄屋舍、桑柘稻禾，烟气云雾、花草竹树，全都招致收揽过来了，展现在眼底下，真是清美灵秀、无法用语言来描述它的好地方啊。周侻设想如果将这个地方改建为万寿宫，专门用来举行节日参拜典礼，倒是极为合适的场所。于是周侻拣选了一个好日子，让监生何僩为总管，负责招集工匠立马动土兴工。建筑所用的优质木材和涂饰用的红色颜料，全部都在他自己的薪俸银里开支，一丝一毫也没有烦扰子民百姓。工程用了一年多时间始告竣。宫殿建筑外表雄伟堂皇，正殿奉安万岁牌位，殿门大开，前为拜墀，左右为朝房。还有余地，又建造了供奉观音、真武的寺庙，还有文昌阁。又在后面建了僧道居住的处所十六间。用围墙把这些建筑围起来，涂上红漆。楼名仍旧称“永镇楼”旧名，表示不忘本。

我以为，周侻没有横征暴敛、强行摊派，而是不扰民众、自掏腰包建起了祝圣殿，其工程也巨，其品举亦高，其功绩足伟矣！

好在周侻这篇《建祝圣殿碑记》不是很长，抄录如下：

士君子分符绾绶，遇岁序令旦，暨万寿圣节，望阙胪祝，嵩呼舞蹈。其地虽异，而趋跄俨恪之心则一也。镇平弹丸一区，民居萃处，每届朝恭大典，迎阙亭于县署，率文武扬拜，不虔不肃，侻滋惧焉。

城西北隅高阜，前令胡会宾，旧建永镇楼，今已颓废。陟其上则见文峰耸翠，长潭潆洄，拥卫城郭。而村舍桑麻，烟云竹树之奇，不可名状者，尽摄于延揽之中，诚四方之极而灵秀之区也。窃自喜曰：祝圣殿之建，其在斯乎。

遂诹吉鸠工，属监生何倜董其任。梓材丹雘，悉捐俸营度，不以丝粒扰吾民。经始于乙亥春，迄丙子夏告竣。阊阖宏启，殿宇蜚辉，从此胪欢祝厘，文虔武肃，得稍尽臣子觐光素志，虽去阙庭万里，而天颜不偭如咫尺哉。复以余地建精舍于后，奉释迦诸像，仍"永镇楼"旧名，盖亦不忘所自云尔。

是为记。

九十六　移建书院周克达

乾隆《镇平县志》卷四《职官志·县令》载："（乾隆）四十四年，无锡监生张之浚代之；夏，桐城贡生张曾谊代之；秋，长沙拔贡周克达代之。"看来，此时调换县令比较频繁。张之浚只做了三个月，张曾谊也只做了三个月便由周克达在秋天时接任了。周克达一直做到乾隆四十五年（1780）冬十二月，才由安乡举人潘承焯代之。

周克达在镇平任职时间不算长，但任上还是做了一些事情的，特别值得一提的是移建桂岭书院。镇平的"书院史"或者"书院"一词的最早出现，是在康熙《镇平县志》卷一《舆地志·儒学》中，关于"书院"的记载有"四贤书院"。在康熙《镇平县志》卷一《舆地志·祠庙》中："四贤书院，祀韩昌黎、刘元城、蓝奎、古革，在尊经阁下，知县程梦简建。"它是因崇祀四位贤人而起的名，有可能是庙院结合的书院。这已经是康熙十一年（1672）程梦简任县令时候的事情了。但乾隆《镇平县志》卷一《疆域志·官署》却载有："胡侯书院，今无考。"所谓"胡侯书院"，康熙版的县志最早出现的是"四贤书院"，乾隆版县志中却出现了"胡侯书院"。我推测是或为胡会宾建造的书院或为纪念胡会宾而命名的书院，而在"祠庙"条目中记载是"废"。所以，其存在的时间也不长。

乾隆《镇平县志》卷一《疆域志·官署》载：

惟桂岭书院，旧在韩公祠后，年久隳废。前令陈必元移城西隅分司仓侧，地湫隘，又惑于青乌家言，士不乐居。乾隆四十五年，署令周克达谋诸邑绅士，营葺于桂岭之阳，自三月经始，迄四十六年五月竣事。前为大门，大门内左为房四，右为房三；又内左为忠义祠，右为隽英亭；又内为讲堂，左右为房各五；又内为厅一，左右为房各四；上为楼，中祠文昌，左右祀名宦及创建书院者。是役也，都计用钱一千三百一十七千有奇。

周克达把原来建在城西隅分司仓侧的义学，移建到桂岭之阳的学校，即今之蕉岭中学所在地，正式命名为“桂岭书院”。书院的地点、建造时间、建筑规模布局、总体造价都记录得一清二楚，这才可以确认为镇平有真正“书院”意义的最早书院。而且，县令周克达和已升任嘉应州知州的赵康两人都撰写了《移建桂岭书院碑记》记述此事，分明是“立此存照”。

周克达和已升任嘉应州知州的赵康两人都在《移建桂岭书院碑记》谈及分司仓侧的是“义学”，而且周克达在莅任后的第二年即“庚子春，聘邑岁荐古廷栋为义学主讲”。

“义学”和“书院”是不同层次的两个概念。义学、私塾大约相当于初级教育阶段，书院已相当于中级教育阶段。

“义学”也称“义塾”，是旧时免收学费的书塾，是慈善学校。有的义学还为学生提供生活费和学习用品。这又是义学同收费的私塾的区别。义学是专为民间孤寒子弟设立的，“择族中之秀而贫者聚学焉”，招生对象是家庭贫穷而优秀聪慧的子弟，年龄在六岁至十一岁之间，学生人数十至二十人不等。一所义学通常只有一名塾师，以通晓文义、行宜德厚者担任。教学内容大多只是识文断字，不会有太高深的内容，又称蒙学教育，是地方的基础教育。义学有较固定的上学时间和假期，农闲时让子弟入学，读《百家姓》《三字经》之类蒙学教材和《论语》《孟子》等四书五经，并以教劝农桑为主要任务。义学资金的来源，“皆其地有力而好义者倡合为之”。

还有一种义学，叫“社学”，是用地方公益金开办的乡村学校。五十家为一“社”，一社或数社设学校，是一种地方小学。明朝洪武八年（1375）下诏立社学，大概起于此时。有政府号召提倡，由热心公益的富豪大户乐捐田亩、银两，公建校舍，“讲集之堂，栖息之舍，楼阁庖厨以至日用器物”，一应俱全。

科举时代，很多有文化传统的家族，为了扶持本宗族的贫穷子弟有机会读书应考登仕途，宗族开设义塾，积极资助本族特别优异的考生，这甚至被看成是家族祠堂的责任和义务。

书院有点像现在的中文类专科学院，不但有教育功能，还有研究功能，很多书院还时不时请人来讲学、办辩论大会，呈现很有档次的样子。书院课不多，每月只初一、十五两天讲书，每次只讲两页。逢一、六和三、八之日，老师仿科举考试出题（四书题、试帖诗各一道），做好后交山长亲自批改。山长必须三天内批改完，然后召集生徒们讲解。生徒每天都有严格的自学课程安排，完不成课业要遭受打板子的惩罚。

书院还有定期考试，称为“考课”。考课成绩优秀的，有奖金，称为“膏火钱”。有些成绩好的贫寒子弟，靠这个膏火钱就可以维持生活了。书院考课比较密，每月至少两三次，多的时候五六次。书院除了科举应试教育，还会经常邀请名师来讲座。

由此可说，周克达在乾隆四十五年（1780）把义学改为书院，才能算是完整意义上的书院。它极大地提升了学校的档次和教育文化水平，为镇平人文蔚起铺下了坚实的物质基础。也许是周克达在任时间才一年三个月的原因，所以在乾隆《镇平县志》卷三《典礼志·名宦》中看不到他的名字。然而，亲自移建桂岭书院，发动乡绅捐置学田，直至光绪二十七年（1901）下诏令将书院改为学堂，让桂岭书院风雨无阻地存续了一百二十一年，而后华丽转身成为学堂，又后改名为蕉岭中学，这是一件非常值得书写的大事。基于此，我专门写下此文介绍他。

九十七　修志未竟潘承焯

镇平第一次修志，是在置县仅过四年的明崇祯十年（1637），知县胡会宾即延请邑人、原任增城训导徐韶奏主持修志一事，开始纂修县志，并已成形，但未见有书存世。

第二次修志是在清康熙二年（1663），知县徐履吉续修，但未出版。

第三次修志是在康熙十二年（1673），知县程梦简聘请邑举人黄殿楫主纂，修成并出版了第一部《镇平县志》。该志原为八卷，而实际内容仅存五卷为："舆地志""赋役志""官守志""人物志""祀典志"。余下的卷六至卷八"山川志""艺文志""杂志"三卷，俱有目无文。尽管这部志为残本，但为后来修志奠定了基础，此后修志都是在原编上增补更定之。

第四次修志是在康熙二十六年（1687），朝廷诏令"天下各绘舆图以进，而史馆复征郡邑诸志，藏之天府，以备掌故。"知县蒋弥高虽刚莅任不久，只好自己动手，在康熙十二年（1673）所纂《镇平县志》的基础上加以补充润色，书稿纂好了上缴完旨，也未出版。

第五次是在雍正五年（1727），知县沈廷鹤"又因蒋本添入四十八年之事"，亦未出版成书。

第六次修志是距上一次修志又过了五十五年后的乾隆四十五年（1780），知县潘承焯刚刚在此年冬十二月莅任，邑举人何清凤等"谒见陈辞，且援上官檄，以重修县志为请"。何清凤"援上官檄"，即清朝从雍正时期起，对修志就有详细的规定和明确的要求。雍正时规定各州县志每六十年一修；乾隆时期规定省志三十年一修，县志十五年一修。当然在实际执行中并不一致，也无法做到。于是，乾隆四十六年（1781）春，潘承焯"即延余杭王君应亨，开局增修"。这在乾隆《镇平县志》卷四《职官志·县令》中记载得十分明确："（乾隆）四十五年冬十二月，安乡举人潘承焯代之。四十六年春，修志书；八月，承焯以忧去。"潘承焯亲自指授纲领，斟酌体裁，修改订定，历经八个月的时间，书稿已定，行将付印，却"天有不测风云"，因丁母忧而回籍守孝。"丁忧"，是中国封建社会传统的道德礼仪制度。后世往往指用于拥有官吏身份之人，根据儒家传统的孝道观念，朝廷官员在位期间，如若父母去世，则无论此人任何官何职，从得知丧事的那一天起，必须辞官回到祖籍，为父母守制二十七个月。

潘承焯回家去了，续修志书的事又告暂停。直到乾隆四十七年（1782）春正月，阶州举人吴作哲莅任。乾隆四十八年（1783），续修志书告成出版，这就是我们现在所看到的乾隆版《镇平县志》。

乾隆版《镇平县志》把潘承焯作为两个主修人之一，并把潘承焯的《重修〈镇平县志〉序》收录放在开头，这都是古人对前修者应有的尊重。

潘承焯序中先回顾自建县百余年以来，镇平发生了巨大变化。“士吟于郊，民恬于政，彬彬龂龂，一大都会。”接着谈及此次修志的原因是乡贤何清风的谒见陈辞，自己守土有责，不敢推辞。然后说到了决定开局修志后，他规定自己，在每日清理案牍、处理民事之余暇，拿起笔来删削，点起油灯来修改，经历了八个月的时间，修改了三次才最后定稿。潘承焯在文末谦虚地说，古名贤以平生之力尽于一书，犹难免出现互相抵触、矛盾的地方，可见作史之难。何况自己并不具备修撰史书的人所必需的才华、学问、见识三方面的专长，也没有沉溺、埋头著述的功夫，又是公务之余、时间匆促，难免有挂漏讹谬之处，而他尽可能做到“详美善之行，备典礼之大，祛滥徇之习，节庸鄙之章”，为后来之管理者作借鉴起一点参考作用。

潘承焯在“序”文的落款为“楚安乡”。“楚安乡”即湖南安乡县（今湖南省常德市下辖县）。据《常德安乡潘氏刻书》一文载：潘承焯的父亲潘相（1713—1790），字润章，号经峰。乾隆六年（1741）拔贡，充武英殿分校，琉球国官学教习。二十五年（1760）举人，二十八年（1763）进士。奉旨以知县用，选山东福山县兼摄黄县、泗水，调繁曲阜，升濮州知州。著作宏富。四十五年（1780）补昆阳州，寿七十八卒，祀乡贤祠。潘承焯兄弟四人：承炽、承炜、承炳、承焯。承焯最小，幼随侍琉球官学，祭酒陆宗楷、朝鲜贡使洪启禧均器之，举北闱乡试。乾隆四十五年（1780），选广东镇平知县，刻意清苦，振兴桂岭书院，严考试，未逾年，循声四播，有父风。修《镇平志》，一洗旧志芜陋，为令九月，以内限归，合邑攀辕遮道，各制歌颂文百十数篇。起复赴部候补，卒汉阳，年仅三十九岁。闻者惜之。有《俎豆集》，为承焯手辑，尤见学有渊源。

潘承焯在任时间并不长，“未逾年，循声四播”。他没有因自己主修县志之利便为自己贪名摆功，硬要挤进“名宦”之列，只在“职官志·县令”中写实任职时间，是非功过自有后人评说。潘承焯年仅三十九岁便辞世，时也，命耶？真可谓是：天于绝代偏多妒，天不假年可奈何。为之一奠！

九十八　续貂有成吴作哲

对于吴作哲，除了在乾隆《镇平县志》上署明其是和潘承焯两个主修官之一外，他亦有一篇《续修〈镇平县志〉序》放在开头第二篇的位置上。再就是乾隆《镇平县志》卷四《职官志·县令》载：“（乾隆）四十七年春正月，阶州举人吴作哲莅任，续修志书告成。”此外，再无别的记述。

据查，吴作哲（1723—?），字旦庵，号川源先生。阶州举人。阶州，为今甘肃省陇南市武都区。雍正七年（1729），阶州升为直隶州，直隶于甘肃布政使司，领文、成二县。民国2年（1913），阶州直隶州改为武都县，并分置出西固县；民国18年（1929）二月，又从武都县划出白马关警察所辖地，分设永康县，同年四月改为康县。

吴作哲原籍阶州吴家道（今武都汉王），其父吴徽因家贫，于清雍正年间迁居康县寺台乡剪子河坝庵房山，住在一间茅草房内。吴作哲就出生在这间草房里，故成人后自字“旦庵”。清乾隆初年间于椒树坡修建新居，因吴氏独家，后改称“吴家斜坡”。吴徽对吴作哲视如掌上明珠，勤耕苦作，精心抚养。吴作哲家境贫苦，在极困难的条件下，父母尽量节衣缩食供儿子求学。他聪明刻苦，发奋勤读。吴作哲成了学识渊博的人才。乾隆十八年（1753），吴作哲三十一岁，参加乡试，终于考中举人。但中举后，一连几次上京会试都落第而回。后经推荐，出任了狄道（今临洮县）教谕。在任狄道教谕期间，他勤奋施教，选荐贤才，成绩卓著。乾隆三十一年（1766），吴作哲已经四十四岁，升任云南武定州禄劝县知县。吴作哲一到任所，禄劝县正遭大旱，灾荒所及，饿殍已时有目睹。初到任所的吴作哲一面呈禀朝廷和上级官府，一面则果断地开仓赈济饥民。这一果敢行为，赢得了禄劝县人民的赞扬。《吴文林寿帐序》对此事有极高的评价云：“先发后闻，此非俗吏之所能为，欲为之而亦不敢也。”吴作哲在禄劝县作官十二年，使禄劝县年年丰稔，人民安居乐业。

乾隆四十三年（1778），吴作哲五十六岁时，因家父逝世，离职回家守孝。吴作哲守孝三年后，又逢大儿鹏翮病故，他强忍着心中的伤痛，料理好丧事后，又赴朝廷听候调用。乾隆四十七年（1782）春，吴作哲接任镇平县令。吴作哲上任伊始，便需处理潘承焯所修县志的事情。他把潘修的书稿上呈，但上峰觉得过于冗滥，驳回重新刊正。吴作哲只好重新搜罗点窜，删繁补缺，终于在乾隆四十八年（1783）秋付梓刊印了由潘承焯重修、吴作哲续修、王应亨主纂的第二部《镇平县志》。这是镇平自置县以来经六次修志而后能成书的第二部县志，此后的广东镇平县虽然又历时一百三十年，却再也未能修出县志来，也是终广东镇平县二百八十一年时间的留存而能见到的第二部县志。

该志收录了潘承焯的《重修〈镇平县志〉序》、吴作哲的《续修〈镇平县志〉序》和邑举人何殿屏的《叙》。该志共六卷，为“疆域志”“赋役志”“典礼志”“职官志”“人物志”“艺文志”。正文前附有“镇平县通邑图”“县治图”“县署图”“学宫图”“镇平八景图”。平心而论，吴作哲没有把潘承焯修成的县志据为己功，而是署上了潘吴两人的名字，并且把潘的序言放在第一篇，而把自己的续修序言放在第二篇。他知道，自己是在潘修的基础上续貂有成。

吴作哲一生勤奋著述，著作较多，但屡遭兵燹，现已荡然无存。吴作哲生日时，有不少人将写满赞颂祝福的锦幛赠送给他，他将这些寿幛收集记录下来，结成集子为《吴文林寿幛》。其《吴文林寿幛序》有赞云：“公之莅镇也，才二年耳，而时和年丰，士民蒸蒸向化，如春之阳，如冬之日……”

所谓“吴文林”，指的就是吴作哲。“文林”即文林郎，是文散官名。隋文帝开皇六年（586）始置，为八郎之一，从九品上。炀帝大业三年（607），罢。唐高祖武德七年（624），置为从九品上文散官。宋初因之。神宗元丰三年（1080），废。金、元皆用为文散官。金正八品上，元正七品，敕授。明、清沿置，授正七品文官。吴作哲和潘承焯都在自己的头衔上加上“文林郎”，表明其是皇帝授任的正七品的官员。

节日风俗

九十九　风正俗淳由教化

康熙《镇平县志》卷一《舆地志》在“风俗”一章中，开宗明义指出：

教化者，风俗所由成也。教化不施而言风俗，可乎？说者谓镇俗喜剽劫、武健、善讼，其天性矣。然昔人云：‘家有麦饭，衣有敝絮，驱之亦不为盗。’岂镇民独异乎？盖镇邑山多田少，民无末作之利。农民丰岁谷贱，或免啼饥；少有不登，则尽资蕨根为食。哀此遗黎，室无余粮，而谓其天性喜乱，不亦重诬吾民乎？况其君子尚礼敦诗，敬爱官师；其小人敦朴力田，绝去淫巧。迩来萑符不惊，讼狱衰息，又安见悍俗不化为醇风耶！

教化是指儒家所提倡的政以体化，教以效化，民以风化。这一说法最早见于《诗·周南·关雎序》云：“美教化，移风俗。” 此后汉代桓宽在《盐铁论·授时》说：“是以王者设庠序，明教化，以防道其民。” 古人认为，风俗与政治关系密切，社会政治决定社会风俗表现，由风俗可以观察政治得失。风俗是特定社会文化区域内历代人们共同遵守的行为模式或规范。人们往往将由自然条件的不同而造成的行为规范差异，称之为“风”；而将由社会文化的差异所造成的行为规则之不同，称之为“俗”。风俗是一种社会传统，某些当时流行的时尚、习俗，久而久之的变迁，原有风俗中的不适宜部分，也会随着历史条件的变化而改变。风俗作为社会文化精神的载体，与国家的兴衰息息相关，受到历朝的重视。如汉朝崔寔在《政论》中说：“夫风俗者，国之脉诊也”。故而，应劭在《风俗通义·序》中说：“为政之要，辨风正俗最其上也”。如果风俗不修，风气败坏，即使严刑峻法也不能使风气端正。

通俗地说，一个人，一群人，一个地方的人，在特定的自然环境和社会文化中生存，需要做出自己的价值判断和选择。这种价值判断和选择形成生存的经验，在时间的浸泡中，久而久之养成习惯，形成风俗。所以古语有“一方水土养一方人”“百里不同风，千里不同俗”的说法，这反映了风俗因地而异的特点。

做人之道，必在受教育之后而知之。《孟子·文公章句·上》就说过：“人之有道也，饱食暖之，逸居而无教，则近于禽兽。”“教人以善谓之忠。”“设为庠序学校以教之。”一个人，吃饱了，穿暖了，住得舒服了，如不受教育，便不懂做人之道，就和禽兽差不多。教人学好，便是“教人以善”。居仁由义是善。开设学校教人，教人以善，就是把人从动物化的本性转化为社会性的文明人，与禽兽分开。要使人成为有仁德的人，主要手段是教育。教育，也就是“正人心”，使人的思想品德变为美的、善的，合乎仁义的。

教育百姓，使人心变得善良，百姓就会心向着你。孟子说：“善政不如善教之得民也。善政，民畏之；善教，民爱之。善政得民财，善教得民心。”（《孟子·尽心章句·上》）好的治理，其威严自然树立起来，善政有威，所以民存敬畏。好的教育，是深入人心的，教人向善、学正、知礼，是使人心变善的，所以民生敬爱。政，是靠政令的颁布、法纪的施行来管理百姓的，是约束百姓行为的，所以民畏之。靠善政，可以收取赋税得民财。

镇平“界赣闽之交，连嶂峒之险”，环境险峻和官府管治不力等原因，石窟河流域长期战乱不断，故被称为“盗贼渊薮”。因而就有人持一种观点认为：镇平的习俗就是“喜剽劫、武健、善讼”，并且认为这是他们生下来就是这样的。

这是一种非常偏颇且极端错误的观点。昔人就曾说过：家里有野菜饭吃，身上有露出破败棉絮的衣裳穿，驱赶他去偷去抢也不会去。镇平的民众也一样。从现实社会生活来看，县志中就列举了如下三点：

镇俗谨愿重本薄末，其衣租食税之民，粮差依时输纳，无积逋抛荒之累。

子弟习诗书者秀而文，有江浙之风。然亦重自爱惜，不屑外务。

妇人女子质而勤，终岁劳苦以自食其力。

从上面所举三点来看，一是镇平人重农轻商，正常交纳赋税，没有积欠赋税，没有故意不耕种、致使土地荒芜的现象存在。二是子弟都喜欢读诗书，清秀聪明，文质彬彬，有江浙一带的风气；他们都能爱惜自己，不去从事正业以外的事务。三是妇人女子质朴勤劳，一年到头劳累辛苦，依赖自己的劳动用来维持生活。

总的来说，镇平山多田少，民众没有积贮的粮食和资本。农民丰岁谷贱，也许可以免除因饥饿而号哭；稍微有不丰稔，就只好用蕨根来充饥。可怜这些老百姓，家中没有多少粮食，还说他们天生就喜欢造反作乱，这不是极大地捏造事实冤枉镇平的百姓吗？何况这里的君子尚礼敦诗，敬爱官员师长；一般民众忠厚朴实，勤于农事，完全脱离浮华纤巧。近来，在丛生芦苇的水泽旁，也不用担心有劫贼隐藏在其中，讼案衰而止息，又哪里能见到慓悍的习俗不改变为淳朴宽厚的风尚呢！

管子说："仓廪实而知礼节，衣食足而知荣辱。"古代县令为一县的行政首脑，既是政府之代言人，又是政策的具体执行者。其任务在于催科征赋、判案量刑、管理户籍、土木工程、水利建设等等的社会管理和具体操作方面。镇平的历任县令，他们把镇平当成自己的第二故乡，肩扛一县政治、经济、文化诸方面发展之带头人的重任，他们个人的思想、人品、才华及业务素养，都在很大程度上，促进了当地历史的发展和风俗形成。倘使有了相应的物质基础，他们又能教而化之，那么社会风气就会向仁趋善，走向风正俗淳的理想境界。

一〇〇　最苦田功是妇功

康熙《镇平县志》卷一《舆地志》在"风俗"一章中，驳斥了"谓镇俗喜剽劫、武健、善讼，其天性矣"的错误说法。特别举出了镇邑"妇人女子质而勤，终岁劳苦以自食其力"。妇人女子质朴勤劳，一年到头劳累辛苦，依赖自己的劳动用来维持生活。她们在长年累月的社会实践中，锻炼了自己勤俭、刻苦和坚韧的性格以及特强的生活能力。

镇平属于纯客家人聚居的县。客家女人是汉族女性中独特的一类，是汉族女性中唯一没有过缠足陋习的女性。众所周知，世人都用“田头地尾”“灶头锅尾”“针头线尾”“家头教尾”这“四头四尾”来形象通俗地概括客家女人的美德。“田头地尾”指的是下田耕作，下地种菜。由于男人外出谋生，田地里的农活只能女人干。旧时客家女人并不裹脚，田间地里到处可见女人戴着笠嫲，挥舞锄头的身影。“健妇把犁成铁汉”，一反“男耕女织”的常态。“灶头锅尾”指的是家庭内务劳动。“灶头”指厨房里烧饭煮菜，还要上山要割鲁拖草，解决燃料问题。“针头线尾”指缝纫、刺绣、纺织等女工。“昼出耕耘夜绩麻”，客家女性心灵手巧，掌握基本的女工能力，缝制家中男女老幼衣物。“家头教尾”指上侍翁姑，下育子女。由于男人外出营生，家中的公婆也完全由女人来照料，恪尽孝道。客家女人多知礼识字，无论多么辛苦都要供子女读书，教育子女做人的道理也是由她们来承担。所以美国传教士罗伯·史密斯说：“在我所见到的任何一族的妇女，最值得赞赏的当推客家妇女了。”英国学者爱德尔在他所著的《客家人种志略》称：“客家妇女是中国最优美的劳动妇女的典型。”客家妇女作为一个群体，集中体现了客家人刻苦耐劳、勤俭朴实、坚毅进取、自立自强、聪明贤慧等优秀品质与精神，更充分完整地体现了客家人的整体形象和精神风貌。

邑廪生廖云飘有十首《竹枝词》，载在乾隆《镇平县志》卷二《赋役志·风俗》一章中，其中的第五首和第七首反映的就是有关妇女劳作的情形。

第五首云：

谷雨连番日乍长，土空（自注：山名，在镇西偏）初试绿旗枪。
年年乐事清明后，采得茶来又插秧。

第七首云：

最苦田功是妇功，陌西踏遍到阡东。
早禾刚拾番禾插，又爱携镰筑早蓬。

第五首写的是妇女从事农功活动。它全用叙述的方式，展现节候一到，忙着采茶后紧接着是插秧的繁忙工作。第七首则用叠词的修辞方式，以“田功妇功、陌西阡东、早禾番禾”，加上“携镰筑早蓬”来具体体现农务的繁忙不断，把客家妇女刻苦耐劳的风貌展示出来。

对于客家妇女终年辛苦劳作，任劳任怨，黄香铁由于有在乡生活的亲身经历，也亲眼见过母亲、妻子和邻居妇女的所作所为，因而在其《石窟一征》卷五《日用》中非常深情地记写了这一民俗生活。他说：

村庄男子多逸。妇女则井臼、耕织、樵采、畜牧、灌种、纫缝、炊爨，无所不为。天下妇女之勤者，莫此若也。盖天下妇女劳逸，尚分贵贱贫富。吾乡即绅士素封之家，主母与婢妾，种作劳逸均之。且天下妇人，即勤苦亦或专习一事。吾乡则日用饮食皆出其手，不独田工、女工已也。刘梦得《连州竹枝词》：“银钏金钗来负水，长刀短笠去烧畲。”差堪仿佛矣！

黄香铁写到了“井臼、耕织、樵采、畜牧、灌种、纫缝、炊爨”这些日常生活中的“田功”和“妇工”，他深情感叹“天下妇女之勤者，莫此若也”。在客家地区中，妇女劳逸，没有贵贱贫富之分，即使是绅士或者无官爵封邑而富足比有封邑的贵族的人家，主母与婢妾，一样耕种劳作，劳苦与安逸也都是一样的。不仅仅是田工、女工出于妇女之手，就连日用饮食，都是出于妇女之手。就和刘禹锡在《连州竹枝词》写的“银钏金钗来负水，长刀短笠去烧畲”那样的情景完全一样。在这里，我稍觉遗憾的一点就是，黄香铁疏漏了客家妇女的“家头教尾”这一项美德，没有很好地全面地表述出来。

客家妇女正是为子女、为家庭的成功和幸福而默默付出的伟大女性。

一〇一　“喜讼”到无言及“讼”

“最喜讼，讼师每一词，株连数十家。有代人牵入者，谓之‘搭告’，一经拘提，沿家蚕食囊饱，则原告不出而已破十余家之产矣。迨秉宪者，洞其状，习俗亦渐革除。”以上为康熙《镇平县志》卷一《舆地志·风俗》中的记述。查乾隆《镇平县志》卷二《赋役志·风俗》，已无只字语及相关“喜讼”记载。

由此对照两志，时间不过相去一百一十年，教化所及，风移俗变。镇平不再是奸宄伏藏、喜乱喜讼的蛮风夷俗之乡，而是尚礼敦诗、尊师重教的“岭东邹鲁”了。

东汉许慎在《说文解字》中对“诉讼”有如下解释：“诉，告也；讼，争也。……以手曰争，以言曰讼。”拆字分析，“诉”=“言”+“斥”，发表排斥性的言论，即控诉、告发、控告之意；“讼”=“言”+“公”，将争辩、纠纷公之于众，借助公共权力处理争端。喜讼、好讼，也就是好争执，喜欢争辩是非曲直。现代人一般把“诉讼”二字连用，表示“打官司”。

在古代社会，有专门帮人办理诉讼事务，替打官司的人出主意、写状纸的人，社会上称之为“讼师”。讼师在古代社会中扮演着准律师的角色。只要有人，就有恩怨；有恩怨，就有江湖；有人的地方就有江湖，有江湖的地方就有纷争。纠纷调解不了，就得打官司。所以，讼师就不可能绝迹。

即以康熙版县志上记载有镇平人“喜讼”的评语。喜讼是有原因的，概括地说起来不外乎有以下几点：一是赋役繁重社会矛盾增加；二是出于生计被迫自我保护；三是为了私利不惜假手讼师；四是官僚腐败胥吏推波助澜；五是诉讼规则变相鼓励好讼。然而，出于上述各种原因的引发的纷争事件，见诸史志所载则一概讳而不见；关乎于此的民间口头流布，又自语焉不详，莫衷一是。因此对我们而言，诸如此类的历史真相，是“惟恍惟惚”，难闻其详的。历史上发生的个别地域界限、山林归属等事件，随着时过境迁，渐渐地离开了人们的视野，模糊了人们的记忆，不会有人记起历史上曾有过这么一件事。可想而知，此前发生在历朝历代相关纷争的任何事件，都会渐渐地掩埋在历史的烟尘之中，真实的事相永远不为世人所知。

在我看来，上面所引的“近秉宪者，洞其状，习俗亦渐革除”，是一个非常关键的教化导向作用。所谓“秉宪者”，就是执掌法令的人，要了解、洞察地方的实际情况，那么，蛮风陋习就会渐渐地革除。因为古代的县令是一个县的政策制定者和施行者，是一个县政风民风的引路人，其人之思想、品德、才能以及相关的业务素养，对其所辖属地方的政治、经济发展，以及文化的启蒙、化育，将在很大的程度上起促进或消解的作用。

镇平在过往的历史上曾经出现过无数次的血雨腥风。农耕时代，民间乡土社会才是中国传统社会的主体。民众自食其力，日出而作，日落而息，百姓之间颇为和睦相处。社会的发展、人口与资源的矛盾、社会经济的变化这一大环境因素，是造就民风喜讼的主要原因。

客观地说，底层社会的宗族与宗族，村庄与村庄，相处久了，不发生一些纠纷、不出现一些争吵，那是不符合实际的。宗族与宗族之间，村庄与村庄之间，因为相邻紧密，往往有着耕地、山场、水源等利益之争，就连你的猪拱了我的菜园、我的牛吃了你的禾苗，这类涉及具体物质利益的小事，都会造成很深的矛盾纠纷；甚至还会有因为风水、祭祀之类的信仰问题，造成宗族之间、村庄之间的对立、怨恨乃至仇视。如何去解决这些矛盾纠纷，是考验宗族、村庄和官方管理者的智慧问题，是需要各个层面认真对待、严肃处理的问题。如土地纷争，就造成了邻里之间、主客户之间、族人之间、叔侄之间、兄弟之间以及僧道之间的矛盾出现，甚而至于有时会出现械斗而导致流血事件，才有可能惊动官府。本来在县治范围内，由县官直接理事，无需曲里拐弯、多头请示，如果发生矛盾，县衙快速应变，处事坚决果断，往往能把苗头控制在萌芽状态。然而，由于官府的懒政，我们可以想象当时的官衙在权力上的傲慢、处事上的拖沓和厌倦事故处置的心态，就可以料想到事故反复出现的频率之高，而且非如此而不能给官府留下深刻的印象。由此反观所谓“喜讼”，看似微词，实乃攻讦。我们禁不住要问：双方有矛盾，有争斗，难道能由本身负责调解处理吗？通过诉讼方式解决问题，不是一条很好的途径吗？官方懒于政事，遇事悬而不决，决而未果，累得老百姓跑断了腿，甚至沦为所谓“刁民”，这又怪得谁来？中国的老百姓，经过两千多年的伦理教化，绝大多数人普遍存有惧官心理。若非情不得已，谁愿意去滋生事端、搬弄唇舌呢？况且还难保不落得倾家荡产、家破人亡的结局呢？就拿打官司这件事来说，打官司是拿起法律武器维护自己权利的一种能力和手段。有些时候，人们或主动或被动，难免必须要动用法律的武器，才能保证自己的利益不受别人侵害。人生在世，有许多事是不想做，却不得不去做的。从社会风俗角度看喜讼，这是一种风俗的变迁；从法律的角度看，这是民众诉讼意识提高与新的价值选择的表现。这说明民众在法律社会生活中已不再是任由人欺凌的愚昧者。

诚如孔子曰："听讼，吾犹人也。必也使无讼乎！"孔子说他在审理诉讼案件，同别人一样，没有什么高明之处。重要的是必须使诉讼的案件根本不发生。要想使老百姓和睦相处，减少纷争，必须依靠教化。古人说的教化，重在社会教育，目的是移风易俗，使社会风气归于良善。封建社会在乡村实行宗族自治，依靠德高望重的乡绅制定的村规民约来处理矛盾。就民间社会来讲，对已发生的各类纠纷，人们主要不是诉诸衙门，而是通过道德、习惯、习俗、家族宗法等来解决争议。因而，基层社会的调控机制变化也是不可忽略的一个因素。

古代的教化，重点是劝人向善的，这种教化如果深入人心，社会人人向善，大众心慕礼让，自然会减少社会争端，更不用说杀人放火之事了。教化引导社会大众去注重道德，这就会使大多数人能够遵守基本的道德标准，自觉约束自己不做不合"礼"的事，人人克己，矛盾自然难以形成。如此一来，社会矛盾相应减少，诉讼案件会大幅下降。古代的士大夫做官后，一般都很重视教化，并希望通过教化实现社会治理的目的。

镇平从"最喜讼"到无言及"讼"的变化，离不开上述诸方面因素共同作用的结果。而且我还以为，各个时期在镇平主持县政的县令，在其中起了关键性的作用。他们不远千里来到万山丛中的镇平，把镇平作为自己的第二故乡，歌于斯，哭于斯；以身作则，为所当为；治理一县，教化一方，影响和决定着镇平的政治生态，改变着镇平的社会习俗和人文环境，型塑着镇平一县的地方性格的形成，他们在镇平的历史上留下了不可磨灭的足迹和功绩。

一〇二　疾不延医唯信巫

康熙《镇平县志》卷一《舆地志·风俗》：

有疾不延医药，唯巫觋以祷愚民，鸣金作乐以悦鬼，比比而是。疾作，则灸火遍体无完肤。小儿天花，有术人种豆之法，始于豫章，年来镇平习其术者数家。故方春时，家家种豆，亦无危险之患。

有药草名“断肠”，服之立死。愚夫愚妇尝轻生致死，唯有司不得任其尸亲肆诈，则此风可以渐熄，人将重命而无所儌倖矣。后之司牧者其加意焉。

康熙二年《长乐县志》系年志《风俗》所载何其相似乃尔，几至一模一样，其云：“乐俗，人少服药，轻生喜斗，动辄食钩吻图赖，即断肠草也（俗称大茶药）。或有疾，多采草药服之。若孩童出痘疹，凭识药者采各种药煮汤，浴之。名为‘灌豆’，亦各安痊。凡疾多信觋巫，于夜舞之有无，疾而结场。度水，惟巫师所诫。”[①]

明嘉靖中，广东佥事雍澜论及长乐风俗为“轻医信巫”。镇平和长乐，同属客家地区，其风俗相同应在情理当中，雍澜此论同样适用于镇平。

我国上古时代，巫兼行医职，巫就是医，医、巫不分，自然就无所谓信巫或信医之别。春秋战国以来，由于古代医学的形成和专职医者的出现，医、巫一体的关系逐渐演变为巫、医对立，“信巫不信医”。所谓“信巫不信医”，主要指人们相信巫师以巫术等神秘手段治病，而不相信医生以医药治病的疾病求治观念和方式。直到宋代，南宋初年学者曾敏行在其所著《独醒杂志》卷三仍然记载为：“广南风土不佳，人多死于瘴疠。其俗又好巫尚鬼，疾病不进药饵，惟与巫祝从事，至死而后已，方书药材未始见也。”所谓“广南”，指的是广东地区。沿续到明清时期，此“轻医信巫”的习俗依然没有多大改变。

镇平的风俗相信巫觋而不相信医师。古代称女巫为巫，男巫为觋，合称“巫觋”。只要人病了，就请求巫觋来替人祈祷，装神弄鬼，击鼓鸣锣，让鬼神愉悦，不再怪罪世人，以此来愚弄民众。这是一种非常普遍的社会现象。只要病了，就用灸火灼烤得人体无完肤。小儿天花是儿童常见病，就用一种从江西传过来的“种痘之术”为之治疗。“种痘之术”，我国早在11世纪就有了。宋真宗赵恒的宰相王旦子女皆因天花夭折，后又生子王素。

① 孙胤光修，李逢祥纂，丁思深校点康熙二年《长乐县志》，五华县人民政府地方志办公室，2017年，第246页。

王旦接受以往教训，请来峨眉山人为其子接种牛痘，其子健康活到了六十七岁而终。据16世纪清朝《痘科金镜赋集解》记载：种痘之法起源于明代隆庆年间（1567—1572）的安徽宁国府太平县（今安徽黄山市黄山区），以后才流传四方。所以，一到春天，家家都给儿童“种豆”。

轻医信巫还表现在不管时间长短、病情轻重，药一入口不见效，就排斥掉。至于巫师，反复十数次不见效也不后悔，而且把过失归在自己身上，痛加责备自己。用尽他们的钱财，耗尽他们的精力，最终不见效，将要死了，反而指责说是医生的失误，归结于找巫师太晚了，却始终不责怪巫师一句。所以功劳永远归于巫师，失败永远归于医生。见效不见效，巫师总是受上等待遇，而医生总置于他们的后面。

镇平地方一般不称“巫”，而称“仙姑”。所谓“仙姑”，平时饮食、言语，一如常人。因“其人为仙姑所托，即名之曰‘仙姑’”。黄香铁在《石窟一征》卷三《教养二》中对此有专门详细的记述：

俗，妇女多信仙姑。平民妇忽有神附其体，其神名曰‘仙姑’，殆女流也。屈大均《事语》所谓有仙姐者，即此。但彼以瞽人妇为之。此则随仙之所附，招之不来，麾之不去者也。其人为仙姑所托，即名之曰‘仙姑’。仙姑平时饮食言语一如常人。令延之请仙者，用线一绺、米一升，于室中焚香纸，设酒脯。仙姑伏于桌间，少顷，喉中咯咯有声，仙姑来矣！仙姑能歌，其歌即叙家常闲话。或病人请仙姑，则仙姑所歌，皆论其病之所从来，及须祈禳与否。仙姑去后，则其家之亡人，接踵而至，哀乐喜怒，各尽其意中之所俗言而出，每道痛切处，能令生人泪涔涔下也。有病辄以病人‘八字’问仙姑有灾星否？当祈禳否？谓之论命。或仙姑破一卵，视其中黄白若何，以审其病之轻重。或令其剪纸，叠于床席之间压之；或令其施衣纸，按方向送之；或曰宜召师巫，或曰当祷社庙，或曰疾不可为也……往往有验，妇人以为灵。仙姑之技止此耳。[①]

① 黄钊纂修《石窟一征》，《广东历代方志集成》第40册，岭南美术出版社，2009年，第246—247页。

黄香铁还说到镇平的男巫，即“觋公者”。如果遇到有人生病，就以其人生辰运命的“八字”来着手问起，也是打破一个鸡蛋，看其中的蛋黄黄白的程度如何，能够知道病人的病情轻重。程度轻的则以酒馔消禳灾祸，程度重的则到病人家中，挂神像在厅堂中间，插上一根竹竿，用病人常穿的衣服，包裹装束得像一个人一样，悬挂在竹竿的末梢。觋公带有徒弟，相貌姣好像女子一样，装扮为仙姑，裙髻翩翩，击钟吹螺，按歌曲的节拍进行舞蹈。其歌是赎魂之歌，其舞也是赎魂之舞。招魂赎魂，都是向竹竿招引，没有其他的幻术。虽然依其说是杀鬼送鬼，但可能刚好是召鬼的一种行为。

黄香铁还指出，民间用鸡卵占病，不独巫觋，有时候有村妇也用这种方法来行医。这是古老“越巫鸡卜”方法的一种遗存，是一种古老的方法。在广西南部地区也存留有这样的习俗。古代越巫用鸡来占卜，现在用生鸡蛋剖开，验视其蛋黄内有黑点没有，来判断病情的轻重，形式虽然不同，其手段是一样的。

“疾不延医唯信巫”的习俗，在古代社会是一种相当普遍和严重的现象，镇平并无例外。这是由于受传统观念的影响、巫医欺骗、医药事业尚不发达和不普及等原因，加上山区、农村缺医少药，显得尤为突出。信巫不信医的陋习，受到了历代士大夫的关注，并进行了较为有力地抵制。随着社会的发展，从而使其渐渐地式微。我们在乾隆《镇平县志》卷二《赋役志·风俗》一章中，就再没有看到这方面的记载了。

一〇三　丧葬陋习“食炊饭”

《辞海》对“风俗”的解释是：“一地方长期形成的风尚、习惯。”风俗是一个地方的人们日常生活中比较稳定、普遍、特别的传统习惯。它千百年来世代相传，又不因朝代的更换、社会的变迁而消失。它既反映在日常生活的事象中，与每日平常的生活不同，又是一种群体性的生活行为。

康熙《镇平县志》卷一《舆地志·风俗》：“丧葬尽礼，惟酷信风水，人人能言之，而屡葬屡迁以求吉，至有削骨以验吉凶者。则习俗之为害，虽士夫亦不免惑矣。”

古代汉族奉行儒家仪礼，提倡孝道。《仪礼》中的《丧服》《士丧礼》《既夕礼》《士虞礼》等都是专门记述丧葬礼仪的。丧葬仪礼是根据儒家孝道观念和伦理行为而衍生出来的一套完备的行为准则。《仪礼》和《礼记》为后代的丧葬礼制奠定了基础。自秦汉以来，无论是朝廷还是民间，丧葬礼仪的葬前丧礼、五服制度、居丧守孝、祭祀亡灵等基本程序，都是根据《仪礼》和《礼记》制定的，使中国传统中的丧葬习俗深深打上了儒家的烙印。汉族在丧葬与礼制关系上，最重礼制，告丧、奔丧、哭丧、发丧的形式隆重，甚至在墓葬的规格、大小，棺椁的颜色，随葬品的种类、数量等方面都有严格的要求。

丧葬习俗的礼仪规范有完整的程序过程，而且不断补充而更为完善。尽管每个朝代的具体规定不同，但其过程和实质都是一样的，总体都可以分为四大阶段，即临终礼仪、初终礼仪、殓葬礼仪、葬后礼仪。

应该说，康熙版县志犹说镇平的风俗“丧葬尽礼”，表明镇平的丧葬仪礼整体上是遵从传统丧葬礼仪规范的。然而在乾隆《镇平县志》卷二《赋役志·风俗》中则没有那么客气地说，而是非常严正地指出：

惟丧葬不经，虽缙绅亦不免随俗转移。始死，必用僧尼鼓乐，彻户声喧。吊唁者至，盛筵款饮，谓之“食炊饭”。

所谓“丧葬不经”，就是不见于经典，没有根据，不合常理。而且连官绅仕宦人家也被这种民间习俗带动转移。

清关涵《岭南随笔》之“南言略上”载：“亲友于葬前具祭品来奠，曰‘大别’。丧家待以盛馔，谓‘食炊饭’。”[①]

“食炊饭”是在人死后，家人延请僧尼礼忏，雇佣八音鼓吹，到家中喧闹，昼夜不停。往来吊唁者都要盛筵款饮，谓之“食炊饭”或“食成服”。午宴不能同时开席，要轮番吃饭，名为“食走马席”。孝子一般不陪酒席，

① 引陈坤著，吴永章笺注《岭南杂事诗抄笺注》，广东人民出版社，2014 年，第 418 页。

请主事亲朋长辈代做主人。这样需要一大笔经费开支，家境比较富有的人家，当然关系不大，但对于本来就不富裕的人家，拿不出现钱开支，为应付办丧事的场面，只好向亲朋举借。碰上父母的丧事，没有不倾家荡产、典卖田产的。这种过度地耗费钱财，于生者、死者都没有什么好处的颓风敝俗，沿袭很长时间了。乡村间还出现相互攀比、竞相夸耀、互为效仿的趋势。一边是丧家为失去亲人哀号痛哭，悲伤不已；另一边则是鼓乐侑觞，通宵聚乐，这样的风气已经完全背离了礼的本来意义了。

“食炊饭”之俗，不仅镇平县域存在，而且广东各地也同行此俗。如《元一统志》卷九《广州路·风俗形势》载：“丧葬必盛肴馔，名开斋，以待送客，多至千百人，有罄竭家者，官司禁不止。丧葬盛肴馔，以待吊客。[①]”而且广府人在送葬之后，丧家即具宴相待，谓之“解秽酒”。席上食物如鹅、鱼等均切去尾部，表示丧事到此为止，不再有尾。菜色忌用双数，只限七样，故又称“食七”。

黄香铁在其《石窟一征》卷四《礼俗》中，对“食炊饭”的颓风陋俗提出过批评，认为：“桓宽《盐铁议》：‘孔子食于丧者之侧，未尝饱也。’今俗，因人之丧以求酒食，幸而与小座，则责办歌舞、俳优伎戏。今镇俗尚不至是，然因人之丧，以求酒食者有矣，亦非厚道也。”[②]

陈坤亦在其《岭南杂事诗抄》中有《食炊饭》一诗云：“歌闻薤露已兴悲，欲食犹难下箸迟。更有何心‘食炊饭’，嘉肴盈席酒盈卮。”

一〇四　“二次葬”缘信风水

“丧葬尽礼”，说明镇平的丧葬仪礼都是遵从传统丧葬礼仪规范的。但在安葬后对骨骸的后续处置上因为“酷信风水”，而“屡葬屡迁以求吉，

① 引陈坤著，吴永章笺注《岭南杂事诗抄笺注》，广东人民出版社，2014 年，第 417 页。

② 黄钊纂修《石窟一征》，《广东历代方志集成》第 40 册，岭南美术出版社，2009 年，第 258 页。

至有削骨以验吉凶者”，也就是民俗学上称的“二次葬”问题。

“二次葬”，俗称“洗金”，又叫“淘金”。指葬后多年，待棺朽肉烂以后，择日捡骨置于瓦罐中。此盛骨之瓦罐，俗称“金塔”“金罐”“金罂”，或美称为“金城”。此种风俗，古代惠、潮、嘉一带最为普遍流行。惠州、嘉应州，以及潮州所属的丰顺、大埔、揭西诸县，都是客家地区。

乾隆《镇平县志》卷二《赋役志·风俗》对镇平的丧葬礼仪有比较详细的叙述：

……贫家殓后，择无碍山场或土窨，于三日内即为埋葬。家稍裕者，一时不得吉地，则用油灰涂抹，殓停屋内，或三月，或五月，择地安葬。至十年以外，剖视骨殖，或黑或黄，拭净以甆罂贮之。其色黄而润泽者，葬诸故穴；色黑而污朽者，则觅兆迁葬。棺内或为泥水、树叶所积，皆由地土高下燥湿，风水不宜所致。又有本为佳城而房分或爽者，亦迁葬别地，但无分骸各葬之事耳。其或葬棺十年而肉不朽腐者，谓之“养尸地”，以为不吉，则以甆罂盛骨，自足至顶，不少紊乱而还葬焉。此列子所以致比于义渠而锢习之难回者矣。

黄香铁在《石窟一征》卷四《礼俗》中载：

俗，父母葬十年，皆议改葬。改葬者，以罂易棺，捡骸而置之罂。亦有虞氏瓦棺之义也。捡骸曰“捡金”，故罂曰“金罂”。改葬者启其殡，见土色黄而燥，骨无朽黵，则仍葬故处。而土色黑而湿，骨将糜，则迁吉地。其初意，原为珍护遗骸之义也，非全为祸福起见也。而其流弊，则至于家有疾病或不如意，归咎于地之不吉，又复起骸，一时不得吉地，而寄于田厂岩穴之间。愚民易惑，犯大不孝之罪。此而谓为蛮夷之陋俗，岂得为过。余谓背藏之义，而冒暴之嫌，谓为蛮夷之陋俗固也。然藏之义，谓欲人之弗得见也，为不葬者言之也。郑所南翁谓：“凡子孙坚欲上穴为安厝，计有数十年求之不得者，非唯死者不能妥其阴魄，而生者空劳心费财，有累养生送死正礼，强留死者未得入土骸骨，却为自己他时富贵之谋，岂孝子顺孙之用心哉？”吾乡因有改葬之陋，幸无停厝之讥。盖一时虽未得吉兆，暂葬可以迁就，十年中为之相度，则死者亦得妥魄于泉壤，而生者亦得徐度其隰原也。人但知易棺之谬，而不知露棺之谬。知改葬之害礼，而不知不葬之害礼。然则，楚固失矣，齐亦未为得也。[①]

黄香铁认为："盛骸于罂，不知作俑何时？疑当日多从他处迁居，负其亲骸来此相宅，遂以罂盛而葬之。嗣又以流移转徙之不常，恐去而之他，故相传为捡骸之法，以便携带欤？乃尔宅尔田已安居乐业于数百年之久，犹不能变此陋俗，抑又何也？此其权又非官长之所能禁，而在知礼之士大夫，有以变之矣。"[②]这种观点为后来的"客家学"研究奠基人罗香林所接受认可。罗香林推断"盛骸于罂"，始于西晋末年的客家人第一次南迁之时，为逃离战乱、避祸远灾而举家举族拜辞乡井，并与先人庐墓告别。或入赣，或入闽，或直翻岭表，拂岭云而下。在先民第一次背井离乡的时候，由家族中的长子或其他男子掘开祖先的坟墓，拾起残留的骸骨，装在准备随身携带的陶罐里，担挑肩背而行，因为他们清楚知道此一去不知何日是归期。为了能与祖先永远在一起，为了便于日后的祭祀，更是为了让祖先在迁移的过程中能给他们生存的鼓励与力量，给他们精神上的支柱，他们掘祖先墓的勇气战胜了礼制思想不能掘墓的传统思想，以另一种形式诠释着"……死葬之以礼，祭之以礼"的孝道。所以，等到安定下来之后再将亲人的骸骨，在新居地进行隆重的二次葬。这应该是"二次葬"的最早由来。其初意原为珍护先人遗骸之义，尚可理解。可是，当南迁之人已经为山川之主，历千百年了此俗犹未能改，反而异化为"酷信风水"的"二次葬"，甚或"削骨改葬"且为"多次改葬"的习俗愈演愈烈，倒是让人难于理解，这是一种丑风陋俗。

然而，问题在于"惟酷信风水，人人能言之，而屡葬屡迁以求吉，至有削骨以验吉凶者"。黄香铁在《石窟一征》卷四《礼俗》中载："俗好堪舆家，言呼地形山势皆曰'龙'，曰'来龙'，曰'分龙'，曰'过龙'。然

① 黄钊纂修《石窟一征》，《广东历代方志集成》第40册，岭南美术出版社，2009年，第256页。

② 黄钊纂修《石窟一征》，《广东历代方志集成》第40册，岭南美术出版社，2009年，第256页。

皆为叶公子高之好，而无当于蜿蜒下降者也。言地理者，以杨公为主。”[①]此处所谓“杨公”者，即杨筠松，名益，字叔茂，号筠松，后人也称“杨公仙师”“杨救贫”。古窦州（今广东信宜市镇隆镇八坊村）人。杨筠松生于唐文宗大和八年（834），幼习诗书，一览无遗，十七岁登科及第，可谓“神童”，官拜金紫光禄大夫之职，掌管灵台地理事，可谓“位高权重”。至四十五岁，志欲归隐山林时，“偶遇九天玄女，授以天文地理之术”，也一并将宫廷中所学之风水术带至民间，并四处以所学所得帮助他人，故民间称其为“杨救贫”。杨筠松抛弃方位本身既有吉凶的信条，因地制宜，因形选择，观察来龙去脉，追求优美意境，特别看重分析地表、地势、地物、地气、土壤及方向，尽可能使宅基位于山灵水秀之处，逐渐演化发展。其主于形势，原其所起，即其所止，以定向位，形成觅龙、察砂、观水、点穴等龙穴砂水之相配，考察山水、踏勘地形的四个程式的“形法理论”，故又名赣派风水理论，由此而成为流芳百世的中国堪舆祖师。

客家人称营造坟墓为“做风水”。做风水必先请地理先生探地脉龙穴，看风门水势，择地点穴，规划格局，卜吉动土。有为寻求福地而停棺数十年者；有葬后十年八年再开棺捡骨，至有削骨以验吉凶者，认为葬后骨黄者为福地，骨黑者为不祥，故而另装入陶罐，“另觅佳城”，择地再葬的。

因为迷信风水，故惹出许多弊端，除浪费金钱土地外，常闹纷争械斗以至发生命案，造成宗族不睦，兄弟反目成仇，比比皆有。清道光年间曾任潮州知府的黄安涛曾作《翻金罐》乐府诗十首，讽刺陋俗，其一就是：“翻金罐，何其愚，风水不知有与无。尔祖尔父生何辜，死后穴壤不得安其居。白镒延堪舆，千金买山地。抔土犹未干，掉头还复弃。发丘斫棺析骸骨，何异狐埋更狐搰。子孙思为盗贼行，富贵焉能畀凶悖。美哉金罐置诸幽，夜来鬼哭声啾啾。牛眠吉壤为可求，又有觊觎人巧偷。”

黄香铁在《石窟一征》卷四《礼俗》中也认为，这种二次葬，“其初意原为珍护遗骸之义也，非全为祸福起见也”。

① 黄钊纂修《石窟一征》，《广东历代方志集成》第40册，岭南美术出版社，2009年，第263页。

现代学者吴永章先生认为，粤俗之拾骨葬，溯其源，系受南方少数民族“蛮”俗葬制的影响所致。二次葬，虽然早在新石器时代已出现，但从殷周以后，在中原地区即已绝迹。挖祖坟，留骸而易罐再葬，与周代礼制是格格不入的。在提倡孝道的国度里，此举是被视为大逆不道的，故从战国以后，二次葬即被视属南方少数民族的奇风异俗。据《墨子·节葬》（下）载：“楚之南有啖人国者，其亲戚死，朽其肉而弃之，然后埋其骨。”此是二次葬的最早文献記载，楚南啖人国即岭南百越诸族居地。其后，历代有“蛮左”“五溪蛮”以及苗、瑶、壮、高山等南方民族行“二次葬”之俗。此说可供参考。

一〇五　元旦舞狮本傩意

康熙《镇平县志》卷一《舆地志·风俗》云：

镇邑重元旦、清明、午节。元旦舞狮逐鬼，亦傩之遗意。

元旦，即新年的头一天。我国一直沿用夏历（即农历），以建寅之月为岁首，正月初一为元旦。入民国后，改用阳历纪岁，则以公历一月一日为元旦。然习俗不易转移之一端，故仍于是日，定为元旦，民俗称为“春节”。

是日为一年岁首，故需早起，男妇老幼，均停止工作，穿新衣，说吉祥话，焚香素食（间亦有不素食者）。自黎明至午，祀祖礼神，燃炮之声不绝于耳。所谓“爆竹一声除旧岁”，为乡人最愉快之一日。在大年初一拜祖神是非常重要的一件大事，每家每户都预先备好拜祖神的五份仪品，每份均用“五珍托”装盛着，基本上是各户自己制作的年糕、年点，诸如甜粄、煎堆、米程、饼干、豆干等等。在大清早去拜祖，争取第一个进老祖屋拜祖，并认为谁最早去拜祖谁就能早得祖德庇荫，然后才回家吃早饭。当然还要具备香纸烛宝，鞭炮则不能或缺。

祀祖礼神完毕后，各房族中青年、儿童，有于是日向其长老行拜礼者，谓之“拜新年”。大年初一拜年，是中国传统习俗。明中叶陆容在《菽园杂记》卷五："京师元旦日，上自朝官，下至庶人，往来交错道路者连日，谓之'拜年'。然士庶人各拜其亲友多出实心。朝官往来，则多泛爱不专……"清代顾铁卿《清嘉录》中描写道："男女以次拜家长毕，主者率卑幼，出谒邻族戚友，或止遣子弟代贺，谓之'拜年'。至有终岁不相接者，此时亦互相往拜于门。"古时有"拜年"和"贺年"之分：拜年是向长辈叩岁；贺年是平辈相互道贺。而对于客家人，则统称为"贺新岁""拜新年"。拜年一般从家里开始，首先向家中长辈叩头，祝愿长辈健康长寿，然后依次到亲戚朋友家拜年。长辈受拜以后，要将事先准备好的"压岁钱"分给晚辈。同辈亲友也会互相登门拜年，施礼道贺。平辈相互见面，则多以相互抱拳作揖示礼，并以吉利话"恭喜发财""百事顺意"相颂道贺。

随着社会生活的不断丰富和社会关系的发展，人们在传统"拜新年"习俗的基础上，拜年的形式也随之多样化。在新年期间，除了拜宗族长辈外，还有走亲戚、拜朋友、感恩拜、串门拜等各种形式的拜新年。

一般习俗，正月初一这天要素食。客家人俗称吃素作"食斋"。年初一既有"食斋"的，也有吃荤的，但"食斋"的人数还是占绝大多数。客家人认为，年初一早上是万神盛会的时刻，天地诸神都要出来给人间拜年，因此为表尊敬，首先食斋而忌吃荤。有的认为只要年初一吃"斋"，便可化解一年的"灾"难。

黄香铁《石窟一征》卷四《礼俗》中，饶有趣味地具体描述了"元旦舞狮逐鬼"的场面："俗新年，有打狮之戏。以五色布为狮子，狮头彩画如演戏。所搬之具，一人擎狮头，一人为狮尾，又一人作小鬼，戴大头假面具，裼裘短衣，手执蒲葵扇。随行十余少年，手执戈盾叉棒之属，红巾结束，鸣锣杂沓。于正月朔日，至各村庄人家、家庙参谒，谓之'狮参'。是日，但参拜而已，不使拳棍。至初二日以后来者，主家令其使拳棍，则诸少年齐至广场，各逞武艺。始则交拳，继以戈盾叉棒，最后则攒刀。其器械皆木与铁为之，观者如堵。盖即古傩礼之意。"[①]

① 黄钊纂修《石窟一征》，《广东历代方志集成》第40册，岭南美术出版社，2009年，第259—260页。

县志和黄香铁都认为，这种舞狮逐鬼的形式，“亦傩之遗意”。傩（nuó），又称跳傩、傩舞、傩戏，是汉族最古老的一种祭神跳鬼、驱瘟避疫、表示安庆的娱神舞蹈。流行于江西南丰、福建邵武、四川、甘肃、贵州、广西、安徽贵池以及湖南、湖北西部山区等地。戴柳木面具的演员扮演传说中的驱除瘟疫的神——傩神，用反复的、大幅度的程式舞蹈动作表演，极具原始舞蹈风格，又多在固定的节日时间演出。

这种傩戏的傩神蒙着熊皮，戴上四目的面具，其他扮相的人则穿黑衣红裤，手执戈盾叉棒等武器，通过祭神跳鬼的形式，达到袚除不祥、“辟邪”的目的。而镇平的习俗是舞狮：一人擎狮头，一人为狮尾；又一人作小鬼，戴着大头的假面具，敞开皮上衣，袒露身体的一部分，手里拿着蒲葵扇。此外还有随行的十多个人，手中执着木制或铁制的戈盾叉棒等器具，穿着红衣服，敲锣打鼓。在正月初一日，到各个村庄人家、家庙去参谒，名叫“狮参”，仅仅参拜而已，不要枪弄棍。到初二日以后，有主家让其耍弄拳棍的，这些人则到场地宽阔处，各逞武艺。始则交拳，继以戈盾叉棒，最后则舞弄刀花。观看的人里外三层。

黄香铁还批判了古代乡村间有矛盾纠纷者，延请教师，招募一班血气方刚的青年人在拳房学拳棍，待新年舞狮时，寻衅滋事，各出器械斗殴，造成流血事件。黄香铁还说，他在乡村家居时，遇到狮戏来，让他们参谒家庙，不许他们舞弄拳棍。他认为“狮之参祖，犹古傩礼。使之试拳棍，不惟易启争斗之衅，而近村男妇聚而环观，殊失体统。吾愿各村庄皆明此意，但令其参谒家庙可也”[①]。可谓仁人之识，佛子心肠，殊当记取。

一〇六　鞭春暖日拾翠游

康熙《镇平县志》卷一《舆地志·风俗》云：

① 黄钊纂修《石窟一征》，《广东历代方志集成》第40册，岭南美术出版社，2009年，第260页。

立春先一日迎春于东郊，往例金花红缎酒席，费里役数十金。

立春，又名打春、正月节，是农历二十四节气中的第一个节气，干支历的岁首，建寅月之始日；立春是汉族民间重要的传统节日之一。自秦代以来，中国就一直以立春作为春季的开始。“立”是“开始”的意思，因为它是春天的开头，所以人们都把它当节日来过。

立春的重要活动之一是迎春神，即“芒神”，也称“勾芒”，为主管农事之神。《山海经·海外东经》：“东方句（勾）芒，鸟身人面，乘两龙。”《礼记·月令》：孟春之月“其帝太皞，其神勾芒。”可见，勾芒又可作春天之神、东方之神。据史料记载，早在周朝就有东堂迎春、祭祀人芒的史事，可见其由来已久。

迎春活动于立春前一天开始。宋朝孟元老《东京梦华录·立春》：“立春前一日……置春牛于府前，至日绝早，府僚打春。”立春前一天，结彩亭、具仪导，各官朝服舆到东门去迎接用泥土做的春牛，放在县仪门前。土牛南向，芒神东西向。立春日，设香案酒果，金花红缎，礼芒神，奠酒三次，行四拜礼。此时，由县官亲自扶犁执彩鞭打泥牛三次，以示劝耕。然后各以耆老二人执箱播种；耆老一人牵牛，农夫二人扶犁，九推九返。边耕边打春牛，口喊：一打风调雨顺，二打国泰民安，三打五谷丰登等吉祥语。然后才是各官用红绿鞭抽打土牛三次，谓之鞭春劝耕。因此，俗称立春为“打春”。祭祀劝耕仪式礼毕，要将彩纸扎制的春牛打破，牛肚内装有干果食品，随之抛洒一地，民众争而食之；抢得泥牛碎片归家，视为吉祥。人们争抢春牛之土，俗称“抢春”，其中以抢得牛头为大吉。

在客家地区，旧时迎春糊“春牛”，由县衙聘请纸扎工匠制作。一般用竹篾绑成牛的骨架，用春木做腿，再糊上纸，涂上颜料。俗谓糊上红黄色纸多，当年就五谷丰收；糊上黑色纸多，当年收成不好。所以多用红黄色纸，以得民心。用桑木为骨架的春牛是专供打春用的。要在冬至后的辰日取土，塑成泥牛。身高四尺，长八尺，画四时八节三百六十日十二时辰图纹。

而到了清代，立春这天的迎春仪式，民众皆盛装而出，载歌载舞，举行祭祀仪式，更演变为全民参与的一项重要民俗活动。旧时，乾隆《嘉应州志》卷一《舆地部·风俗》云："鞭春，打土牛，取其土置牛栏上，牛不疫，以作灶，蓄六畜。"[①]可见，旧时人们争抢其土，以求避疫，收到人旺畜蕃的奇效。这种汉族旧俗流行于全国许多地区。曾于道光二十四年（1844）任大埔县典史、咸丰九年（1859）署理大埔知县、《岭南杂事诗抄》的作者陈坤在《春牛压邪》诗中写道："春日迎春纪岁华，祈年循例长官衙。争牛不厌嗤牛拙，双角如何解触邪。"写的就是他亲见亲历岭南春日迎春、鞭春、抢春的故实。

邑廪生廖云飘有记写镇平风俗的"竹枝词"之八，反映了当时迎春的情景："腊尽争传出土牛，迎春箫鼓剧风流。看春便觉春光好，暖日齐来拾翠游。"这里既记写了迎春日鞭春、盛装出行热闹的整体场面，又专门选取有妇女"拾翠"游春的特写镜头。"拾翠"，原指拾取翠鸟羽毛为首饰。如曹植《洛神赋》："或采明珠，或拾翠羽。"后来则多指妇女游春。翠鸟因羽毛翠蓝发亮而得名，因其颜色鲜艳而为首饰。

一〇七　社日社肉食社粥

康熙《镇平县志》卷一《舆地志·风俗》云：

社日各村于大树下聚饮，为社会。

社，指社神，俗称"土地神"，又称"土地伯公"。土地神为乡土保护神，司本乡本土之事，所以城乡各地多有土地庙。可以说，在古代凡有人烟处，都有此神。客家地区的社树多为松树或榕树。屈大均《广东新语》"榕"条目下载："故凡为社者，以之得全天年，大者至数百岁。故夫望其乡有乔木森然而直上者，皆木棉也；有大树郁然而横垂者，皆榕也。榕

① 王之正纂修《嘉应州志》，《广东历代方志集成》第35册，岭南美术出版社，2009年，第215页。

易高大，广人多植作风水，圩落间榕树多者地必兴。”由此可见，尊崇榕树是一种乡俗。旧时，村村都有数人合抱的老榕树，得到村民长期共同保护。榕树下，又往往供有土地神。这种供有土地神的树又称“伯公树”“社树”。黄香铁在《石窟一征》卷四《礼俗》中云：“社树多种榕。《周礼》：‘地官，各以其社之所宜木是也。’榕大者，可荫数十亩，轮囷蜷曲，云日蔽亏。而庞眉皓发十数辈，席地剧饮其下，日斜社散，少壮肩随，穆然见三代之淳风焉。”①

春社是源自民间的传统民俗节日，在商、西周时期，是男女幽会的狂欢节日，而后来则演变为主要用于祭祀土地神。土地神的生日各有不同，有的在六月初一，有的在七月初七，但大多定在二月初二日，是为“春社”。春社是春季祭祀土地神的日子，古无定日，先秦、汉、魏、晋各代择日不同。自宋代起，以立春后第五个戊日为社日。

与中国诸多祭祀类传统节日一样，根据主办方的不同，春社分为官社和民社。官社日期不变，立春后的第五个戊日为国家祀典之日，在社稷坛举行。庄重肃穆，礼仪繁缛。民社则为二月二日，俗称“土地伯公生日”。祭祀活动充满生活气息，有各种娱乐活动，如敲社鼓、食社饭、饮社酒、观社戏等诸多习俗，是民间不可多得的热闹节日，成为邻里娱乐聚喧的日子。鲁迅先生有短篇小说《社戏》，就是乡社中每年所演的“年规戏”，表达了他对少年时代生活的眷念。社日聚饮大树下为社会。“社会”一词即起源于民间社日时的聚会聚饮活动。

古代春社日，官府及民间皆祭社神祈求丰年，乡里中有饮酒、分肉、赛会、妇女停针线之俗。《礼记·明堂位》：“是故夏礿、秋尝、冬烝、春社、秋省，而遂在蜡，天子之祭也。”唐人张籍《吴楚歌词》：“庭前春鸟啄林声，红夹罗襦缝未成。今朝社日停针线，起向朱樱树下行。”唐人王驾《社日》诗：“桑柘影斜春社散，家家扶得醉人归。”说的就是妇女停针线和饮春酒的事。黄香铁在《石窟一征》卷四《礼俗》中云：“俗春秋社

① 黄钊纂修《石窟一征》，《广东历代方志集成》第 40 册，岭南美术出版社，2009 年，第 257 页。

日，醵钱宰猪祭社分肉，名曰‘社肉’。此风自汉曲逆侯里居时已有。又以祭社肉汁，即以社树下煮粥分食，谓之‘食社粥’。盖亦宋宣仁太后社饭之遗意也。社粥亦有分归食者。”①

中国历来有“春祈秋报”的说法，所以又有“秋社”。宋人吴自牧《梦粱录・八月》：“秋社日，朝廷及州县差官祭社稷于坛，盖春祈而秋报也。”②一般在立秋后第五个戊日，约新谷登场的八月，官府与民间皆于此日祭神报谢，是为“秋社”。“秋社”是秋季祭祀土地神的日子，始于汉代。宋时有食糕、饮酒、妇女归宁之俗。陆游有《秋社》诗云：“雨余残日照庭槐，社鼓咚咚赛庙回。又见神盘分肉至，不堪沙雁带寒来。书固忌作闲终日，酒为治聋醉一杯。记取镜湖无限景，苹花零落蓼花开。”《社肉》诗云：“社日取社猪，燔炙香满村。饥鸦集街树，老巫立庙门。虽无牲牢盛，古礼亦略存。醉归怀余肉，沾遗遍诸孙。”由此可见秋社的热闹场面和老人的心情。秋社因其内容多与中元节（七月半）同一，又时间隔得过近过密，愈到后世，秋社愈渐式微，以至后来就很少有提及秋社一事了。

“春社”一般与“秋社”合称为“社日”。东汉应劭《风俗通义・祀典》引《孝经纬》：“社者，土地之主。土地广博，不可遍敬，故封土为社而祀之，报功也。”对土地的崇拜，属自然崇拜。人们崇拜社神的原因，《礼记・郊特牲》加以诠释：“社，所以神地之道也。地载万物，天垂象，取财于地，取法于天，是以遵天而亲地也。”也就是说，由于“地载万物”，人们“取财于地”，所谓“无土不养人”也。在农耕时代农业社会，土地是人们赖以生存生活的根本，这就是崇拜土地的由来。

春社在甲骨文中就有相关的记载，是中国最为古老的节日之一，距今已有三千年以上的历史。元朝以前，在中国一直都是一个非常重要的传统节日。

---

① 黄钊纂修《石窟一征》，《广东历代方志集成》第 40 册，岭南美术出版社，2009 年，第 257 页。

② 孟元老等著《东京梦华录》，上海古典文学出版社，1956 年，第 160 页。

一〇八　乞巧取水七月七

康熙《镇平县志》卷一《舆地志·风俗》云：

七月七日乞巧，是日取水造酱不腐。

农历七月初七这一天，是“七姐诞”，因拜祭活动在这天晚上举行，故名“七夕”，是我国的传统节日“七夕节”。七夕节历史悠久，至南北朝时，民间已有向织女乞巧之俗。南朝梁宗懔《荆楚岁时记》：“七月七日，为牵牛织女聚会之夜。是夕，人家妇女结彩楼，穿七孔针，或以金银鍮石为针，陈瓜果于庭中乞巧，有喜子（蜘蛛）网于瓜上，则以为符应。”其后，民间妇女于是夕乞巧求智之俗，一直流传下来，因名“乞巧节”。乞巧节的主要活动有拜七姐、祈福许愿、乞求巧艺、坐看牵牛织女星、祈祷姻缘、储七夕水等，是七夕的传统习俗。七夕节既是拜七姐节日，也是爱情节日，是一个以“牛郎织女”民间传说为载体，以祈福、乞巧、爱情为主题，以女性为主体的综合性节日；是我国传统节日中最具浪漫色彩的一个节日，也是古代姑娘们最为重视的日子。在这一天晚上，妇女们穿针乞巧，祈祷福禄寿活动，礼拜七姐，仪式虔诚而隆重，陈列花果、女红，各式家具、用具都精美小巧、惹人喜爱。

七夕坐看牵牛织女星，也是民间的习俗。相传每年的这个夜晚，是天上织女与牛郎在鹊桥相会之时。织女是一个美丽聪明、心灵手巧的仙女，凡间的妇女便在这一天晚上向她乞求智慧和巧艺，也少不了向她求赐美满姻缘，所以七月初七也被称为“乞巧节”。

人们传说在七夕的夜晚，抬头可以看到牛郎织女银河相会，或在瓜果架下可偷听到两人在天上相会时的脉脉情话。女孩们在这个充满浪漫气息的晚上，对着天空的朗朗明月，摆上时令瓜果，朝天祭拜，乞求天上的女神能赋予她们聪慧的心灵和灵巧的双手，让自己的针织女红技法娴熟，更乞求爱情婚姻的姻缘巧配。古代婚姻对于女性来说是决定一生幸福与否的终身大事。所以，世间无数的有情男女都会在这个时候，对着星空祈祷自己的姻缘美满。

七月七日除了乞巧活动外，镇平民间还有“是日取水造酱不腐”的传说。这种习俗，同样存在于其他地方。屈大均《广东新语·水语》“七夕水”条云：“广州人，每以七月七日鸡初鸣，汲江水或井水贮之。是夕水重于他夕数斤，经年味不变，益甘，以疗热病，谓之‘圣水’，亦曰‘天孙水’。若鸡二鸣，则水不然矣。广州竹枝歌云：‘七夕江中争汲水，三秋田上竞烧盐。’”①除广州地区外，客家地区也有“七夕水”之俗。道光《英德县志·舆地下·风俗》：“（七夕）沐浴灵泉。子夜汲水贮之，经年不败，谓之‘圣水’。”②光绪《惠州府志·杂识·风俗》：“七夕，男女晨起担水贮之，谓之‘七夕水’，可以治疾。先一夕，用水盛花露置庭中，晓起洗眼，谓之‘洗花水’，能明目。习俗相沿，竟失夕字之义。”③

这种“节水”，除有“经年味不变”“疗热病”的功效外，还有“造酱不腐”的特殊用途。如民国《潮州府志·风俗志》载：“初五日端午节……又，是日汲井水，充缸瓮，名曰‘节水’，民家多于是日制酱醋。”镇平在雍正十一年（1733）前是潮州府属地，其俗或因与此有关。只是在时间点上有所不同，镇平是在“七夕节”，潮州府记的是“端午节”。但可以看出来都是在月和日的序数词重的节点上。

2006年5月20日，“七夕节”被国务院列入第一批国家非物质文化遗产名录。

一〇九　七月十四中元节

康熙《镇平县志》卷一《舆地志·风俗》云：

中元取莲叶为盖，以送其先并化冥衣。

---

① 陈坤著，吴永章笺注《岭南杂事诗抄笺注》，广东人民出版社，2014年，第311页。
② 陈坤著，吴永章笺注《岭南杂事诗抄笺注》，广东人民出版社，2014年，第311页。
③ 陈坤著，吴永章笺注《岭南杂事诗抄笺注》，广东人民出版社，2014年，第311页。

农历七月十五日，习俗称为“中元节”，又称“七月半”“鬼节”。按照民间信仰和道教的说法，农历七月十五日是管辖阴间的地官大帝的生日，此日要打开地狱之门，由此人们的祖先和其他鬼魂都会从地狱来到人间，因此就要祭祀，为之求福，这样便逐渐形成了节日。

然而，客家人的“中元节”“七月半”却大多不是七月十五日，而是比之早一天的七月十四日。明明是七月十四日，却又称“七月半”，此为何也？绝大多数人仅知有此节日而不知其所以然。

光绪《惠州府志·杂识·风俗》中有较为明确合理的解释：“旧俗，惠民多居南雄。因元兵将至，预十四日荐祖。次日避兵，故今居惠犹循十四日为中元节。家备酒肴荐楮衣祀先祖。”[①]惠州是客家人居住地，近邻的客家地区均以七月十四日为中元节习俗。

中元节的主要活动是祭祀。

一、祭祀祖先。陆游《老学庵笔记》中写道：“故都残暑，不过七月中旬，俗以望日具素馔享先。”又说：“今人于是日祭祖，通行南北。”民国《始兴县志·舆地志·风俗》：“中元节，盛造糍饼三牲酒品纸衣金钱，每家杀鸭一个以洒钱包，祭祀祖先。”[②]清人汪启淑在《水曹清暇录》中也记载：“七月十五为中元节，时俗多以是日祀其先祖。”祭祀之法，一是在家或祠堂烧香上供，叩拜先人，并焚化冥衣；二是对孤魂野鬼煞神也供酒菜，烧煞神钱，以防其为害乡里。

二、祭祀三官大帝。按照道教和民间说法，地狱由三官主宰，尤其是地官。《道家大辞典》中写道：“道家以七月十五日为中元节，定为地官大帝诞辰。《修行记》中记载：‘七月十五日为中元节，地官降下，定人间善恶。道士于是日，日夜诵经济鬼，饿鬼囚魂亦得解脱。’”

三、盂兰盆会。盂兰，梵语“倒悬”之意。盆是盛食物的清净容器，一切碗钵都称为盆。盂兰盆，就是用种种干净的碗钵盛种种净洁美食，供

① 引陈坤著，吴永章笺注《岭南杂事诗抄笺注》，广东人民出版社，2014 年，第 315 页。

② 引陈坤著，吴永章笺注《岭南杂事诗抄笺注》，广东人民出版社，2014 年，第 315 页。

养十方僧众，能救累世父母犹如倒悬之苦。倒悬是所救，盆是能救，能所合起来，叫作盂兰盆，就是“救倒悬盆”的意思。

《盂兰盆经》中记载，佛陀的大弟子目莲，备百味果食，供养十方众僧，并仗十方众僧之力救母于倒悬。传奇小说《目莲救母》故事讲到目莲之母刘氏入地狱后，过奈河桥，又变成狗，最后目莲在十层地狱才知道母亲已投生为郑家犬。此犬见到目莲之后，向其摇尾乞怜，并且用嘴叼其衣服。目莲醒悟，用钱将犬买回，以乳汁喂养。并于七月十五日大设盂兰会，超度母亲。于是，玉帝封刘氏为劝善夫人。所以，盂兰盆会本意在劝善，又是孝亲节。每年此日，僧尼道士和世俗百姓都把竹竿砍成三角，高二至五尺，上面织成灯窝的形状，通称盂兰盆，以此供诸佛。西晋时，《盂兰盆经》传入中国。南朝梁武帝首次在中国创设盂兰盆会。由于梁武帝大力提倡，民间各阶层人士无不效法遵行。从而我国民间把农历七月十五定为“盂兰节”，广为流行。南朝梁宗懔《荆楚岁时记》：“七月十五日，僧尼道俗营盆供诸佛。”宋元以后，盂兰盆会逐渐由孝亲演化为祭鬼，变成鬼节。

四、放河灯。古代每年此日，寺院和民间都用纸做成各式各样的荷花灯放到河中，叫“放河灯”。因为莲荷是佛教的“圣花”，所以以燃荷花灯点缀节景，点燃后沿水放流，称为“斋河孤”，含有超度孤魂亡灵的意思。周作人的《儿童杂事诗·中元》情景交融地描绘了燃荷花灯的盛况：“中元鬼节款精灵，莲叶莲花幻作灯。明日虽扔今日点，满街望去碧澄澄。”这种活动总体上是以斋孤、普度的形式安慰孤魂野鬼，防止他们扰乱活人，保证祭祀活动的正常进行。

镇平旧时过“七月半”，最热闹的应数新铺的“祭拜河神”习俗，其中有仙人叔婆巡游活动最有特色。活动在新铺圩的石窟河边“郭仙宫”举行。相传宫中的仙人叔婆很灵验，她可保护河上的船工们的生命安全，航工们出行之前，要祭拜仙人叔婆。所以，旧时“郭仙宫”的香火很旺。

祭祀从农历十三日上午八时就开始，人们聚集到“郭仙宫”前。主祭人宣读“请仙辞”后，把仙人叔婆神牌抬上轿中置放，巡游时前面两人擎着大灯笼，后面是两人前后擎一长条红布，然后是大锣鼓八音，随后是神轿。主持人等紧跟在神轿后面，看热闹的人又跟在后面。巡游的路线是：郭仙宫、河唇街、鸡子行、柴行街、米行街、潮商会馆、警察局门口、新菜市、圩头。约十一时，巡游的队伍回到郭仙宫，最后把仙人叔婆牌位奉返原位。

这天新铺墟很是热闹，巡游队伍经过时，各商户在门前摆着香案桌迎候神轿，神轿经过时点香祷告、燃放鞭炮；河中船家侍在船头遥遥拜祭；周围农户人家特地赶来，人山人海看热闹。这一天，商户和船家，大摆筵席宴请亲友，晚上人们在阿鹊口和郭仙宫前看木偶戏。祭祀活动的费用由商户和船家负责筹集。

现在已经没有仙人叔婆巡游活动了。但是人们在七月半这一天，举行家人聚会，晚上到新埔圩看文艺演出，文艺演出等活动费用也是由热心的村民捐资。

一一〇　重阳酿造“杜鹃酒”

康熙《镇平县志》卷一《舆地志·风俗》所载有关重阳的内容为：

重阳登高，造酒留至明年社日乃饮，谓之“杜鹃酒”。

“重阳节”，又称重九、九月九、菊花节、茱萸节、登高节。《易经》中把“六”定为阴数，把“九”定为阳数，九月九日，日月并阳，两九相重，故而叫“重阳”，也叫“重九”。它是汉民族传统节日。

“重阳节”名称见于记载，是在三国时代曹丕《九日与钟繇书》，其中写道：“岁往月来，忽复九月九日。九为阳数，而日月并应，俗嘉其名，以为宜于长久，故以享宴高会。”较早有关重阳节的传说，南朝梁代吴均的《续齐谐记·九日登高》说得最为清楚：“汝南桓景随费长房游学累年，长房谓曰：‘九月九日，汝家中当有灾，宜急去，令家人各作绛囊，盛茱萸以系臂，登高饮菊花酒，此祸可除。’景如言，齐家登山。夕还，见鸡犬牛羊一时暴死。长房闻之曰：‘此可代也。’今世人九日登高饮酒，妇人带茱萸囊，盖始于此。”重阳节始于“桓景避灾”之说，虽然含有一定的迷信色彩，但其中却透露出两点消息，值得注意：一是重阳节起源，与人们免祸求福之举有密切联系；二是南朝时代民间已流行登高、佩茱萸、饮菊花酒之俗。九月九日，正是秋高气爽、山青云淡的时节。此时登高远眺，使人心旷神怡，有益于人们的身心健康。从此以后，相沿成俗。

重阳节除出游赏景、登高远眺外，其次有观赏菊花、饮菊花酒的活动。重阳节又名“菊花节”，就是因为这一节日盛行赏菊之风。东晋诗人陶渊明在《九日闲居》诗的序文中说：“余闲居，爱重九之名。秋菊盈园，而持醪靡由，空服九华，寄怀于言。”这里同时提到菊花和酒，说明在魏晋时期就有了赏菊、饮酒的习俗。古代文献《东京梦华录》《燕京岁时记》等，不仅对菊花众多种类有详细记载，而且对赏菊的活动也有生动描绘。同时，重阳节酿制和饮用菊花酒也是一种时尚。

重阳节还要插茱萸。按照传统习俗，九月九日又是逢凶之日，邪气多生。而茱萸是一种药用植物，气味甚浓，有驱逐风邪、害虫，消积食，治温热等功效，有益于内脏，所以人多服之。晋朝的时候，人们就已认识到它的药用价值，并开始种植。刘歆《西京杂记》中记载：“九月九日佩茱萸，食蓬饵，饮菊花酒，云令人长寿。”重阳时节，人们折下茱萸插在头上，据说这样可以抵御寒冷，躲避灾难。此时茱萸的作用已被夸大，成为驱邪的神物。宋朝的时候，人们还给茱萸和菊花起了两个雅称，称茱萸为“避邪翁”，叫菊花为“延寿客”。宋朝以后，插茱萸的风俗逐渐淡薄下来，茱萸已不再被视为神物，而仅作为药材使用了。现在这一风俗已很少见了，但在文学作品中，“插茱萸”仍然作为重阳节的语词代码广泛使用，提到“插茱萸”就能让人想到是重阳节的事。

镇平县志在重阳节的“风俗”中谈到，“造酒留至明年社日乃饮，谓之‘杜鹃酒’”。我推测，此事或与“唐代鹤林寺九日开杜鹃”典故有关。据《太平广记》卷第五十二《神仙五十二》载，殷七七，名天祥，又名道筌，尝自称七七，不知何所人，唐代道士。游行天下，不测其年寿。面光白，若四十许人。每日醉歌道上。周宝镇浙西，师敬之。周宝一日谓七七曰：“鹤林之花，天下奇绝。尝闻能开非时花，此花可开否？”七七曰：“可也。”宝曰：“今重九将近，能副此日乎？”七七乃前二日往鹤林宿焉。中夜，女子来谓七七曰：“道者欲开此花耶？”七七乃问女子何人，深夜到此，女子曰：“妾为上玄所命，下司此花。然此花在人间已逾百年，非久即归阆苑去。今与道者共开之，非道者无以感妾。”于是女子瞥然不见。来日晨起，寺僧忽讶花渐折蕊。及九日，烂漫如春。乃以闻，宝与一城士庶惊异之，游赏复如春间。数日，花俄不见，亦无落花在地。

《太平广记》中所述让杜鹃非时而开，这是一个非常浪漫的故事。镇平有此日造酒的传统，并把此日所酿的酒命名为“杜鹃酒”，甚至把它留藏起来，等到明年春社之日，才拿出来在社树下众人开怀畅饮。这种习俗似乎并不习见，可能是镇平独有。

重阳节“放纸鹞”更是一项为儿童普遍喜爱的娱乐活动。“放纸鹞”就是“放风筝”。据明人陈沂《询刍录》载：五代汉李邺，于宫中作纸鸢，引线乘风为戏。后以鸢首以竹为笛，使风入竹，声如鸣筝，故名风筝。北宋后，流行于民间。在我国北方地区的“纸鸢风”是在清明时节。但由于南北地理环境、气候条件不同，广东各地都流行“重九登高放纸鹞”的习俗。此时秋高气爽、风力较强，能把风筝吹上天空。放至高处，要把线割断，使风筝流落别处，叫作“放晦气”“放灾难”。民国《潮州府志·风俗志》：“九月初九日登高……十五日放纸鸢。郡人结队至凤凰沙渚放风筝，呼曰‘纸鸢’，乡村则称风琴，其制有八卦、蜈蚣、独锚（猫）、鹰等等。”镇平原属潮郡，其风俗有许多相同之处。陈坤在《岭南杂事诗抄》中有《放灾难》一诗：“重九登高意若何，游人翘首白云多。纸鸢放罢心私喜，灾难从今带去吗。（自注：重九登高放纸鹞，谓之‘放灾难’。）”而星巢解释说：“云‘放灾难’者，盖小儿仰首空中张口吐气，未尝非泄心火之一道耳。”[①]这种解释不能不说有其科学道理。

邑廪生廖云飘亦有记写镇平风俗的“竹枝词”，其九云：

晴空卵色蔚蓝天，争趁重阳赛纸鸢。

① 引陈坤著，吴永章笺注《岭南杂事诗抄笺注》，广东人民出版社，2014年，第333页。

三五儿童齐拍手，夕阳鸦背看谁妍。

（自注：镇于重阳，儿童竞放纸鸢，拍手争奇。）

竹枝词里反映的是重阳时节儿童争放纸鸢的欢乐情景。

重阳节的意义固然离不开这古老传说和民俗形式，随着时代的发展，缘于现代社会生活的多样性，重阳节的文化内涵不断延展丰富，赋予了重阳节更为丰富多彩的新内容、新形式，使古老的节日承载更为丰富多彩的社会生活，赋予其更为丰富多彩的情趣和意气。

一一一　迎阳报本话冬至

康熙《镇平县志》卷一《舆地志·风俗》：

冬至迎阳报本。

所谓“迎阳报本”，就是族人要依照先例祭祀祖先，家族中年幼者要去年长者家里拜谒，甚至伺候长者起居，以表示祝贺阳生。而长者要叮嘱孩子们冬至过后，日渐长夜渐短，正是读书干事业的好时候，不能虚度光阴，天道行健，民生在勤，勤奋好学方能成事。

冬至俗称“冬节”“大冬”“亚岁”“履长”“小至”等。在我国历史上，周朝以十一月为正月；秦朝以冬至为一岁之始，到魏晋南北朝时依旧把冬至叫作“岁首”或“亚岁”；汉朝则以冬至为“冬节”。曹植《冬至献袜履表》：“亚岁迎祥，履长纳庆。”这是称冬至为亚岁、履长之证；唐朝则主要称“冬至”，也有称“小至”的。

冬至表示冬季最寒冷的日子开始，各地气候都进入一个最寒冷的阶段，也就是北方地区说的“进九”，民间有“冷在三九，热在三伏”的说法。客家地区则有“冬至吾过就吾寒”之说法。

冬至，是我国农历中一个非常重要的节气，是二十四节气中最早被制订的一个，时间在每年的公历 12 月 21 日至 23 日。然而多数人并不知道，冬至的起源居然是来自于一次国家层面的都城规划。早在三千多年前，周公到洛阳，用土圭法测得洛阳所处的地方即为“天下之中”，然后开始占卜国家社稷的吉地。《尚书·洛诰》记载，周公“朝至于洛师”，对洛阳周边的几个地方做了考察，最后确定涧水东、瀍水西、瀍水东皆“惟洛食”，意即都是兴建宗庙社稷的好地方。周公通过“土圭测景”选定洛邑基址的史实，被载入了古代典籍，也被后人奉为封邦建国的成法。

冬至是汉民族的一个传统节日，且是以往一个较大的节日。人们认为冬至是阴阳二气的自然转化，是上天赐予的福气。清道光年间苏州文士顾禄的《清嘉录》甚至有“冬至大如年”的说法，至今仍有不少地方保持过冬至节的传统，而且有庆贺冬至的习俗。《汉书》中说：“冬至阳气起，君道长，故贺。”就是说过了冬至，白昼一天比一天长，阳气回升，是一个节气循环的开始，也是一个吉日，应该庆贺。《晋书》上记载有“冬至日，受万国及百僚称贺……其仪亚于正旦”，这表明古人对冬至十分重视。冬至过节源于汉代，盛于唐宋，相沿至今。汉朝以冬至为“冬节”，故官府要举行祝贺仪式称为“贺冬”，例行放假。《后汉书·礼仪》中有这样的记载：“冬至前后，君子安身静体，百官绝事，不听政，择吉辰而后省事。”所以这天朝廷上下要放假休息，军队待命，边塞闭关，商旅停业，亲朋各以美食相赠，相互拜访，欢乐地过一个“安身静体”的节日。唐宋时，以冬至和岁首并重。有“冬至大似年，先生不放不给钱。冬至大似节，东家不放不肯歇”的说法。这天，全国放假，不仅私塾先生要放学生的假，东家要放雇工的假，做买卖的闭市三天，连朝廷大臣也要放假。南宋孟元老《东京梦华录》：“十一月冬至。京师最重此节，虽至贫者，一年之间，积累假借，至此日更易新衣，备办饮食，享祀先祖。官放关扑，庆祝往来，一如年节。”①

周历的正月为夏历的十一月，因此，在周代的正月等于我们现在的十一月，所以拜岁和贺冬并没有分别。一直到汉武帝采用夏历后，才把正月和冬至分开。因此，也可以说，过“冬节”是自汉代以后才有。因为历法

① 孟元老等著《东京梦华录》，上海古典文学出版社，1956年，第56页。

的不同，使得民间一直传承着周历历法，认为冬至过后就是另一年的开始。这也是冬至为何在民间会那么受重视的原因。但是这样的错误传承，使得民间的观念与目前择日学上所用的夏历历法有了很大的出入。

另外，冬至开始“数九”，冬至日也就成了“数九”的第一天。关于“数九”，民间流传着的歌谣是这样说的：“一九、二九不出手；三九、四九冰上走；五九、六九沿河看柳；七九河开；八九雁来；九九加一九，耕牛遍地走。”

客家地区有在冬至这一天吃狗肉、羊肉的习俗，且有“夏至鱼生冬至狗”的说法。据说是汉高祖刘邦在冬至这一天吃了樊哙煮的狗肉，觉得味道特别鲜美，赞不绝口，从此在民间形成了冬至吃狗肉的习俗。从中医学角度来说，因为冬至过后天气进入最冷的时期，而中医认为羊肉、狗肉都有壮阳补体的功效，所以民间至今仍有冬至进补的习俗。

古人对冬至的说法是，阴极之至，阳气始生。日南至，日短之至，日影长之至，故曰“冬至”。冬至是北半球全年中白天最短、黑夜最长的一天，过了冬至，白天就会一天天变长。冬至日是一年中白天时间最短的一天，所以，有俗话说，“吃了冬至面，一天长一线”。杜甫有《小至》诗曰：“天时人事日相催，冬至阳生春又来。”阴极之至，阳气始生。“冬至阳生春又来”，自然会想起“冬天来了，春天还会远吗”这句诗。

一一二　饯腊迎春入新年

康熙《镇平县志》卷一《舆地志·风俗》：

岁除烧爆竹、换桃符、祀门灶，一如故事。

乾隆《镇平县志》赋役志《风俗》云：“岁除烧爆竹、换桃符、祀门灶，衣冠济济，投贺醵饮，断断然一都会也。”

岁除，中国传统节日。岁就是一年；除是“去、易、交替”的意思。岁除，一年过去了。一般称一年的最后一天叫“岁除”，那天晚上叫“除夕”。除夕是我国汉族最重要的传统节日之一、最重大的节日之一，是指春节的前一天晚上，也是一年中的最后一天。因常在夏历腊月三十或二十九，故又称该日为“年三十”。古时又称除夜、除日、除岁、岁暮、岁尽。民间俗称“年三十”或“大年三十”或“三十夜”。

客家人称除夕为“过年”，十分隆重。岁功结束，游子还乡。不管富户贫家，都在蒸粄、煎堆、宰鸡、杀鸭。这一天家里家外不但要打扫得干干净净，还要贴门神、贴春联、贴年画、挂灯笼。这天未至傍晚，人们以柚叶煮水谓“大岁水”，早早就行沐浴，换穿上带喜庆色彩和带图案的新衣。然后全家男女老少，放下一切杂务和烦恼，相与宴饮为乐，谓之“团年”或“团年酒”。

祭祀是岁除这一天最重要的活动。年三十这一天，家家户户都要杀雄鸡祭祀。祭祀分两种，一种是祭祖，一种是祭神。祭神主要是祭当地的庙堂、土地神。祭祖在祠堂里，以三牲、年糕、干果等奉祀，自然是祭祀的供品越丰盛越好。祭祀时不管是烧香还是烧纸、倒酒都要行鞠躬礼，表示对神或祖先的敬重。客家人最为看重年三十的祭祖，只要条件许可，不论多远都要赶回家去参加祭祖活动，以显孝道。

此外，还要在这天“祀门灶”。祀门灶在古代属于“小五祀”的范畴，即祀“门、户、中溜、灶、行”这些住宅内外的五种神。祀门神，即司门守卫之神，是农历新年贴于门上的一种画类。作为民间信仰守卫门户的神灵，人们将其神像贴于门上，用以驱邪避鬼、卫家宅、保平安、助功利、降吉祥等，是中国民间深受人们欢迎的守护神。按照传统习俗，每到春节前夕，家家户户便忙碌起来，写挥春，贴对联和门神，祈福来年。祀灶神，灶神也就是厨房之神。灶神又称“灶王爷”“灶君”“灶君司命”。中国民间传说灶神每年腊月二十三晚，南方则是二十四日的前夜送灶。接灶在除夕，接灶以三牲、果酌。民间有“男不拜月、女不祭灶”之说，故接灶是男人之事，接灶表示灶神已由上天返回本宅。

宋王安石《元日》：“爆竹声中一岁除，春风送暖入屠苏。”这一天，爆竹声连绵不断，直到凌晨。祭祀要烧爆竹，吃年夜饭前要烧爆竹，迎新年接财神要烧爆竹。爆竹声后，碎红满地，灿若云锦，称为“满堂红”，象征满门瑞气，喜气洋洋。

春节里的一项重要活动，是到亲朋好友家和邻居那里祝贺新春，旧称“拜年”。汉族拜年之风，汉代已有。唐宋之后十分盛行，有些不必亲身前往的，可用名帖投贺。拜年是中国民间的传统习俗，是人们辞旧迎新、相互表达美好祝愿的一种方式。古时“拜年”一词原有的含义是为长者拜贺新年，包括向长者叩头施礼、祝贺新年如意、问候生活安好等内容。遇有同辈亲友，也要施礼道贺。向人拜年贺年，要穿戴整齐，以示庄重。

古时士大夫有用名帖互相投贺的习俗。有时不能亲往便使遣仆人拿一种裁成二寸宽、三寸长的梅花笺纸，上面写有受贺人姓名、住址和恭贺话语的卡片前往代为拜年。这种带名片去拜年，称为“飞帖”，即是现今贺年卡的起源。贺年卡用于联络感情和互致问候，既方便又实用，乃至今日仍盛行不衰。

大约从清朝时候起，拜年又添“团拜”的形式，清人艺兰主在《侧帽余谭》中说：“京师于岁首，例行团拜，以联年谊，以敦乡情。”“每岁由值年书红订客，饮食宴会，作竟日欢。”所谓“投贺醵饮，断断然一都会也”，即村村社社、家家户户，其过年热闹的情形，大约与城市都会差不多。

随着时代的发展，拜年的习俗亦不断增添新的内容和形式。现在人们除了沿袭以往的拜年方式外，又兴起了礼仪电报拜年和电话微信拜年等。

邑廪生廖云飘有十首《竹枝词》，第一首为：

烂烧银烛照华筵，爆竹声中饯腊天。
怪底儿童识双好，深深拜祝太平年。

“烂烧银烛照华筵”，写的是过年家家户户银烛高烧，一家人聚在一起，享用丰盛的年夜饭。“爆竹声中饯腊天”，“饯腊”，就是送别残冬腊月，指的就是过年的时候。儿童都知道这是一个送旧迎新、饯腊迎春的时候，深深拜祝来年风调雨顺、天下太平。

主要参考书目

1. 程梦简修，黄殿楫纂，丁思深点注，蕉岭县人民政府地方志办公室整理，康熙《镇平县志》，方志出版社，2020 年 10 月第 1 版。

2. 潘承焯、吴作哲修，王应亨纂，丁思深点注，蕉岭县人民政府地方志办公室整理，乾隆《镇平县志》，方志出版社，2020 年 10 月第 1 版。

3. 王之正纂修，乾隆《嘉应州志》，《广东历代方志集成 · 潮州府部》第 35 册，岭南美术出版社，2009 年。

4. 蕉岭县地方志编纂委员会编，《蕉岭县志》，广东人民出版社，1992 年 10 月第 1 版。

5. 卢兆鳌总修，欧阳莲协修，平远县地方志编纂办公室整理，嘉庆二十五年《平远县志》，1997 年 12 月第 1 版。

6. 黄钊纂修，道光《石窟一征》，《广东历代方志集成 · 潮州府部》第 40 册，岭南美术出版社，2009 年。

7. 顾瑞雪著，《科举废止前后的晚清社会与文学》，武汉大学出版社，2015 年 11 月第 1 版。

8. 张海英著，《明史》，上海人民出版社，2015 年 1 月第 1 版。

9. 冯贤亮著，《清史》，上海人民出版社，2015 年 1 月第 1 版。

10. 汤锦台著，《千年客家》，大雁文化事业有限公司出版，2010 年 7 月。

11. 郭真义主编，《梅州文化通史》，中国文联出版社，2020 年 3 月第 2 版。

12. 陈坤著，吴永章笺证，《岭南杂事诗抄笺注》，广东人民出版社，2014 年 1 月第 1 版。

13. 林清水著，《石窟河史话》，广东省蕉岭县地方志办公室出版，2008

年 10 月。

14. 汤国云编著,《蕉岭掌故传奇》,团结出版社,2018 年 3 月第 1 版。

15. 张应斌著,《太平天国在梅州》,人民教育出版社,2006 年 9 月第 1 版。

16. 刘路红、吴金华编,《客家古邑史要》,华南理工大学出版社,2010 年 10 月第 1 版。

17. 李国泰、陈瑞玲编著,《百年兴废论梅州》,广东人民出版社,2014 年 11 月第 1 版。

18. 刘新编著,《儒家建筑文庙》,中国建筑工业出版社,2013 年 7 月第 1 版。

19. 〔清〕蓝鼎元撰,蒋炳钊、王钿点校,《鹿洲全集》(上、下册),厦门大学出版社,1995 年 1 月第 1 版。

后　记

《话说镇平——点注〈镇平县志〉札记》一书，可以说是我在点注康熙、乾隆版两部《镇平县志》之后的又一“副产品”。其原委我已经在“开篇起首话情缘”中有简略地交代。之所以依然不揣浅陋、不知疲倦地从事研究和文字写作工作，除了上述的那份情缘、礼遇的难以辞却外，主要还是自己的人生积习和生活方式养成所致。同时还必须说明的是，我在点注过程中，确实曾为镇平的历史沧桑、山川胜迹、文化积淀、人物故实、风土习俗感动过。当我在 2020 年 5 月 12 日点注好康熙、乾隆版两部《镇平县志》后，就曾写有一首为蕉岭而歌的古风：

石窟何郁盘，形胜天所障。峰嶂竞苕峣，长潭波潏荡。
霞彩曜青溟，蛟龙激惊浪。忆昔地蛮荒，寇盗屡倚傍。
战血千里盈，白骨无人葬。莽莽天覆阴，冥冥地生瘴。
天灾人祸攘，抚事增凄怆。自置镇平来，治运新开创。
祥毓邑令贤，焦劳息谗谤。城郭起巍峨，黎元心神畅。
肃教惠安之，青衿履礼尚。匹夫自怀仁，弦歌渔樵唱。
人文甲岭南，古贤早题榜。载德厚坤舆，涵濡人俊爽。
灵秀看今朝，毋庸我说项。为之一高歌，倾我私心向。

事实上，广东镇平县地处粤东北隅，较长时期附骥于程乡（梅县），接着是平远，是设治较迟的蕞尔小县，给人的印象是土瘠民贫，风俗朴陋。其在历史人文方面鲜为人知，尤以康熙、乾隆两志较长时期不传于世，就连今天土生土长的蕉岭人也不知所自。毋庸置疑，这是一种历史的局限。于今，我有这样的机会，正好可以把历史事实进行解读和重构，尽可能地把历史的事相与进程还原出来，以帮助读者了解历史的本来面目。

我深知，《话说镇平——点注〈镇平县志〉札记》是我对镇平的感知、解读和重组水平的考量。为了写好它，我再一次怀着敬畏之心，认真地重新阅读和审视县志，企图穿越与回溯，从散落的历史节点和时间的沧桑变化中去寻找它的足迹和印记，去感受它的搏动和温度，去辨识它的气息和风味，去认知它的性格和脾气。我也尽可能地收集相关信息和资料，让自己在观照和凝思中去整合和接近时光深处的镇平的历史文化。经过一年的努力，终于写出了初稿。

书稿打印出来后，分别送给了丘济华和徐发两位老师。丘老师在我点注县志的时候就曾给予过极大的帮助。徐老师则是老同事、嘉应学院原副教授。他们两位都是蕉岭籍人，请他们以原乡人的角度检视审阅书稿并提出意见和建议。他们都热情地应允下来，仔细阅读了我的初稿，并对书稿中个别事实的讹误做了澄清辨别，也给了书稿予充分的肯定。特别是徐发老师还给我写了一封长信说："承蒙你对我的信任和厚爱，将你精心撰写的三十多万字《话说镇平——点注〈镇平县志〉札记》书稿供我学习，让我先睹为快。拜读之后，总的印象是你对康熙、乾隆版两部《镇平县志》所包含内容诠释得十分详尽、周全，包括镇平建县的沿革疆域、气候物产、山川胜迹、人文邹鲁、名宦乡贤、风土人情、掌故逸事等诸方面的内容，十分丰富，是一部了解、研究镇平自 1633 年建县后一百一十年社会发展变化的百科全书。我作为蕉岭（镇平）人，书中所述很多是我见所未见、闻所未闻的内容，读后觉得收获甚丰。值得一赞的是，你在点校评注、考订求证、辨讹勘误方面费尽心力，在卷帙浩繁的典籍中寻觅、发掘、整理出大量有用的史料，这种严肃审慎、认真耐心的治史精神令人敬佩。同时你把旧志中难懂的文言文，用通俗易懂的现代文加予诠释，充分显示出你驾驭语言文字的深厚功底，让一般人认为枯燥又费解的典籍史料经你翻译诠释后便能朗朗上口，可读性强。可以预期，你的大作一定会得到广大读者的赞誉，尤其是蕉岭人民会万分感谢你、铭记你对蕉岭做出的重大贡献……"丘济华和徐发两位老师的检视和首肯，让我放下了一颗惴惴不安的心，也给了我莫大的慰藉。

尤为让我感到莫大的欣喜和荣幸的是，省方志办副主任丘洪松愿意把拙稿带往广州，送请广州市人民政府地方志办公室原副主任、中国地方志学会学术委员陈泽泓研究员赐序。陈先生不以我才疏学浅、素未谋面而见拒，而是在审阅书稿后欣然命笔，诸多溢美，充分肯定。陈先生所赐的序言，在虎岁开年第一天由丘洪松主任转给我。我如获珍宝，心中甚为激动，一口气把它读完。在我看来，这是新年最珍贵最美好的礼物。能得到专家的首肯，我为蕉岭民众付出的心力也就值了。我知道，陈先生作为一位方志学专家，以专业的语言描述、评价拙作的价值和意义，既是对我的一种鼓励和鞭策，也是陈先生内心深处所怀有的当代关怀的一种表现。为表达我的感激之情，高兴之余，我写下了一首诗：

虎年首日得陈泽泓先生为拙著《话说镇平——点注〈镇平县志〉札记》所撰序言赋句申谢

虎岁开元得赏音，何期敝帚誉南金？
浑忘惨澹经营苦，未负丛残著迹深。
羊石迢遥酣梦饱，梅州潋滟洗杯斟。
小诗八句权当谢，聊表区区慕蔺心。

在书稿写作过程中，蕉岭县地方志办原主任张福先生非常关心爱护我，除了提出写作目的要求、提供相关资料外，还不断地叮嘱我要劳逸有度，保重身体。书稿写出来后，安排打印，组织人员审阅校对，联系出版社等一应事宜都由他负责。书稿即将付梓，他又在我强烈要求下作序美言，为拙著增色添光。如果不是他从头到尾的关心爱护、组织联络，也就不可能有拙作的问世。

必须在这里顺便提及的事情是：写作《话说镇平——点注〈镇平县志〉札记》书稿和点注《镇平县志》的模式是一样的，是应蕉岭县方志办的恳请、双方口头约定由我负责撰稿、县方志办负责提供资料以及出版、经费等一应事宜的君子协议而进行的，并受到县委县政府的关注和重视，曾被作为“讲好蕉岭故事，建设富美蕉岭”活动的一个文化建设工程项目，写进了县的“十四五”规划的文献中去的。然而随着县方志办张福主任的退休，自书稿完成后迄今，历时已将近三年时间了，一直搁置冷遇，没有争取到出版经费，没有送出版社审核出版。我已年过古稀，不愿意让自己怀着文化情怀服务社会的初心而付出的心血成果就如此束之高阁，坐以待黄。我只得收回书稿的处置权，找出版社自费出版。由此也不能不对蕉岭县方志办无法履行君子协议，表示一点点的遗憾。

对陈泽泓先生和丘洪松、张福两位领导以及丘济华、徐发两位老师的热情关怀和帮助，我将永远铭感不忘，谨致谢忱。我的同学林瑞庭一直关心我的写作和出版进程，给我精神上的支持和鼓励，让我避免懈怠，振作精神，如期完稿；朋友黄建麟先生是高级工程师，于工作之余仔细阅读书稿，指出了不周之处，让文稿减少讹误，谨此表示衷心感谢。还需一提的是亡友饶淦中先生，生前知道我在撰写《话说镇平——点注〈镇平县志〉札记》书稿，提供了他手头有关蕉岭的宝贵资料给我，让文稿更为充实。谨此祈他冥福不尽。

蕉岭县淑颖公益促进会（筹）、蕉岭县探玄公徐氏宗祠理事会、广东寿乡泉水有限公司、深圳市蕉岭商会，听闻《话说镇平——点注〈镇平县志〉札记》即将面世，预先认购一部分成书以表示支持出版，谨此鸣谢致意。

我本菲材，虽怀着一颗敬畏之心，从事解读重构的写作，但因历史资料缺乏，时代人事变易巨大，尤以学养有限，才力不逮，识见难免浅陋，文字难免粗糙。一己之见，不敢自以为是。书中难免出现纰漏讹误，诚请方家批评指摘，有以教我。

写作是一个充满艰辛而又愉悦的过程。我感到由衷庆幸的是有老天爷眷顾，并自始至终得到家人的支持，让我能坚持把书稿写出来、印出来。一个人能得到天人的呵护，还有什么能比得上这更幸福呢。

谨为后记。

丁思深

2024 年 9 月 12 日于梅州适闲堂寓所